U0930274

艰险复杂山区铁路隧道建造技术

喻　渝　朱　勇　卿伟宸　等◎编著

中国铁道出版社有限公司

2021 年·北　京

内容简介

本书以中铁二院近70年在西南地区山岭隧道领域的科学研究和工程实践成果为主要内容，以特殊地质复杂环境条件为主线，结合大量工程实例，系统阐述了复杂艰险山区的环境特征，隧道工程特点及难题，洞口工程风险及进洞技术，以及岩溶隧道、软弱构造带隧道、高地应力软岩大变形隧道、岩爆隧道、高地温隧道、活动断裂带隧道、瓦斯隧道和高海拔寒区隧道等关键建造技术。本书图文并茂，内容丰富，融入了我国山岭隧道设计、施工的技术创新成果，对于推动隧道工程技术发展及行业进步具有重要意义。

本书可供从事隧道工程设计、施工、建设管理的相关人员使用，也可作为高等院校隧道工程专业师生的参考用书。

图书在版编目(CIP)数据

艰险复杂山区铁路隧道建造技术/喻渝等编著.—北京：中国铁道出版社有限公司，2021.3
ISBN 978-7-113-27841-0

Ⅰ.①艰… Ⅱ.①喻… Ⅲ.①山区铁路-铁路隧道-隧道施工 Ⅳ.①U459.1

中国版本图书馆CIP数据核字(2021)第049981号

书　　名：艰险复杂山区铁路隧道建造技术
作　　者：喻　渝　朱　勇　卿伟宸　等

责任编辑：朱荣荣　　**编辑部电话：**(010)51873017
封面设计：曾　程
责任校对：孙　玫
责任印制：高春晓

出版发行：中国铁道出版社有限公司(100054，北京市西城区右安门西街8号)
网　　址：http://www.tdpress.com
印　　刷：北京盛通印刷股份有限公司
版　　次：2021年3月第1版　2021年3月第1次印刷
开　　本：787 mm×1 092 mm　1/16　印张：22　字数：497千
书　　号：ISBN 978-7-113-27841-0
定　　价：158.00元

前言

在艰险复杂山区修建铁路，隧道数量多、占线路的比例高，一般每条线路的隧线比都在50%以上；同时，复杂艰险山区地形起伏剧烈、地质复杂、气候恶劣，崩塌、落石、滑坡、泥石流等山地灾害频发，高烈度地震、活动断裂、高地应力岩爆和大变形、岩溶和岩溶水、煤层瓦斯等不良地质问题突出，铁路勘察、设计、施工各个方面都面临巨大的挑战，隧道的建设十分困难，建成以后运营风险也高。

本书总结了近年来在艰险复杂山区修建的南昆、渝怀、贵广、云桂、渝利、沪昆、成贵、成兰、拉林等70余条铁路，5 000余座铁路隧道的工程经验，归纳出九类重难点技术问题及其相应的工程对策，经提炼后编著成书，体现了当前我国艰险复杂山区隧道建造的水平。

本书由中铁二院工程集团有限责任公司喻渝、朱勇、卿伟宸等编著，杨昌宇、赵万强主审。各章编著人员：第1章喻渝、朱勇，第2章姜波、熊国兴、周跃峰、王磊、舒东利、孙其清，第3章卿伟宸、郑杰元、黄棋、王芳、钟昌桂、范圣明、张磊、邸成、范小龙、王建捷、王健宏，第4章张涛、周跃峰、范圣明、郑伟、陈峻、琚国全、高强，第5章陈锡武、姜波、周跃峰、张维、李正辉、曾琦、高强，第6章刘金松、姜波，第7章范磊、刘金松、陈柯霖，第8章黄华、姜波、周跃峰、李维、曾宏飞，第9章卿伟宸、郑杰元、罗禄森、李敬，第10章粟威、郑长青等。

本书内容由10章组成。第1章介绍了复杂艰险山区的环境特征、工程特点及难题、艰险山区隧道建设历程和中铁二院在复杂艰险山区隧道建设中形成的关键建造技术。第2章主要介绍隧道洞口的特点及工程风险、高风险洞口坡面稳定性评价及防护、进洞技术、洞口段结构设计。第3章介绍岩溶隧道特点及工程风险防控、超前地质预报、岩溶处理总体原则、岩溶隧道防排水体系、常见岩溶工程对策、大型空溶洞处理、大型充填型溶洞处理、暗河处理等。第4章介绍软弱构造带的类型、特征及处理对策、高压富水花岗岩蚀变带处理、玄武岩夹凝灰岩软弱带处理、富水糜棱岩断层处理、富水砂板岩节理密集带处理、高水位富水向斜处理。第5章介绍大变形类型及变形机理、大变形分级及预测、大变形隧道工程措施设计、大变形施工工法、工艺及机具配备。第6章介绍岩爆成因机理、岩爆分级及类型、岩爆预测、岩爆防治措施及支护结构、岩爆防护。第7章介绍高地温成因、高地温类型及危害、高地温隧道施工降温设计、高地温隧道结构与新材料、高地温隧道运营环境控制设计。第8章介绍活动断裂带的特性及工程危害、活动断裂带隧道结构设计、轨道结构的适应性设计、活动断裂带运营期监测。第9章介绍瓦斯的性质及危害、瓦斯隧道分类及工程特点、超前预测预报、支护及结构设防、防突揭煤、施工通风、瓦斯监测及检测、运营通风及监测。第10章介绍高海拔隧道特点、高海拔隧道施工通风、高海拔机械化配套、高海拔施工劳卫保障以及高海拔隧道防寒抗冻。每一章都结合工程特点，给出了工程案例。

本书在编著过程中，得到了很多专家学者的大力支持，特别是各条线的隧道专业设计负责人，提供了大量翔实的技术资料和现场照片等；同时，蒋良文、王科对本书内容也提出了很多宝贵的意见，在此，谨向他们表示衷心的感谢。

由于本书编著时间仓促，资料来源和编者水平有限，不足之处在所难免，敬请读者不吝赐教，多提宝贵意见。

喻　渝

2020年12月于成都

目录

第 1 章　绪　　论 …… 1

1.1　艰险复杂山区的环境特征 …… 1
1.2　艰险复杂山区隧道工程特点 …… 7
1.3　艰险复杂山区隧道建设面临的问题 …… 12
1.4　艰险复杂山区隧道建设关键技术 …… 14

第 2 章　隧道洞口工程 …… 18

2.1　洞口工程特点 …… 18
2.2　洞口坡面稳定性评价 …… 19
2.3　进洞技术 …… 26
2.4　洞口段结构设计 …… 36
2.5　工程案例 …… 45
2.6　小　　结 …… 51

第 3 章　岩溶隧道 …… 52

3.1　岩溶的基本特征和分类(级) …… 52
3.2　岩溶隧道工程特点 …… 56
3.3　岩溶隧道勘察设计总体原则 …… 58
3.4　岩溶预报和探测 …… 62
3.5　岩溶隧道防排水 …… 65
3.6　常见岩溶类型的工程对策 …… 69
3.7　大型空溶洞的工程对策 …… 74
3.8　大型充填型溶洞的工程对策 …… 91
3.9　暗河的工程对策 …… 103
3.10　小　　结 …… 110

第 4 章　软弱构造带隧道 …… 112

4.1　软弱构造带的常见类型及工程特征 …… 112

4.2 软弱构造带的工程对策 …… 117
4.3 向斜构造处理案例 …… 119
4.4 节理密集带处理案例 …… 122
4.5 糜棱岩断层处理案例 …… 126
4.6 蚀变带处理案例 …… 130
4.7 小　结 …… 142

第 5 章　高地应力软岩大变形隧道 …… 143

5.1 大变形类型及变形机理 …… 143
5.2 大变形分级及预测 …… 145
5.3 大变形隧道设计 …… 148
5.4 大变形隧道施工方法、工艺及机具配备 …… 150
5.5 工程案例 …… 153
5.6 小　结 …… 164

第 6 章　岩爆隧道 …… 166

6.1 岩爆成因机理 …… 166
6.2 岩爆分级及类型 …… 168
6.3 岩爆预测 …… 173
6.4 岩爆防治措施及支护结构 …… 178
6.5 工程案例 …… 182
6.6 小　结 …… 189

第 7 章　高地温隧道 …… 190

7.1 高地温成因 …… 190
7.2 高地温类型及危害 …… 191
7.3 高地温隧道施工降温 …… 194
7.4 高地温隧道爆破 …… 212
7.5 高地温隧道结构与建筑材料 …… 213
7.6 高地温隧道运营环境温度控制 …… 221
7.7 小　结 …… 229

第 8 章　活动断裂带隧道 …… 230

8.1 活动断裂带的特性及工程危害 …… 230
8.2 活动断裂带隧道结构设计 …… 239
8.3 轨道结构的适应性设计 …… 248

8.4　活动断裂带运营期监测 …… 248
8.5　工程案例 …… 252
8.6　小　　结 …… 257

第 9 章　瓦 斯 隧 道 …… 258

9.1　瓦斯的性质及危害 …… 258
9.2　瓦斯隧道分类及工程特点 …… 259
9.3　超前预测预报 …… 261
9.4　瓦斯隧道设防体系 …… 262
9.5　防突揭煤 …… 265
9.6　施工通风 …… 269
9.7　瓦斯监测及检测 …… 273
9.8　运营通风及监测 …… 275
9.9　工程案例 …… 275
9.10　小　　结 …… 298

第 10 章　高海拔寒区隧道 …… 299

10.1　高海拔对隧道工程的主要影响 …… 299
10.2　高海拔隧道施工通风 …… 301
10.3　高海拔隧道钻爆法施工机械化配套 …… 303
10.4　高海拔隧道施工劳卫保障 …… 306
10.5　高海拔寒区隧道抗防冻 …… 313
10.6　小　　结 …… 324

参考文献 …… 325

后　　记 …… 328
附　　录 …… 329

第1章　绪　　论

艰险的地形和复杂的地质是我国西南山区隧道建设面对的主要环境条件，它宏观上表现为山高谷深、地势起伏剧烈，新构造运动及地震活跃，地层岩性多样，不良地质类型多、分布广，降水强度高以及部分地区高海拔高寒缺氧。上述特点决定了在艰险复杂的西南山区铁路建设工程艰巨，修建铁路隧道将会面临诸多的困难和较高的风险。本章重点介绍西南艰险复杂山区的环境特征、隧道工程面对的主要问题和取得的关键技术成果。

1.1　艰险复杂山区的环境特征

1.1.1　艰险复杂的地形条件

我国地形总的轮廓是西高东低，从西到东的地貌可划分为三个台阶，呈阶梯状下降，如图1-1所示。山地、高原、丘陵占2/3以上，平原、盆地等不足1/3。艰险复杂山区主要是指我国西南地区，在行政区域上，包括西藏、云南、贵州、四川、重庆和广西壮族自治区等省、自治区、直辖市，总面积占我国陆地面积的1/3。西南地区地形复杂多样，高原、山地、丘陵、盆地和平原均有分布，以高原、山地和盆地为主要地形特征，包括青藏高原、云贵高原、川西山地高原、四川盆地、渝东山地及以及广西盆地等。

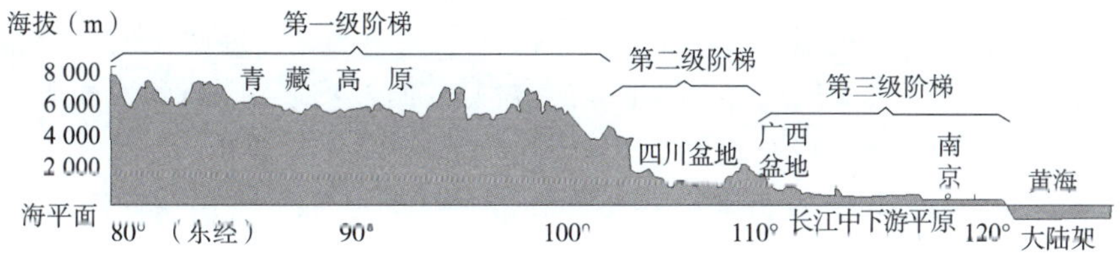

图1-1　我国地貌剖面示意图

（1）青藏高原为第一台阶，属于大面积隆起区，平均海拔高程在4 000 m以上，多山但地形起伏和缓，湖泊和雪山众多，冰川面积占我国冰川总面积的80%。

高原上有喜马拉雅山、冈底斯山、喀喇昆仑山、昆仑山、唐古拉山、念青唐古拉山等山脉，其中，喜马拉雅山脉的珠穆朗玛峰为世界最高峰，2020年中尼两国联合公布珠峰海拔高程为8 848.86 m。在昆仑山脉、唐古拉山脉和冈底斯山脉、念青唐古拉山脉之间，是一片广阔的高原，青藏铁路横贯其间。冈底斯山脉和喜马拉雅山脉之间为雅鲁藏布江流域的东西向干流，在建拉萨至林芝铁路与雅鲁藏布江河谷伴行。在青藏高原的西南部为中国最长、最宽和最典型的南北向山系——横断山脉。横断山脉位于中国地势第二级阶梯与第一级阶梯交界处，是中国第一、第二阶梯的分界线。山高谷深，岭谷高差一般在1 000 ~2 000 m以上，横断东西间交通，故名。山岭自西而东包括伯舒拉岭—高黎贡山、他念他翁山—怒山、芒康山(宁静山)—云岭、雀儿山—沙鲁里山、大雪山—折多山—锦屏山、邛崃山—邓殊山—大凉山和岷山等,统称为“横断七脉”。大雪山主峰“蜀山之王”贡嘎山海拔 7 556 m,为横断山脉最高峰。其东坡从大渡河谷底到山顶水平距离仅 29 km,而相对高差竟达 6 400 m。沙鲁里山海拔一般在 5 000 m 以上,北部的高峰雀儿山海拔 6 168 m。近十年来,国家加快了西部开发,路网也逐步延伸到了横断山区域。目前在建设中的铁路有东西走向横穿横断山的川藏线雅安至林芝铁路,还有以长度 34.5 km 的隧道工程穿越高黎贡山的大理至瑞丽铁路等。

(2)云贵高原、四川盆地周边及重庆地区属于第二台阶,高程以 1 000 ~ 2 000 m 为主。

云贵高原西部周边高山在 4 000 ~ 5 000 m 高程以上,主要有玉龙雪山、哈巴雪山(海拔 5 396 m)、梅里雪山(海拔 6 740 m)、碧罗雪山、老君山、点苍山、高黎贡山、白马雪山(海拔 5 430 m)等。

云贵高原自西向东高程逐步降低,地势崎岖不平,多山间盆地,昆明一带高原盆地高程为 1 900 ~ 2 000 m,至贵阳一带盆地高程降为 900 ~ 1 000 m。云贵高原又叫喀斯特高原,喀斯特地貌发育。

四川盆地周围高、中间低,中间比较平坦,多丘陵和山前冲积扇;因发育红色中、新生代地层,又叫红色盆地。盆地四周有龙门山、邛崃山、大相岭、大巴山、大雪山、大凉山、沙鲁里山、雀儿山、华蓥山、龙泉山及云贵高原上的大娄山,多为高、中山地貌。1200 年前,诗圣杜甫在成都遥望西部群山留下的千古名句“窗含西岭千秋雪,门泊东吴万里船”就是邛崃山脉的真实写照。如今“蜀道之难,难于上青天”已经成为历史,险阻已变通途,在云贵高原、四川盆地周边及重庆地区第二台阶上已经建成 20 余条国家干线铁路,包括成昆、成贵、成西、成渝、贵昆、渝黔等。

(3)广西盆地主要属于第三台阶。

盆地地势西北高东南低,多为石灰岩丘陵,占面积的 70%。在温暖湿润气候条件下,喀斯特地貌明显,有千姿百态的峰林,规模不等的溶蚀平原或盆地。广西盆地四周山地环绕,桂西及桂南有大明山、都阳山、高楼岭、十万大山、六万大山、勾漏山、大容山及罗阳山,桂北、桂东北有苗儿山、海洋山、九万大山和大瑶山,其中苗儿山和元宝山主峰高达 2 000 m 以上,其余多在 1 500 m 以下。广西盆地与外界相连的主要铁路有南昆、云桂、贵南等多条干线铁路。

水系主要为长江流域上游、珠江流域上游和澜沧江、怒江、红河和伊洛瓦底江等出国境河流。

这些宏伟浑厚的山脉、连绵的群山、山间深切陡峻的河谷和盆地共同造就了我国西南地区艰险复杂的地形条件。

1.1.2 复杂多样的地质条件

1. 地层岩性特征

西南地区处于欧亚板块的东南缘,与太平洋板块和印度板块相接,各地区地质环境差异较大,发展历史各不相同,区域地质各具特点。全区沉积类型多样,地层出露齐全,新生界、中生界、古生界、元古界、太古界的地层均有出露。

(1)新生界主要分布岗巴、可可西里、滇西、滇东、川黔和广西各地,主要岩性为砾岩、砂岩、泥岩夹褐煤、页岩、泥灰岩和各类土层。

(2)中生界主要分布于川西、川南、滇东南、黔西、广西、岗巴、羌塘、班戈—洛龙、四川盆地、滇中等地,主要岩性为泥岩、页岩、砂岩夹煤层、灰岩、白云岩、砂岩、凝灰岩、泥灰岩、砾岩等。

(3)古生界主要分布于川西、滇西、滇东、滇东南、黔北、西昆仑山北缘、北大巴山、川东、藏南等地,主要岩性为片岩、千枚岩、板岩、页岩、片麻岩、砂岩、灰岩、白云岩夹大理岩、凝灰岩、流纹岩、火山岩、硅质岩等。

(4)原古生界主要分布于昆仑山、阿尔金山、喜马拉雅山、龙门山和滇中、川西等地,主要岩性为石灰岩、石英岩、大理岩、板岩、千枚岩、石英砂岩、砂岩、白云岩、片岩、页岩、玄武岩等。

(5)太古界主要分布于昆仑山、喀喇昆仑山、阿尔金山和帕米尔高原西部,主要岩性为石灰岩、石英岩、片岩、片麻岩、角闪岩夹大理岩及混合岩。

其间多期岩浆活动强烈,岩浆岩分布广泛,规模巨大,既有岩浆侵入,又有岩浆喷发,演化历史漫长。变质作用类型齐全,变质程度各异,成矿条件优越,矿产资源丰富,是全国乃至全球具有重要地质特色的地区之一,也是全面研究地壳构造演化的重要地区之一。

2. 构造及地震特征

西南地区是我国大陆现今地壳运动最为强烈的地区,以活动断裂规模大、分布密集、地震活动频繁、震级大、地震破裂带长、位移量大为主要特征。

(1)活动构造分区及主要活动断裂分布

在西南地区,涵盖了5个主要构造块体:喜马拉雅块体(Ⅰ)、西藏块体(Ⅱ)、甘青块体(Ⅲ)、川滇块体(Ⅳ)和华南地块(Ⅴ)。构造块体由几条重要的构造活动带分割而来。雅鲁藏布江带是喜马拉雅块体与西藏块体的分界线,拉竹笼—可可西里—金沙江带是西藏块体与甘青块体的分界线,金沙江—红河带为川滇块体的西南边界,鲜水河断裂—安宁河断裂—小江断裂构成川滇块体的东北边界。现今构造格局的形成经历了极其复杂的演化过程,该区的活动断裂(带)共包括19条,如图1-2所示。

(2)地震

西南地区位于青藏高原地震区,主要有雅鲁藏布江、察隅—墨脱、滇西南、腾冲、鲜水河、安宁河、小江、马边—昭通、曲江、中甸—大理、可可西里、托索湖和松潘等13条地震带,其分布与新构造活动断裂带基本一致。

据地震资料统计,西南地区历史上发生$M_s \geqslant 6$级地震189次,其中6~6.9级地震161次、7~7.9级地震21次、≥8级地震7次(最大震级为西藏察隅地震8.5级)。西藏、云南、川西现今断裂构造活动强烈,因而强震发生频度较高。

3. 水文地质

西南地区的地下水可分为4种类型:即松散沉积孔隙水、基岩裂隙孔隙水、碳酸盐岩类岩溶裂隙溶洞水和西藏高原多年冻土孔隙裂隙水。

(1)松散沉积孔隙水:分布于山前堆积平原、河谷阶地、内陆盆地冲洪积平原等砂砾石层的孔隙中。

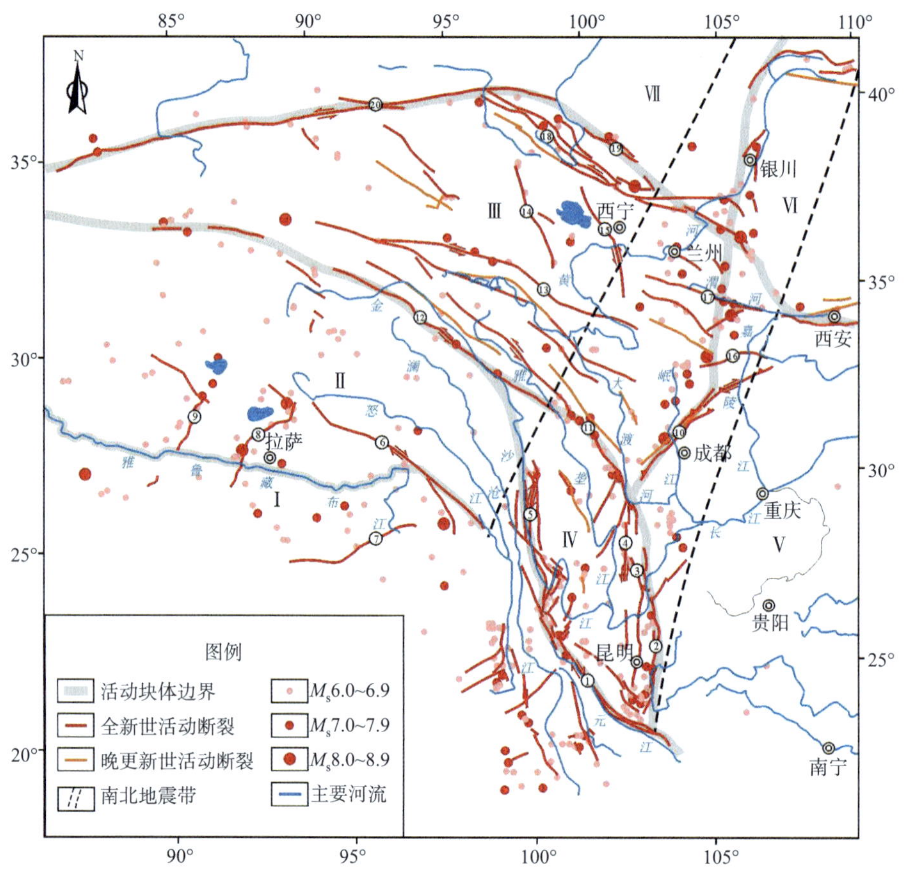

图 1-2 西南地区活动构造分区及主要活动断裂分布图

Ⅰ—喜马拉雅块体；Ⅱ—西藏块体；Ⅲ—甘青块体；Ⅳ—川滇块体；Ⅴ—华南地块；Ⅵ—鄂尔多斯地块；Ⅶ—塔里木块体；1—红河断裂；2—小江断裂；3—则木河断裂；4—安宁河断裂；5—金沙江断裂；6—嘉黎断裂带；7—喜马拉雅南麓主山断裂带；8—亚东—谷露断裂；9—甲岗定结断裂带；10—龙门山断裂带；11—鲜水河断裂；12—玉树断裂；13—东昆仑断裂带；14—鄂拉山断裂；15—日月山断裂；16—文县断裂；17—西秦岭北缘断裂；18—海原断裂带；19—龙首山断裂

(2)基岩裂隙孔隙水：分布于碎屑沉积岩、岩浆岩、变质岩的构造裂隙中。

(3)碳酸盐岩类岩溶裂隙溶洞水：分布于碳酸盐岩组，云贵高原、金沙江石鼓—宜宾、乌江流域、重庆、川南、广西盆地等。

(4)西藏高原多年冻土孔隙裂隙水：分布于滇西、川西、西藏高原海拔 4 000 m 以上的高寒地区。

这些地下水类型的形成和分布受气候、水文、地形地貌、地层岩性、地质构造的控制。

4. 主要工程地质问题

回顾我国艰险复杂山区铁路隧道的建设经验，通过系统梳理和分析，归纳出对隧道工程建设影响最常见的六类典型工程地质问题，这几类问题最容易造成工程灾害。

(1)斜坡重力型不良地质

艰险山区斜坡重力型不良地质灾害主要有崩塌、落石、滑坡、岩堆、泥石流等，崩塌、落石和滑坡占山区铁路地质灾害的 80% 以上。斜坡重力型不良地质对隧道工程的危害主要集中在隧道洞口。

①崩塌、落石

陡坡上的大块或巨块岩体或土体，因为长期经受风化剥蚀或震动，突然脱离山体，在重力或其他外力的作用下，以急剧倾倒、崩落、滑移、翻滚、跳跃等单一或复合的形式运动，甚至在运动过程中相互撞击，最后堆于坡脚，这种动力地质现象称之为崩塌，如图 1-3 所示。陡坡上的个别岩石块体，在重力或其他外力的作用下，突然向下滚落和跳跃的现象，叫作落石或掉块。据不完全统计，西南地区宝成线发生这种地质现象 387 处，川黔线 239 处，襄渝线 222 处，仅西南三条铁路线发生的崩塌和落石就占同一时期全国铁路总量的 1/3。成昆线乌斯河工务段，通车后 19 年间，共发生落石 900 余次，砸死 3 人，砸伤 5 人，落石砸撞列车 69 次，中断行车 150 h。

图 1-3　崩塌造成既有铁路破坏

产生崩塌、落石的原因是多方面的。从地形条件来看，地面横坡和边坡高度是两个重要因素。《铁路工程设计技术手册》中认为，引起坍塌的主要原因之一是坡度大于 55°，高度大于 30 m。从地层岩性和结构条件来看，如花岗岩、灰岩、砾岩等坚硬的脆性岩体，岩体结构不利的组合及结构面倾向边坡容易发生崩塌；岩体所处的环境条件，如雨水对岩体中裂缝的润滑，地下水及其水位变化，岩石块体产生表面风化，地震、火车行驶和爆破等都可能诱发崩塌与落石。

②滑坡

斜坡岩土体由于边界条件的改变及地下水活动、河流冲刷、人工切坡、地震活动等因素的影响，在重力作用下，沿着一定的软弱面（带），缓慢整体向下滑动的坡面变形现象称为滑坡。我国铁路沿线绝大多数滑坡分布在西南、中南和东南山区，这些地区的滑坡占全铁路沿线滑坡总数的 80%。在西南艰险山区，大型滑坡多，成昆铁路铁西车站滑坡、南昆铁路八渡车站滑坡等都是比较知名的大型滑坡。成昆铁路铁西车站滑坡主轴长 445 m，宽 260 m，厚 30 ~ 60 m，体积 220×10^4 m^3，滑坡形成的滑体掩埋铁路 160 m，堵塞隧道进口，中断行车 40 天；南昆铁路八渡车站滑坡，主轴长 560 m，宽 200 ~ 380 m，厚 20 ~ 40 m，体积达 420×10^4 m^3，施工期间由于连续降雨及施工活动导致该古滑坡复活，如图 1-4 所示。西南山区滑坡的另一个特点是工程滑坡比较多。据统计，西南地区较早前修建的宝成、成昆、贵昆、川黔、襄渝和向黔等 6 条铁路的 525 处滑坡，其中 350 处为施工开挖山体引起的工程滑坡，工程滑坡

图 1-4　南昆铁路八渡滑坡

占滑坡总数的一半以上。隧道洞口开挖,施工便道的引入都有可能诱发工程滑坡,值得重视。

(2)岩溶

岩溶是石灰岩或白云岩等可溶性岩层受水的化学作用(溶解、沉积)与机械作用(冲蚀、潜蚀)等地质作用,以及这些地质作用所形成的各种现象的总称。

我国西南地区岩溶较为集中,仅就滇、黔、桂三省(区)而言,碳酸盐岩出露的面积即占三省(区)总面积的1/2左右。由于三省(区)境内气候湿润,雨水充沛,故岩溶极为发育,其岩溶类型之多,堪称世界之冠。各种岩溶地貌齐全,主要有岩溶盆地、谷地、洼地、漏斗落水洞、峡谷、峰林、峰丛、峰林平原、岩溶干谷等。岩溶是西南铁路建设中的主要工程地质问题之一,在西南地区铁路建设中,岩溶洞穴及其充填物、涌水突泥对工程的危害几乎遍及各线的隧道,技术处理难度较大。如成昆线沙马拉达隧道,襄渝线中梁山、大巴山隧道,川黔线的凉风娅、娄山关隧道,贵昆线的梅花山、梅子关、倮纳隧道,盘西线的胜境关隧道,南昆线新桥、砂锅寨2号隧道,株六复线大竹林、花苗隧道,水柏线何家寨、红梁子、新寨2号隧山,渝怀线圆梁山、武隆、歌乐山隧道,遂渝线荆竹岭、桐子林隧道等,施工中都曾发生过严重的涌水突泥灾害,给工程造成经济损失,甚至发生人员伤亡事故。隧道施工发生涌水突泥也常造成地表水或地下水渗漏,造成不利的环境影响。例如,襄渝线中梁山隧道,施工期间多次涌水突泥,致地表地下水严重渗漏,井泉干枯,造成当地农田灌溉、居民用水困难,且引起地面多处塌陷。

(3)高地应力

西南铁路建设中,高地应力条件下的软岩隧道的大变形和硬岩隧道的岩爆问题比较突出。例如,南昆铁路家竹箐隧道(4 990 m),通过二叠系煤系地层,在中部埋深最大位置,实测洞内最大水平地应力16.09 MPa,而煤系地层的综合抗压强度1.7 MPa,强度应力比为0.105,属高地应力水平。在隧道施工中发生了严重的挤压变形,拱顶最大下沉240 cm,侧壁内移160 cm,底板上鼓80~100 cm,造成支撑钢架严重挠曲变形,喷层开裂,并与钢架脱离等病害。成兰铁路茂县隧道,地层以绢云母、炭质千枚岩为主,最大水平主应力为27.51 MPa,岩体强度小于1 MPa,强度应力比小于0.05,属于极高地应力水平,施工初期发生了超过1 m的大变形。成昆铁路关村坝隧道(6 187 m),穿过震旦系厚层石灰岩地层,石质坚硬、完整,层理接近水平,最大埋深1 650 m。1965年施工中多次发生岩爆。岩爆一般在爆破后2~3 h内发生,大多出现在导坑顶部和扩大的拐角处,爆落弹出最大岩块达0.5 m×0.4 m×0.1 m,造成多起人身伤害事故,严重威胁施工安全。

(4)地震及活动断裂

西藏、云南、四川西部受板块运动影响大,地震活动频繁,地震灾害严重。例如,2008年5月12日14时28分,四川汶川发生8级大地震。这是新中国成立以来影响最大的一次地震。"5·12"大地震是一次震级高、破坏性强、持续时间长、地面振动响应强烈(地面动峰值加速度最高达1.5g~2.0g)的地震,触发了大量的崩滑地质灾害,其数量之多、规模之大,类型之复杂、损失之惨重举世罕见。据估算,地震触发的滑坡、崩塌、碎屑流等总计达5万余处,大量的次生地质灾害使山河变色、家园被毁、交通中断、救济受阻,造成大量人员伤亡。

西南地区铁路工程,大部分位于高烈度地震区,其中成兰、成昆、大瑞、玉蒙、丽香等干线铁路以隧道工程形式穿越多条活动断裂。这些活动断裂规模大、位移量大,如成兰铁路跃龙门隧道穿越龙门山中央断裂带——高川坪活动断裂带，断层破碎带宽度 50 ~ 100 m，断层活动方式为逆断兼右旋走滑，活动速率水平方向 0.82 ~ 1.3 mm/年，垂直方向 0.54 mm/年；未来百年最大位错量评估：水平方向（2.08 ±0.54）m，垂直方向（1.93 ±0.66）m。

（5）高地温

西南地区位于地中海—喜马拉雅地热带，受地热影响，隧道施工经常出现高岩温或高温热水（汽）等现象。如玉蒙铁路旧寨隧道，施工揭示隧道拱顶、边墙、隧底多处出水点，水温在 37 ~ 47 ℃之间，局部最高水温达 55 ℃。2015 年，拉林线桑珠岭隧道一号横洞发生高岩温情况，孔内岩温达到 62 ℃以上，之后施工中一直持续高温，最高温度达 89.3 ℃。大瑞线高黎贡山隧道洞身分布有帮迈—邵家寨断层、帮迈—邵家寨次级断层、怒江断层、镇安断层等 4 条导热水断裂，结合洞身地质深孔勘探资料，预测导热水断裂带最高水温为 50 ℃。高温热害会恶化隧道施工环境，危及人员健康作业，降低施工效率，影响隧道衬砌结构承载能力及耐久性，严重者还可能恶化隧道的运营环境。

（6）瓦斯

西南地区及其邻近各省、区，均有古生界至新生界煤系地层及含油气地层分布，具有瓦斯含量高、瓦斯压力大的特征，例如，南昆线家竹箐隧道，通过二叠系煤层地层，属于高瓦斯、有煤与瓦斯突出危险的隧道，施工中穿煤 25 层，累计穿煤总长 252.28 m，煤层最大瓦斯涌出量达 633.6 m^3/h、最大吨煤瓦斯含量达 20.17 m^3/t、最大瓦斯压力达 1.58 MPa。

西南铁路建设中已有多座隧道发生过煤层瓦斯或天然气瓦斯事故。例如：20 世纪 50 年代末修建的贵昆线岩脚寨隧道，所通过的二叠系乐平组煤系地层中夹有多层高瓦斯煤层，1959 年施工过程中曾发生 6 次瓦斯爆炸和燃烧，造成伤亡 99 人的特大事故；1994 年，达成线炮台山隧道施工通过侏罗系不含煤的砂岩夹泥岩地层时，由于深埋于地下 3 000 m 以下的天然气瓦斯沿岩层中构造裂隙渗透上逸，在隧道内聚集，引起严重的瓦斯爆炸，造成多人伤亡事故。

1.1.3　复杂恶劣的自然环境

西南山区横跨高原山地气候区与亚热带季风气候区。西藏、四川西北部处于西藏高原独特的高原气候区，虽纬度较低，但由于其高海拔的特点，造成气温随海拔高度变化剧烈，宏观上表现高海拔高寒、大温差的特点。例如，成兰铁路的松潘县城，海拔 3 000 m，气象资料显示，年平均气温 5 ℃，最冷月平均气温为 -11 ℃，极端最低气温 -30 ℃。又如四川西部的理塘县城，海拔约 4 000 m，年平均气温 3.1 ℃，最冷月平均气温为 -6.1 ℃，极端最低气温 -30 ℃。

同时，西南地区西部青藏高原山区海拔高，普遍海拔大于 3 000 m，空气稀薄、气压低、氧气含量低，当海拔为 3 000 m 时，氧气含量及大气压仅为海平面的 68%，空气密度仅为海平面的 73%。

1.2　艰险复杂山区隧道工程特点

截至目前，西南地区已建和在建的铁路隧道共计 6 000 余座，总延长米约 10 000 km。

西南艰险山区大量隧道工程建设经验表明,艰险复杂山区隧道工程具有三个方面的显著特点:一是,隧道工程规模大、隧线比高;二是,长大、深埋隧道多;三是,特殊隧道结构类型多。

1.2.1 隧道工程规模大、隧线比高

艰险山区地势起伏大、河谷切割强烈、地形高差大,在这样的环境中修建铁路,隧道工程数量必定不少,隧道工程规模大、隧线比高是这个地区的特点之一。21 世纪之前,由于受我国国民经济水平和隧道建造技术水平的制约,山区铁路设计标准较低,设计时速不超过 120 km。在西南复杂艰险山区,铁路选线时尽量以路基代替隧道,以减少投资高的隧道工程,但成昆、南昆等艰险山区铁路隧线比仍高达 20%~40%。进入 21 世纪以来,随着我国高标准铁路及高速铁路向西南复杂艰险山区的延伸,隧道占线路长度的比重越来越大,复杂艰险山区铁路隧线比大多在 50%~80%,除去城镇附近的平原、盆地、平缓河谷等地段,隧线比往往高达 80% 以上,如成兰铁路除成都平原外山区隧线比达 86%,桥隧比重更是达 96%。西南复杂艰险山区部分代表性铁路项目隧线比见表 1-1。

表 1-1　西南复杂艰险山区代表性铁路项目隧线比

序号	铁　路　项　目	建设标准 时速—单双线	隧道座数 (座)	隧道长度 (km)	隧线比 (%)
1	成昆二线米易至攀枝花段	160 km—双线	20	120.879	84.3
2	渝湘高铁重庆至黔江铁路	350 km—双线	53	203.643	78.3
3	雅安至昌都铁路	200 km—双线	56	499.101	78.2
4	玉磨线	160 km—双线	93	395.244	77.7
5	大临线	160 km—双线	35	155.692	77.0
6	成昆二线永仁至广通段	160 km—双线	22	90.085	74.8
7	郑万线豫鄂省界至万州段	350 km—双线	60	337.341	73.8
8	丽香线	120 km—单线	20	92.529	66.2
9	大瑞线	140 km—单线	44	217.792	66.0
10	兴泉线	160 km—双线	113	282.110	65.2
11	渝怀铁路涪秀二线	120 km—单线	81	199.983	64.9
12	成兰线(成川段)	200 km—双线	17	176.543	64.1
13	贵广铁路贵州至贺州段	350 km—双线	158	367.147	61.4
14	西成线(四川段)	200 km—双线	42	98.054	59.1
15	毕织线	140 km—单线	28	46.786	58.6
16	南昆客专	250 km—双线	170	402.263	56.9
17	成昆二线峨眉至米易段	160 km—双线	52	211.371	54.8
18	拉林线	160 km—双线	47	216.469	53.7
19	贵南高铁	350 km—双线	108	257.500	53.4
20	沪昆客专	350 km—双线	259	388.759	52.2

1.2.2　长大、深埋隧道多

西南复杂艰险山区多位于我国第一阶梯的青藏高原及周边地形过渡带，大高差起伏的地势以及雄厚的山脉造就了区域内铁路隧道的大长度及大埋深，特长隧道众多，十几公里以上的特长隧道更是比比皆是。据不完全统计，目前西南山区运营及在建铁路隧道中，长度大于 10 km 的隧道共计 136 座，20 km 以上的共计 5 座(表 1-2)，最长隧道为高黎贡山隧道(34.538 km)。

表 1-2　西南地区在建及运营长度 10 km 以上的主要特长隧道

序号	隧道名称	隧道长度(m)	线路名称	设计时速(km)	单洞/双洞
1	高黎贡山隧道	34.538	大瑞铁路	140	单洞单线
2	平安隧道	28.426	成兰铁路	200	双洞单线
3	云屯堡隧道	22.943	成兰铁路	200	单洞双线
4	小相岭隧道	21.775	成昆铁路	160	单洞双线
5	跃龙门隧道	20.042	成兰铁路	200	双洞单线
6	石林隧道	18.196	云桂铁路	250	单洞双线
7	秀岭隧道	17.623	沪昆铁路	140	单洞单线
8	吉新隧道	17.607	成昆铁路	160	单洞双线—10 645 m，双洞单线—6 962 m
9	桑珠岭隧道	16.449	拉林铁路	160	单洞单线
10	榴桐寨隧道	16.312	成兰铁路	200	双洞单线
11	保山隧道	16.097	大瑞铁路	140	单洞单线
12	壁板坡隧道	14.756	沪昆铁路	350	双洞单线
13	大柱山隧道	14.484	大瑞铁路	140	单洞单线
14	月直山隧道	14.085	成昆铁路	160	单洞双线
15	柿子园隧道	14.069	成兰铁路	200	单洞双线—10 654 m，双洞单线—3 415 m
16	富宁隧道	13.625	云桂铁路	250	单洞双线
17	老鼻山隧道	13.579	成昆铁路	160	单洞双线
18	杉阳隧道	13.390	大瑞铁路	140	单洞单线
19	巴玉隧道	13.073	拉林铁路	160	单洞单线

西南山区隧道埋深普遍较大，例如：拉林铁路巴玉隧道，最大埋深 2 100 m；成兰铁路埋深 500 ~ 1 000 m 的段落也达到了 55 km，埋深 1 000 m 以上段落达 18 km，其中榴桐寨隧道最大埋深达 1 410 m。

1.2.3　特殊隧道结构类型多

普通的铁路隧道结构按单双线划分，可以分为单洞双线和双洞单线结构；按开挖方法的不同,可分为明洞和暗洞结构;按设计速度目标值来分,可分为普速铁路隧道和高速铁路隧道结构。隧道断面一般采用封闭的多心圆带仰拱的曲墙断面,开挖面积在几十平方米至150 m^2左右。为适应不同的地形条件、地质条件,满足车站运输功能的要求,在艰险复杂山区除了上述普通的隧道结构形式外,还设置了许多特殊的隧道结构形式,归纳起来主要包括车站隧道类、变截面隧道类、特殊隧道基础类、桥隧结合类、高填方类、洞群型等6种类型,共计20种典型断面形式。

1. 车站隧道类

在艰险复杂山区修建铁路,由于地形狭窄,经常将车站全部或部分设在隧道内。常见车站隧道包括双线、三线及四线隧道,最大的特点是开挖跨度及开挖面积大,施工难度大。例如,六沾铁路乌蒙山二号隧道,出口端四线车站伸入隧道形成四线隧道,开挖跨度为28.42 m,开挖面积为354.30 m^2。

2. 变截面隧道类

变截面隧道主要布置在隧道合、分修的过渡段,以及车站与正常隧道断面之间的过渡段。变截面隧道包括喇叭口隧道结构和分叉隧道结构。其特点是隧道断面变化频繁,结构受力复杂,施工组织难度大,施工干扰大。例如,成兰铁路杨家坪隧道进口端1 500 m为双洞分修隧道,出口段为单洞合修隧道,在洞内分合修过渡段形成喇叭口段,变截面隧道长360 m,开挖跨度从6.95~26.79 m,开挖面积为191.75~377.10 m^2。

3. 特殊基础类

特殊基础类可分为桩筏基础型、拱跨承载型、高回填基础型等三种典型结构形式。

(1)桩筏基础型

桩筏基础多用于处理岩溶充填地层,当地基承载力不足或固体颗粒物存在流失的情况采用,其结构的基本形式为钢筋混凝土底板与钢筋混凝土桩基的组合结构。如安六铁路茨冲一号隧道跨越充填碎石土溶洞采用了桩筏结构。

(2)拱跨承载型

拱跨承载型多用于隧道跨越暗河、竖向发育的深切空溶洞或宽裂隙,其结构的基本形式是钢筋混凝土拱形基础结构。如渝怀铁路郁山隧道洞身利用跨度14.4 m的拱桥结构跨越溶洞。

(3)高回填基础型

高回填基础型多用于隧道穿越巨型空溶洞,线路高悬的条件下,其结构基本形式是隧道底部采用大体积混凝土作为承载基础,如沪昆铁路朱砂堡二号隧道穿越巨型空溶洞隧底设置中空高回填基础,基础高度达到55 m。

4. 桥隧结合类

桥隧结合类可分为护桥明(棚)洞型及隧内设桥型两种类型。

(1)护桥明洞型

当隧道仰坡高陡,坡面存在危岩落石等不良地质,桥隧工程相连时,为了保护桥梁结构的安全,往往需要设置护桥明洞结构。结构形式有单跨和多跨两种类型。如:安六铁路上寨隧道出口桥隧相连,为防护危岩落石设置了单跨护桥明洞结构;成兰铁路榴桐寨出口结合洞口地形、危岩落石防护及龙塘车站布置设置多跨护桥明洞结构。

(2)隧内设桥型

隧内设桥型主要是为跨越隧道内的溶洞而设置,桥梁形式有单跨简支梁、多跨连续梁、多跨刚架桥等。如成贵铁路玉京山隧道跨越巨型溶洞,采用了(38 +108 +38) m 三跨连续梁结构。

5. 高填方明洞型

为了避免铁路切割地块,提高山区铁路枢纽范围内的土地使用价值或满足山区人工造地的需要,多采用高填方明洞结构形式。

如贵阳枢纽龙洞堡隧道,位于复杂的机场环境,洞身多处为洼地,地面标高低于机场场坪 50 ~60 m,为节省用地、减少对周围环境影响,贯彻"以人为本"的设计理念,方便旅客"零换乘",洼地段采用明洞方案。明洞衬砌拱顶需回填至机场近远期规划用地标高,隧道结构最大跨度约 28 m,隧道拱顶以上回填土约 34 m,衬砌若采用实心结构,其厚度超过 2 m,为解决设计与施工存在的水化热问题,采用了开孔明洞衬砌结构。

又如渝利铁路丰都造地明洞工程,处于沟谷弃渣造地堆积而成的大型岩土体内,回填后明洞两端与熊家岭隧道、石缸坡隧道连通,明洞纵向长 373 m,沟谷回填纵向长度 2 700 m,铁路路基面处填高 57 m,隧道拱顶以上回填土最大厚度 29 m,明洞基底悬空最大高度 32 m。明洞基础采用大体积混凝土回填,同时作为填土的抗滑结构,并兼具拦渣功能。

6. 洞群型隧道结构

洞群型隧道结构主要为满足山区铁路隧道防灾救援、铁路枢纽疏解等功能需求而设置。常见结构类型有多洞并行型和多洞立交型等。

如贵阳枢纽龙洞堡机场隧道,是实现东北环铁路、城市轨道、航空客运、公路市政紧密衔接的现代化立体交通枢纽的地下三层车站隧道,车站范围采用三管隧道形式通过,分为 2 个站台隧道及 1 个正线隧道,三管隧道间通过联络通道连接,如图 1-5 所示。

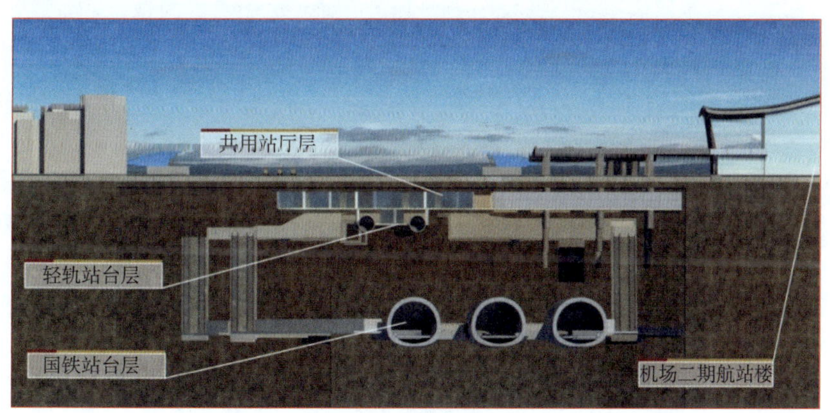

图 1-5　龙洞堡机场隧道 3 洞并行结构

又如成兰铁路云屯堡隧道,于 4 号横洞与正洞交叉处设置的防灾救援站,救援站呈"水平 3 层,竖直 3 层"共七洞立体结构,如图 1-6 所示。救援站长 550 m,救援通道 4 个,累计总长 2 034 m;排烟通道 4 个、累计总长 1 592 m;横通道 22 个,累计总长 759. 5 m。

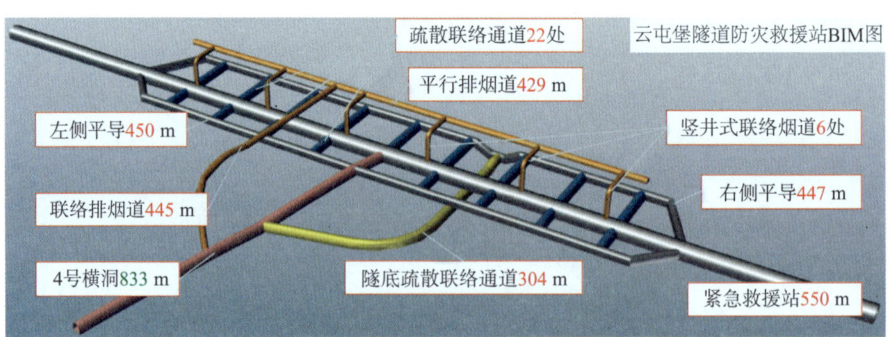

图 1-6　成兰铁路云屯堡隧道洞内防灾救援站七洞立交结构

1.3　艰险复杂山区隧道建设面临的问题

在艰险复杂山区特殊的环境之下修建隧道,需要妥善解决好一系列的关键技术问题,这些问题涉及高陡洞口高地质灾害风险的防范、洞身不良地质的处置和高海拔高寒缺氧气候环境的应对等多个方面,每个方面都直接影响着隧道工程建设的成败。

1. 高地灾风险隧道洞口施工、运营安全

洞口是隧道工程地下部分与地面明线工程连接的关键点。在复杂艰险山区铁路隧道洞口,往往上方坡面崩塌、落石、岩堆、滑坡等重力型不良地质发育,中部桥隧相连,甚至桥台进洞、车站进洞,有些洞口段的隧道结构还需为站后设备的安装提供地下空间,洞口结构复杂;下部沟谷高陡深切,岸坡稳定性差,沟谷多泥石流沟。在狭窄高陡的沟谷地形、功能需求多样复杂的结构、重力型不良地质发育等因素的共同作用下,施工期间发生工程滑坡或垮塌,运营期坡面岩(土)体坠落至线路的安全风险高。因此,保证施工安全的进洞技术和保证运营安全及功能需求的防护技术,是复杂艰险山区隧道洞口建造需要面临的主要难题之一。

2. 复杂岩溶隧道涌水突泥风险防范及结构安全

西南地区为我国岩溶强烈发育区,由于岩溶发育的复杂性、随机性、隐蔽性和现有岩溶勘察技术手段的局限性,勘察设计阶段尚无法完全查明隧道内岩溶的空间分布形态及发育规律。西南地区岩溶隧道施工中,经常遭遇大型复杂岩溶管道、暗河、巨型溶洞等岩溶现象,稍有不慎,在富水岩溶带极易发生涌水突泥灾害,造成重大人员伤亡、物资损失和建设工期延误。在运营期间,雨洪季节时因隧道排水系统排水能力不足或堵塞,可能造成地下水压力上升,引起结构裂损、隧底隆起,严重时甚至中断行车,给铁路运营造成重大损失。因此,如何防范施工期间涌水(泥)突泥(水)地质灾害,如何建立适应岩溶水变化的结构体系和确保运营安全的排水系统,也是岩溶隧道建造面临的主要技术难题。

3. 富水软弱构造带隧道施工安全

西南复杂艰险山区由于地质构造运动活跃,隧道内断层、向斜、背斜、节理理密集带、火成岩蚀变带等富水软弱构造带类型众多、分布广泛,这些构造多具有埋深大、水量丰富、水压高、岩体破碎的特点,施工时极易发生突水突泥地质灾害。如何考虑水压力的影响,如何预防大规模突水突泥事故的发生都是此类隧道需要克服的技术难题。

4. 高地应力环境下软岩大变形控制及岩爆防治

高地应力环境下隧道施工会遇到两大难题，一是大变形，二是岩爆。这两大难题在西南复杂艰险山区具有典型性，一旦发生会给施工安全、进度、工程投资带来很大的影响。软岩大变形主要发生于大埋深或高构造应力的软弱围岩地层中，具有发生段落及变形等级预测难度大、持续时间长、控制难度大的特点。岩爆主要发生于大埋深高地应力的硬岩地层，具有预测的准确性不高、施工期安全风险高的特点。大量的工程实践表明，预测技术是大变形控制及岩爆防治的基础，支护技术、施工工法、施工装备的合理组合是软岩大变形控制及岩爆防治的技术难题。

5. 高地温（高温热水）隧道热害防治

地温梯度异常引起的高岩温，以及深循环地下热水在深大断裂构造中流动引起的高水温，是高温热害的两种类型。高温地层会恶化作业环境、危及人员健康和降低施工效率，特别是高温热水对施工的不利影响更大且处置难度极高。高温地层同时也会对支护和衬砌结构质量、运营环境等带来不利影响。因此，如何有效控制施工期间作业环境的温度，保障作业人员的身体健康并采取措施降低运营期间隧道的环境温度是高地温隧道建造需克服的又一个难题。

6. 活动断裂带隧道适应大位错量的支护结构

西南复杂艰险山区大部分位于印欧板块相互碰撞形成的造山带，区域构造复杂，分布有 13 条深大活动断裂及其大量的分支断裂，预测活动断裂带百年错动和蠕动量均达到米级。如 2008 年“5 · 12”汶川 8.0 级大地震，发震断裂为龙门山中央断裂，最大断层地表错位达 3.4 m，导致都江堰—汶川公路多座隧道洞身发生不同程度错断、变形，对交通运输造成重大影响。因此，如何确定隧道洞身穿越活动断裂带处未来正常使用期的位错量，如何确定设防段长度，采用何种适应大位错量的支护结构确保隧道长期运营安全，是穿越活动断裂带的隧道需要攻克的主要技术难题。

7. 瓦斯隧道施工及运营安全

西南山区地下有着非常丰富的煤和天然气（瓦斯），铁路隧道建设无法避免煤层和瓦斯。隧道是一个相对封闭的地下空间，当隧道内因通风不良而存在浓度超标的瓦斯气体时，在一定条件下，可能发生燃烧、爆炸事故；当煤系地层内瓦斯压力较大时，甚至可能发生煤与瓦斯突出事故。瓦斯事故一旦发生，后果严重，须严格避免。铁路隧道与煤矿巷道不同，铁路隧道开挖面积大得多，瓦斯逸出量大，需要的通风量大，控制瓦斯浓度更难；铁路使用寿命长，对瓦斯的封堵则要求更高。如何通过有效的探测、检测、通风和结构封闭等措施防治瓦斯，保障施工和运营安全是隧道建设的又一个难题。

8. 高海拔隧道通风供氧及防寒抗冻

高海拔地区地理环境特殊，气候条件恶劣，空气中的氧含量低，气压低，气温低、昼夜温差大，紫外线强。在高海拔隧道建设过程中，由于空气含氧量低、气压低，影响作业人员身体健康，带来了施工通风、作业人员和施工机械降效等问题。如何建立科学的劳动卫生保障体系，改进作业机械配置，完善通风供氧系统，是高海拔隧道建设的难题。由于海拔高气温低，会带来运营期间隧道的结构冻害问题。如何确定隧道防寒抗冻设防段长度，并针对性地采取防寒抗冻措施也是高海拔寒区隧道建设需要面临的主要技术难题之一。

1.4 艰险复杂山区隧道建设关键技术

1.4.1 艰险复杂山区隧道建设历程

按照支护理念、支护手段和技术先进性的不同，复杂艰险山区铁路隧道技术的发展历程大体上可以划分为两个阶段。

1. 第一阶段：传统矿山法阶段

新中国成立至20世纪末，在西南山区修建了十余条山区干线铁路，主要有成渝、宝成、成昆、黔桂、湘黔、川黔、贵昆、湘桂、焦柳、南昆、内昆、株六等铁路。这些干线铁路隧道基本都是采用传统矿山法修建技术建成的。这一时期，工程技术水平和社会经济能力有限，铁路技术标准低，西南山区干线铁路都是单线，隧道断面小。铁路选线注重线路更好地适应地形，少设长隧高桥，短隧道多，平均隧道长度在500 m左右。隧道结构是整体式衬砌不设防水层；上下台阶开挖、手持式风动凿岩机等小型机具配套为主，机械化程度低，工程进度缓慢。到20世纪末，个别工点尝试采用锚网喷支护、大型机械化配套、隧道全断面掘进机技术，但隧道总体建造水平仍然不高。

这一时期代表性的铁路和隧道工程有：

1952年建成的成渝铁路中梁山隧道，穿越重庆市中梁山脉岩溶区，也是新中国铁路穿越岩溶区的第一座隧道。

1970年通车的成昆铁路沿线因地形陡峻、地质复杂，被称为“地质博物馆”，更被国外专家断定为“筑路禁区”，建设者们在沙木拉打隧道(6 379 m，图1-7)、关村坝隧道(6 107 m)成功克服了岩爆等不良地质，开创了我国复杂艰险山区岩爆隧道建设的先例。

1997年通车的南昆铁路，是我国20世纪90年代在复杂艰险山区修建的代表当时先进筑路水平的长大铁路干线，在高瓦斯(最大瓦斯压力1.585 MPa)、高地应力软岩大变形地层(最大拱顶下沉2.4 m、底鼓1 m)中修建了被誉为“天下第一险洞”的家竹箐隧道(4 990 m，图1-8)。在大埋深(最大埋深700 m)软弱富水构造带发育众多的地层中修建了米花岭隧道(9 392 m)，并创造了月成洞百米的纪录。在9度地震区修建了浅埋大跨度的乐善村二号隧道(274 m)。

图1-7 成昆沙木拉打隧道

图1-8 南昆家竹箐隧道

2. 第二阶段:新奥法应用阶段

进入21世纪以来,随着国家"交通强国、铁路先行"和"发展西部"战略的实施,西南复杂艰险山区铁路得到了大发展,前后修建及在建数十条山区高标准铁路,主要有渝怀、渝怀二线、襄渝二线、黔桂二线、湘桂扩能、玉蒙、蒙河、六沾、昆沾、广昆、大丽、丽香、广大、渝利、贵广、沪昆、云桂、西成、成渝客专、成昆二线、成贵、成兰、贵南等铁路项目。这些干线铁路隧道基本都是采用新奥法技术修建的。这一时期,工程技术水平和社会经济能力持续、稳定提升,铁路技术标准也不断提高,西南山区干线铁路普遍都按照双线标准修建,隧道占线路长度的比例、长隧道数量较上一个阶段明显增多,如成兰、川藏等线平均隧道长度均超过了10 km。在隧道结构方面,采用以锚杆、钢筋网和喷射混凝土为主要构件的初期支护,并与模筑混凝土二次衬砌、防水板共同组成的复合式结构;施工装备方面,采用多臂凿岩台车、喷射混凝土台车、全断面衬砌台车为主要工装的大型机械化配套技术,极大地提高了劳动生产率;加上超前地质预报技术,注浆堵水技术,长距离通风技术的发展,修建长大隧道的能力和克服高地应力、高瓦斯、高温、高水压等不良地质的能力均得到大幅度的提升。

这一时期代表性的铁路和隧道工程有:

2008年开工建设至今的大瑞铁路,广大建设者总结其具有"三高四活跃"的特征,"三高"即高地热、高地应力、高地震烈度,"四活跃"即活跃新构造运动、活跃地热水环境、活跃外动力地质条件、活跃岸坡浅表改造过程。洞口地质灾害、高压富水软弱构造带涌水突泥、高地温热害、滇西红层软岩大变形是该线隧道十分突出的地质问题。目前在建的亚洲第一越岭长隧高黎贡山隧道(34 538 m)均遇到了上述地质难题。

2010年开工建设至今的成兰铁路,其复杂艰险程度世界罕见。其地形和地质具有"四级三高五复杂"特征,"四极"指地形切割极为强烈、构造条件极为复杂活跃、岩性条件极为软弱破碎、汶川地震效应极为显著,"三高"指高地应力、高地震烈度和高地质灾害风险,"五复杂"指复杂的构造运动历史、复杂多变的复理岩建造、复杂的地应力环境、复杂的地下水条件、复杂的结构形式。该线隧道遭遇了包括高海拔高寒缺氧在内几乎所有的不良地质,其中20余处高陡高地灾风险洞口、30 km的软岩大变形、5条活动断裂是该线隧道最为突出技术难题。如穿越"5·12"汶川地震发震断裂—龙门山断裂的跃龙门隧道(20 042 m)洞口发育岩堆,洞身穿越富水软弱构造带、活动断裂、岩溶及岩溶涌水、严重软岩大变形、高瓦斯、硫化氢多种叠加的不良地质。

2015年开工建设的拉林铁路,线路高程2 800~3 700 m,高地温、岩爆、高海拔高寒缺氧是其主要特征,目前隧道工程全部贯通。其中桑珠岭隧道(16 449 m)施工遭遇了8 147 m长的高地温段,最高岩温达89.3 ℃;巴玉隧道(13 073 m)施工中穿越了近2 km的强岩爆段。

2019年开通运营的成贵铁路,岩溶、瓦斯、富水软弱构造带、煤层大变形是其主要特征。施工中揭示了大量复杂的岩溶现象,其中玉京山隧道巨型溶洞被誉为"中国高铁第一洞";同时全线分布有26座高瓦斯隧道,且煤层瓦斯和非煤瓦斯均有分布。

1.4.2　艰险复杂山区隧道建设关键技术

中铁二院建院近70年以来,致力于复杂艰险山区铁路建设,依托西南复杂艰险山区大量隧道建造的工程实践,在工程设计、施工建造等方面不断总结、凝练,初步形成了以下艰险复杂山区隧道建设关键技术。

(1)洞口工程建造方面。逐步完成了洞口选择从单一的关注经济性到高度重视安全、环保进洞的设计理念转变;形成了基于洞口稳定性评价和风险评估为基础的隧桥一体化结构,坡面分区、分类、分级防护的建造技术。

(2)洞身特殊不良地质建造技术方面。形成了复杂富水岩溶、巨型溶洞系统性建造技术,编制了《铁路岩溶隧道勘察设计规范》(Q/CR 9251—2020);形成了不同类型富水软弱构造带以超前地质预报为先导、多样化的防突防涌建造技术;形成了高地应力软岩大变形隧道主动控制技术,并编制了《高地应力软岩大变形隧道勘察设计指南》(中铁二院);形成了不同类型不同等级岩爆预测、支护、安全防护的综合防治技术;形成了高温热害隧道高岩温爆破、施工降温及运营环境控制的综合防治技术;形成了能够适应活动断裂带设防错动的隧道建造技术;形成了煤层瓦斯及非煤瓦斯"探、测、防、封"为一体的瓦斯隧道建造技术,编制了《铁路瓦斯隧道技术规范》(TB 10120—2019)。

(3)高海拔寒区隧道建造技术方面,形成了低纬度高海拔寒区隧道防寒抗冻设防技术,形成了缺氧条件下的长距离施工通风、施工机械配套、作业人员劳卫保障等关键技术。关键技术包含的主要内容及代表性铁路工程项目见表 1-3,详细内容见本书第 10 章。

表 1-3　复杂艰险山区隧道建造关键技术

序号	关键技术名称	关键技术的主要内容	代表性工程
1	高地灾风险洞口可靠性保障技术	(1)洞口边坡稳定性及风险评估技术。 (2)高陡边坡"分区、分类、分级"设计方法。 (3)隧路桥站一体化结构设计方法。 (4)复杂地质、复杂环境进洞技术	成兰铁路 成昆二线 拉林铁路
2	复杂岩溶隧道建造技术	(1)超前地质为核心的涌水突泥风险防范技术。 (2)岩溶隧道施工组织设计方法。 (3)复杂岩溶处理、巨型溶洞跨越技术。 (4)富水软弱充填溶洞超前加固技术。 (5)富水岩溶结构及排水体系设计方法	渝怀铁路 成贵铁路 贵广铁路 沪昆铁路 云桂铁路 黔桂铁路
3	富水软弱构造带隧道建造技术	(1)超前地质为核心的涌水突泥风险防范技术。 (2)超前加固技术,环保区注浆堵水技术。 (3)结构与排水体系的设计方法	厦深铁路梁山隧道 大瑞铁路 玉磨铁路
4	高地应力软岩大变形控制技术	(1)大变形类型及等级判定、预测技术。 (2)软岩塑流型、碎裂岩体型、岩层弯折型三种类型不同等级支护设计方法。 (3)优化洞形、主动加固、分级控制、强化支护的基本设计原则。 (4)"四快三强化"控制技术,快挖、快支、快锚、快封闭,强化支护形状对控制变形和底鼓的作用、强化锚杆锚索对围岩的加固作用,强化后注浆对围岩性质的改善作用。 (5)施工工法、工艺、装备的配置	成兰铁路 成昆二线 成贵铁路高坡隧道 大瑞铁路

续上表

序号	关键技术名称	关键技术的主要内容	代表性工程
5	岩爆防治技术	(1)岩爆类型及等级判定、预测技术。 (2)岩爆防护技术。 (3)支护结构设计方法	拉林铁路巴玉隧道 成兰铁路平安隧道
6	高地温隧道建造技术	(1)高岩温爆破技术。 (2)综合降温技术。 (3)支护结构隔热及防裂技术。 (4)高地温环境作业人员健康保障技术	拉林铁路桑珠岭隧道 高黎贡山隧道 玉蒙铁路旧寨隧道
7	活动断裂隧道建造技术	(1)不同类型活动断裂带设防位错量的计算方法。 (2)活动断裂位错量线路方向分布规律计算方法。 (3)设防范围、节段长度、变形缝宽度设计方法。 (4)洞内及地表位错量监测技术	成兰铁路柿子园、跃龙门、茂县、红桥关隧道
8	瓦斯隧道建造技术	(1)煤层瓦斯、非煤瓦斯超前地质预报技术。 (2)瓦斯隧道施工安全保障技术。 (3)突出煤层防突揭煤技术。 (4)瓦斯封闭结构设计方法。 (5)瓦斯隧道运营安全保障技术	成贵铁路 南昆铁路家竹箐隧道 六沾铁路乌蒙山一号、三联隧道
9	高海拔寒区隧道建造技术	(1)高海拔寒区隧道防寒抗冻设计方法。 (2)高海拔长距离工区隧道施工通风供氧技术。 (3)高海拔隧道施工机械化配套技术。 (4)高海拔隧道作业人员健康保障技术	拉林铁路 成兰铁路

第2章　隧道洞口工程

隧道洞口是由半无限空间向密闭空间转换的临界面。隧道洞口不仅是最易受到洞口不良地质、自然灾害影响的段落,也是施工中最易发生塌方等风险事故的部位之一,对保障施工及运营安全有着至关重要的作用。隧道洞口的设计经历了“晚进早出”到“早进晚出”的理念转变,洞口开挖尽量少破坏自然边坡,隧道洞门形式趋向于与地形、地貌等自然环境相协调;同时,为了保持边仰坡的长期稳定,在进洞前往往还需要事先对洞口地层进行预加固、采用回填暗挖或接长明洞反压平衡山体压力等措施,以进一步提高隧道洞口的抗风险能力,这也是艰险复杂山区隧道的一大特色。

2.1　洞口工程特点

艰险山区一般地形切割强烈,坡面重力型不良地质发育,与其他地区隧道洞口工程相比,呈现如下特点:

1. 重力型不良地质发育,地灾风险高

崩塌、危石、岩堆、滑坡等重力不良地质体发育。如第1.1节所述,仅宝成、川黔、襄渝三条西南铁路线上崩塌和落石就达到900余处;成昆线乌斯河工务段,通车后19年间,共发生落石900余次;西南地区较早修建的6条铁路发生的滑坡数量达到525处,不良地质发育程度之严重不仅国内铁路少有,在世界铁路也属罕见。加之西南山区降雨丰富,地震频发,这些不利的环境因素每年都在诱发着地灾的发生,导致西南铁路隧道洞口的地灾风险很高。

如“5·12”汶川地震后,触发了大量的滑坡、崩塌、碎屑流等重力型不良地质,使得穿越“5·12”汶川地震强震区的成兰铁路沿线隧道洞口选择极其困难,虽然采取了“先定洞口,后定线位”的减灾选线原则,但仍有部分洞口面临着震后次生地质灾害威胁。又如2019年由于连续降雨,成昆铁路某隧道洞口坡面失稳,导致洞口被掩埋,如图2-1所示。

图2-1　成昆铁路某隧道洞口坡面失稳

2. 洞口位置选择局限性大

理想的隧道洞口位置应该满足三个条件:(1)洞口具有开阔的地形,线路中线与地形等高线垂直正交;(2)不受洞顶坡面不良地质体和沟谷山洪的威胁;(3)洞口位于稳定的地层中。因此,规范提出了在勘测选线阶段应对洞口风险源进行全面分析,充分比选洞口方案,必要时应以洞口位置定线,避免在存在重大风险源的区域设置洞口。

然而,在艰险复杂的西南山区,却少有能够完全满足条件的洞口位置供隧道设计选择。一方面,由于地形切割强烈,山高坡陡,有的工点地表坡面高达数百甚至上千米,坡面重力不良地质规模大、分布广,可供选择的理想洞口位置不多;另一方面,洞口位置选择还受到诸多因素的限制,如线路平面布置和洞口桥梁布置等,局部调整洞口线位困难,洞口往往只能选择在风险相对较低的位置,设计时需要充分利用工程措施来降低洞口的安全风险。

3. 洞口承载功能多,结构复杂

艰险山区路基工程少,隧线比高、隧道群多,两隧夹一桥的工点多,在隧道连续设置的段落两隧之间的明线一般都比较短,往往不超过一列车的长度。当在两隧道之间的明线上设置车站或者救援站时,会出现车站两端在隧道内,中间在桥梁上的情况。这种情况下隧道洞口要承载桥梁(台)基础功能、桥梁防护功能,车站服务功能及防灾救援等功能,造成洞口隧道的跨度、高度显著增大,洞口明洞的基础高悬,正洞与服务隧洞多洞并行,结构形式多样、附属构筑物复杂,在多种组合及不良地质条件下,对洞口结构设计提出了更高要求。如成兰线榴桐寨隧道出口,就是集大断面隧道、深基础防护明洞、四线车站加站台的桥梁和运营防灾救援站为一体的典型工程。

4. 洞口场地布置困难,便道引入艰巨

在陡峻的“V”形峡谷进出洞是艰险山区隧道的特点。有的峡谷自然边坡达到 45°以上,甚至完全直立,没有施工场地布置条件,连正常进洞都十分困难,道路等大临工程异常艰巨。如成昆二线沿尼日河段,线路傍山沿河、桥隧相连,隧道洞口勉强能布置下一条施工便道,混凝土拌和站、钢筋加工场、项目部营地等均需要设置在距离洞口数公里以外;又如成兰线平安隧道,进口高悬于核桃沟河床上方 20 余米,洞口仰坡大于 45°,隧道施工只能从一侧坡度稍缓的位置设置长 80 m 横洞迂回进洞;又如拉林线巴玉隧道,出口紧邻雅鲁藏布江峡谷,为将施工便道引到隧道洞口,不得不开挖了一条长达 500 余米的公路便道隧道,大临工程非常艰巨。

2.2　洞口坡面稳定性评价

2.2.1　坡面稳定性评价方法

隧道洞口稳定性一般是指隧道洞口天然坡面及工程开挖坡面的稳定性,复杂艰险山区洞口边仰坡的稳定性评价是贯穿整个隧道建设的一项重要工作,从勘测选线到隧道结构设计,延续到运营期。

1. 洞口稳定性影响因素

影响隧道洞口边仰坡稳定性的主要因素是地形、地质条件;同时,还会受到地震、降雨及施工等因素的影响。

(1)地形条件:主要有隧道洞口边仰坡坡面倾角、坡面高度以及隧道与坡面的位置关系。

(2)地质条件:主要有洞口围岩条件,构造、岩性、风化破碎程度、节理情况等。

(3)降雨及地下水:大部分坡面失稳的发生都与降雨相关。降雨特别是强降雨可能使得土层或者岩层饱水降低土(岩)层强度,或者受洪水冲刷,从而形成不稳定坡面甚至形成泥石流等。

(4)地震:震害调查表明隧道震害大部分集中在洞口,而洞口震害大部分是由于地震力引发山体失稳造成的,震害大小与地震强度有关。

(5)工程活动:施工开挖切削坡脚,山体失去支撑,引起坡面失稳。

2. 洞口稳定性评价方法

隧道洞口的坡面稳定性评价可以参考路基边坡的方法,采用简化的二维平面算法。但有条件时,可运用三维有限元、有限差分等软件,建立洞口的真实三维模型,通过数值仿真分析边仰坡的稳定性。因为隧道洞口除两侧边坡外还有正面仰坡,整体上看洞口是在边坡上开凿的三维空间结构,采用三维算法,充分考虑三维空间效应,这样可以与实际情况更加一致,能更精确的评价洞口稳定性,从而使设计更具针对性。

3. 边仰坡稳定性分级

利用前述洞口稳定性评价方法,结合铁道部《艰险困难山区高速铁路隧道关键技术研究——艰险困难山区高速铁路复杂地质隧道修建技术》课题的研究成果,本书基于洞口边坡坡度、岩体完整性、岩体单轴抗压强度、表层强风化岩体厚度、坡面高度等五项参数,将隧道洞口坡面分为Ⅰ类、Ⅱ类、Ⅲ类,共三种类别。Ⅰ类为稳定坡面,Ⅱ类为欠稳定坡面,Ⅲ类为不稳定坡面,见表2-1,并提出了工程建议措施。

表 2-1 隧道洞口边仰坡分类及工程措施

洞口坡面类别	洞口坡面坡度 α(°)	岩体完整性系数 K_v	岩体单轴抗压强度 R_c(MPa)	表层强风化岩体厚度 δ_w(m)	坡面高度 H(m)	坡面稳定性评价	坡面工程措施建议
Ⅰ类	<30	>0.75	>30	<0.5	<10	稳定	不处理
Ⅱ类	30~40	0.45~0.75	10~30	0.5~6	10~30	计算确定	计算确定
Ⅲ类	>40	<0.45	<10	>6	>30	不稳定	加固处理

注:当位于强震区时,洞口边坡分类尚应考虑地震动对坡面稳定性的不利影响。

2.2.2 坡面防护及加固

西南山区隧道洞口重点应针对高陡边仰坡、坡面特殊不良地质体及危岩落石进行防护及加固。

1. 高陡仰坡防护及加固

常规隧道洞口一般仅需对洞顶开挖坡面进行防护就足够了,防护面积小,防护措施单一。而艰险山区隧道洞口,洞顶仰坡高陡,高达上百米的情况比较普遍,自然边仰坡防护面积大,除了按照表2-1对边仰坡进行分类并处理外,设计时还需要结合现场地质情况,分析自然边仰坡坡面上的不良地质及其形成原因、风险及潜在风险源,开展"分区、分类、分级"综合防护设计,设置可靠的防护措施,确保施工及运营安全。

(1)分区:根据仰坡范围内不良地质对洞口的影响程度,分成不同的防护区域。

(2)分类:对仰坡范围内存在的不良地质进行分类,并对其可能产生的地质灾害进行判别。

(3)分级:结合仰坡不良地质分类分区及严重程度分级,分级采取针对性防护措施。

图 2-2 所示的成兰铁路平安隧道进口，仰坡总长度约 1 037 m，轨面至坡顶高差约725 m，自然边坡 30°～50°，局部陡峻可达 65°以上。通过调查，坡面上部发育危岩落石，中下部表层覆盖层蠕变松弛，已经形成多处地表裂缝，出现 3 处边坡表层土溜坍。根据表 2-1，该坡面属于Ⅲ类坡面。

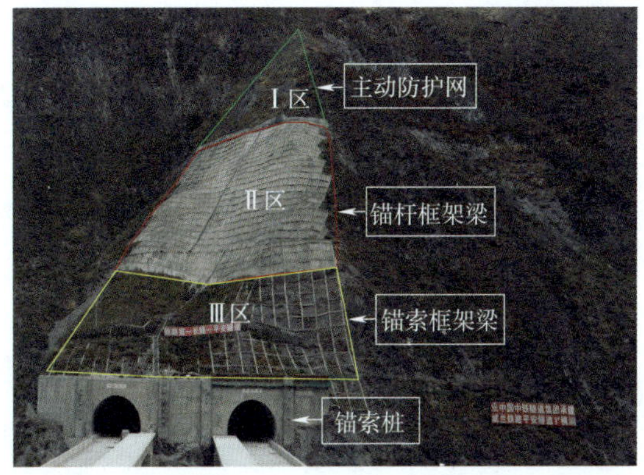

图 2-2　成兰铁路平安隧道进口仰坡分区分级处理图

由于该坡面高达 725 m，按照“分区、分类、分级”综合防护的原则设计。首先“分区”：根据仰坡范围内不良地质对洞口的影响程度，将洞顶坡面自上而下分成Ⅰ、Ⅱ、Ⅲ共 3 个防护区域。然后“分类”“分级”：Ⅰ区以危石为主，可能产生的地质灾害为危岩落石，严重程度为中度，采用清除、嵌补、支顶措施并设置主动网防护；Ⅱ区存在坡面溜坍，可能产生的地质灾害为崩塌，严重程度为中度，采用“锚杆框架梁＋框架内注浆及锚网喷防护”；Ⅲ区为洞顶缓坡段，表层为松散堆积土，可能产生的地质灾害为滑坡，严重程度为中度，采用“锚索框架梁＋框架内注浆及坡面绿化防护＋锚索桩”。平安隧道进口仰坡按上述原则进行综合防护处理后，边坡稳定性得以加强，效果良好。

2. 特殊不良地质体坡面的加固及防护

西南山区隧道洞口常见的特殊不良地质体主要是指滑坡、岩堆、斜坡不稳定体等，在自然状态下基本稳定，但在地震、暴雨及人工扰动的情况下可能发生滑动、溜坍失稳等。此类坡面安全风险极大，对大型特殊不良地质体坡面，由于处理难度大、投资高、工期往往较长，线路需进行绕避；对中、小规模的，在绕避代价过大时，应尽量减小通过的范围，并采用合适的工程措施进行处理加固后再进洞。针对特殊不良地质体坡面处理的常用方法有直接加固防护、清方减载后加固防护。

(1)直接加固防护型

当隧道洞口位于不良地质体(滑坡、岩堆、斜坡不稳定体)，且基岩面较浅时，为保证洞口施工及运营安全，可采用先对不稳定体进行加固后再开挖并施工洞口结构。

如乌蒙山二号隧道出口，位于陡坡中部，自然坡度陡，坡度为 40°～55°；拱顶以上坡高高达 40～45 m；坡面正面面积大，隧道开挖跨度范围坡面面积达 1 800 m^2以上；斜坡上植被较差，地表全风化层较厚，表层松散、破碎，不稳定。为能够有效防护仰坡坡面、保证坡面正面稳定，改善坡面岩土体的受力状态，对洞口仰坡坡面采用锚索框架梁进行防护。坡面内采用喷混植生防护，实现锚索框架梁与植被柔性防护体系相结合，达到既能有效加固仰坡坡面，又能美化环境的目的，实现了工程和自然的和谐统一，如图 2-3 所示。

又如成兰铁路跃龙门隧道进口(图 2-4)，自然坡度为 30°～40°，洞口位于高川 3 号岩堆中，岩堆体厚度为 10～20 m，处于暂时稳定状态，坡面松散物质在雨季形成坡面碎屑流(泥石流)的风险大。因此采用下述工程措施直接对岩堆体进行加固处理：

①群桩锚固：为保证坡面整体稳定，结合隧道洞身情况采用群桩加固不良地质体。

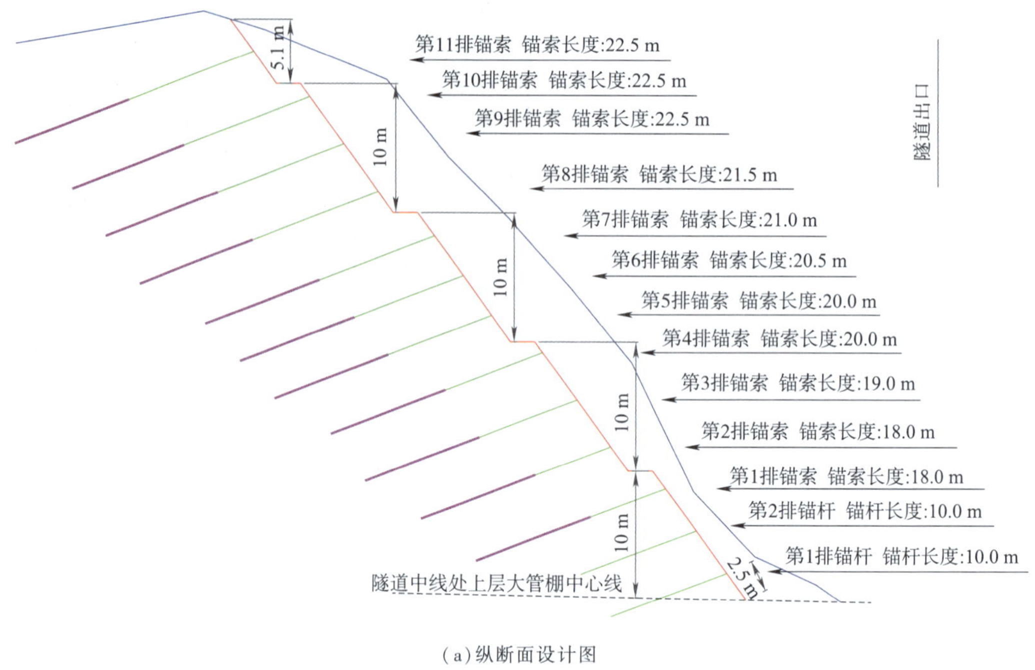

(a)纵断面设计图

(b)洞口照片

图 2-3 六沾铁路乌蒙山二号隧道出口仰坡锚索(杆)框架梁加固

②地表加固:对开挖影响范围采用地表注浆,加固不良地质体,防止隧道开挖时发生塌方。

③坡面防护:对隧顶坡面局部存在的可能溜坍的不良地质体,采用锚杆框架梁防护。

④洞口接长明洞:洞口接长明洞结构避免坡面局部溜坍影响线路,为防止结构不均匀沉降,对隧底的岩堆体采用换填或者注浆等手段加固处理。

(2)清方减载后加固防护

当隧道在不良地质体中部穿过,结构长段落位于松散体内,不良地质体基岩面较深,预

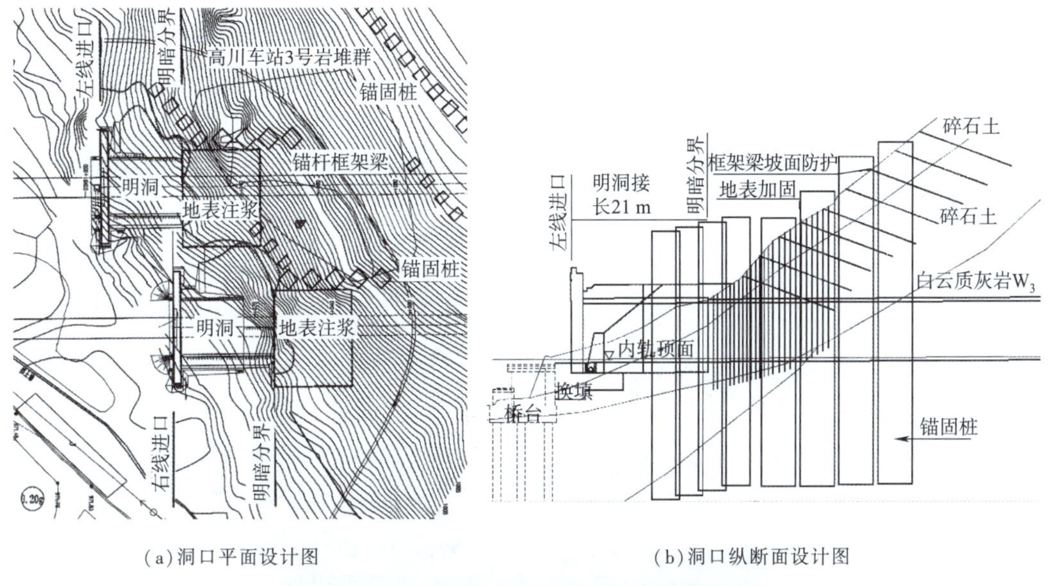

(a)洞口平面设计图　　　　(b)洞口纵断面设计图

(c)洞口照片

图 2-4　成兰铁路跃龙门隧道进口不稳定坡面群桩加固

加固桩无法设于稳定基岩上时,可采用“上部减载及加固、中部固结及挡护、下部坡脚锚固”全方位处理的方式。图 2-5 所示为成兰铁路新民隧道出口边坡清方减载及加固防护处理示意图。隧道从岩堆体中穿越,岩堆体成分以崩坡积碎石土及块石土为主,岩堆体呈扇形,主轴方向 N49°E,与线路夹角约 45°,主轴长度 140 m,前缘宽度 260 m,局部深度达 70 m 以上,线路位于岩堆体段落长达 56 m,岩堆体处于不稳定状态,主要处理措施如下。

①上部减载及加固

即对隧道上方不良地质体进行清方减载,减少滑坡、岩堆后缘荷载,降低隧道洞顶覆土松散荷载,有利于不良地质体稳定。同时对减载后的坡面采取喷锚网防护措施以防止冲刷溜坍。

②中部固结及挡护

对松散的坡面进行注浆固结,同时采用预加固桩加固、土钉墙等加强坡面防护,以保证

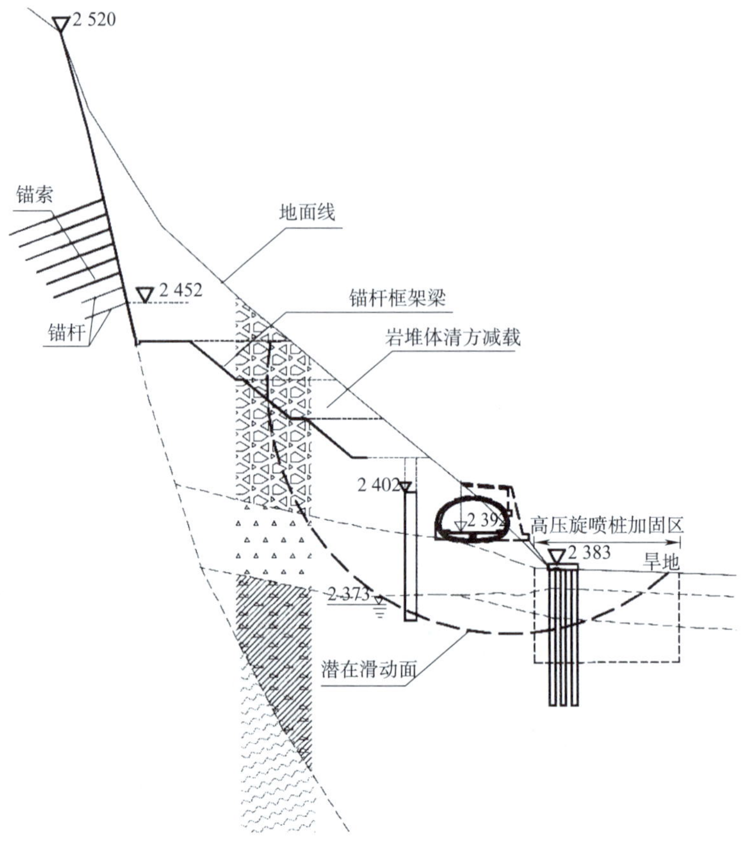

图 2-5　成兰铁路新民隧道出口坡面处理示意图

坡面开挖的稳定;隧底采用注浆加固处理。

③坡脚锚固

采用圆弧法计算方法等分析不良地质体潜在滑移面,在不良地质体坡脚采用预加固桩、高压旋喷桩等加固处理,实现锚固坡脚以保证不良地质体整体稳定的目的。

④洞口松散体固结

为保证进洞安全和洞口浅埋段稳定性,对洞口浅埋段松散体进行钢花管注浆固结,如图 2-6 所示。

3. 危岩落石防护

在艰险山区,威胁隧道洞口安全的因素,除坡面失稳外,另一重大风险因素就是危岩落石。明(棚)洞结构对危岩落石的防护是被动的且防护能力有限,当地形高差大,部分地段落石冲击力可能远远超过明(棚)的设计防护能力(或防护代价过大)时,就需要采取主动措施,控制下坠落石的体积和冲击能减少明(棚)洞的防护负担。

按落石的处理方式不同分为主动防护、被动防护以及集落石分导、主(被)动防护一体的综合防护。具体处理措施应结合危岩落石的发育特点综合分析,对艰险山区隧道大型落石工点,宜构建主(被)动防护一体综合防护体系,同时运营中应定期巡查和加强监控。

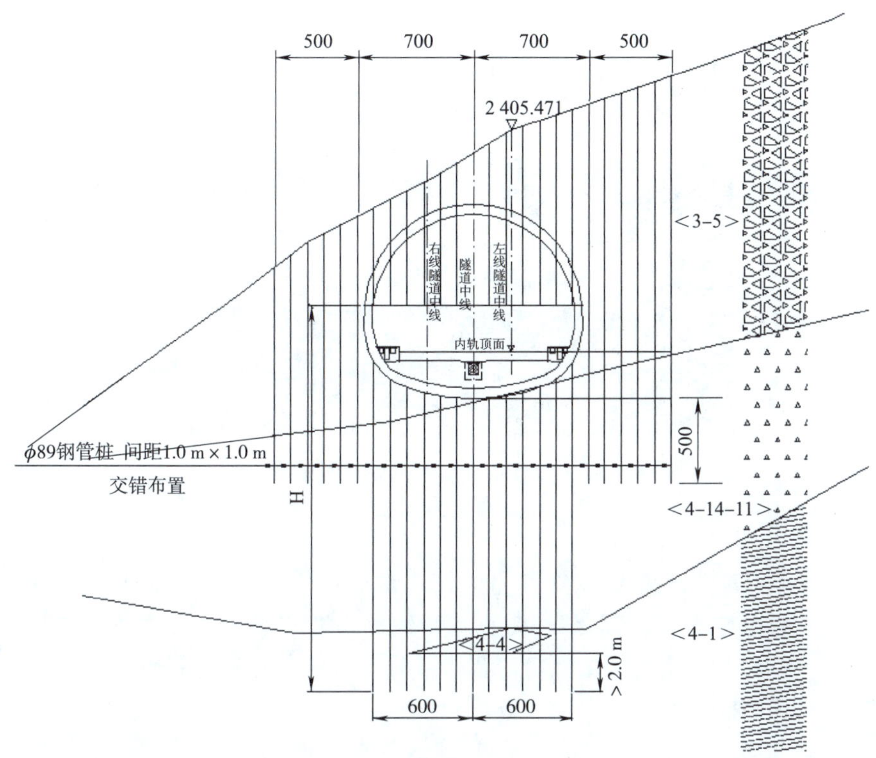

图 2-6　成兰铁路新民隧道出口浅埋段松散体加固示意图(单位:cm)

(1)主动防护措施

对坡面存在危岩落石的情况,在可行的情况下,首先应考虑对危岩落石采取清除、嵌补、支顶、直接加固、设置主动防护网等措施。

(2)被动防护措施

被动防护措施主要包括拦石墙、被动防护网、落石槽以及明(棚)结构等。

(3)综合防护体系

结合落石轨迹数值模拟的方法开展分析,构建"关键点分导、消能、拦挡等多层分功能"的综合防护体系。首先通过分导装置对坡面危岩落石进行分流,使之远离洞口范围;然后,对无法分导的,利用帘式网进行消能;最后,利用被动网进行拦挡,必要时还应接长明(棚)洞,防止危岩落石对线路造成影响(图 2-7 ~ 图 2-9)。

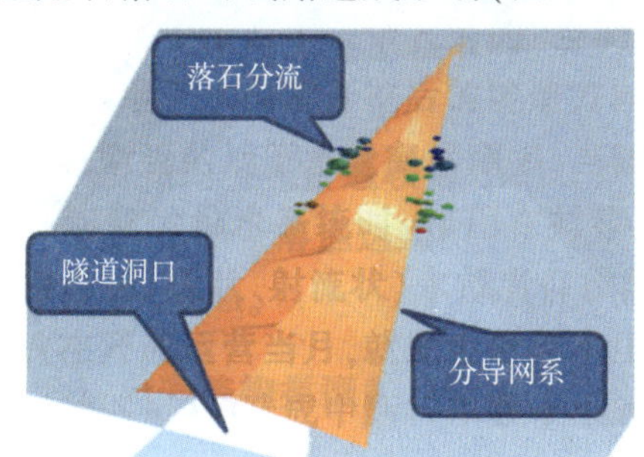

图 2-7　落石分导示意图

图 2-8　消能拦挡设计图

图 2-9　多层拦挡系统

(4)危岩落石监控系统

由于危岩落石不确定性大,对于受危岩落石威胁严重的关键隧道洞口,宜建立危岩落石监控系统,实时监控危岩落石发展,防止威胁线路运营安全。如拉林线桑珠岭隧道洞口坡面危岩落石监测,系统主要由室外高清智能激光球机等现场监测设备、中心处理设备、传输网络组成,实现高陡边坡落石侵限的分析及报警功能。

2.3　进洞技术

隧道进洞是一座隧道工程施工的开端,也是隧道施工的关键环节。虽然我国已经有数千座山区铁路隧道进洞的工程经验,技术相对成熟,但进洞失败的工程案例却并不少见。复杂艰险山区隧道进洞风险仍然很大,应引起重视。本书主要介绍两种进洞技术:一种是陡坡地形进洞,另一种是不良地质体中进洞。

2.3.1　陡坡地形进洞技术

陡坡地形洞口是指坡面坡度大于 35°的隧道洞口。隧道在开挖进洞时,难以避免切削山体坡脚,破坏了山体原有平衡。在陡坡地形段,由于开挖后形成的临空面高,极可能造成坡面失稳。根据洞口与地形等高线的相交关系,可以细分为两种类型,一种是正交地形进洞——隧道洞轴基本垂直于地形等高线,一种是斜交地形进洞——即洞轴线与等高线呈一定角度相交。两种情况对边坡稳定性的影响有较大不同,因此处理措施上也有较大区别。

1. 正交地形进洞

(1)零仰坡进洞

艰险山区自然坡面陡峻,一旦洞口刷坡,往往刷坡高度较高,甚至将整个山头切削。因此,为保护原始地表,尽可能避免仰坡刷坡,宜在零仰坡处(隧道拱顶与地面高程接近的位置)设置隧道明暗分界,并且根据需要采用以下工程措施:

①明暗分界预加固

当围岩软弱时,应对洞口拉槽范围边坡及暗洞范围设置预加固桩,预加固桩的尺寸大小、长度、间距等需要根据边仰坡的稳定性而定。

②管棚超前支护

为保证暗洞开挖稳定,洞口段应设置超前大管棚支护,大管棚的导向墙基础可与明暗分界预加固桩固结。

(2)刷坡进洞

艰险山区还有一种比较多见的进洞情况,就是“V”形沟谷地形进洞。虽然隧道中线与地形等高线正交,但由于坡面陡峻,洞外桥台紧邻隧道洞门或者已经伸入隧道。为保证隧道洞门和桥台结构安全,洞门和桥台需要尽量向靠山侧布置且远离岸坡稳定性线,这种情况无法做到零开挖,必须要刷仰坡才能进洞。由于仰坡有预加固桩加固,可以适当提高刷坡坡率,减少开挖范围,尽量保护原始地表。

如成兰铁路跃龙门隧道出口即属于较为典型的陡坡进洞工点,其所在自然坡面受侵蚀切割形成不对称“V”形谷,隧道选择基本正交等高线进洞,但由于坡面下切极陡,部分在70°以上,因此其岸坡稳定性较差,设计采用 6 根 50 m 长度的锚索桩对岸坡进行加固,桩截面达到了 5.0 m×4.0 m,同时为保证隧道开挖直立面及桥台开挖,还设置了多根预加固桩进行局部防护,从而保证了陡坡切削坡脚开挖时的安全,如图 2-10 所示。

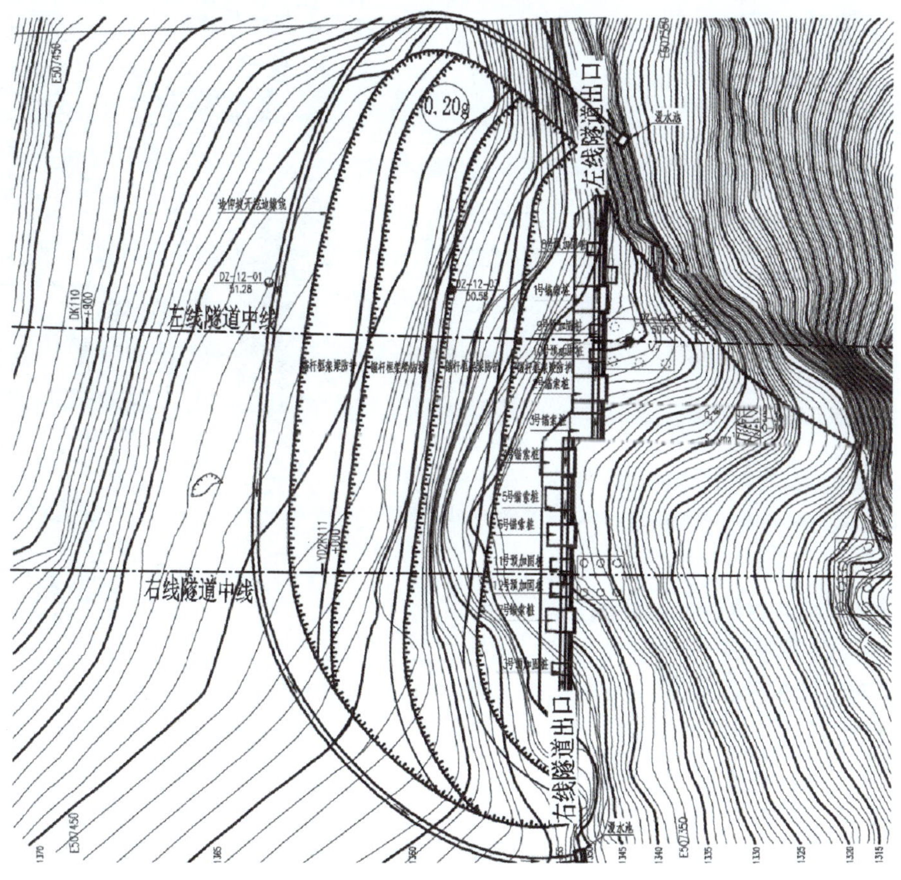

(a)平面示意

图　2-10

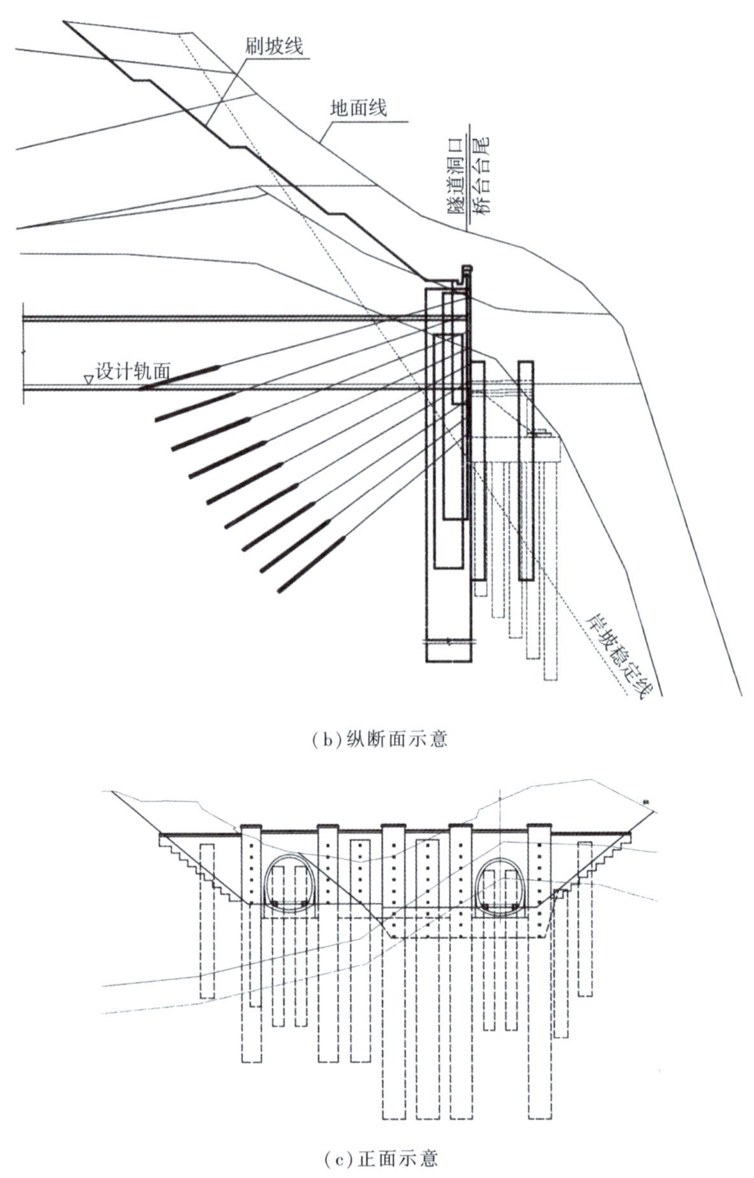

(b)纵断面示意

(c)正面示意

图 2-10　典型陡坡进洞及洞门设置

2. 斜交地形(偏压)进洞技术

斜交地形(偏压)的进洞安全风险较地形正交进洞大。这是由于地形偏压,开挖后洞口段处于半暗半明的开挖状态:一方面,侧边山体失去支撑稳定性差;另一方面,由于无地层的约束,隧道外露支护结构受力条件差。不对称的受力条件使隧道支护结构受力更复杂,采用暗洞进洞处靠山侧刷坡方量可能非常大。因此偏压地形更应强调零仰坡进洞,而要实现零仰(边)坡进洞就需要创造零仰坡进洞条件,达到既对山体进行支撑又对隧道支护有约束的效果。常见陡坡偏压地形进洞技术主要有护拱进洞,反压回填进洞,斜交进洞等。

(1)护拱进洞

护拱顾名思义就是对于偏压段山外侧隧道外露支护结构设置拱形约束支撑结构。利用护拱可以减少隧道结构的偏压受力,同时护拱的存在可以对外侧隧道露空支护结构提供一定的约束,如图 2-11 所示。设置护拱进洞要点如下。

①护拱进洞,适合偏压段较短,局部覆盖薄或洞身露背段,若段落过长则会造成暗洞侧超前支护难以设置等问题。

②护拱应设置在牢固的地基上,当地基承载力不足时,可采用钢管桩或预加固桩进行加固,提高地基承载力或由桩基承载。

③设置护拱段,仍不能忽视坡面稳定性问题,必要时应对山体采用预加固桩进行加固。利用预加固桩可以对山侧坡面收坡,减少地表破坏。同时可利用锚杆将护拱锚固于山体,或者设置连接筋将护拱与预加固桩桩身连接。

④护拱一般采用混凝土结构,必要时可采用钢筋混凝土结构,护拱与隧道主体支护结构宜分离设置。设置护拱段的隧道,二次衬砌应进行加强,靠山侧初期支护应加强锚固。

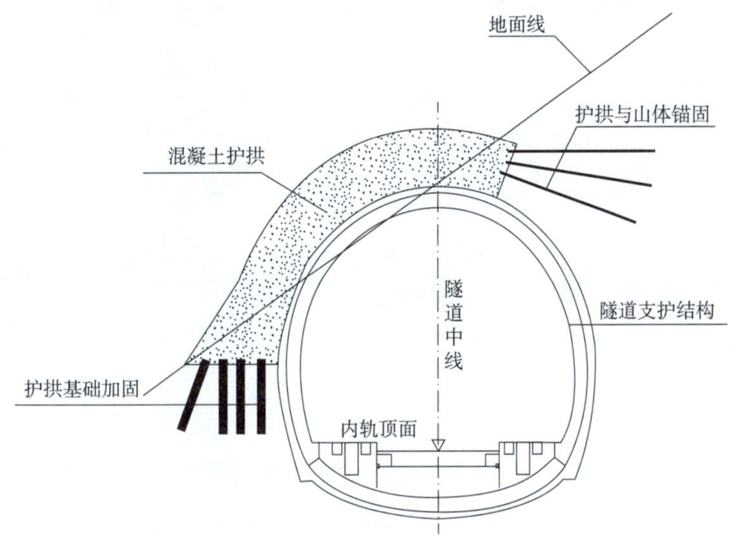

图 2-11　典型护拱断面

(2)反压回填进洞

反压回填进洞是偏压地形较为常用辅助措施,所谓反压回填进洞,即在偏压地形外侧堆载,通过人造地形改变原偏压地形状态,将明挖进洞调整为暗挖进洞,确保坡面稳定,降低施工风险。只要反压回填具备足够的厚度,不仅能给偏压山体提供足够的支撑,还能与原始山体一起形成自承拱,大大改善偏压地形段隧道结构受力。采用反压回填进洞要点如下:

①采用反压回填进洞,一般需放坡回填,因此设置反压回填的洞口外侧坡脚与洞身高程的高差不宜过大,否则回填工程量太大,同时还可能造成回填体自身失稳的问题。

②回填材料一般采用水泥土,也可采用浆砌片石等其他方式。回填坡脚应设置挡护措施,并逐层回填压实,一般回填至覆盖隧道拱顶 2 m 以上高度。

③反压回填后,同样不能忽视山体坡面稳定性问题,必要时应对山体采用预加固桩进行加固,以进减少山体推力。

④采用反压回填时,对地基承载力和稳定性要进行检算评估。必要时应对地基进行补

强，注意防止回填土过大或下沉。

⑤回填反压前应做好防排水系统。

⑥反压回填段，隧道初期支护及二次衬砌均应加强。图2-12所示为隧道洞口典型反压回填进洞示意图。

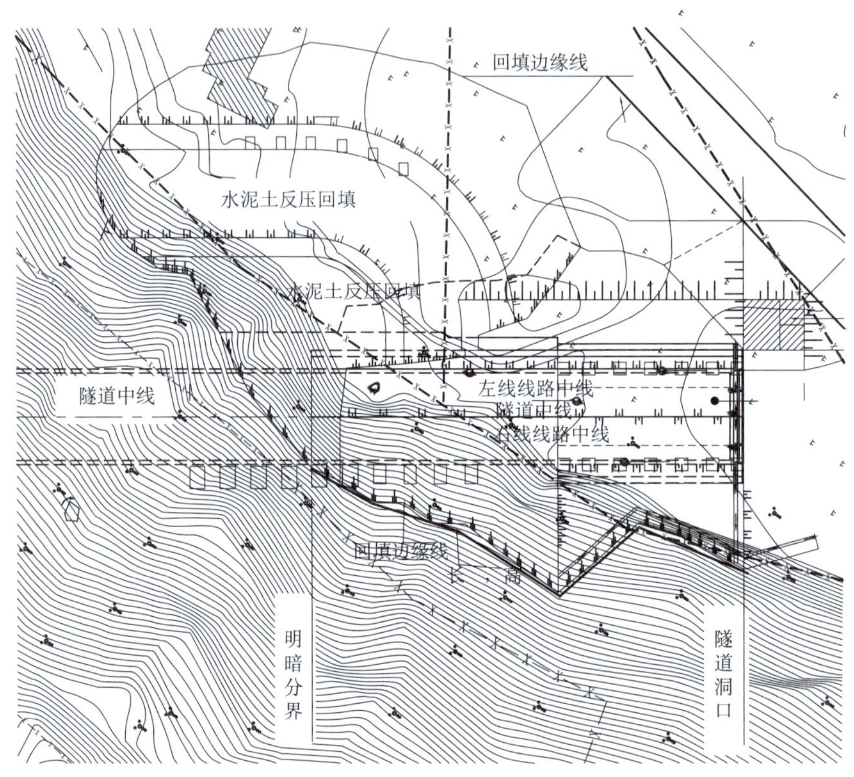

(a)平面示意

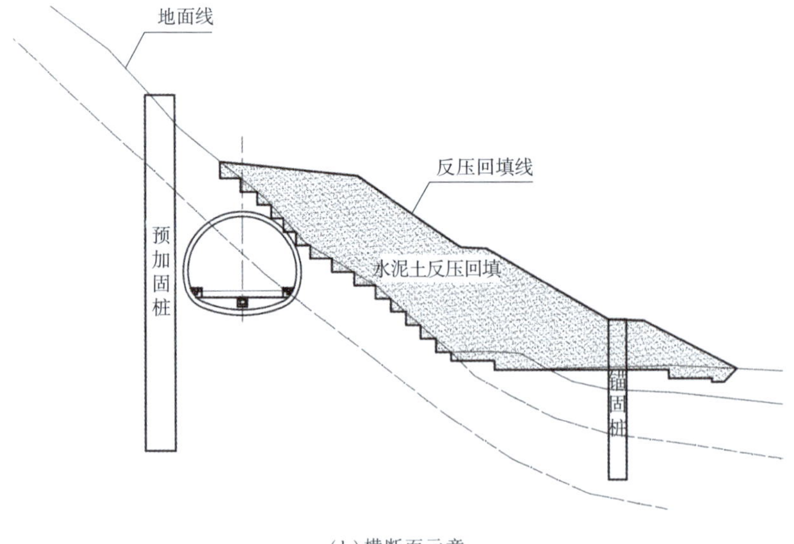

(b)横断面示意

图2-12　典型反压回填进洞方案

(3)斜交洞门进洞技术

当隧道位置与山体坡脚高差大或者临河偏压时,若采用反压回填则存在填方量大或回填体将侵占河道等问题;若直接明挖,靠山侧开挖量又极大,可能破坏山体整体稳定性,因此,当地层条件较好时,可以采用斜交进洞的方式。这时明暗分界、洞门结构与线路斜交,但与山体等高线正交,工程相对简单且能大幅度减少开挖量。采用斜交进洞方式要点如下:

①采用斜交方式进洞,斜交角度(与线路夹角)越小,则斜交段越长,对坡面稳定及结构受力越不利。因此斜交角度不宜过小,一般不应小于45°。

②斜井方式对原山体无反压或支撑效果,对山体稳定性起不到加强效果,因此斜交洞口适用于地质条件相对较好的地段,且应对原山体采用锚杆、注浆或预加固桩进行加固防护。

③斜交洞口隧道开挖支护结构应单独设计,对斜交洞口钢架排布一般有斜交间距渐变或者斜交搭接两种方式,如图2-13所示。两者各有优势,前者钢架可以逐榀成环,受力条件更简单合理,但存在一侧钢架过密给喷混凝土等其他支护设置带来困难,而后者克服了渐变间距的缺点,但需对钢架搭接处进行加强,受力更复杂,工艺要求更高。

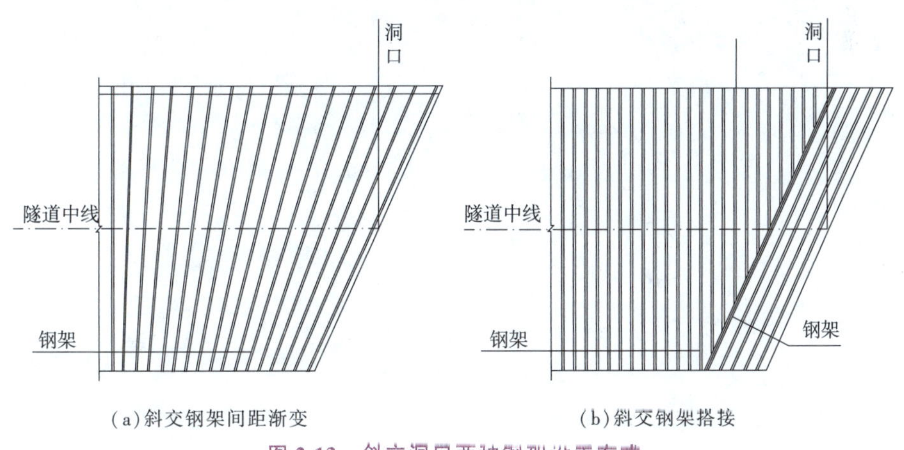

图2-13 斜交洞口两种钢架设置方式

④斜交洞口隧道支护结构受力需专门检算,宜将洞口一段的衬砌作为整体检算,检算长度可以根据斜交角度和山体覆盖层厚度确定,一般情况可按二倍斜交段长度确定(图2-14、图2-15)。

另外,由于斜交洞口结构仅适用于地质条件较好的情况,且结构受力比较复杂,对洞口防护有限;因此,实际工程中采用不多。

2.3.2 穿越不稳定体进洞技术

洞口位于如岩堆、滑坡等不稳定体时,应对隧道洞口稳定性进行分析,确定不稳定体潜在滑动面,围绕潜在滑体和滑动面,从反压潜在滑坡体和切断滑动面的角度研究加固设计方案。基于该设计思路的常见加固方法有三种,分别为预加固桩加固方法(包括普通钢筋混凝土桩加固和玻璃纤维钻孔桩加固)、桩基托梁护拱加固方法和纵横梁加固方法。三种

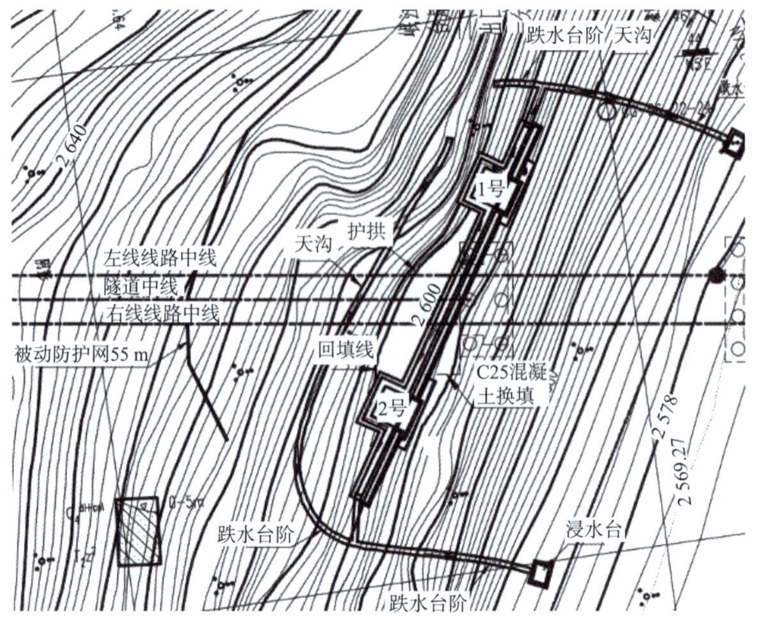

图 2-14　斜交进洞形式

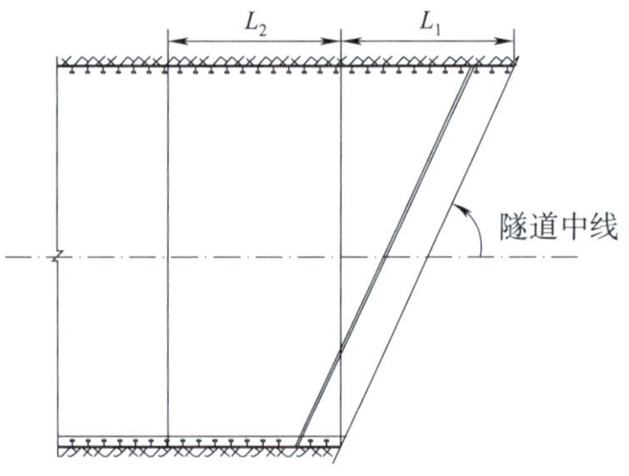

图 2-15　斜交段结构检算长度示意图

方法的适用条件及特点对比详见表 2-2。

表 2-2　常见三种隧道洞口加固设计方法对比

加固方法	适　用　性	特　　点
预加固桩	适用于各种地形，浅、中、深层滑动	工程简单，加固效果最好；适用范围广
桩基托梁加护拱	适用于陡坡地形，浅、中层滑动	工程相对复杂，加固效果好；适用范围较广
纵横梁	适用于漫坡地段，浅层滑动	工程相对复杂，加固效果好；适用范围有限

注：浅层滑动滑坡体厚度为 10 m 以下，中层滑动滑坡体厚度为 10～25 m，深层滑动滑坡体厚度为 25～50 m。

1. 预加固桩加固方法

在不稳定体中进洞，需要先采取措施保证洞口仰坡稳定再行开挖。预加固桩就是最常用加固方法。图 2-16、图 2-17 所示为潜在滑动面主轴与线路平行的预加固桩布置方案示意。预加固桩可以采用一排或者多排,根据下滑力的大小确定。

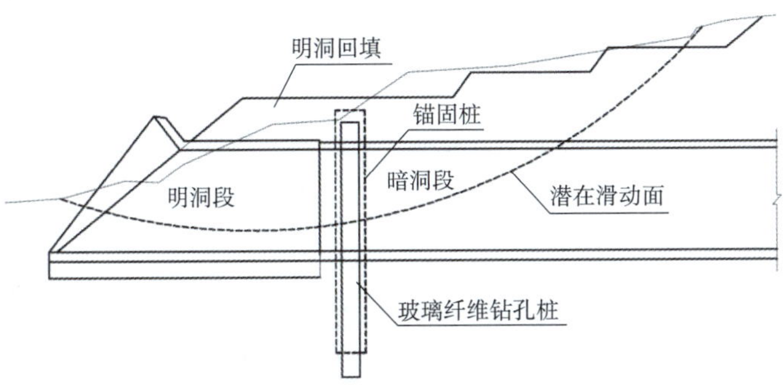

图 2-16　预加固桩洞口加固纵断面

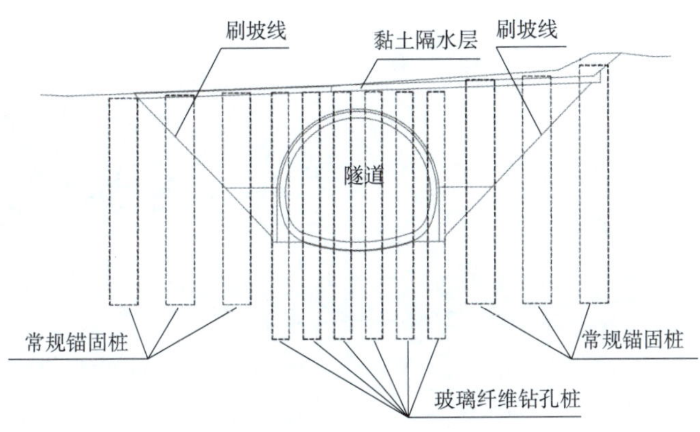

图 2-17　预加固桩洞口加固横断面

洞口预加固桩加固的主要工序及工艺:

(1)隧道明洞与暗洞的分界断面设置一排锚固桩保证软弱地层的稳定,其中洞身范围采用玻璃纤维桩。

(2)开挖施工大管棚导向墙及大管棚。

(3)开挖明洞段,施作明洞并及时施工明洞回填,以对软弱地层形成反压,增加仰坡的稳定性。

(4)待明洞段施作完成后,截断玻璃纤维桩暗挖进洞。

通过锚固桩的临时加固后,施工明挖段,通过明洞段的回填反压及大管棚的超前支护,再开展进洞施工,能有效保证隧道进洞施工时的仰坡稳定。同时,隧道开挖范围内这部分锚固桩配筋采用玻璃纤维筋,方便采用破碎锤等设备截桩进洞。

2. 桩基托梁护拱加固方法

当潜在滑动体的主轴方向与线路大角度相交时,可采用桩基托梁护拱加固设计方法。其主要的工程措施是于隧道洞口段设置桩基托梁及护拱。桩基下穿潜在滑动面,抵抗软弱地层的滑动。托梁上设护拱,待护拱和护拱两侧及顶部回填施作完成后再进行隧道开挖,护拱结构对正面仰坡形成反压,保持正面山体的稳定性。桩基托梁护拱加固法纵横断面布置如图 2-18 和图 2-19 所示。

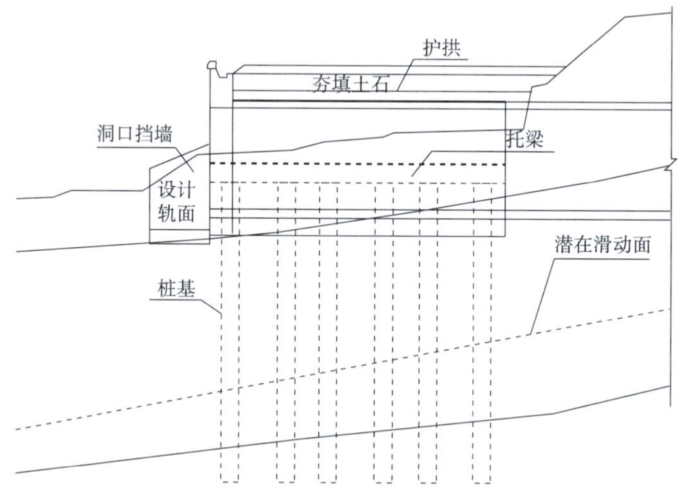

图 2-18　桩基托梁护拱纵断面

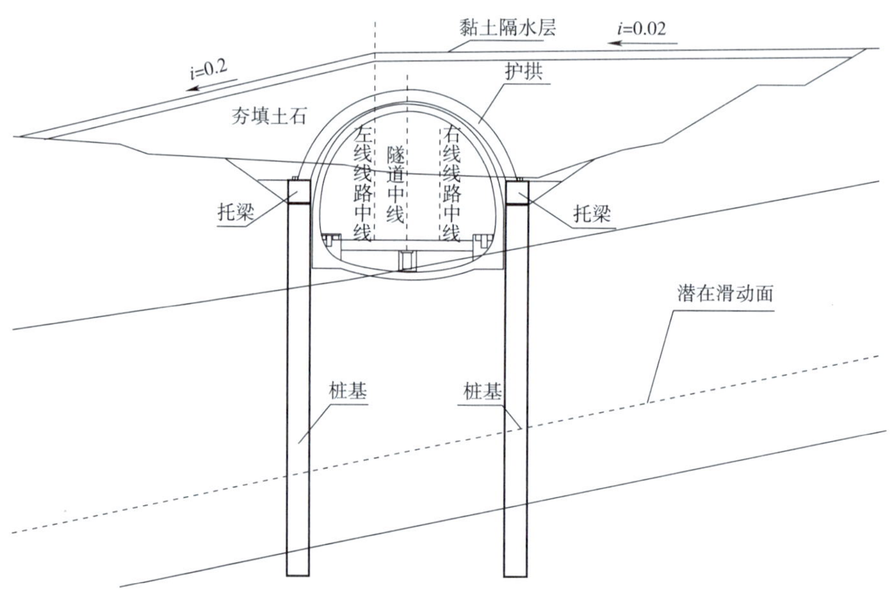

图 2-19　桩基托梁护拱纵横断面

该方法主要工序及工艺：

(1)开挖及桩施工

隧道洞口两侧小范围开挖形成桩基施作平台，桩基采用旋挖钻施工，减少噪声及施工振动对周边环境及软弱围岩的影响。桩基顶部采用托梁连接，提高桩梁结构纵向刚度。

(2)导向墙及大管棚

大管棚导向墙基础置于桩基托梁之上，可有效控制导向墙沉降，施作大管棚超前支护预加固隧道暗洞前方软弱围岩。桩基托梁顶部设置护拱，护拱后缘顶紧导向墙，为导向墙提供水平反力，能有效控制导向墙外移挤出、变形开裂。

(3)洞口明洞施工

开挖明洞土石方时,由两侧桩基承受因明洞开挖引起的土体侧向压力,可有效控制边坡侧向位移及滑动。护拱外侧反压回填土石与仰坡坡面平顺连接,为仰坡坡脚提供支撑反力,能有效控制软弱围岩仰坡沿层间下滑,控制仰坡竖向及水平位移。回填反压荷载通过护拱及托梁传递至桩基,由桩基托梁及护拱承载大部分回填荷载,减少了明洞承担荷载比例,保证了明洞沉降要求。

桩基托梁、护拱、明洞及明洞回填施作完成后,方可开挖隧道上半断面暗挖进洞,此时仰坡下滑荷载承担主体由明洞范围内土石转换为桩基托梁、护拱、明洞及明洞回填,完成了洞口支护体系受力转换。

3. 纵横梁加固方法

对于浅层潜在滑动面洞口预加固的另一种有效方法是纵横梁加固方法。其主要措施是于隧道洞口桩基顶部布置纵横梁,能够有效抵抗地层的滑移。桩基下穿潜在滑动面,抵抗侧向软弱地层的滑动。纵横梁形成框架结构正面抵挡仰坡,防止仰坡滑塌。隧道洞口纵横梁加固设计方法的横断面和平面布置如图 2-20 和图 2-21 所示。

该方法主要工序及工艺:

(1)洞口断面锚固桩

先开挖洞顶锚固桩施作平台,后施作锚固桩并深入基岩。

(2)导向墙及大管棚

设置扩大基础导向墙,必要时对导向墙基础采用注浆等方式进行加固。完成导向墙后施作超前管棚加固前方围岩。

(3)桩顶横梁

锚固桩顶部施作纵横梁,顶压导向墙及仰坡坡脚,为仰坡坡脚提供水平反力,控制仰坡下滑、导向墙挤出。

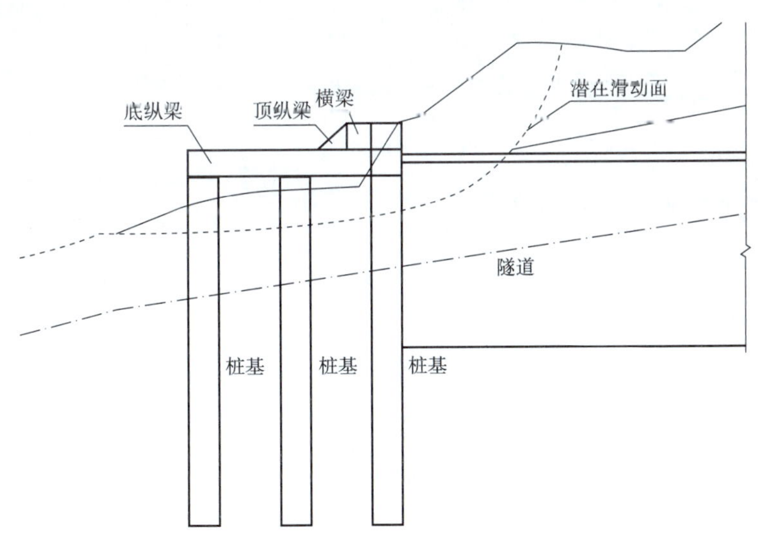

图 2-20　纵横梁加固法纵断面

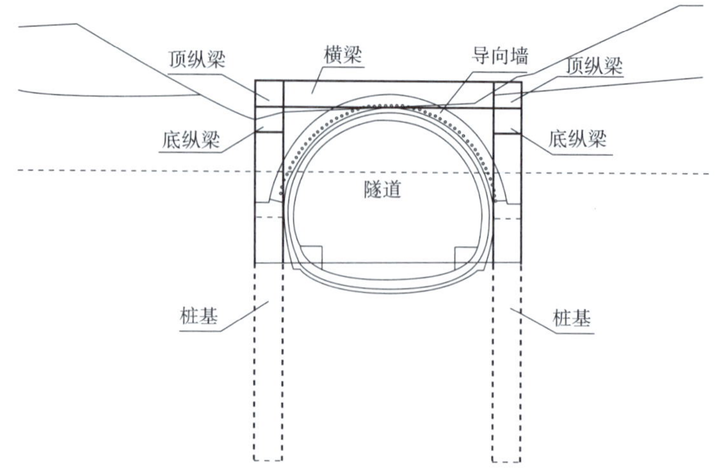

图 2-21　纵横梁加固法横断面

(4)明洞开挖

进行明洞范围内开挖时,由明洞两侧锚固桩承受因开挖卸载而产生的土体侧向压力,并限制边坡下滑。明洞及明洞回填反压仰坡坡脚,进一步加强仰坡的稳定性。

洞口纵横梁体系形成后,再进行隧道上半断面开挖支护并暗挖进洞,此时仰坡下滑力承担主体由明洞范围内土体转为纵横梁、明洞及明洞回填,完成了洞口支护体系受力转换。施工过程应进行必要的结构内力及地表位移监控量测(图 2-22)。

图 2-22　纵横梁加固法施工现场

2.4　洞口段结构设计

洞口段结构设计一般包含洞门、挡(翼)墙等支档结构,明洞、棚洞,边仰坡防护及防排水系统等工程,在高速铁路隧道环境敏感的洞口一般还设置有缓冲结构,在部分城镇或风景区还设置有相应的景观造型等。

2.4.1　洞门结构

1. 洞门设计原则

隧道洞门作为隧道的地面构筑物,主要功能是对洞口后方岩土体进行支挡并保持其稳定性。隧道的洞门应配合选择的洞口位置,结合地形和地质条件进行设计,满足安全、环保的要求,并做到简洁实用和美观大方。

近年来设计的隧道洞门安全冗余度更大,同时也更注重环境保护,体现在两个方面:一是,采用钢筋混凝土洞门端墙的越来越多;二是,洞口边仰坡面采用防护与绿化一体的新型防护技术，混凝土框架内喷混植生防护正逐步替代大面积的传统的浆砌圬工防护方法。图 2-23 所示为典型的洞门结构与坡面防护。

图 2-23　隧道洞门及防护

2. 洞门结构类型及适用条件

隧道洞门结构的基本类型可分为两大类，分别为有墙式洞门与无墙式洞门。有墙式又可以分为端（耳）墙式、挡（翼）墙式、柱式洞门及端墙式明洞门；而无墙式洞门主要为削竹式（正切、斜切、倒切）洞门等。各种洞门的特征以及适用条件详见表 2-3。在艰险山区，为保证洞口明线安全，更多是采用明洞门，特别对于高陡边坡洞口，原则上应尽量接长明洞，无法接长时应评价洞口地形地质条件，并对坡面采取如本章前面提到的必要措施，以确保洞门稳定。

表 2-3　洞门类型及适用条件

类　型	洞门形式	特　点	适用条件	实　例
有墙式洞门	端（耳）墙式	对洞口开挖直立面设置挡墙挡护形成洞门	适用围岩条件好，地形较开阔地段	
	挡（翼）墙式	在端墙式的基础上，在洞外两侧路堑边坡范围设置挡（翼）墙并与端墙连接，从而提高端墙稳定性，同时对路堑边坡起防护作用	适用围岩条件一般，以及需要开挖路堑的地段	
	柱（桩柱）式	在端墙内设置加固桩或柱，提高端墙整体稳定性的洞门	适用坡面较陡，洞口两侧无需开挖边坡的地段	
	端墙式明洞门	接长明洞后为挡护明洞回填土及一定落石滚落设置端墙形成洞门	坡面存在危岩落石，或缓解空气动力学效应	
无墙式洞门	正切式	将隧道暗洞衬砌外延，形成环框直接成为洞门	适用于洞口围岩较好，坡面较稳定及自然环境要求高的地段	

续上表

类　型	洞门形式	特　点	适用条件	实　例
无墙式洞门	斜切式	将衬砌外延，洞门结构与坡面倾角一致的洞门结构	适用于坡面平缓地段	
	倒切式	将衬砌拱部外延，洞门结构与坡面形成倒角	适用坡面较陡且洞外基础设置困难但又有一定落石风险的地段	

2.4.2　明洞结构

明洞是隧道工程的重要构筑物之一，由于明洞的用途不同，其结构形式、施工方法差异大。有为防御落石、崩塌而设置的防护型明洞，也有因公路、铁路、沟渠甚至泥石流在铁路上方通过而修建的立交明洞，等等。

本节将主要介绍明洞的类型、适用条件及设计要点等，为设计者提供明洞设计的基本思路。

1. 明洞设置原则

(1)洞顶覆盖薄，难以用暗挖法修建隧道的地段或暗挖法修建不经济、存在较大的安全风险地段应设置明洞。

(2)受危岩落石、坍方、泥石流等威胁的地段应设置明洞。

(3)修建路堑会危及铁路运营安全的地段应设置明洞。

(4)公路、铁路、沟槽等需在铁路上方通过，又不宜修建立交桥或渡槽等的地段应设置明洞。

(5)为减少洞口边仰坡开挖、保护洞口环境的地段应设置明洞。

2. 明洞的类型和适用条件

隧道进出口两端的接长明洞或在路堑边坡不稳定地段修建的独立明洞等，多采用拱形明洞的形式。拱形明洞整体性好，能承受较大的垂直压力和侧压力。按荷载分布特征可将明洞分为路堑对称型、路堑偏压型、半路堑偏压型、半路堑单压型、双耳墙明洞等五种类型，具体特点和适用条件见表2-4。

表2-4　常见明洞类型及适用条件表

明洞类型	特　点	适用条件	实　例
路堑对称型	洞口拉槽进洞，洞外两侧路堑高度基本一致	适用于洞顶地面较平缓，覆盖较薄，难以用暗挖法修建隧道的地段	

续上表

明洞类型	特　　点	适用条件	实　　例
路堑偏压型	地形偏压，洞口拉槽进洞，洞外两侧路堑高度差异大	适用于地形平缓，但隧道偏压进洞，两侧山坡高差较大的地段	
半路堑偏压型	洞口半拉槽，洞外一侧存在路堑刷坡，而另一侧基本无刷坡的地段	适用于偏压较严重，半路堑靠山侧边坡较高的地段。与路堑偏压型相比，属于提早进洞修建明洞的工况	
半路堑单压型	明洞傍山，一侧紧邻山体，另一侧为隧道结构支撑保持结构稳定	适用于靠山侧边坡或原边坡有坍塌、落石等危害，且外侧地形陡峻无法填土地段	
双耳墙明洞	明洞接长完全脱离山体外凸，然后设置对称式的耳墙	适用于洞顶危岩落石较严重，需要接长明洞对线路进行防护的地段	

采用偏压拱形明洞时，要特别注意处理好外墙基础，以防止因外墙基础下沉而引起拱圈开裂。外墙必须设置于稳固的地基上，如有困难，则可用桩基（或加深基础）及加固地基等方法进行处理。

施工进场后设计院要及时配合施工单位，对洞口危岩落石等风险源逐项排查核实，在明洞修建前就要完成洞口坡面防护工程，不要留到后期处理。

另外为满足城市规划等需要还出现了一些特殊的铁路明洞形式，如大断面公铁立交明洞（图 2-24），高回填明洞（图 2-25），有特殊功能要求的车站明洞等。

图 2-24　合川大断面公铁立交明洞

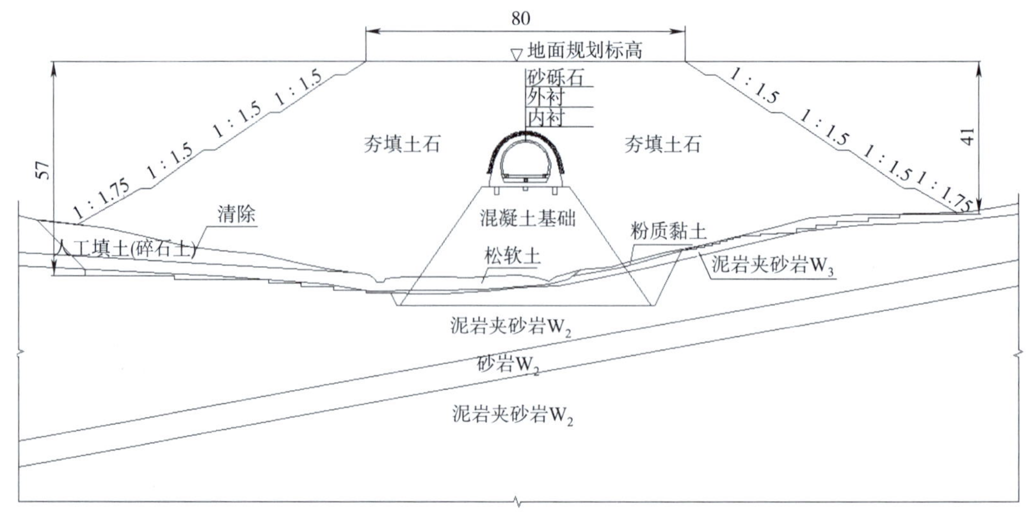

图 2-25　渝利铁路丰都造地高回填明洞(单位:m)

3. 设计要点

(1)荷载及结构计算模式

明洞的主要荷载包括洞顶回填土压力、墙后回填土压力、列(汽)车活载等,附加荷载包括落石冲击力、雪荷载、地震荷载、温度变化及混凝土收缩徐变荷载等,特殊地段还需根据具体工点要求增加相应的荷载,如列车荷载、飞机荷载等。荷载确定以后,按相应的荷载组合,采用极限状态法或者容许应力法计算获得结构内力,对明洞结构进行设计。

(2)基本要求

①为了控制明洞结构构件变形,在气温变化较大的地区,应根据具体情况设置伸缩缝;在地层、结构形式变化处还应设置沉降缝;伸缩缝、沉降缝的间距,视明洞长度、覆土或暴露情况、温差大小及地质情况酌情确定,伸缩缝和沉降缝可视情况合并设置。

②明洞位于软弱地基上或两侧边墙基础软硬不均时,可采取设置仰拱、基础换填,整体式基础、桩基或加深基础等措施。受河岸冲刷影响地段,应根据情况设置防护;为减少基础负担,必要时应优化明洞结构、尽量减少自重,如对大体积基础采用空心化结构等措施。

③明洞一般适用于建成后山体基本稳定,只有少量塌方落石情况,如山坡存在有严重的落石或坍塌威胁时,为了确保明洞施工、运营安全,需结合具体情况对危石予以清除或加固处理。

④明洞设置长度应根据落石分析、现场功能需要、地形地质条件,以及运营期间自然风险的不确定性等因素综合确定。有条件时应开展落石轨迹的数值模拟或者现场滚石试验。

近十年来的新建铁路,尤其是高速铁路开通前,根据运营部门的要求新增了不少明洞工程,施工图设计时注意有条件尽量接长明洞。

⑤当明洞洞顶回填主要用于缓冲落石冲击等荷载时,为减少明洞自重宜采用轻质材料回填,如矿渣、聚苯乙烯(EPS)、轻质混凝土等。

2.4.3　棚洞结构

棚洞严格来说是明洞的一种形式，主要使用在结构基础设置比较困难的地方。相对于拱形明洞，其优点是对地基承载力要求低，且可使用预制钢筋混凝土构件现场安装。在既有线上新增明洞时采用预制钢筋混凝土构件现场安装时，还可减少施工对行车的干扰。

1. 棚洞设置原则

棚洞设置一般应遵循如下原则：

(1)坍方量较少或少量落石地段。

(2)内、外墙底地层软硬差别较大，不宜设置拱形明洞地段。

(3)半路堑外侧地形狭窄。

(4)基岩埋藏较深且有条件设计桩基础的地段。

2. 棚洞类型及适用条件

棚洞结构形式差异大，按其承载结构的不同分为刚(框)架式棚洞、墙式棚洞、悬臂式棚洞、挑檐(悬臂)式棚洞、柔性钢棚洞等，其具体特点及适条件见表 2-5。

表 2-5　常见棚洞类型及适用条件表

棚洞类型	特　点	适用条件	实　例
刚(框)架式棚洞	一般为柱、横梁形成刚架或框架后上铺预制顶板及缓冲土层形成棚洞结构	适用条件较广，一般明线段均可设置，大部分为桥隧相连地段护桥而设置	
墙式棚洞	傍山地段设置	适用于地形条件相对较缓，基础承载条件一般的傍山线路地段	
悬臂式棚洞	一侧为露空只有内墙无外墙棚洞结构，通过靠山侧设置悬挑结构将线路遮罩的棚洞结构	主要适用于一侧基础条件差难以设置，而相对危石等危害程度较弱的傍山地形地段	

3. 设计要点

(1)荷载及结构计算模式

棚洞设计荷载包括主要荷载、附加荷载及特殊荷载。其中主要荷载包括结构自重、回填土压力、混凝土收缩徐变等；附加荷载包括温度荷载、落石冲击荷载、风荷载及雪荷载等；特殊荷载主要为人防及地震荷载等。相关荷载的组合规定及计算方法基本与明洞结构一致。

棚洞结构设计通常采用荷载—结构模式，并将其简化拆分为二维结构进行内力计算，进而完成结构相关几何尺寸及配筋设计。位于艰险山区的复杂棚洞结构由于空间形式复杂难以简化为二维结构时，可采用三维的荷载—结构模式或地层—结构模式并利用有限元程序进行受力计算分析，从而更加精确地模拟结构各节点间的内力分布及传递特性，同时将施工工序、地层与结构之间相互作用对结构内力的影响考虑进去，图 2-26 所示为考虑落石冲击的三维计算模型和应力分布示意。通过合理的三维有限元结构分析得到的结构内力能更加接近真实的结构受力状态。

(a)棚洞落石三维模拟模型

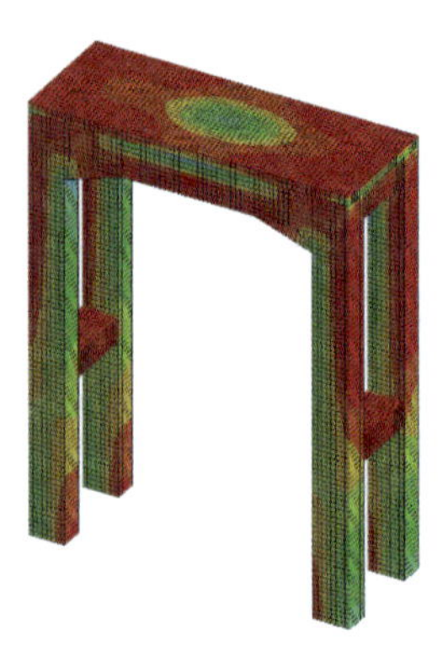

(b)三维应力分布图

图 2-26　三维计算模型

(2)基本要求

棚洞的设计一般应满足下列基本要求：

①棚洞长度应根据其具体防护功能要求进行设计，如通过落石轨迹分析确定设置长度等。

②棚洞顶部回填材料可选用轻质弹性材料，如炉渣、EPS 泡沫等。

③悬臂式棚洞靠山侧水平推力较大时，要采取适当的山体预加固措施。

④钢架棚洞的外侧竖向基础较深时，应考虑加强整体稳定性的措施，如增加横向拉杆等。

⑤在既有线设置棚洞时，应尽量减小对既有线运营的干扰。

2.4.4　洞口缓冲结构

高速列车进入隧道后，由于空气动力学效应会在洞口产生微气压波，带来环境问题。某些条件下会产生较大的爆破声，影响洞口附近居民生活、动物栖息或建构筑物结构安全；而车内人员也会感受到耳膜不适，乘车舒适度降低，对司乘人员及列车也可能造成损害。为缓解这种不利的空气动力学效应，最常用的方法就是在隧道洞口设置缓冲结构。

缓冲结构形式需结合隧道长度、断面积、洞口地形及周边环境等因素进行设计。目前常用的缓冲结构形式主要有扩大断面式，开孔式以及平导式如图 2-27 ~ 图 2-30 所示。针对艰险山区，缓冲结构开口应充分考虑洞口地形地质条件，一般少采用顶部开口式缓冲结构。

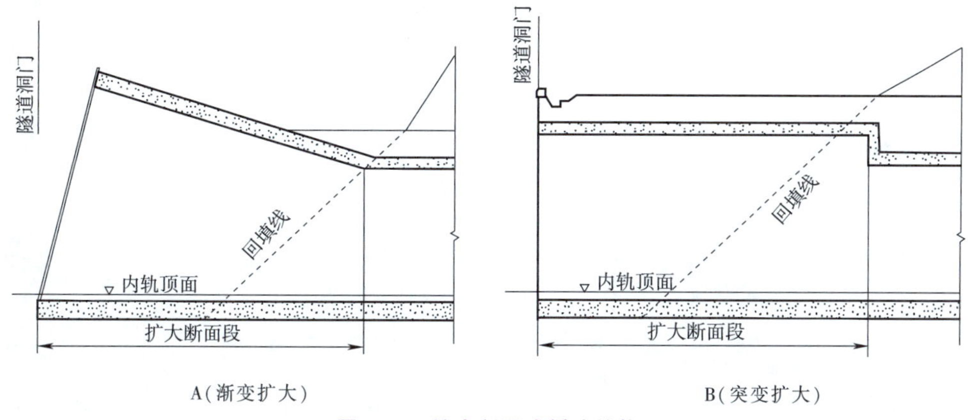

图 2-27　扩大断面式缓冲结构

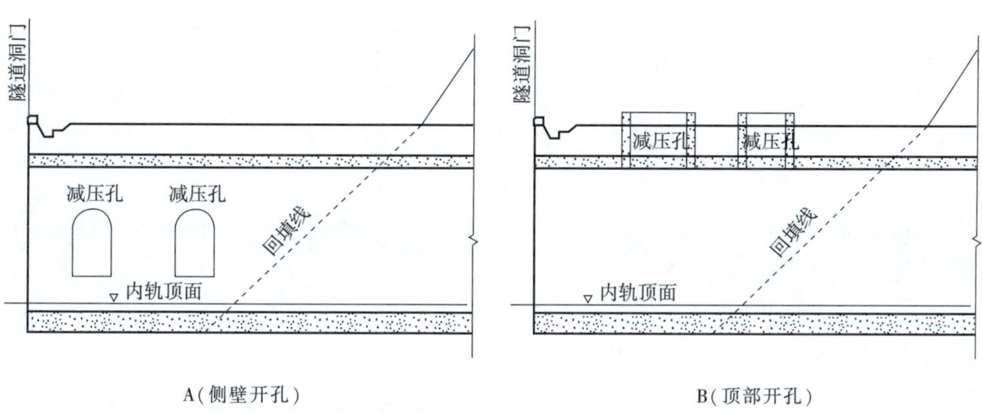

图 2-28　开孔式缓冲结构

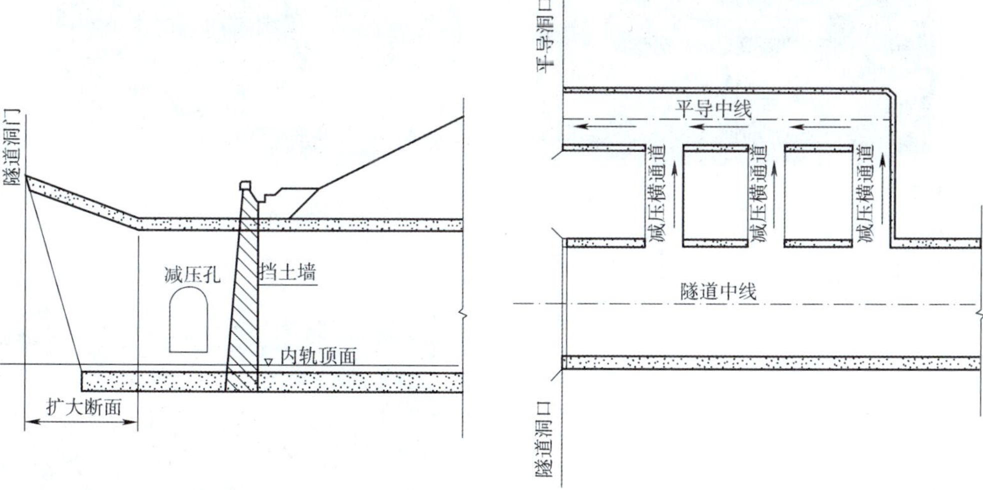

图 2-29　组合式缓冲结构

图 2-30　平导式缓冲结构

缓冲结构断面比或者开孔率设计参数需根据隧道断面、速度目标值、车辆断面等，通过数值计算选取。各种缓冲结构优缺点及适用条件见表2-6。

表2-6 洞门缓冲结构优缺点及适用表

序号	缓冲结构形式	优　点	缺　点	适用条件
1	扩大断面	可以有效降低压缩波的压力梯度	开挖等工程量大，增加施工风险和投资	适用于地形平缓地段
2	侧壁开孔	合理的开孔方案可以较好地提高缓解微压效果	用在深拉槽设置侧壁开孔时，边坡对气压有反弹作用	适用于地形平缓，不需深拉槽延长洞口的地段
3	顶部开孔	可避免边坡对气压波的反弹作用，缓解气压效果更好	对防治坡面危岩落石效果差	适用于地形平缓洞口
4	组合式	增设的端墙可兼作仰坡坡脚的挡墙	需设置挡墙，不能做到全绿色防护	适用于地形较平缓，设置开孔长度不足的洞口
5	平导式	具有普遍适用性	工程投资大	适用于洞口仰坡陡峭的洞口

2.4.5 洞口景观设计

铁路隧道一般位于山区，一般不进行景观设计。随着旅游经济的发展，一些地方对铁路隧道洞口也提出了景观要求，建议进行洞口景观设计。洞口景观设计要注意以下两点。

一是体现自然美，即尽量使洞口与原始自然环境一致，主要做法是不用或少用支档结构采用无墙式洞门，洞口刷坡范围尽可能减少，保护原始地表状态，开挖部分或支档部分采取植被恢复措施或类绿化的涂装，减少视觉上干扰或突兀，如图2-31所示。

图2-31 高铁无墙式洞门

二是通过洞门处设置人工景观等，以现代或传统文化体现美好寓意，体现民族、地方特色，从而实现情景交融的目的。

图2-32所示为贵阳枢纽林城隧道洞口景观效果，以抽象的树枝图案装饰端墙立面，寓意贵阳森林城市。

图2-32 贵阳枢纽林城隧道洞口景观

图2-33所示为成渝客专新中梁山隧道进口效果图，高铁穿过中梁山隧道后进入重庆市城

区，装饰图案为张开双翼的仙鹤，寓意重庆欢迎远方的客人到来。图 2-34 所示为成兰线跃龙门隧道进口效果图，隧道位于北川羌族自治县，洞外是高川火车站，建筑采用羌楼民居、白色和驼色元素，体现了羌族风情。

图 2-33　成渝客专新中梁山隧道洞口景观

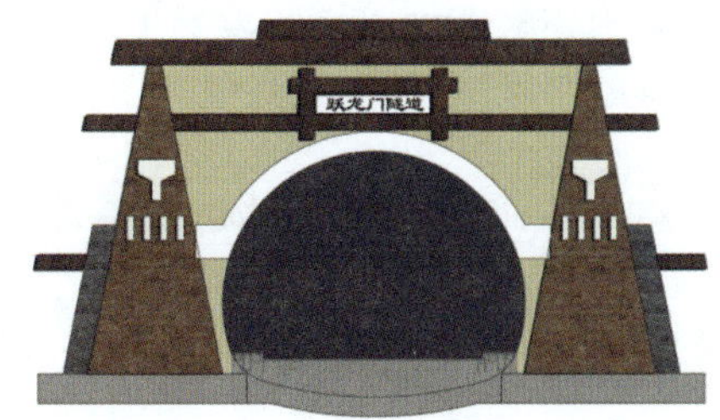

图 2-34　成兰线羌族风情洞门景观

2.5　工程案例

洞口工程关系到施工及运营安全，随着隧道修建技术的不断进步，洞口段的处理措施也在不断发展，新型结构不断涌现。本章除了前面结合洞口工程技术介绍的工程案例外，还筛选了以下 4 种典型特殊洞口结构设计工程案例供读者参考。

1. 箱形基础三联拱多功能洞口结构——成兰铁路榴桐寨隧道出口

1）工程特点

成兰铁路榴桐寨隧道全长 16.262 km，左右线分修，线间距 40 m。隧道出口连接龙塘车站四线大桥，龙塘四线车站（带站台）大桥采用（40 + 64 + 40）m 连续梁结构。

隧道出口山体陡峭，坡面高差达 1 300 m 以上，局部自然坡度陡于 60°，岩性复杂，以炭质千枚岩、千枚岩夹石英岩、灰岩为主，岩性软硬不均。坡面发育危岩落石，线路右侧（面对洞门左侧）坡面也发育泥石流沟一条，物源丰富，在勘察及施工期间多次爆发泥石流。地震动峰值加速度为 0.3g。出口地形地貌及不良地质分布如图 2-35、图 2-36 所示。

图 2-35　榴桐寨隧道出口整体地貌

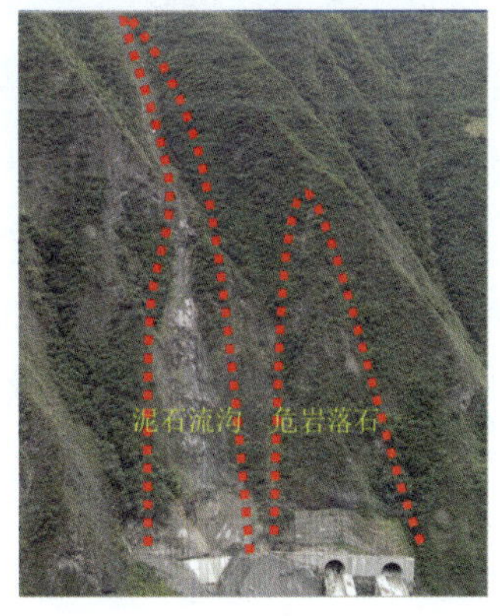

图 2-36　榴桐寨隧道出口主要不良地质

2)工程措施

根据出口段地形地质条件进行坡面稳定性评价,并进行分区、分类和分级,分别采取了以下工程措施:

(1)洞口地层加固

为保证山体稳定及进洞安全,明暗交界断面采用锚索桩进行预加固技术,出口左右线洞门合修,采用台阶式端墙明洞门。图 2-37 所示为榴桐寨隧道出口加固及防护图。

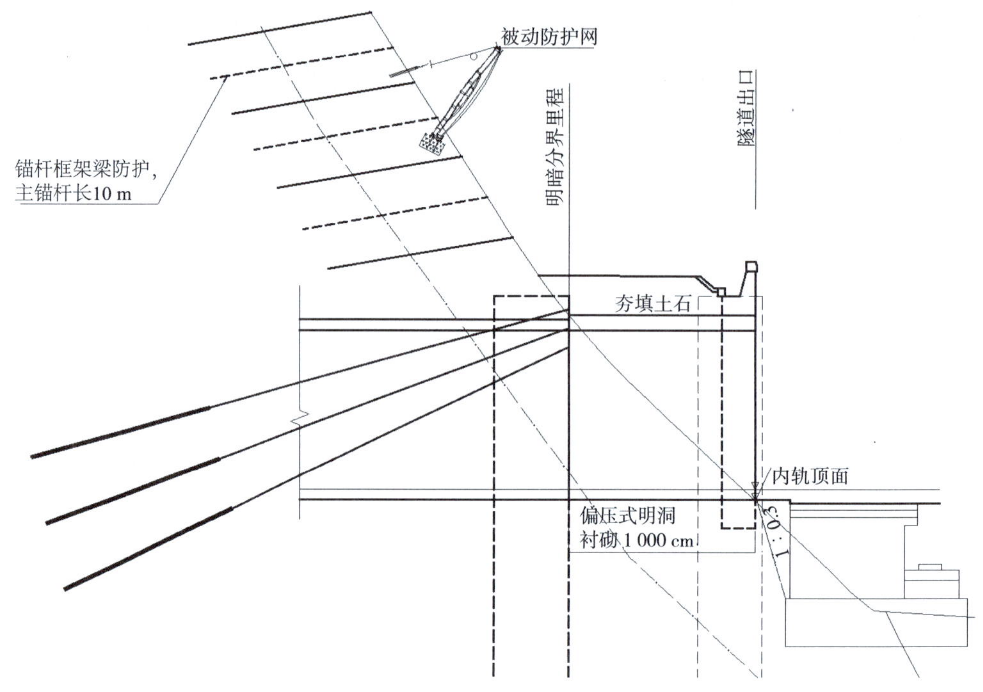

图 2-37　榴桐寨隧道出口加固及防护图

(2)危岩落石及泥石流防护

①由于洞口上方坡面存在危岩落石,为确保施工及运营安全,于左右线洞顶各设一道被动防护网,如图 2-37 所示。

②为防止危岩落石及泥石流对桥梁结构造成破坏,采用接长明洞措施,并将桥梁靠近洞口的第一跨罩护。

a. 结合地形条件,明洞采用“3 跨 4 台阶”形式,明洞长 50 m,最大跨度达 18 m。

b. 由于明洞边墙基础高达 21 ~ 30 m,为减轻结构重量,减小基底应力,明洞边墙纵向托梁与桩基承台间才用了采用中部镂空箱形基础结构,明洞顶回填采用轻质混凝土,如图 2-38 所示。

(3)车站功能集成

结合龙塘车站设置,将车站行车室设于左右线明洞中间,既充分利用结构富余防护空间,同时也为车站用房提供了安全保障。

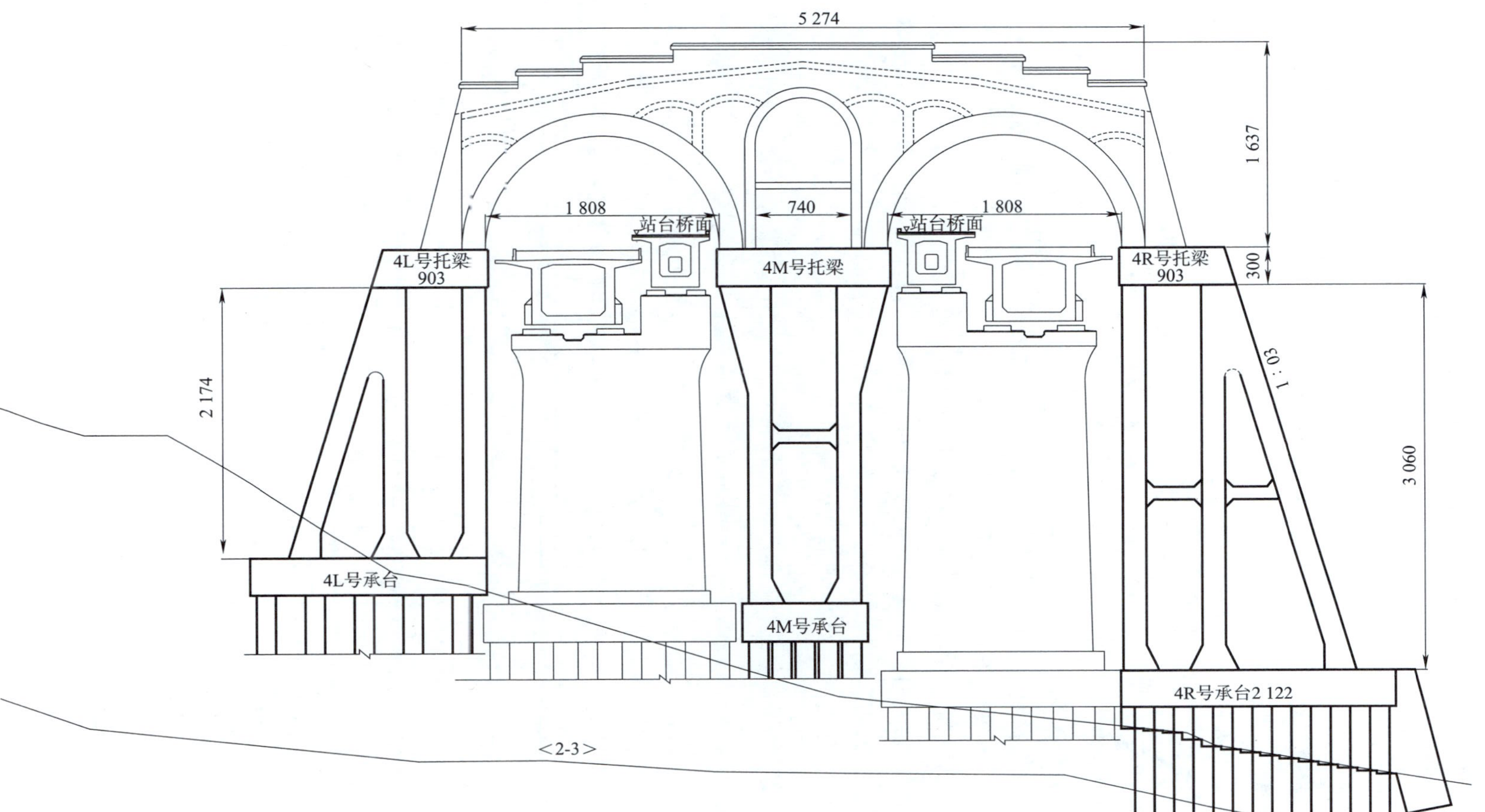

图 2-38　榴桐寨隧道出口深基础多功能车站明洞(单位:cm)

2. 实体坝型基础拱形明洞洞口结构——沪昆铁路三甲寨隧道出口

1)工程特点

沪昆铁路三甲寨隧道全长 767 m,出口接三甲大寨特大桥。地形纵横向陡峭,线路左侧高右侧低,地面自然坡在 1∶0.3 左右。坡面植被稀疏,岩体破碎,线路右侧节理裂隙发育且贯通性良好,表层为黏土及碎石土覆盖层,层厚在 5 m 以内,在重力作用下沿坡面易发生塌落;线路左侧表层为强风化灰岩、砂泥岩,层厚在 1 m 左右,岩面被切割成规模大小不等的岩块,形成 8 处危岩落石。下伏基岩为弱风化灰岩、砂泥岩(图 2-39、图 2-40)。

2)工程措施

为确保线路安全,降低施工及运营风险,采取了如下措施:

(1)对危岩落石采取清除、嵌补、支顶等措施。

(2)洞口上方设置被动防护网一道。

(3)为防止危岩落石对桥梁及墩台造成破坏,采用接长明洞措施,隧道明暗分界至山甲大寨特大桥 1 号桥墩共 56 m 设置护桥明洞。

①明洞包括 30 m 长单压式明洞和 26 m 长双耳墙式明洞。

②由于洞口地形高陡,且基岩埋藏较浅,护桥明洞左右两侧基础露空部分及黏土和碎石土地层采用 C20 混凝土换填。

③为节省圬工回填量,并减轻明洞基础结构自重,回填基础采用了 C20 混凝土空心结构。

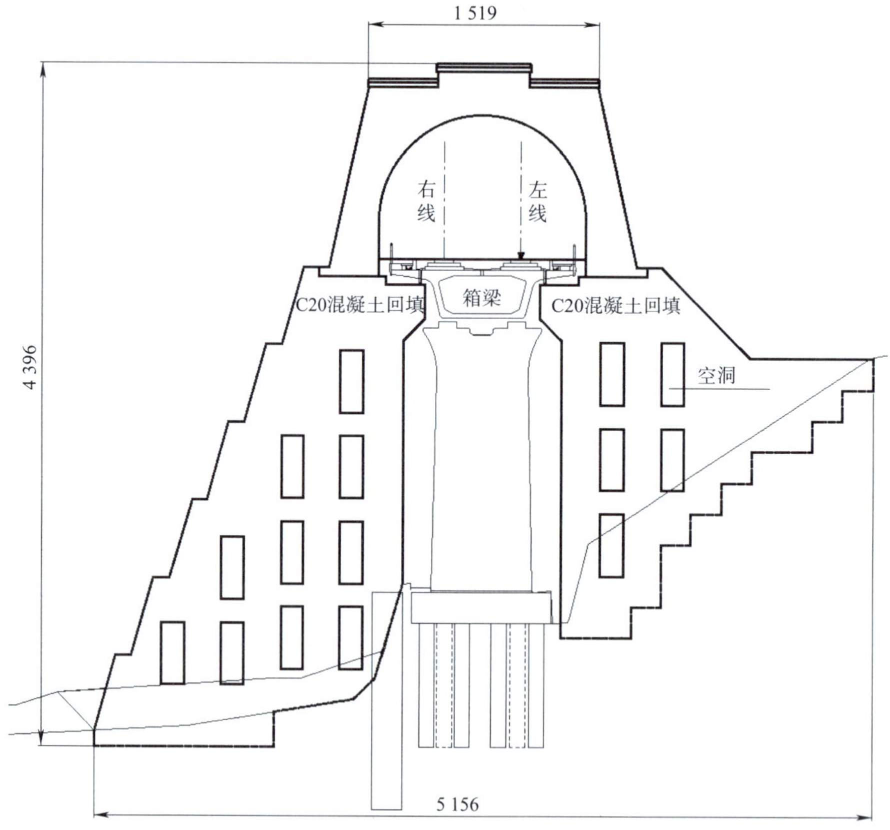

图 2-39 三甲寨隧道出口明洞横断面(单位:cm)

图 2-40　建成后的三甲寨隧道出口明洞

3. 柔性棚洞洞口结构——成昆铁路营盘山隧道进口

1)工程特点

成都至昆明铁路扩能工程营盘山隧道为双洞单线隧道,其中左线隧道全长 17 891 m,右线隧道全长 17 934 m。隧道进口紧邻大竹河大桥,左线洞口里程与大竹河大桥桥台台尾里程间距仅 6.69 m(图 2-41)。

隧区属构造剥蚀高中山地貌单元,地形起伏较大,自然坡度 15°~55°不等,局部形成陡崖。进口地表覆盖第四系全新统坡残积粉质黏土及冲洪积粉质黏土、卵砾石土;下伏基岩为以晋宁期花岗闪长岩为主,多见不明时期(N)辉绿岩以岩脉、岩株等形式呈不规则侵入。隧区地震动峰值加速度为 0.10g。

2)工程措施

结合营盘山隧道进口地形地质特征,主要工程措施如下:

(1)进口采用柱式洞门,边仰坡采用锚杆框架梁植草防护。

(2)进口仰坡自然坡度 70°~90°,为防护洞口危岩落石,进口仰坡设置一道被动防护网进行防护。

(3)2019 年 6 月营盘山隧道洞口已完成施工,考虑洞口边仰坡较陡,为消除危岩和碎石滚落对铁路正常运行带来的安全威胁,于进口外增设柔性棚洞防护(图 2-42)。

①柔性棚洞设计使用年限为 30 年,柔性棚洞防护能量设计为 200 kJ。

②柔性棚洞长约 9.7 m,结构主要组成部件为 H400 型钢钢拱架、ϕ18 钢丝绳、消能器、环形网、双绞六边形网、支座等。钢拱架间距按 3 m 布置。

③为保证基底沉降要求,洞口设置 2~8 m 长的短桩及横梁,棚洞支座置于横梁上。

4. 多跨框架式独立棚洞结构——内昆铁路喇叭溪棚洞

1)工程概况

该棚洞位于内昆铁路小关溪至岔河车站范围的小关溪隧道和龙洞完隧道之间,为护桥棚洞。棚洞所在地段处于吉利铺背斜核部,岩层产状变化较大,岩层产状:N33°—64°E/6°—21°S,受构造影响,岩层中节理较发育,节理产状:节 N56°—62°E/58°—79°N,节理间距 0.2~0.6 m,局部达 1 m,均为微张节理,测段地震基本烈度为Ⅶ度。在喇叭溪 3 号大桥建

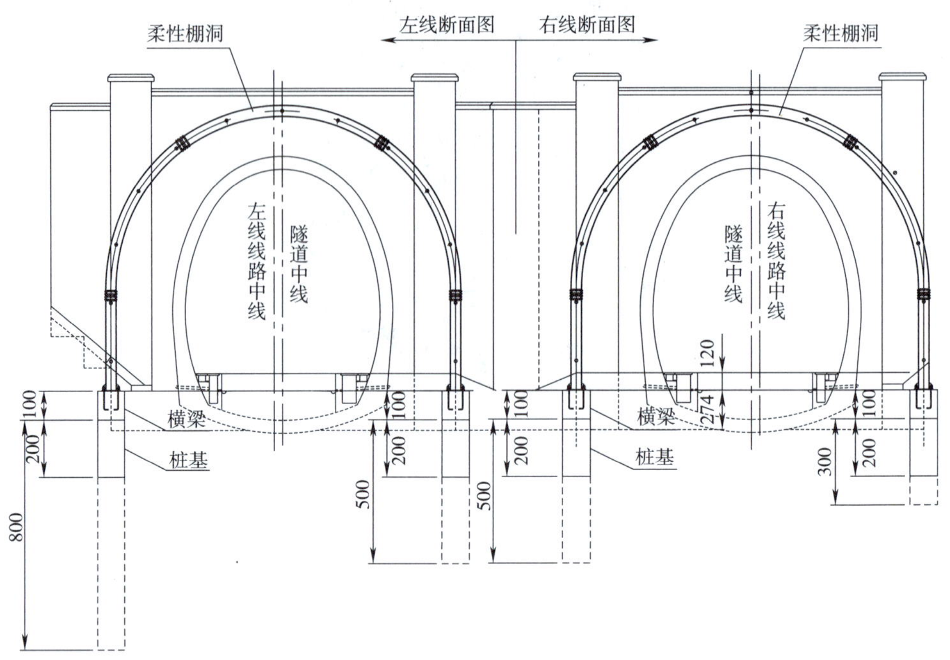

图 2-41　营盘山隧道进口柔性棚洞正面图(单位:cm)

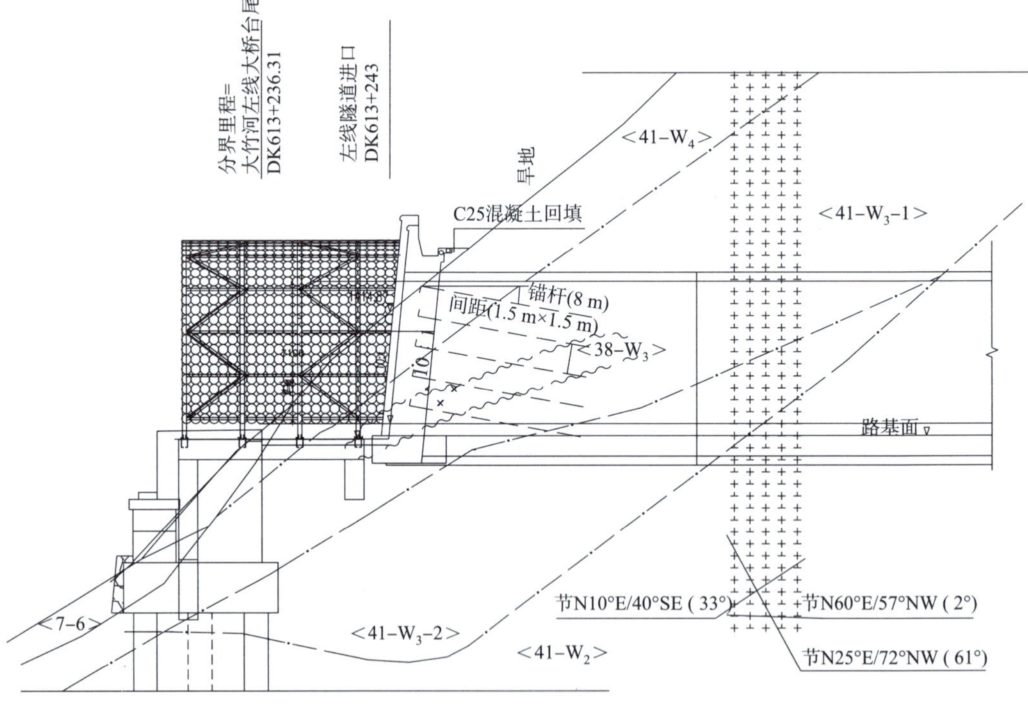

图 2-42　营盘山隧道进口左线棚洞安装示意图

成后，桥侧面自然坡面基岩为薄层状的泥灰岩，表层在坡面水冲蚀和风化剥蚀下，经常出现小块落石现象，已对桥梁的人行道板和栏杆造成破坏，对行车构成威胁。

2）工程措施

为保证线路安全，防止危岩落石对桥梁结构及行车直接造成危害，在既有喇叭溪 3 号大桥上方设置 164.7 m 钢筋混凝土轻型框架式棚洞一座，并对该段山体坡面进行全面加固防护（图 2-43）。

（1）棚洞采用钢筋混凝土框架式结构，棚洞框架纵向跨度为 6.54 m，横向跨度 11.29 m。每两榀框架作为一个框架单元，中间设钢筋混凝土纵梁连接，框架单元与框架单元之间相互独立。

（2）棚洞框架与山体之间设 L 形简支梁连接，框架及 L 形梁顶上顺线路方向铺设 T 形顶梁，再在 T 形顶梁上夯填土石；当 L 形梁长度大于或等于 14 m 时，则于梁中部设一独立支墩。

（3）棚洞范围内坡面采用锚网喷防护。

（4）棚洞顶设置夯填土石缓冲层，并沿棚洞顶填土面与山坡坡脚相交处设纵向排水沟一道；结合地表沟槽设两道垂直线路方向的横向渡槽以引排坡面表水及小型水石流沟水，同时对水石流沟沟床采用浆砌片石铺砌，一方面防止冲刷淘蚀，另一方面确保沟水能顺利排入横向渡槽。

图 2-43　喇叭溪棚洞

施工完成后，彻底解决了自然坡面的危岩落石对线路的影响，确保了运营安全。

2.6　小　　结

以成兰、拉林、成昆、大瑞等为代表的西南艰险山区铁路，大多数隧道洞口地形高陡、重力型不良地质发育、桥隧结构相连，建设难度大，安全风险高。通过数十年的不断实践与总结，已经初步形成了一套以洞口坡面稳定性评价、特殊不良地质坡面防护及加固、进洞技术及洞口段结构设计等技术为核心的洞口处理成套技术，并在山区铁路隧道中广泛应用，对保障铁路隧道洞口安全起到了积极作用。

第3章　岩溶隧道

我国岩溶分布范围广，可溶岩分布面积约占我国国土面积的1/3，主要集中在西南山区的云南、贵州、四川东部、重庆西部以及广西等地区。随着国家经济的高速发展，铁路路网向西部山区的延展，越来越多的隧道不可避免要穿越可溶岩地带。然而可溶岩往往伴随着岩溶洞穴、地下暗河、溶蚀破碎带等复杂地质，这给隧道的修建带来极大的困难；同时，岩溶地质灾害也给铁路隧道运营安全构成严重威胁。

本章主要介绍岩溶、岩溶隧道的特点及工程风险、岩溶隧道勘察设计总体原则、岩溶地质预测预报、防排水体系构建及工程对策等，并结合案例对隧道工程穿越大型空溶洞、大型充填型溶洞及暗河等处理技术及措施进行介绍。

3.1　岩溶的基本特征和分类（级）

岩溶是石灰岩或白云岩等可溶性岩层受水的化学作用（溶解、沉积）与机械作用（冲蚀、潜蚀）等地质作用，以及这些地质作用所形成的各种现象的总称。这些现象主要体现在岩溶的地貌、岩溶形态和岩溶水等基本特征上，根据这些特征对工程的影响程度不同，对岩溶进行分类和分级，是选择线路方案、确定隧道工程措施的基础。

3.1.1　岩溶的基本特征

在岩溶的诸多特征中，对隧道工程建设影响最大的特征有岩溶地貌、形态、水文地质三个特征。

1. 岩溶地貌特征

地质界将我国岩溶工程地质分成高原岩溶区、斜坡过渡带岩溶区和岩溶化平原区共三个区域，西南艰险山区属于高原岩溶区和斜坡过渡带岩溶区，各区又包含多个岩溶亚区，各亚区之间岩溶在地貌特征上有所差别。

在滇东南溶原—峰林高原亚区，云南高原的东南缘，总体地势向南东倾斜，以裸露型岩溶山地为主，地貌形态大都为基座相连的峰丛洼地和峰丛峡谷，河流深切，地形起伏大，修建的主要高速铁路有云桂铁路、沪昆客专（云贵段）、渝昆高铁。

滇东—黔西高原，这里是南盘江与沅江的分水岭地区，地势显著向南降低，以裸露型岩溶山地为主，属于溶原—峰林高原，具数级剥蚀面和一系列断陷溶盆，修建的主要高速铁路有云桂铁路。

在川、滇、藏诸省（区）相邻区域部分，受流水的侵蚀、冰川作用、霜冻作用和泥石流作用以及溶蚀作用共同塑造该区碳酸盐岩山体，形成高山峡谷地貌，修建的铁路有雅安—康定铁路、成雅铁路。

在滇黔高原向鄂黔山地、黔中山原、四川盆地边缘山地及黔桂山地过度的地貌斜坡地带，以裸露型岩溶山地为主，呈现溶洼—丘峰山原景观，伏流发育。

川东北、鄂西地区，溶洼—丘峰山地组成狭窄的平行岭谷，地下水多沿大的溶蚀裂隙、通道流动，在地表和地下流水的溶蚀作用下，残丘突出，漏斗扩大成洼地或槽谷，地下发育有洞道，修建的铁路有郑万、渝西高铁。

四川盆地东部及重庆西部，为突起的条形岭脊槽谷，背斜成山，背斜轴部溶蚀成谷，常构成"一槽二岭"或"二槽三岭"的地貌，发育有多级岩溶剥夷面及一些大型洼地，修建有成渝、渝万、成贵、渝昆、渝西高铁。

由巫山山脉、武陵山脉、大娄山脉等平行山脉构成的鄂黔溶洼—丘峰山地亚区内，洼地、槽谷较发育，并有多级剥夷面，河谷深切，岩溶垂直发育深度大，地下水埋藏较深，呈典型的岩溶峡谷山原地貌，修建有沪昆、渝湘高铁。

川西南峡谷—山地亚区大渡河下游及金沙江下游渡口以下地区，为峡谷及中低山山地，山体陡峭，多深切岩溶峡谷，山间局部有岩溶洼地分布，修建有渝昆高铁。

黔西及滇东东部，滇黔高原向鄂黔山地及黔中山原、四川盆地边缘山地及黔桂山地过度的地貌斜坡地带，以裸露型岩溶山地为主，呈现溶洼—丘峰山原景观，伏流发育，修建有沪昆、成贵、渝黔、渝昆高铁。

滇西中山及高山山地亚区，包括沿元江及其西北大理至贡山一线以南的云南境范围内，深切割的中山及高山山地，怒江及澜沧江为深切达 1 500 m 以上的河谷，两河之间的分水岭地块为山原盆地。

黔中溶原—丘峰与峰林山原亚区，黔中、黔东南是长江和珠江水系分水岭地区。溶原—丘峰山地(北部)及峰林(南部)山原，具海拔 1 500 m，900 ~ 1 300 m 剥蚀面，后者发育并分为二个亚期，组成溶原面，修建有贵广、沪昆、成贵、贵南高铁。

黔桂溶洼—峰林山地区亚区分布于河池—都安一天等一线以西以及贵州南部部分地区，属云贵高原前缘的斜坡地带，西北高东南低，多高峰丛、深洼地及峰林谷地等地貌景观，地下河发育，修建有云桂铁路、贵南高铁。

总体上来看，西南地区以裸露型岩溶山地为主，地貌形态大都为基座相连的峰丛沣地和峰丛峡谷，河流深切，地形起伏大，并有多级剥夷面，呈典型的岩溶峡谷山原地貌特征。

2. 岩溶形态特征

西南岩溶地区的岩溶地质背景复杂，岩溶形态以溶蚀槽谷、洼地、落水洞、漏斗、竖井、溶洞、溶孔、溶隙等典型岩溶形态为主，偶见规模较大的暗河和溶洞，如成贵高铁揭示的玉京山巨型溶洞，溶洞上下游暗河总长度达 18 km，流量 70 m^3/s，隧道通过的溶腔体积达到 100 万 m^3。

3. 岩溶水文地质特征

西南艰险山区岩溶水文地质结构复杂，以均匀状或间互状纯碳酸岩块断构造型，以及断裂褶皱型水文地质结构为主，构成补给区—径流区—排泄区—承压自流区的水动力特点。西南地区的岩溶水总体上十分发育，既有岩溶管道水，也有岩溶裂隙水，常见泉水、伏流和暗河，河流或盆地的湖泊为排泄基准面。

铁路系统习惯将岩溶水分为垂直渗流带、季节交替带、水平径流带和深部缓流带。

图 3-1所示为岩溶水动力剖面分带示意图。垂直渗流带主要发育漏斗、落水洞、竖井等垂直岩溶形态;季节交替带中,岩溶既有垂直岩溶形态,也有水平岩溶形态;水平径流带中,溶洞、暗河等水平岩溶形态较发育;深部缓流带中,一般以规模不大的小溶洞和溶孔为主。岩溶水循环分带是确定线路高程和平面位置的主要依据之一。

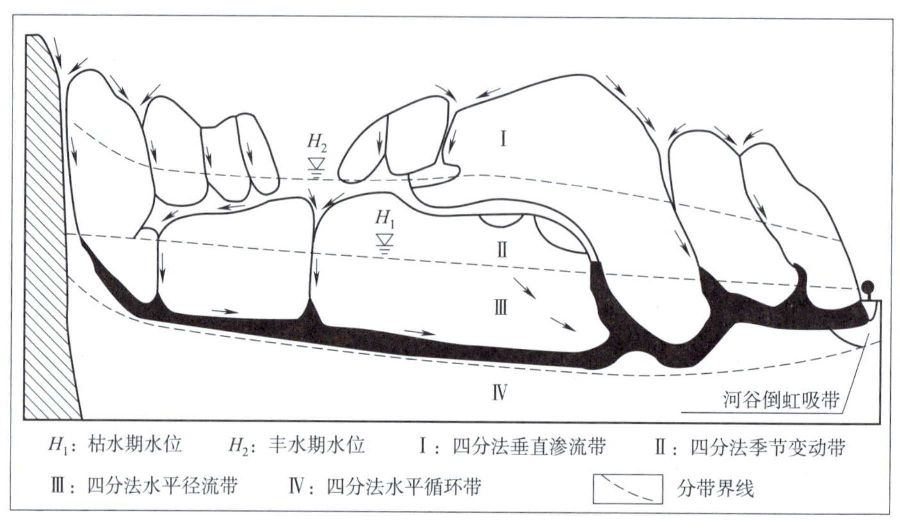

图 3-1　岩溶水动力剖面分带示意图

3.1.2　岩溶分类、分级

1. 岩溶分类

为方便对岩溶进行描述和评价,通常分别按照岩溶地下水发育程度、形态、充填程度对岩溶进行分类。

(1)按岩溶地下水发育程度,岩溶可分为贫水型和富水型。

(2)按岩溶形态大小不同,岩溶可分为洞穴型、裂隙型、管道型、暗河型,如图 3-2 所示。

(3)按岩溶充填特征不同,岩溶可分为充填型溶洞、部分充填型溶洞和无充填型溶洞(又称“干溶洞”),如图 3-3 所示。

(a)裂隙型

(b)洞穴型

图　3-2

(c)管道型

(d)暗河型

图 3-2 岩溶形态分类典型照片

(a)全充填型

(b)部分充填型

(c)无充填型

图 3-3 岩溶充填特征分类典型照片

2. 岩溶发育程度分级

岩溶发育程度是决定隧道设计和施工措施的主要依据。隧道穿越岩溶区时,可根据岩溶形态、连通性和地下水等定性指标,以及钻孔见洞隙率等定量指标,综合判断岩溶的发育程度,岩溶的发育程度可以分为四级:强烈发育、中等发育、弱发育和微弱发育。表 3-1 为现行《铁路岩溶隧道勘察设计技术规范》(Q/CR 9251)岩溶按发育程度的分级标准。

表 3-1 岩溶按发育程度分级

指标		级别			
		强烈发育	中等发育	弱发育	微弱发育
定性指标	岩溶形态	以大型暗河、廊道、较大规模溶洞、竖井和落水洞为主	沿断层、层面、不整合面等有显著溶蚀,中小型串珠状洞穴发育	沿裂隙、层面溶蚀,扩大为岩溶化裂隙或小型洞穴	以裂隙状岩溶或溶孔为主
	连通性	地下洞穴系统基本形成	地下洞穴系统未形成	裂隙连通性差	裂隙不连通
	地下水	有大型暗河	中小型暗河或集中径流	少见集中径流,常见有裂隙水流	裂隙透水性差
定量指标	钻孔见洞隙率(%)	>30	10~30	1~10	<1
	钻孔线岩溶率(%)	>20	5~20	1~5	<1

3.2 岩溶隧道工程特点

穿越可溶岩地区的隧道被称为是岩溶隧道。岩溶隧道与一般非可溶岩地区的隧道相比,存在很大的不同,岩溶隧道具有以下工程特点。

1. 隧道结构复杂多样、设计难度大

由于岩溶及岩溶水在微观上发育的无规律性,造成岩溶隧道主体结构和附属工程复杂多样。岩溶隧道常见的主体结构形式包括单(双)线椭圆形、近圆形或抗水压圆形衬砌,以及大拱脚型、底板型(筏板基础)或框架型(上下立交)等特殊隧道结构形式;常见附属工程结构包括混凝土护墙、护拱及缓冲层等。可供设计选择的主体结构和附属工程结构种类多,需要针对具体的岩溶形态,合理布局,统筹设计。岩溶处理没有可以借鉴的通用参考图,无论勘察还是施工揭示岩溶后都需要逐点进行个别设计,设计内容多、工作量大。由于存在主体结构的计算模型、承受的地下水和围岩荷载大小具有不确定性,附属工程的有效性评价困难等因素,隧道设计难度也大。

2. 隧道基础处理难度大

岩溶隧道地基基础处理复杂、难度大。当隧道通过全充填或半充填溶洞,基础悬空或者地基承载力不能满足结构受力要求时,就需要对地基基础进行特殊处理。处理措施一般包括:有条件到持力层的,采取基础换填、桩基托梁、钢管桩、钻孔桩等;没有条件到持力层的,对基础进行改良以提高基础整体稳定性,如采用旋喷桩、钢管桩注浆、微型桩加固等。在隧道狭小的空间内进行地基处理,施工设备受限,不能选用大型装备,处理深度有的工点达到数十米,还可能遇到较大直径的块石、孤石等障碍物,处理起来非常困难。

3. 防排水措施复杂

与普通隧道相比,岩溶隧道的防排水措施要复杂得多,常用的排水措施有泄水洞、集水廊道、集水钻孔、各种排水沟、排水盲管、横跨隧道的涵洞、虹吸管,以及延伸至洞外的明渠等,种类繁多。这些措施在保证地下水能及时被排走,并长期维持地下水压力在结构可以承受的范围之内起到了至关重要的作用。设计和配合施工阶段需要根据具体岩溶水发育情况合理选择。

4. 施工风险高

(1)易塌方、冒顶

岩溶隧道施工开挖中,不可避免会遇到各种岩溶形态,溶洞的存在会使得围岩应力分布不均匀,并且这种不均匀分布的应力通常无规律可循,再加之溶洞周围的基岩岩质脆性大,在隧道施工过程中,极容易发生塌方;此外,对于充填或部分充填溶洞,充填体多为黏土、土夹石等软弱物质,自身稳定性差,施工过程中极易发生掌子面失稳,诱发塌方、冒顶等安全事故。同时,对那些联通性较好的溶洞,隧道塌方和冒顶还具有连带性,可能因局部失稳而引起周边大规模失稳的连锁反应。

(2)易发生涌水、突泥

在两种情况下会发生隧道涌水、突泥:一是高压富水充填溶腔或含水淤泥、砂层填充的溶腔,若施工措施不当误揭或在没有降低地下水压力的情况下就揭开高压富水溶腔,会引发涌水突泥事故,造成人员伤亡、施工机具损毁;二是在雨洪季节,地表水快速下渗,并向隧道汇集,短时间内水量、水压陡增,地下水裹胁着黏土、砂、碎石等固体物质涌入隧道,导致涌水突泥。此外,随着固体颗粒物的流失,隧道周边地层位移将逐步扩大,地表出现开裂下沉、塌陷,将会进一步加剧洞内涌水突泥规模。

(3)支护结构易变形开裂

隧道穿越溶洞时,由于充填物质软弱、荷载较大以及局部偏载等原因,容易出现支护结构变形开裂的现象。当隧道穿越充填型溶洞时,洞周为充填黏土、块石土或砂层等,围岩压力大、局部受力不均匀,对支护结构提供的抗力低(差),加之基础软弱,地下水掏蚀等作用,容易引起支护结构基础沉降过大、拱墙变形侵限、喷混凝土开裂、钢架扭曲等结构病害。当隧道穿越空溶腔时,隧道结构可能因受力不对称,或者护拱、护墙及反压回填等措施施工不及时,拱脚或边墙脚支撑反力不够或悬空等,都可能造成支护结构变形开裂。

5. 运营期间安全风险高

铁路隧道工程建设最终服务于铁路运输。对于岩溶隧道,运营期间影响行车安全的主要风险包括高水压引起的衬砌开裂(结构破坏)、拱墙渗漏(股状、射流状)水、仰拱隆起和隧底翻浆冒泥等。从近年的运营经验来看,岩溶隧道发生的安全事故的数量要大于其他非岩溶地区的隧道。

隧道开挖前,赋存于地层中的地下水已形成了稳定的渗流场和循环体系。隧道的开挖,在原有地层中形成了一个人为的“空洞”,破坏了原地下水系的平衡状态,改变了地下水的径流方向,地下水向着开挖后的隧道方向汇集。特别是雨洪季节,地下水量骤然增加,使得流入隧道附近的地下水量突然增多,当隧道排水速度小于地下水补给速度或溶蚀颗粒物质堵塞衬砌背后排水系统时,作用在衬砌上的水压将会增大,从而导致衬砌开裂(结构破坏)、拱墙渗漏(股状、射流状)水或者仰拱隆起,影响行车安全,甚至引发铁路行车事故。例如某高铁在开通运营当月,就发生岩溶水压坏隧道二次衬砌,边墙涌水上道,拱部施工缝射水引起接触网短路,造成中断行车数十小时的安全事故。

3.3 岩溶隧道勘察设计总体原则

岩溶隧道勘察设计工作包括测绘,地勘,选线,风险识别和管控,工程措施设计和施工阶段的设计变更等主要工作,各项工作中选线是源头,地勘是基础,风险识别是重点,工程措施是关键。本书就选线、地勘、风险识别和工程措施等四项关键工作提出总体性的原则。

3.3.1 选线原则

修建在岩溶地区的铁路,隧道占比大,隧道安全、投资、工期等风险在各专业之中也是最高的。在选择线路方案时要重点研究隧道方案的风险,遵循减灾选线的指导方针,贯彻“先绕避、短通过、抬高程、傍河边、靠既隧、顺坡排、浅覆盖、防崩滑”二十四字原则。

(1)先绕避——加强地质调查,充分利用综合勘察技术,绕避强烈发育岩溶区,线路选择从岩溶相对不发育的地带通过,降低岩溶风险。

(2)短通过——采用综合勘察手段,选择线路大交角、短距离通过岩溶致灾因子发育区,降低岩溶风险。

(3)抬高程——采用综合勘察手段,抬高线位,选择越岭隧道从岩溶垂直渗流带内通过,岩溶洼地槽谷多以明线(桥)通过。

(4)傍河边——加强岩溶斜坡地质测绘与综合勘察分析,选择线路尽量靠近河边并高于岩溶水雨洪期排泄高程,从“岩溶安全带”通过。

(5)靠既隧——利用既有岩溶隧道已形成的降落漏斗,新建隧道尽量靠近既有隧洞,并位于降落漏斗范围内。

(6)顺坡排——岩溶及岩溶水发育的隧道,其正洞及辅助坑道施工应满足顺坡排水的条件,以降低涌水突泥造成的灾害。

(7)浅覆盖——对于可能塌陷的覆盖型岩溶区,线路宜选择在覆土较薄的地段通过,以便采取适宜的工程措施,消除塌陷隐患。

(8)防崩滑——充分利用高分航遥技术,加强岩溶陡坡地质测绘,选择线路绕避危岩落石、崩塌、滑坡发育地段。

岩溶地区铁路选线“二十四字”原则中,最根本的原则是第一条“先绕避”原则。从源头着手规避风险,尽量绕避岩溶水发育地区,不能绕避时应优先在岩溶水发育相对较弱的安全带修建隧道,如图3-4所示。所谓岩溶安全带是指岩溶水最低排泄点与山顶面靠河谷最外侧的洼地、竖井等垂直岩溶形态之间的地带;其次,选择在岩溶水垂直循环带内通过,应尽量避免在水平循环带、季节变动带或深部滞留带中修建隧道。图3-5所示为渝利铁路排花洞隧道方案比选示意。比较方案2线路最短、线路顺直、

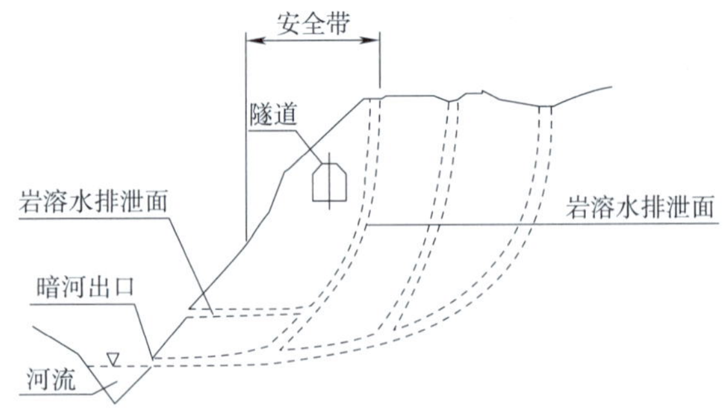

图3-4 岩溶发育地区的安全地带示意

线性好,但隧道位于水平循环带,线路埋深大、水头高,隧道长,突水突泥风险大;比较方案1和推荐方案,均让隧道走行于垂直循环带内,线路傍山绕行、隧道埋深小、水头低,隧道相对较短,突水突泥风险小;推荐方案与比较方案1相比线路高程低40 m,隧道突水突泥风险更低,推荐方案的隧道风险可控。

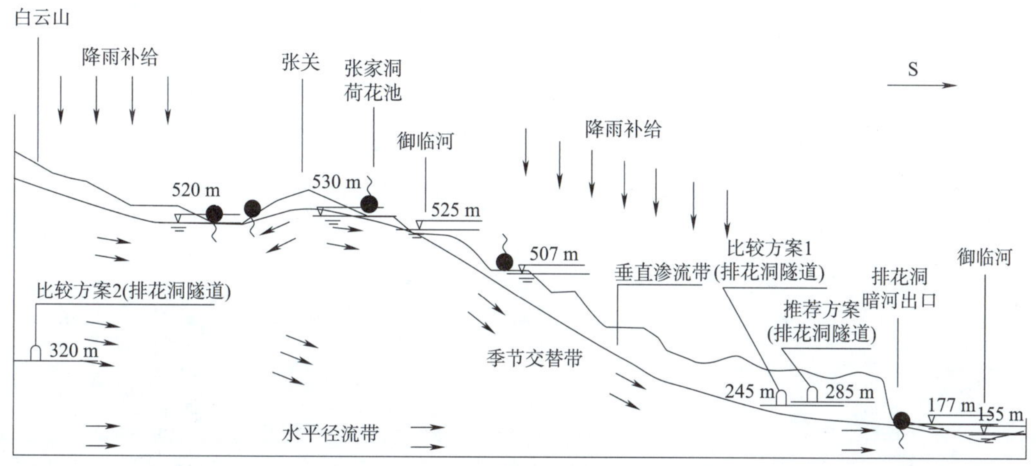

图3-5 渝利铁路排花洞隧道方案比选图

3.3.2 地勘原则

地质勘探是铁路工程建设的先行工作,勘探成果是隧道设计的基础和依据,地勘成果的质量水平会直接影响设计的质量和施工的安全。可溶岩地区的隧道应按照岩溶地质要求进行勘察,并遵守以下原则。

(1)多方法综合勘察——岩溶隧道勘察应采用遥感图像地质解译、地质调绘、物探、钻探与测试、水文地质动态观测等综合勘察方法;复杂岩溶区,采用高分遥感、无人机、三维立体勘探、岩溶空腔影像及三维激光扫描等"空、天、地"综合勘察方法。

(2)重点岩溶专题研究——岩溶发育、形态复杂、岩溶水害严重、对工程方案和施工安全影响较大的可溶岩地段,应进行岩溶水文地质及工程地质专题研究。

(3)涌水量分段预测——分段预测可能发生的最大涌水量、正常涌水量及施工中可能发生集中涌水点、段的位置,分段核实设计涌水量,分析隧道突水、突泥的风险,提出工程措施建议。

(4)岩溶管道全面评估——对隧道穿越的溶洞、暗河、裂隙等岩溶管道,应评价其岩溶水发育特征、洞壁的稳定性、顶板的安全性、充填物质形态及稳定性、溶洞、暗河与隧道的关系以及对隧道工程的影响,并提出工程措施建议。

(5)环境影响充分评估——岩溶隧道勘察应对因工程排泄地下水而可能造成的地表水枯竭、地面塌陷等环境地质问题做出预测,并充分评估其长期影响。

(6)隐伏岩溶及时评估——隧道工程跨越或置于隐伏溶洞之上时,应及时评价隐伏溶洞对隧道工程的影响,避免评估滞后可能造成的废弃工程。

3.3.3 风险识别原则

岩溶隧道风险识别应该坚持全面识别、工程全寿命周期识别的原则，并且需要特别注意岩溶水变化引起的风险等级的转化和升级。

岩溶隧道主要风险事故包括涌(突)水(泥)、充填物失稳坍方、岩壁掉块坍塌、结构开裂、地表沉陷、隧底变形、地下水流失等。岩溶隧道应对设计、施工和运营阶段的所有风险因素(源)进行全面识别，不要遗漏。重点开展可能引起充填物失稳坍方、涌突水、结构开裂等事故的风险源的判识。风险因素识别可参照表3-2。

表3-2 岩溶隧道风险因素与风险事故识别表

风险因素		风险事件						
		涌(突)水(泥)	充填物失稳	岩壁掉块坍塌	结构开裂	地表沉陷	隧底变形	地下水流失
自然因素	地形、地貌	★		☆		★	★	★
	江河、湖泊	★						★
	环境敏感区							★
	地下水	★	☆	△	☆	△	★	
	暴雨、洪水	★	☆	☆	☆	△	★	
地质因素	岩性	★	△	★		△		☆
	构造	★	△	☆	△	☆	☆	☆
	岩溶发育强度	★	△	☆	☆	☆	☆	☆
	岩溶的形态、规模	☆	△	★	☆	☆	☆	☆
	岩溶与隧道关系	☆	△	☆	△		△	△
	充填物特征	★	★	☆	☆	△	★	
	岩溶水储量及补给	★	★	△	☆	☆	△	△
	水压大小	★	☆	△	★		★	☆
技术因素	超前地质预报	★	△	△				
	施工工法	☆	☆	☆				
	支护结构	△	☆	☆	★	△	△	
	排水方案	★	☆	☆	★	△	★	△
	注浆方案	★	★	☆	☆	△	△	△
	隧底加固		☆		☆		★	

注："★"表示两者强相关，"☆"表示两者相关，"△"表示两者弱相关。

3.3.4 工程措施选择原则

根据岩溶的形态、岩溶水的大小和连通性等岩溶发育程度，制定合理、可行、有效的工程措施是防治岩溶风险事故发生，保证铁路隧道施工和运营安全的关键。岩溶隧道的主要工程措施包括：岩溶水处理措施、隧道主体及附属结构、辅助工程措施和辅助导坑等，工程技术人员在选择工程措施或确定具体参数是要遵循以下原则。

1. 岩溶水处理措施

地下水是岩溶隧道工程建设的最大隐患,处理岩溶水时要遵循以下原则:

(1)当地下水的排泄对环境不造成影响或者后果可以接受时,应遵循“以排为主,排堵结合”原则,以减少地下水对隧道结构的影响,避免引起岩溶水位上升对衬砌结构造成破坏。

(2)当隧道周围存在环境敏感区时,需要考虑排水对地表环境的影响与破坏,若影响、破坏较大,应遵循“以堵为主,限量排放”的原则。

(3)“疏导为主”的处理原则。以疏导为主就是要尽量不改变岩溶水的径流路径,保持其原有循环和储存平衡状态,减少水对主体结构和生态环境的影响,对岩溶水的既有排泄通道应尽量“恢复或维系”,不要随意封堵。

(4)“利用但不依赖” 的处理原则。当既有天然通道存在淤堵或暴雨季节岩溶水量骤增排泄不畅时,可能引起岩溶水位上升对衬砌结构造成破坏的情况;因此,对既有排泄通道采取“利用但不依赖”的设计理念,应另外增加排泄通道,以提高岩溶水的宣泄能力。

(5)“多道防线、层层设防”的结构防水原则。岩溶隧道结构防水应选择地表处理、围岩防渗、防水层防水、衬砌结构自防水、接缝防水等综合措施,多级设防,满足运营设备对隧道防水的要求。

2. 隧道主体及附属结构

(1)强化主体结构的原则。隧道岩溶及岩溶水发育区段,宜采用钢筋混凝土衬砌结构,提高二次衬砌的抗水压能力。

(2)优化附属结构的原则。岩溶及岩溶水发育区段应减少设置洞室、锚段等附属设施。

3. 辅助工程措施

辅助工程是为构筑主体结构服务的,岩溶隧道施工需要的辅助工程措施较多。由于岩溶隧道施工和运营安全风险高,辅助工程措施的选择要贯彻有利于风险控制的原则。

(1)强化超前预报,遵循“不探不掘,探明再掘”的原则。

(2)强化超前降水释压的原则。采用超前钻孔、迂回导坑等措施,提前排泄隧道前方岩溶水,消减水体压力和势能,预防突水突泥,避免施工安全风险。

(3)强化超前预加固的原则。采用地表注浆、超前帷幕注浆、超前周边注浆等措施提前加固掌子面前方围岩,消减岩溶充填物势能,预防掌子面坍方、涌泥,避免施工安全风险。

(4)强化隧道地基处理的原则。采用换填、钻孔桩、钢管桩、旋喷桩等有效措施,确保隧道结构设置于稳定的地基基础上,严格控制隧道和轨道结构的变形,避免影响行车安全的风险。

4. 辅助导坑设置

(1)横洞优先的原则。岩溶隧道宜按顺坡施工的原则优先选用横洞,岩溶发育、地下水丰富地段不宜设置斜井、竖井。

(2)平导与泄水洞相结合的原则。在岩溶发育地区选择平导作为辅助导坑时,平导的纵坡和高程要能适应泄水洞的要求。从现场施工来看,因为隧道洞内排水能力不足或水压高的原因,后期改造平导为泄水洞的情况不少,造成工程投资增加,并影响工程的正常建设。

3.4 岩溶预报和探测

岩溶地区修建隧道,施工中容易发生突水、突泥、岩溶填充物坍塌等突发地质灾害,造成人员伤亡及财产损失。因此,对岩溶隧道而言,遵循"不探不掘,探明再掘"的原则,对前方岩溶地质进行预报和探测显得就尤为重要。通过超前地质预报,掌握掌子面前方地质及水文条件,以便及时采取工程措施避免突发地质灾害的发生。

3.4.1 岩溶隧道地质复杂程度分级

岩溶隧道地质复杂程度分级应结合隧道施工图风险评估成果来开展,分级结果是选择超前地质预报方法的依据。岩溶隧道应根据岩溶发育程度、涌水、涌泥程度、断层稳定程度、地质因素对隧道施工影响程度和诱发环境问题的程度等因素,综合评判地质复杂程度,地质复杂程度一般可以分为四级,分别为Ⅰ级(复杂)、Ⅱ级(较复杂)、Ⅲ级(中等复杂)和Ⅳ级(简单)。分级标准见表3-3。

表3-3 岩溶隧道地质复杂程度分级

影响因素	地质复杂程度分级			
	Ⅰ级(复杂)	Ⅱ级(较复杂)	Ⅲ级(中等复杂)	Ⅳ级(简单)
岩溶发育程度	强烈发育,以大型暗河、廊道、较大规模溶洞、竖井和落水洞为主,地下洞穴系统基本形成	中等发育,沿断层、层面、不整合接触面等有显著溶蚀,中小型串珠状洞穴发育,地下洞穴系统未形成,有小型暗河或集中径流	弱发育,沿裂隙、层面溶蚀扩大为岩溶化裂隙或小型洞穴,裂隙连通性差,少见集中径流,常有裂隙水流	微弱发育,以裂隙状岩溶或溶孔为主,裂隙不连通,裂隙透水性差
涌水涌泥程度	特大型涌突水(涌水量>10 000 m^3/h)、大型涌突水(涌水量1 000~10 000 m^3/h)、突泥,高水压	较大型涌突水(涌水量500~1 000 m^3/h)、突泥	中型涌水(涌水量100~500 m^3/h)、涌泥	小型涌水(涌水量<100 m^3/h),涌突水可能性极小
断层稳定程度	大型断层破碎带,自稳能力差,富水,可能引起大型失稳坍塌	中型断层带,软弱,中~弱富水,可能引起中型坍塌	中小型断层,弱富水,可能引起小型坍塌	中小型断层,无水,掉块
地质因素对隧道施工影响程度	危及施工安全,可能造成重大安全事故	存在安全隐患	可能存在安全问题	局部可能存在安全问题
诱发环境问题的程度	可能造成重大环境灾害	施工、防治不当,可能诱发一般环境问题	特殊情况下可能出现一般环境问题	无

3.4.2 超前地质预报流程及方法选择

1. 超前地质预报流程

岩溶隧道超前地质预报应结合岩溶隧道地质复杂程度分级,按照"宏观预报指导微观预报、长距离预报指导中短距离预报”的工作思路，以地质调查法为基础，以超前钻探为核心、配合多种物探手段进行综合超前地质预报。岩溶隧道的超前地预报流程如图 3-6 所示。

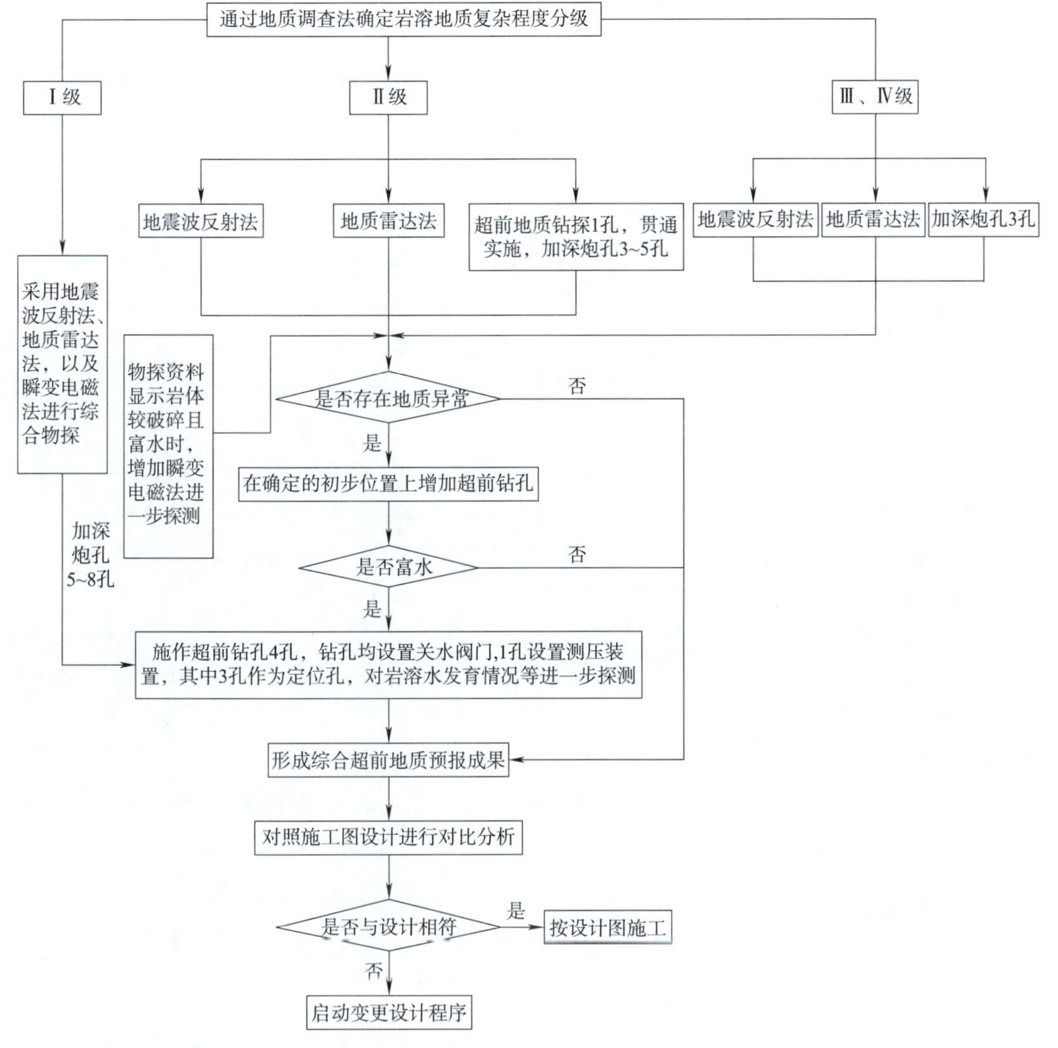

图 3-6　岩溶隧道超前地质预报流程图

2. 主要超前地质预报方法

岩溶隧道采用的主要预报方法有地质调查法，物探法（地震波反射法、地质雷达法、瞬变电磁法）、超前地质钻探。

（1）地质调查法

地质调查法包括地表补充地质调查和洞内地质素描。地质调查法是根据隧道已有勘察资料、地表补充地质调查资料和隧道内地质素描，利用常规地质理论、地质作图等，通过地层层序对比、地层分界线及构造线地下和地表相关性分析、断层要素与隧道几何参数的相关性分析、临近隧道内不良地质体的可能前兆分析等，推测开挖工作面前方可能揭示的地质情况的一种超前地质预报方法。

隧道内地质素描是将隧道所揭露的地层岩性、地质构造、结构面产状、地下水出露点位置及出水状态、出水量、溶洞等准确记录下来并绘制成图表，是地质调查法工作的一部分，包括开挖工作面地质素描和洞身地质素描。常用的地质素描记录表格可参照《铁路隧道设计规范》(TB 10003—2016)附录 B.2.4。

地质调查法适用于各种地质条件下的隧道超前地质预报。为建立隧道全寿命周期的地质档案，地质调查法应全隧道施作。

(2)物探法

物探法是利用物理学的方法、原理和专门的仪器，观测并综合分析天然或人工地球物理场的分布特征，探测地质体或地质构造形态的勘探方法。隧道超前地质预报中，目前比较成熟的物探方法有地震波反射法 TSP、地质雷达法和瞬变电磁法。物探超前预报技术的发展速度比较快，设计人员应多关注。地质雷达法和瞬变电磁法需在掌子面上作业，仅适用于钻爆法施工的隧道，对 TBM 施工工况下的超前地质预报不适用。

①地震波反射法 TSP

地震波反射法用于划分可溶岩与非可溶岩地层界线、查找地质构造、探测岩溶充填等不良地质体的厚度和范围，并应符合下列要求：

a. 被探测对象与相邻介质应存在较明显的波阻抗差异并具有可被探测的规模。

b. 断层或岩性界面的倾角应大于 35°，构造走向与隧道轴线的夹角应大于 45°。

②地质雷达法

地质雷达法探测主要用于岩溶、坑洞的探测，亦可用于断层破碎带、软弱夹层等不均匀地质体的探测。

③瞬变电磁法

瞬变电磁法对低阻体敏感，用于探测岩溶地层中存在的地下水体、断层破碎带、溶洞、溶隙、暗河等。

(3)超前钻探法

超前地质钻探是利用钻机在隧道开挖工作面或两侧洞室内进行钻探获取地质信息的一种超前地质预报方法。超前地质钻探法适用于各种地质条件下的隧道超前地质预报，在富水软弱断层破碎带、富水岩溶发育区、重大物探异常区等地质条件复杂地段必须采用。超前钻探法包括超前地质钻探和加深炮孔探测。

3. 岩溶隧道超前地质预报方法选择

岩溶隧道超前地质预报方法可参照表 3-4 选择采用。

表 3-4　岩溶隧道超前地质预报方法选用建议表

超前地质预报方法		地质复杂程度分级			
		Ⅰ	Ⅱ	Ⅲ	Ⅳ
地质调查法		√	√	√	√
物探方法	地震波反射法	√	√	√	√
	地质雷达法	√	√	√	√
	瞬变电磁法	√			

续上表

超前地质预报方法		地质复杂程度分级			
		Ⅰ	Ⅱ	Ⅲ	Ⅳ
钻探法	超前钻孔	≥3孔	≥1孔	≥1孔	≥1孔
	加深炮孔	5~10孔	3~5孔	3~5孔	3~5孔

3.4.3 隧底及洞周隐伏岩溶探测

岩溶隧道与非岩溶隧道地质工作的又一个主要区别，就是要开展隧底及洞周隐伏岩溶探测工作。

隐伏岩溶探测工作一般在隧道开挖后，二次衬砌浇筑前及时进行。探测方法一般包括钎探、物探法和地质钻孔验证等。

当岩溶隧道周边存在隐伏溶洞时，应评价溶洞洞壁稳定性、顶板安全性、充填物流失性和稳定性、隧底地基承载能力等。

3.5 岩溶隧道防排水

岩溶隧道施工及运营发生的事故大部分源自岩溶水害。岩溶水治理的成功与否，对铁路隧道的施工与运营安全起着至关重要的作用。建立可靠、有效的岩溶隧道空间防排水体系是成功治理岩溶水的前提条件。

3.5.1 岩溶隧道防排水体系

岩溶地区隧道防排水体系是一个由外而内逐层建立的过程，要建立可靠、有效的岩溶隧道防排水体系，必须充分调查掌握地形、洼地分布、气象、区域构造等外部环境条件，并研究分析地层岩性、岩溶形态及发育程度、岩溶水来源及排泄通道等地层内部环境条件。

岩溶地区隧道防排水体系由外部防排水系统和内部防排水系统组成。外部防排水系统指的是隧道本体工程以外的防排水措施，包括地表水的截排防渗、地表或周边岩体的注浆堵水、独立于隧道工程以外的排水通道；内部防排水系统指的是隧道本体工程内的防排水措施，包括隧道初期支护与二衬之间的防(排)水板、排水盲管，二衬内部的止水带、泄水孔、排水沟等措施。

3.5.2 岩溶隧道外部防排水

1. 外部“防水”

当隧道上方地表有浅埋沟谷、洼地、落水洞时，应结合环境条件及其对隧道的影响程度，采用地表防渗、疏导等处理措施，例如：对地表冲沟的上下游进行铺砌、对落水洞封闭、对积水洼地设沟渠引排等。

2. 外部“堵水”

当地表难以处理或处理后防水、截水效果并不理想时，可采取洞内注浆加固地层的堵水措施,减小地表水下渗对隧道的影响;若采取引排措施可能对地表环境或居民生产生活用水造成影响时,则应注浆堵水,不排或限制地下水的排放;穿越高压充填溶洞时,施工期间突水突泥的风险高,这种情况也可考虑超前注浆堵水,同时对隧道周边岩体进行加固,预防因排水造成物质流失堵塞排水管道,造成防排水系统失效危及铁路运营安全。

渝怀铁路某隧道穿越可溶岩地层,地表为生态环境保护区,并分布有6.4万人的厂矿企业、部队及居民,该地区既有线隧道曾出现过地表水源、植被干枯等生态环境破坏现象,采用超前帷幕注浆限排,衬砌按承受3.0 MPa水压设计,取得了较好的工程效果和环境效益。渝利铁路某隧道超前帷幕注浆布置及现场如图3-7、图3-8所示。

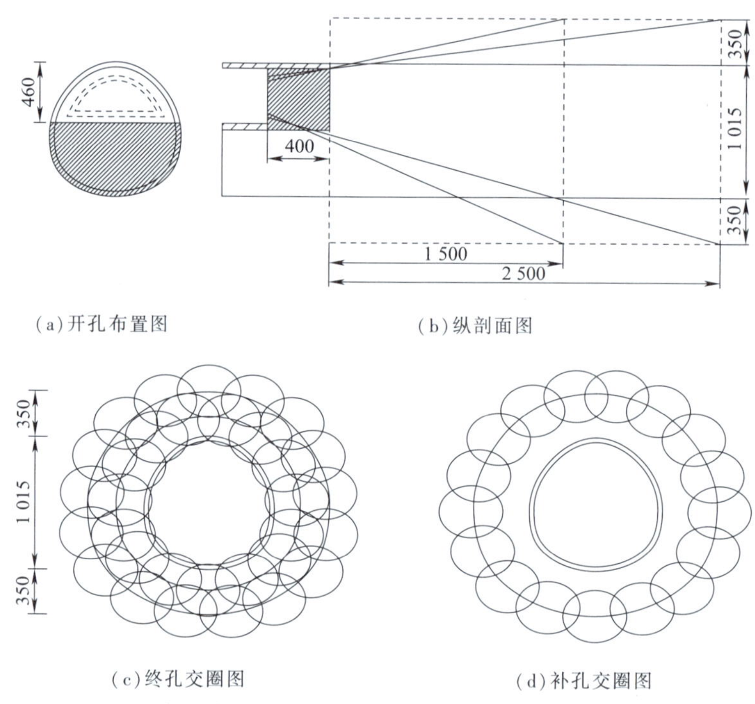

(a)开孔布置图　(b)纵剖面图

(c)终孔交圈图　(d)补孔交圈图

图3-7　渝利铁路某隧道超前帷幕注浆布置示意图(单位:cm)

图3-8　渝怀铁路某隧道超前帷幕注浆堵水现场

3. 外部“排水”

长期的隧道工程岩溶水治理经验表明,在排水对环境无影响时,对岩溶水的处理宜采取“以排为主”的处理原则。这里的“排”主要是指以疏导为主,尽量不改变岩溶水的径流路径,以保持原有的循环及存储平衡。对于水量较大或来水量难于确定时,应在隧道结构安全距离外设置独立的且具维护功能的人工排泄通道,如泄水洞、集水廊道等。

如图3-9所示,沪昆高铁某隧道施工揭示多个溶洞、溶蚀裂隙及岩溶管道,岩溶强烈发育,盆地内岩溶管道水与隧道连通性较好,隧道施工过程中多次发生大涌水,且携带有泥砂。施工过程中,充分利用了排水不影响周围环境这一有利条件,采取体外“排”的工程方案,增设了泄水洞及集水廊道。这些措施让岩溶水能得到有效排泄,充分发挥了排水设施的泄水降压作用,避免了地下水对隧道结构的危害,保证了运营期间的安全。

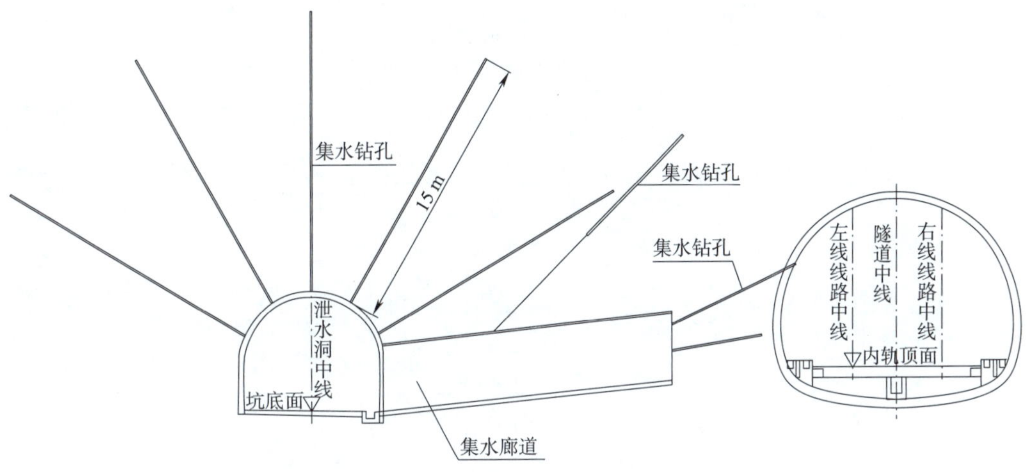

图3-9 设置泄水洞引排正洞水的示意图

3.5.3 岩溶隧道内部防排水

1. 内部“防水”

岩溶隧道应根据不同区段岩溶水的发育情况,确定分区防水。防水应重视初期支护防水,并以衬砌结构自防水为主体,以防水层防水、施工缝、变形缝防水为重点,辅以注浆防水等措施。

防水等级满足规范的有关等级要求,衬砌建筑材料应采用防水混凝土,抗渗等级不应低于P10。初期支护和二衬之间设置防(排)水板及无纺布;施工缝及变形缝按规范设置可靠的防水措施,水量较大时拱墙环向施工缝加设一道凸壳型防排水板;二次衬砌灌注混凝土前于拱顶纵向预留注浆管和排气管,衬砌背后注浆预防衬砌背后空洞积水;岩溶隧道应根据承受水压情况合理选择衬砌结构形式,同时还应考虑岩溶水季节性、暴雨情况下排水通道短时间排泄能力不足或淤积堵塞等导致水压动态变化,适当考虑部分抗水压能力。

2. 内部“排水”

岩溶地区隧道内部排水系统的排水能力要有足够的安全储备,且考虑施工、运营期间的可维护性。对岩溶管道裂隙集中出水点，可于初期支护背后单独设置排水管直接引入洞内排水沟，有条件时应接入外部排水系统。

如图 3-10 所示，为集中引排局部股水，于衬砌拱墙背后设置环向、纵向排水管，并直接弯入边墙侧沟，环向盲管间距应根据水量确定，水量较大时可加密布置；为减小隧底水压，必要时仰拱底部设排水管。

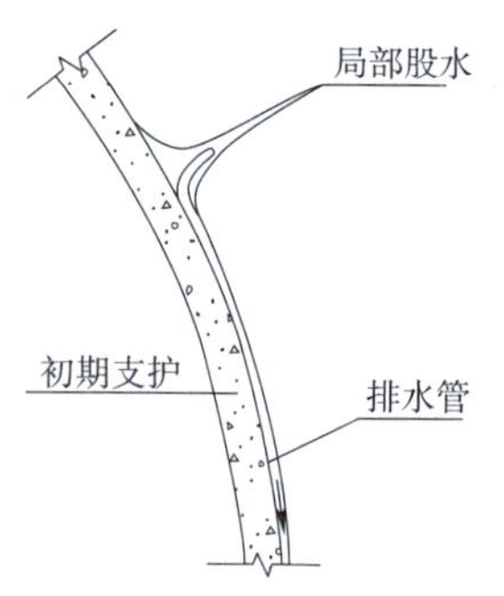

图 3-10　集中水单独引排示意图

以贵南高铁为例，线路所经区域大多岩溶水强烈发育，隧道排水系统相应进行了加强。如图 3-11 所示，衬砌拱墙背后及仰拱底部分别设置 $\phi50$ 环向盲管，环向管间距为 2 ~ 5 m；沿隧道左右两侧拉通设置纵向盲管（外裹无纺布）；并于两侧边墙底部设置泄水孔。

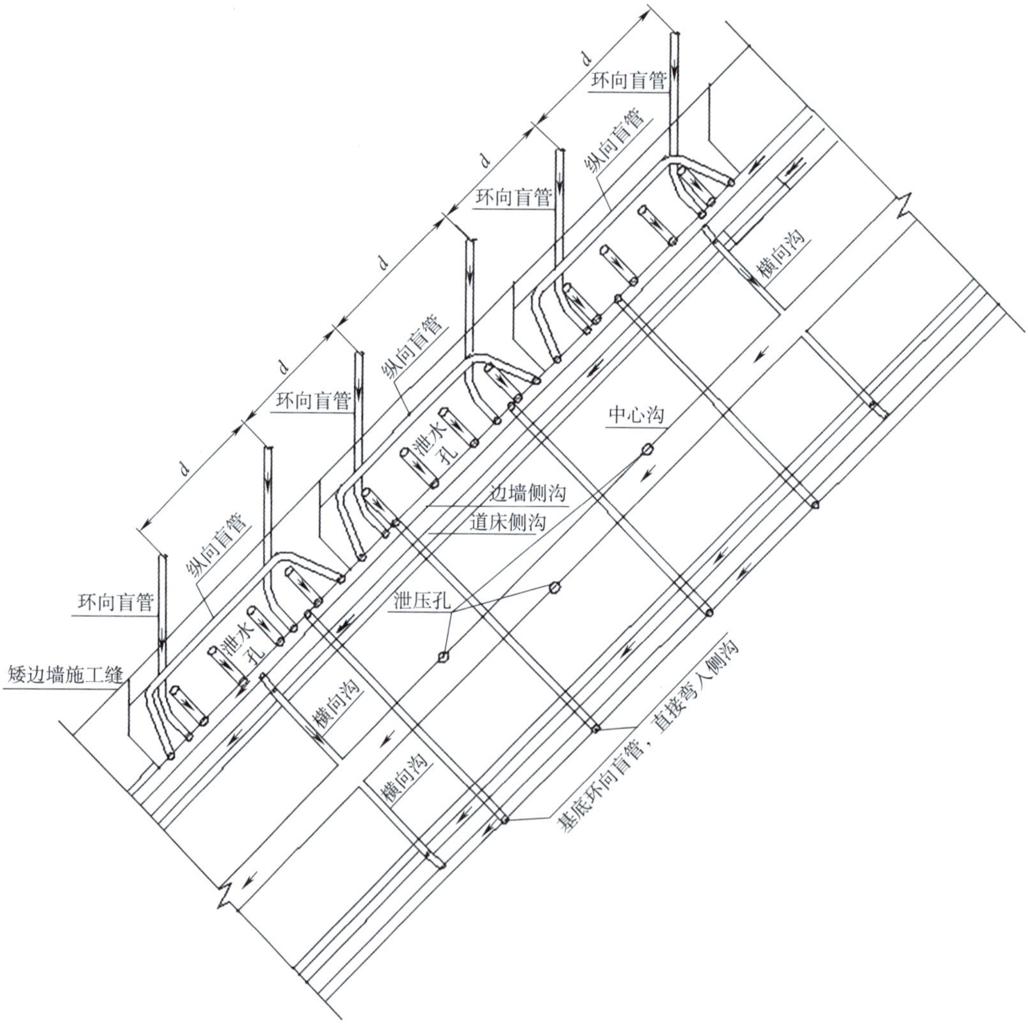

图 3-11　贵南高铁岩溶隧道内部排水示意图

岩溶水发育时,边墙泄水孔间距不宜大于 3 m,直径不宜小于 8 cm。边墙泄水孔施工时,可先期预留 ϕ110 PVC 管,后期钻设至入围岩 0.5 m,如图 3-12 所示。成贵高铁结合隧道施工现场试验,为减少结晶,边墙泄水孔采用预留直径不小于 20 cm 且内壁较光滑的管道,取得了较好的排水效果。

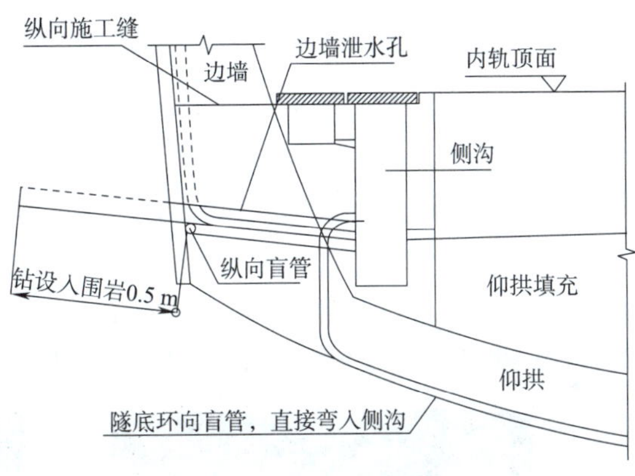

图 3-12　边墙泄水孔示意图

由于衬砌背后盲管施工缺陷、工后排水系统的物理型(泥沙、细颗粒沉积淤塞)或化学型堵塞(可溶物析出、混凝土及浆液反映残留物凝结)等原因,都将造成排水不畅。特别是在连续降雨或暴雨天气下,因地下水量骤增,造成水压急剧变化。在高水压作用下,可能导致隧底仰拱或仰拱填充隆起变形、衬砌开裂破损。因此,岩溶发育区段设置边墙底部或中心沟内的泄压孔是必要的。图 3-13 所示为贵广铁路某隧道岩溶水害区,于侧沟及中心沟处钻设 ϕ80 泄压孔。

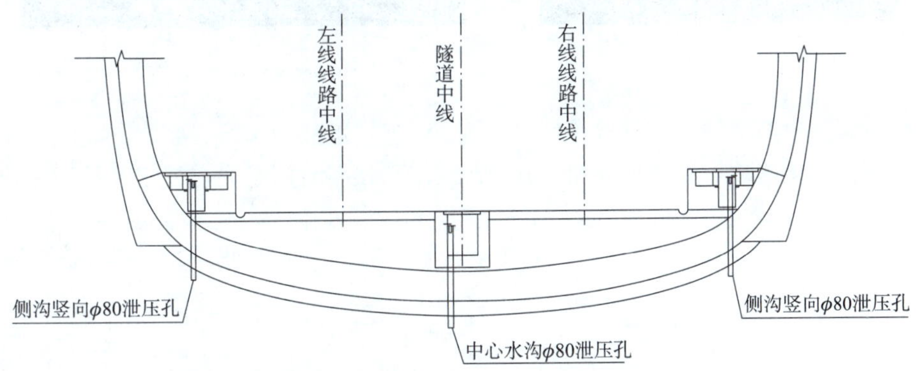

图 3-13　贵广高铁岩溶水害区基底钻孔泄水降压示意图

如果隧道有外部排水系统,如平导、横洞、泄水洞等,且内部的排水系统需与外部排水系统联通时,其标高应合理设置,防止岩溶水倒灌。

3.6　常见岩溶类型的工程对策

铁路隧道在岩溶地区常见岩溶类型有干溶洞、贫水充填溶洞、富水充填溶洞、岩溶管道等四种类型,本节结合工程案例分别介绍每种类型的工程对策。

3.6.1　干溶洞

干溶洞工程对策:

(1)根据溶洞形态、规模、溶洞与隧道空间位置关系,岩层产状、层厚、倾角、节理裂隙、埋深等因素,对溶洞洞壁稳定性进行综合分析评价。

(2)根据溶洞稳定性评价结论,对洞壁采取如下安全可靠的防护措施:

①当洞壁稳定性较好,局部存在零星孤石,应对零星孤石等进行清除。

②当洞壁整体稳定性较好,局部易掉块、坍塌时,可采取喷锚、棚架防护。如图 3-14 所示,贵南铁路大方山隧道平导开挖揭示一竖向溶槽,为确保施工过程安全,溶腔壁喷锚后采用棚架进行防护。

③当溶洞顶部存在不稳定水平向岩层时,可采取混凝土立柱支顶、拱罩护顶及锚索加固溶洞顶板等措施进行施工防护。图 3-15 所示为成贵铁路玉京山隧道巨型溶洞顶板采用锚索加固防护,以加强溶洞顶板稳定,保证施工作业安全。

图 3-14　溶洞棚架防护

图 3-15　溶洞顶板锚索防护照片

(3)根据隧道与溶洞相对位置关系,结合溶洞基底承载力情况,可采取基底换填、高填方、桩(筏)及桥梁跨越等方案。如图 3-16 所示,安六铁路对门寨隧道施工开挖至距进口约

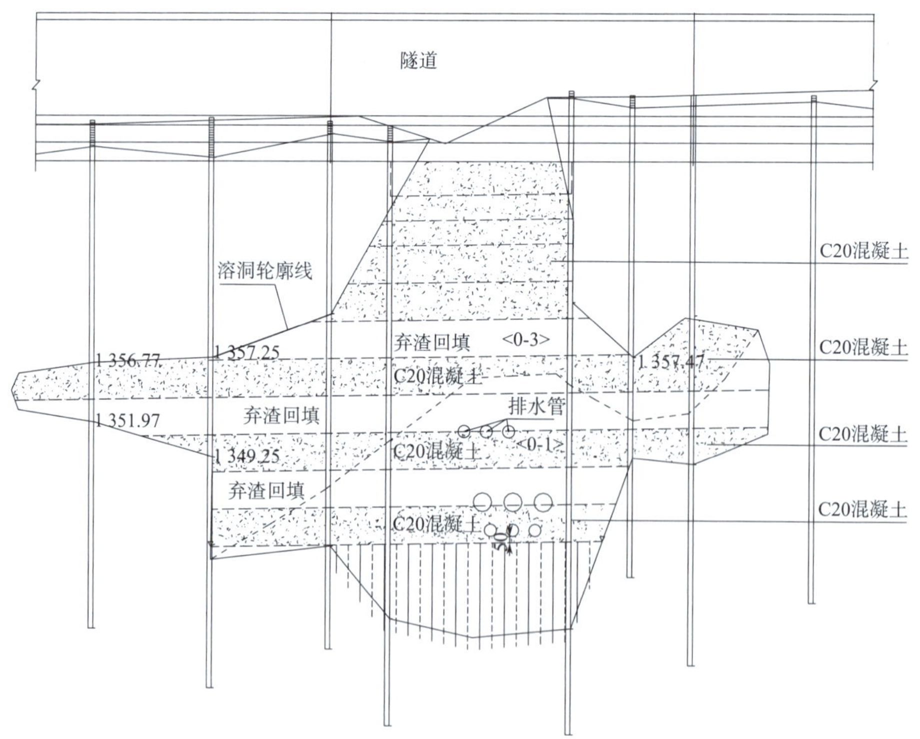

图 3-16　安六铁路对门寨隧道岩溶整治示意图

306 m处，揭示一巨型溶洞，垂直线路方向长度约128 m，沿线路方向长度约60 m，溶腔高度约37 m，隧底溶腔底部采用“弃渣 + C20混凝土”分层间隔回填。图3-17所示为湘桂铁路甲山隧道出口端基底发育一大型深切溶腔，沿线路方向长12 m，横向宽19 m，溶腔深27 m，针对溶腔下切较深，两侧岩壁倒悬的特点，采用跨度为20 m的拱桥跨越。

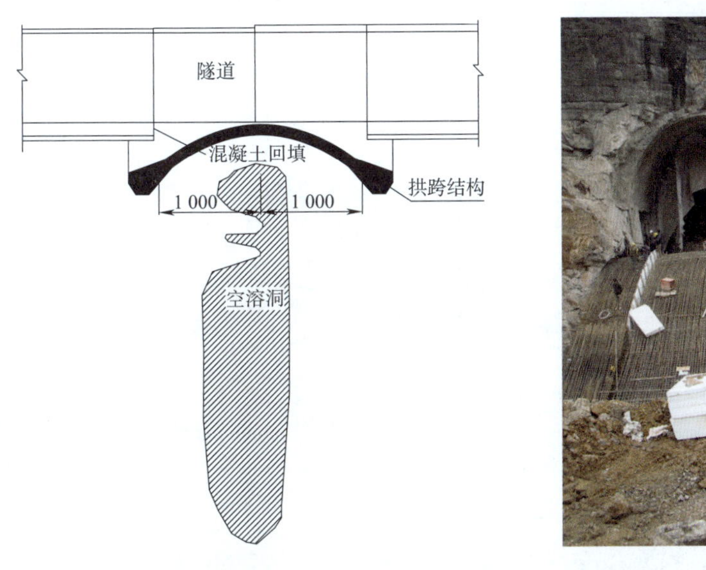

(a)纵断面

(b)现场施工拱桥结构照片

图3-17 湘桂铁路甲山隧道隧底深切溶腔拱桥结构跨越(单位:cm)

3.6.2 贫水充填溶洞

贫水充填溶洞工程对策：

(1)根据充填物特性，结合岩溶规模、形态及其与隧道空间关系，采用超前注浆、超前管棚或掌子面喷射混凝土封闭、反压回填等方式，增强围岩的自稳能力。

(2)溶洞充填物一般比较松软，具有强度低、稳定性差、竖向承载以后下沉量大等特点，为防止结构变形侵限，可采取适当加大预留变形量、注浆改良围岩物理力学性质、加强初期支护刚度及强度等措施。

(3)为防止隧底结构变形对轨道结构产生影响，确保运营安全，对隧底基础可采取换填、钢花管注浆、旋喷桩、微型桩、桩(筏)及桥梁跨越等方案。

如图3-18所示，沪昆铁路大五官隧道进口端(距进口403 m至443 m段)发育一半充填型溶洞，溶洞长55～60 m，宽5～20 m，高15～20 m，溶洞底部充填软塑～流塑状黏土，黏土层最厚达20 m，隧底基础采用桩筏结构通过。如图3-19所示，云桂铁路幸福隧道出口端(距出口1 334 m至1 449 m段)115 m隧底为溶洞充填物，充填物深0～20 m，充填物物质成分复杂、软硬不均，采用钢花管注浆改良隧底地层，并设置微型桩直接支承道床板的工程措施，取得了很好的效果。

(4)为确保运营及结构安全，应结合岩溶充填物特性，充分考虑注浆加固效果、支护措施等，适当对衬砌结构进行加强。

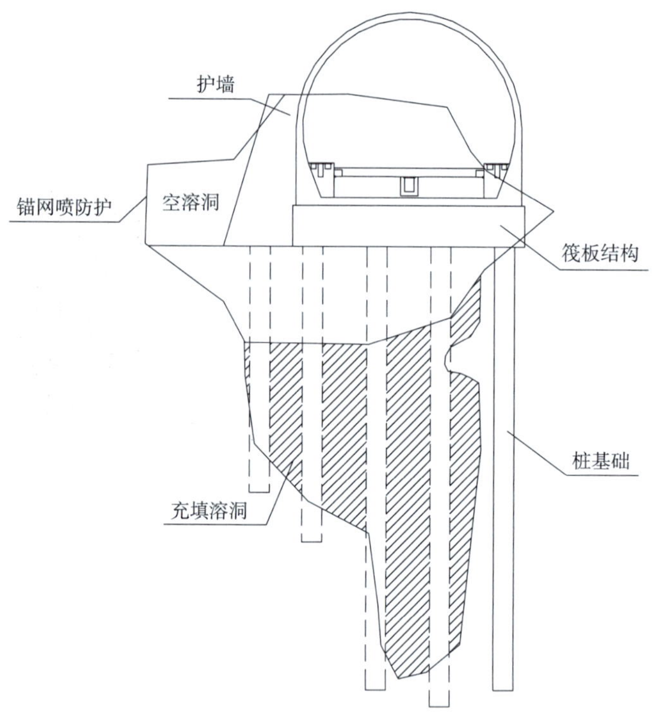

图 3-18　沪昆铁路大五官隧道半充填溶洞桩基＋筏板结构

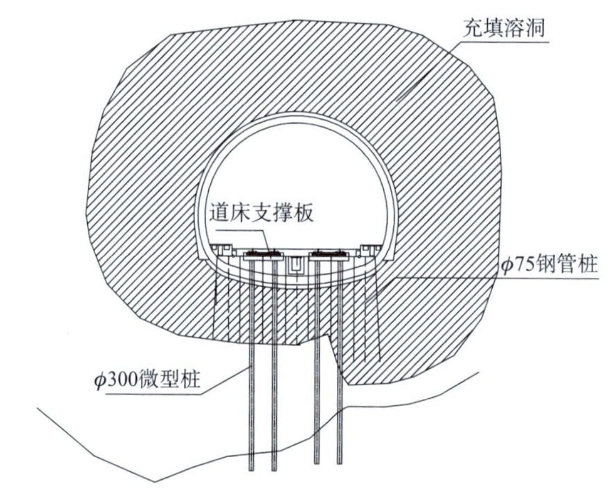

图 3-19　云桂铁路幸福隧道全充填溶洞微型桩、钢花管加固

3.6.3　富水充填溶洞

富水充填溶洞工程对策：

（1）在保证安全岩柱距离的条件下，针对性地实施超前钻探，对溶腔的边界、水压、充填情况进行探测，分析溶洞的储水量、连通性及充填物特性，评估其对隧道施工的危害性。

（2）地下水环境不敏感区域，优先对岩溶水采用降压措施，降低溶腔内地下水水压，降低施工风险，引导、控制地下水有序排出，必要时对溶洞充填物进行注浆加固，预防突水突泥,保障施工安全。

(3)采用对地下水降压、注浆加固等措施处理后,富水充填溶洞的支护结构及基础处理方法可参考第3.5.2节贫水充填溶洞工程对策。

(4)为确保运营期间结构安全,减小地下水对衬砌的作用,应设置可靠的排水系统,必要时可增设集水廊道、泄水洞等。引排系统应有防止充填物流失的措施,保证排水系统的通畅有效。

如图3-20所示,沪昆铁路斗磨隧道出口端(距出口305 m至358 m段)53 m长范围开挖揭示出一大型富水溶腔及岩溶裂隙管道,富水溶腔主要位于线路右侧边墙,呈狭长条状,隧底最大深度约70 m,该段采用增设泄水洞引排暗河水,隧底基础采用“梁板跨越+洞渣和C20混凝土回填”处理。

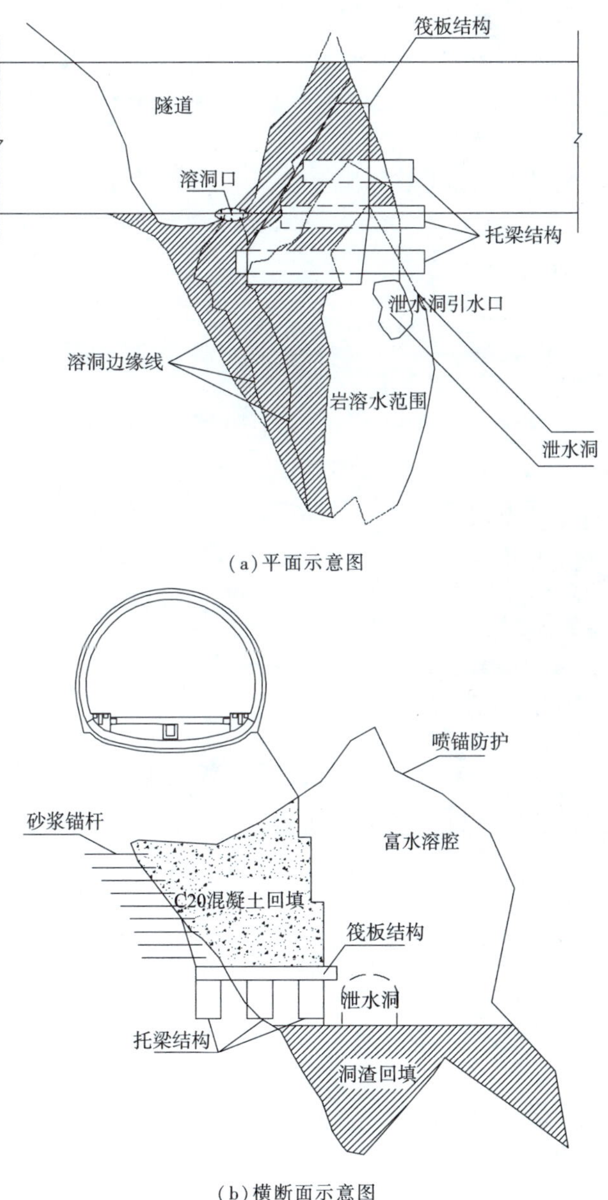

图3-20 沪昆铁路斗磨隧道出口端富水充填溶洞处理示意图

3.6.4 岩溶管道

岩溶管道工程对策：

(1)结合季节变化，综合分析岩溶管道的水量、水压及连通性等特征，重点评价岩溶管道水对隧道施工和运营的影响。

(2)对岩溶管道水宜采取疏导为主的处理措施，根据管道水量、水压大小，结合辅助坑道设置情况，优先利用集水廊道引排至平导或泄水洞；当水量较小时，可设置排水管涵直接引排至洞内排水系统。

(3)隧道结构设计应结合排水系统的可维护性及排水效果的有效性，必要时适当考虑地下水压力对衬砌结构的作用，对衬砌结构进行加强。

如图 3-21 所示，安六铁路朗树根隧道出口明暗分界掌子面施工时，开挖揭示一大型岩溶管道，管道位于隧道中线左侧 5 ~ 12 m 范围，沿纵向长约 87 m，管道端头发育一大型溶洞，洞高约 15 m，垂直线路方向最大宽度约 15 m。为有效引排地下水，隧底设置过水涵洞，将隧道左侧岩溶管道水引排至隧道右侧泄水洞。

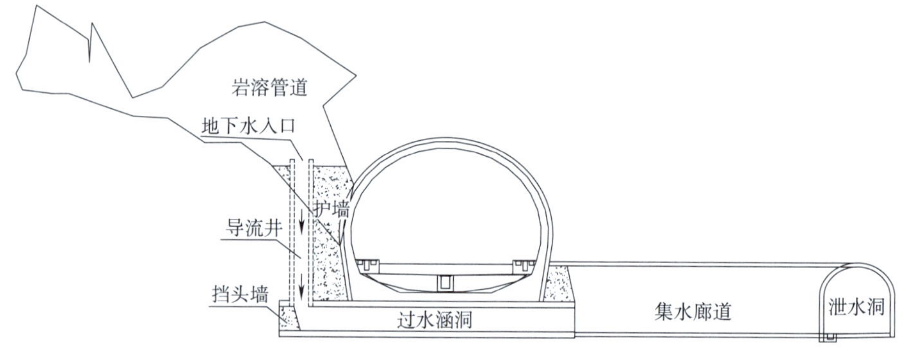

图 3-21 安六铁路朗树根隧道出口段富水岩溶管道处理示意图

3.7 大型空溶洞的工程对策

大型空溶洞处理是系统工程，首先应查清并掌握大型空溶洞工程特征，分析溶洞处理的控制因素，根据不同的控制因素开展研究并确定针对性的技术方案。

3.7.1 工程特征研判

大型空溶洞的形成与地下水环境、岩体成分、岩溶发育程度及构造等因素有着密切的关系。一般形成的时间久远，往往为暗河通道。在地下水长期溶蚀作用下，随着颗粒物流失，形成临空面后，层理切割失稳、岩体不断崩塌掉落而成。这种大型溶洞工程地质条件复杂，其工程特征需要从以下三方面进行综合判识。

1. 与隧道的相对位置关系

隧道与溶洞大厅的相互关系，直接影响到结构处理的方案。当隧道与溶洞大厅之间的岩壁满足安全岩柱厚度要求时，可不对溶洞进行处理；当岩壁安全厚度不足时，需结合隧道与溶洞的空间关系和围岩条件综合分析后再确定处理措施。最不利情况就是隧道从溶洞大厅中、上部正穿,不仅要考虑溶洞顶部掉块风险,还需对下部基础进行特殊处理。

2. 洞壁稳定性

一般情况下,大型溶洞大厅是整体稳定的,但溶洞顶部表层局部会存在掉块区,这和洞壁岩层产状、层厚、是否有夹层以及地下水环境有很大关系。因此,溶洞处理首先应判识掉块范围,以确定需要处理的区域。对需要处理的区域,开展松动圈范围、掉块概率及掉块单体大小分析及评价,为支护结构设计提供依据。

3. 地基可靠性

有些溶洞早期在水流冲刷下,颗粒物已流失殆尽,后来由于水位下降或暗河改道,成为干溶洞,溶洞底部为基岩,仅表层残留块石或土,但勘察时需要注意核实溶洞的下方是否还存在一层甚至多层溶洞的情况;有些水位线仍在溶洞底,且受上游补给影响,水位上下波动,溶洞底部存在薄~厚层状堆积体,堆积体本身承载力或稳定性对基础影响大。因此,评判隧道地基可靠性时,需采取多种勘察手段进行分析并相互验证。

3.7.2 处理方法

1. 施工安全辅助措施

溶洞处理的目的是要确保隧道结构及运营安全,洞内溶洞处理过程中,首先要保证施工安全。一般来说,施工安全风险来自洞壁稳定性(掉块或局部坍塌风险)、地下水系的复杂性(突水突泥的安全风险)及有害气体等风险。在对揭示的溶洞进行补充勘探前,要注意探测有害气体,在确保洞内无有害气体后,方能进洞开展调查工作。南昆铁路云南段某隧道就曾发生因施工人员在未探测有害气体情况下就贸然进洞,导致发生中毒的事故。施工和设计院现场配合人员都要引起高度的重视。因此,研究合理的辅助措施是确保施工安全的关键,辅助施工措施应重点考虑洞壁防护、施工通道、施工作业平台及有害气体探测等。

2. 基础、结构及防排水

大型空溶洞成功处理的关键是查清隧道与溶洞的相对位置关系,采取合理的措施确保基础稳定、结构安全和防排水系统可靠。

(1)隧道全部或部分位于溶洞内时,可结合隧道与溶洞大厅的相互关系,对下部基础、上部结构及防排水系统参照表3-5的工程对策进行处理。

(2)隧道与溶洞间存在岩壁,应根据隧道与溶洞的位置关系及岩(柱)壁厚度确定处理措施。

①隧道位于溶洞下方

当隧道顶部安全岩柱厚度不小于3 m,原则上可不处理;当安全岩柱厚度小于3 m,可于溶洞底回填混凝土等措施确保隧道顶部有一定的安全岩柱厚度。

②隧道位于溶洞上方

当隧道位于溶洞上方基岩中,隧底安全岩柱厚度,应根据下部空溶洞顶板完整性及厚跨比确定。若顶板为完整灰岩,厚度大于4 m,且厚跨比大于0.5,原则上可以不处理;否则应采取回填、桩筏跨越等方案,确保下部基础稳定。

表 3-5　大型空溶洞工程对策

<table>
<tr><th>位置关系</th><th>基础处理</th><th>结构处理</th><th>排水系统处理</th></tr>
<tr><td>隧道位于溶洞底部</td><td>隧底为完整基岩时，可不处理；当隧底为充填体、堆积体或溶蚀破碎带时，根据隧底不良地质体厚度、物理力学特征等情况，采用换填处理、注浆加固或桩筏跨越等方案</td><td>(1)结合溶洞高度、顶板局部稳定情况及施工作业条件，对溶洞顶部可采取清除危石，锚(索)网喷防护、支顶等措施进行防护。
(2)根据衬砌周边露空情况设置护拱、护墙，及必要的缓冲层；同时对衬砌结构进行适当加强</td><td rowspan="2">(1)对于岩溶管道、暗河等，原则上应保留原有排水通道；当因隧道工程修建截断了既有排水路径时，应增设涵洞、集水廊道、泄水洞等进行引排。
(2)对于岩溶集中出水点，可根据水量、水压情况设置专管引排至洞内排水系统，或增设集水廊道、泄水洞等进行引排</td></tr>
<tr><td>隧道位于溶洞中、上部</td><td>隧底处理可采用回填方案(回填土石并注浆固结、回填混凝土等)或跨越方案(桩筏跨越、桥梁跨越等)，具体应根据溶洞跨度、隧底露空高度、溶洞底部不良地质体情况等综合确定</td><td>(1)结合溶洞高度、顶板局部稳定情况及施工作业条件，对溶洞顶部可采取清除危石，锚(索)网喷防护、支顶等措施进行防护。
(2)衬砌结构应结合隧底处理及洞顶防护措施综合考虑，采用钢结构棚洞、钢筋混凝土结构、桥隧一体化结构等</td></tr>
</table>

③隧道位于溶洞一侧

当隧道与溶洞间岩壁厚度不小于 5 m，且岩壁稳定，无剥落、掉块、坍塌风险，原则上可不处理或适当对岩壁(靠溶洞侧)进行喷锚防护；反之，应于溶洞内靠隧道侧岩壁进行加固、设置护墙等措施。

3. 监控量测

施工过程中，应对基础沉降、围岩及支护变形、有害气体、地下水等项目进行监测，必要时对结构应力也应进行监测，通过数据反馈，进行综合分析，根据分析结果指导现场施工，及时调整优化工程措施，确保施工安全和结构稳定。

4. 运营监测及维护

运营中，应结合基础处理方法，必要时需对基础、结构等进行长期监测，一旦发现异常，及时采取措施，并做好以下工作：

(1)结合工程特点，论证后期可能存在的风险，如基底沉降、结构开裂、暗河水淤堵等。

(2)预留维护通道、维护平台、照明、通风等维护作业条件。

(3)预留工程措施补强条件，如注浆补偿孔等。

3.7.3　工程案例

1. 沪昆铁路朱砂堡二号隧道

(1)工程概况

1)隧道概况

朱砂堡二号隧道，位于沪昆铁路贵州省境内，全长 505 m，为单洞双线隧道，设计时速 350 km，铺设无砟轨道。洞身主要穿越灰岩地层，最大埋深 49 m。

2)地质概况

隧区位于构造剥蚀中低山区，为可溶岩地区。洞身通过寒武系下统清虚洞组薄层灰岩，地层单斜，未见断裂构造。隧区岩溶强烈发育，岩溶形态多样，溶沟、溶槽、岩溶洼地、暗河等岩溶现象发育。从隧区地形地貌看,隧道洞身段顶部多分布大小负地形,植被发育,该区域内地下水主要接受大气降水补给,大气降水通过落水洞、暗河入口迅速落入地下,补给地下水。地下水总体上由南部向北部径流,即由线路左侧往右侧方向径流。

①大型空溶洞发育情况

隧道施工中,开挖揭示一岩溶大厅,底部纵向长约 90 m,横向宽约 53 m,溶洞呈"梨"状,向上收窄变小,高约 58 m。隧道从该溶洞一侧顶部通过,隧底距溶洞底部高度约 45 m。

溶洞壁为清虚洞组($\in_1q$)薄层灰岩,岩层产状近水平,岩体整体较为稳定,但洞壁岩体极为破碎,顶部岩体剥落、掉块严重,如图 3-22、图 3-23 所示。

图 3-22 顶部坠落的大体积落石

图 3-23 顶部落石分布情况

经钻探揭示,溶洞底部为厚 15 m 的碎块石土充填,且溶腔下部基岩中岩溶仍强烈发育,存在多层溶洞,以充填溶洞为主,充填物为黏土、碎石角砾土,少部分空溶洞及半充填溶洞。溶洞内未见地下水,如图 3-24 所示。

图 3-24 溶洞底岩溶形态

②暗河发育情况

隧道位于暗河顶板以上 0 ~ 20 m,暗河底板位于隧底 60 ~ 110 m 深度,暗河在线路方向跨度为 20 ~ 35 m,对线路影响极大,该暗河延伸与周边溶洞相通,且有落水洞发育,该落水洞底部水声较大,推测其底部存在地下水管道系统。经钻探显示,暗河下部岩溶弱发育,有 4 个钻孔揭示浅部存在溶洞,以充填溶洞为主,充填物为碎石土,部分为空溶洞,溶洞最大直径 1.9 m,溶洞顶板较薄。暗河水流量约为 $233 \times 10^4\ m^3/d$。

溶洞、暗河与隧道平面关系如图 3-25 所示。

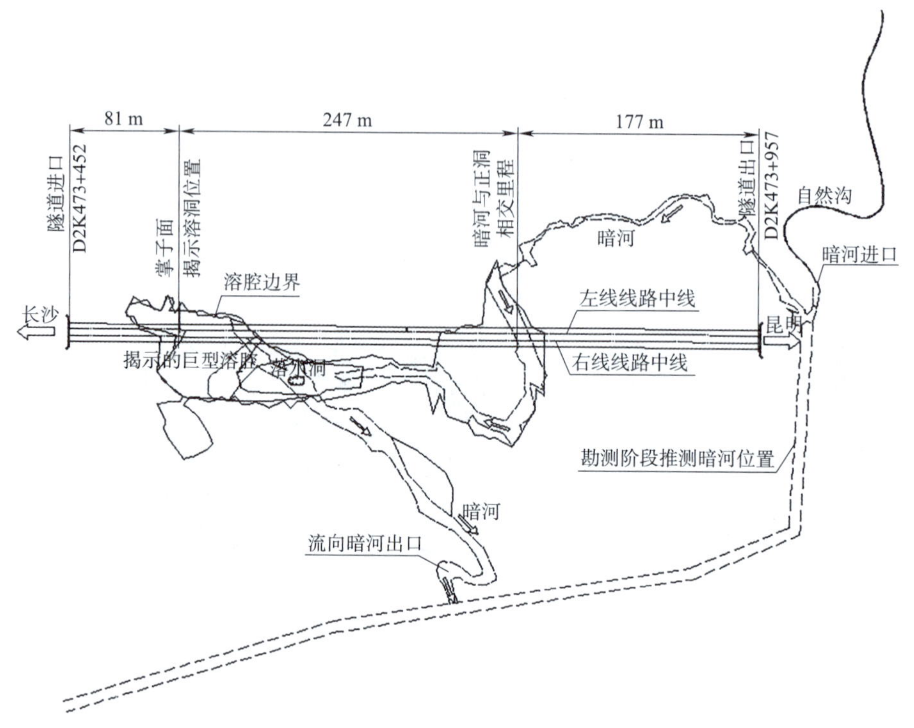

图 3-25　溶洞、暗河与隧道平面关系

(2)综合治理措施

1)溶洞特征分析

①岩溶空腔体积大:纵向长约 90 m,横向宽约 53 m,溶洞呈“梨”状,向上收窄变小,高约 58 m。

②岩体整体较为稳定,但洞壁岩体极为破碎,洞壁掉块严重。

③暗河及通道形态复杂:暗河在线路方向跨度为 20 ~ 35 m,以多通道和裂隙方式与周边溶洞相通。

④暗河水流量大,约为 $233\times10^4\ m^3/d$。

2)处理方案

隧道大型岩溶空腔及暗河的处理采用了“混凝土分层 + 弃渣回填并辅以柔性被动网和刚性防护罩的组合防护、岩溶空腔洞壁加固、衬砌类型调整、增设迂回平导、增设泄水洞引排暗河水”的综合治理方案。

①岩溶处理辅助措施

a. 增设迂回平导

为加快施工进度,利于对岩溶形态的勘测及岩溶处理的施工,于左线线路中线左侧 40 m处设置一迂回平导,长 219 m,如图 3-26 所示。

b. 增设施工导洞

为了方便施工机械、材料运输等进入溶腔对溶洞进行处理,于线路右侧设置一施工导洞连接溶腔,施工导洞长 170 m,如图 3-26 所示。

②暗河改移

为保障岩溶处理施工安全,尤其是运营期间的行车安全,对原暗河进行改移,增设一泄水洞,长 445 m。同时为满足岩溶暗河处理施工条件,于泄水洞洞身设置一施工支洞与岩溶暗河连通,施工支洞全长 95 m,如图 3-26 所示。

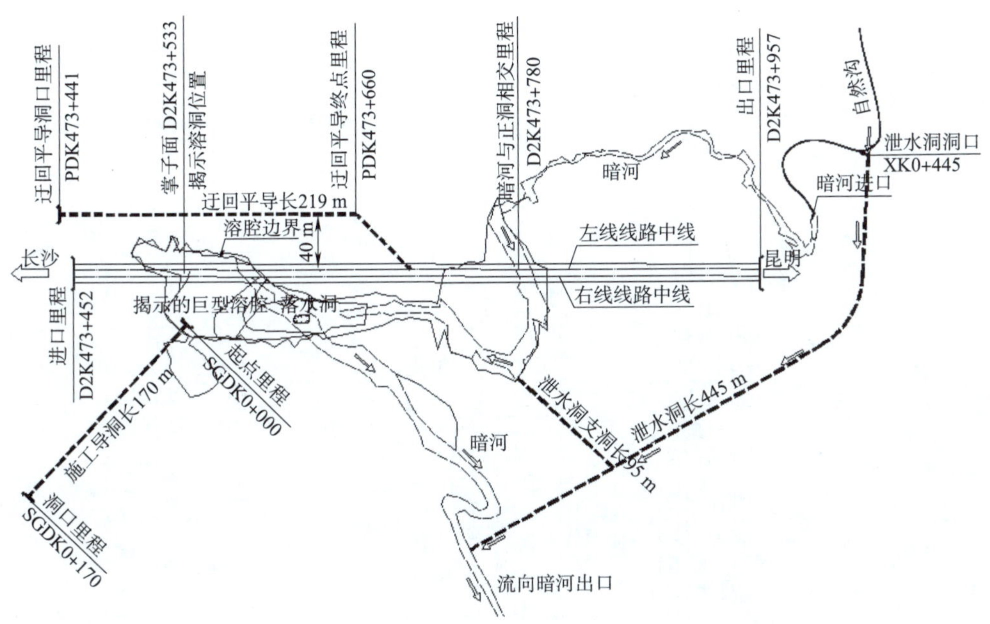

图 3-26　迂回平导、施工导洞、泄水洞与线路及溶洞的平面关系图

③大型溶洞处理

a. 施工安全防护

针对暗河顶部剥落掉块的情况,为了确保施工安全,施工前对溶腔洞壁局部不稳定危石、孤石清除,并采用锚喷防护对洞壁进行加固,以双层加强型的贝雷架作为工作平台。

同时加强对洞壁围岩稳定性的监控量测,纵向按 10 m 布设一个监测断面,每个断面根据围岩的分布设置监控点,每个断面检查点不少于 8 个。

b. 穿越溶洞段隧道基础处理

隧道位于空溶洞段,隧底处理采用“ϕ76 钢花管进行注浆加固 + C20 中空基础”方案,典型断面布置如图 3-27 所示。

(a)溶腔处理前,先清除溶腔底部的碎石土。部分段落溶腔底部发育呈串珠状隐伏充填溶洞,施工前先对该段溶腔底部以下 20 m 范围采用 ϕ76 钢花管进行注浆加固,然后对该溶腔采用 C20 混凝土回填。

(b)隧底 C20 混凝土基础采用分层错台回填,为减少回填混凝土体积及大体积混凝土水化热对施工的影响,在 C20 混凝土回填体中设置宽度为 1.8 m、长度为 2.2 m 矩形孔洞,孔洞周边距离岩壁约 3 m,孔洞横、纵向间距 5 m,孔洞采用洞渣回填(硬质岩填料)密实。为增加混凝土结构的整体稳定性,空洞竖向每隔 8 m 设置一道 2 m 高的混凝土横联。

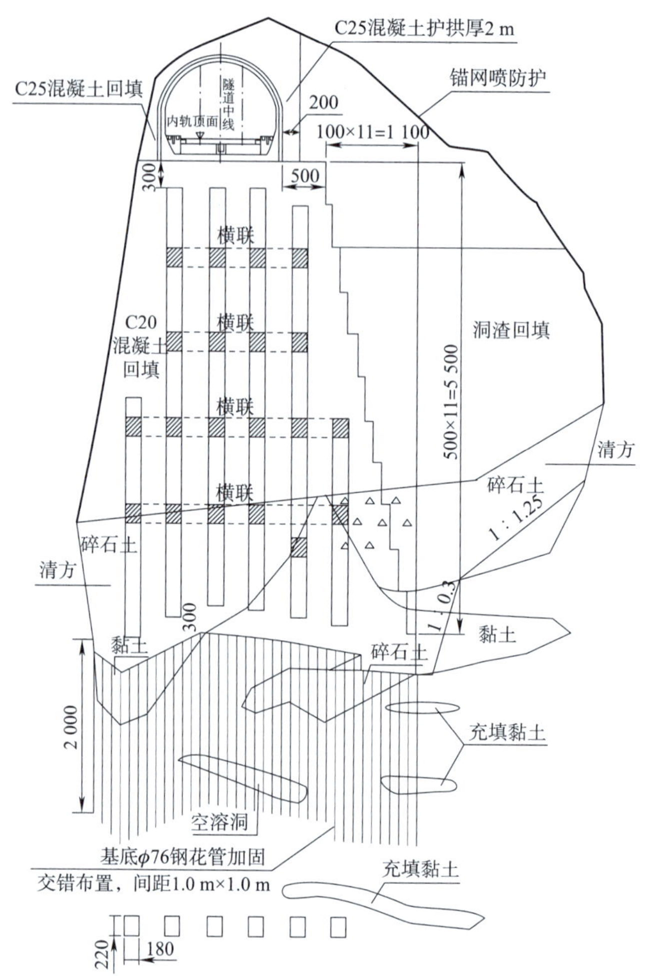

图 3-27　穿越溶洞段隧底基础处理典型横断面图(单位:cm)

c. 位于溶洞上方基岩段隧道结构安全处理

隧道位于溶洞顶部基岩段,隧底与溶腔顶板间有 10 ~ 45 m 的岩柱,由于该溶洞壁稳定性差,洞壁支护处理难度较大,为防止今后洞壁逐渐剥落影响隧道结构安全,采用弃渣回填溶腔及暗河落水洞,溶洞顶部 2 m 范围采用人工浆砌回填,回填前先清除溶腔底部的碎石土。典型断面布置如图 3-28 所示。

(3)小结

针对朱砂堡二号隧道巨型岩溶溶腔规模大,洞壁稳定性差,暗河流量大等特点,采取了迂回泄水洞、大体积空心混凝土基础、刚柔结合的洞壁防护措施、微型钢管桩群改良地基、推移式连续浇筑工艺等系列措施,有效解决了隧道结构安全、轨道沉降控制、地下水路径等技术难题。

隧道于 2016 年底开通运营,经回访调查,目前结构稳定、隧址区域排水通畅,工程处理效果良好。

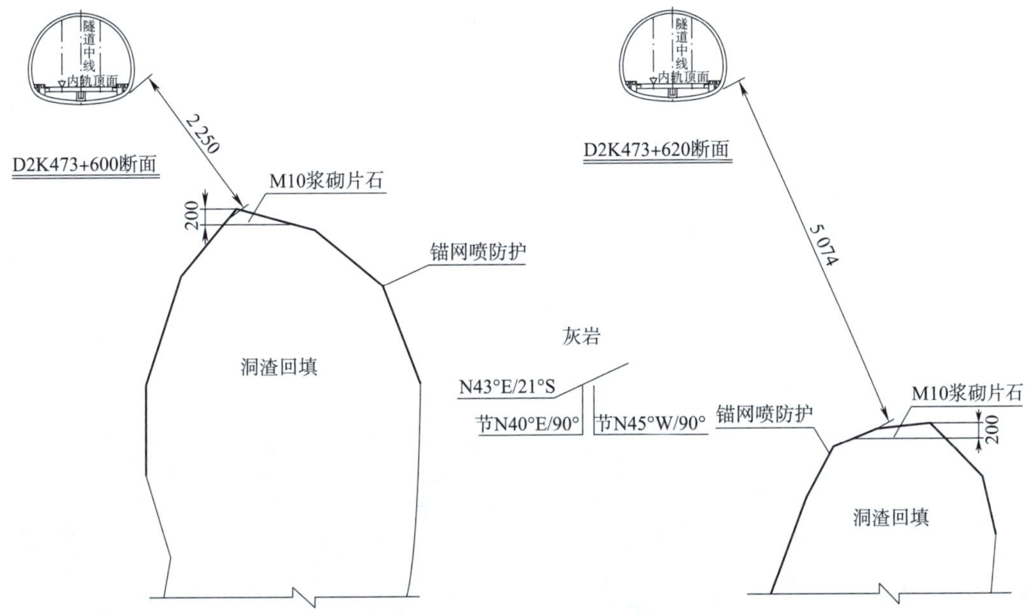

图 3-28　隧道位于溶洞上方基岩段处理示意图(单位:cm)

2. 云桂铁路营盘山隧道

(1)工程概况

1)隧道概况

营盘山隧道,位于云桂铁路云南省境内,全长 3 481 m,单洞双线隧道,设计时速 200 km、预留时速 250 km 条件,铺设无砟轨道,洞身主要穿越灰岩地层,最大埋深约 280 m。

2)地质概况

隧区属构造溶蚀低中山地貌,地表岩溶洼地发育。下伏基岩主要为二叠系下统灰岩,溶蚀中等至强烈。受构造影响,隧道进口发育有董堡～那桑圩断层。洞身地层岩体节理、裂隙发育,岩体较破碎,完整性较差。隧区地表水不发育,地下水主要为季节性岩溶水。

①大型空溶洞发育情况

隧道进口工区施工中,开挖至进口约 1 870 m,揭示一大型空溶洞,溶洞长 260 m,在平面上从线路左侧向右侧发育,溶洞轴线与线路中线小角度相交,平面交角约 11°。溶洞向上发育呈尖顶状,下部较宽,底部宽度为 6～35 m,空溶洞高 10～75 m。溶洞整体上呈左高右低,溶洞底板均位于隧道轨面以下,最低处位于隧道轨面以下 65 m,溶洞顶最高处较隧道轨面高 40 m 左右,至距进口 1 975 m 以后,溶洞顶板位于隧道下方,溶洞空腔自线路左上方逐渐向线路右下方向发育,至距进口 2 035 m 后尖灭,溶洞影响铁路范围大,与隧道之间空间位置关系变化复杂。岩溶空溶腔与隧道平面及空间位置关系如图 3-29 所示。

溶洞壁为二叠系下统灰岩,形成年代久远,洞壁稳定性极差,在勘测和施工过程中不时有危石掉落。

溶洞底部分布有一层 3～33 m 厚不等的块石土层,该块石土层为溶洞洞壁及洞顶坍塌物,块石之间空隙较大,局部充填黏土。块石土下方的基岩中,发育有一处不规则空溶洞,该空溶洞纵向长度约 60 m，顶板基岩厚度最小约 3 m，高度 0 ~ 15 m，如图 3-30 所示。

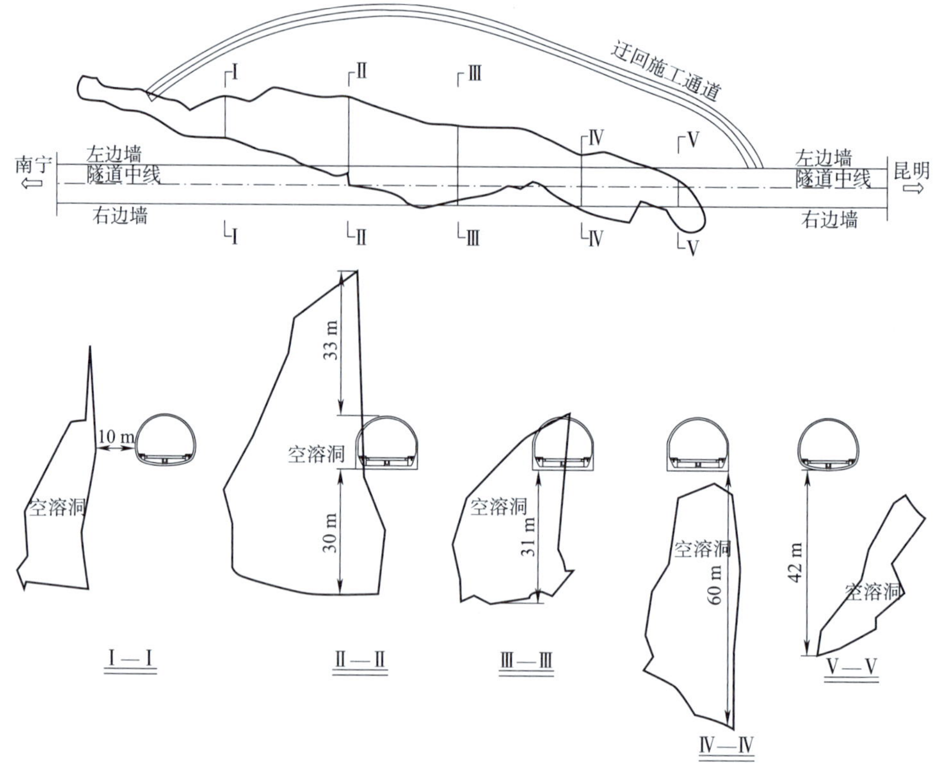

图 3-29　岩溶空腔与隧道空间位置关系示意图

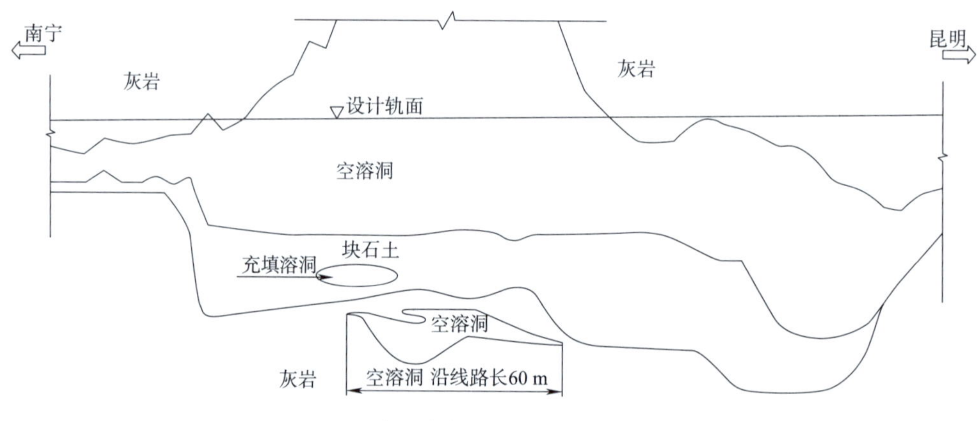

图 3-30　溶洞底部隐伏岩溶纵断面示意图

(2)大型溶洞综合治理措施

1)溶洞特征分析

该大型溶洞具有以下特征：

①岩溶空腔大、影响隧道长度及规模大，与隧道之间空间位置关系变化复杂，工程处理困难。

②溶腔壁不稳定，施工作业人员安全风险极高。

③洞底部存在块石土层及下部空溶洞，基础处理难度大，在后期可能出现不可预见的不规则沉降，对隧道运营安全威胁大。

2）溶洞处理措施

结合溶洞特征，增设迂回施工通道，开展地质补勘工作，并对隧道大型岩溶空腔采用“混凝土分层＋弃渣回填，混凝土支顶、护墙及护拱防护，衬砌类型调整，不良地质体注浆加固等”综合治理方案。

①隧道结构位于溶洞范围外，且溶洞侧壁距离隧道开挖轮廓距离在10 m以内时。

a. 对靠线路侧溶洞壁的局部倒悬地段采用混凝土支顶，如图3-31所示。

b. 结合岩溶形态及施工需要对局部地段采用土石或弃渣回填，并利用土石回填面作为作业平台，对一定范围溶洞壁采用锚网喷防护加固，如图3-32所示。

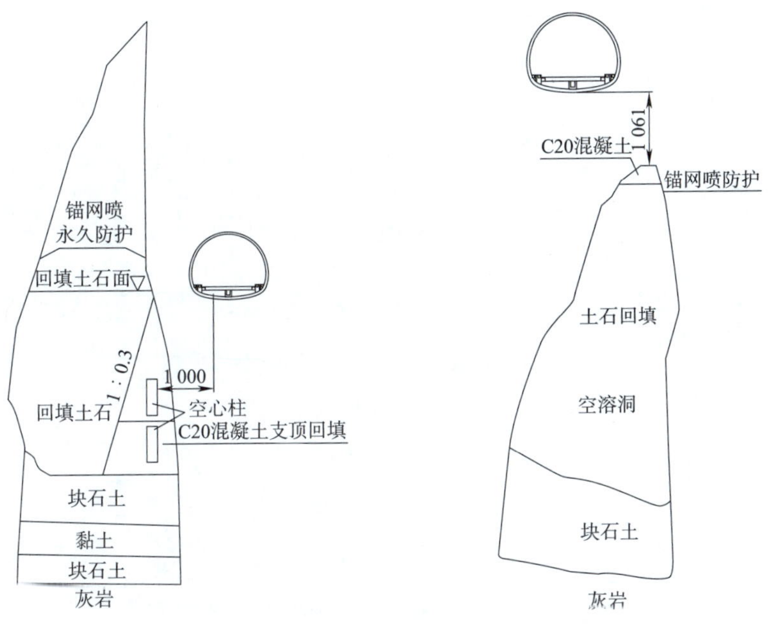

图3-31 溶洞倒悬地段混凝土支顶处理（单位：cm）

图3-32 溶洞局部地段回填处理及洞壁防护（单位：cm）

②隧道结构位于溶洞范围内或隧道结构位于溶洞上方但溶洞顶板基岩厚度小于5 m时：

a. 对隧道底部空溶洞采用C20混凝土回填，回填顶部宽度应满足衬砌结构基础构造及辅助施工需要。回填厚度超过8 m时，采用分层、分段方式进行大体积空心混凝土回填，如图3-33所示。

b. 在对隧道下部空溶洞回填前，采用钢管桩注浆充填块石土之间的空隙，提高块石土层的整体性，如图3-33和图3-34所示。

c. 对隧底混凝土回填基础与远离线路侧的溶洞壁之间的空腔，采用土石或弃渣对回填，回填高度至路基面，如图3-34所示。

d. 对隧道边墙及拱部露空部位，设置护墙、护拱等保护层及缓冲层等防护措施，其防护厚度不小于 3 m,如图 3-35 所示。

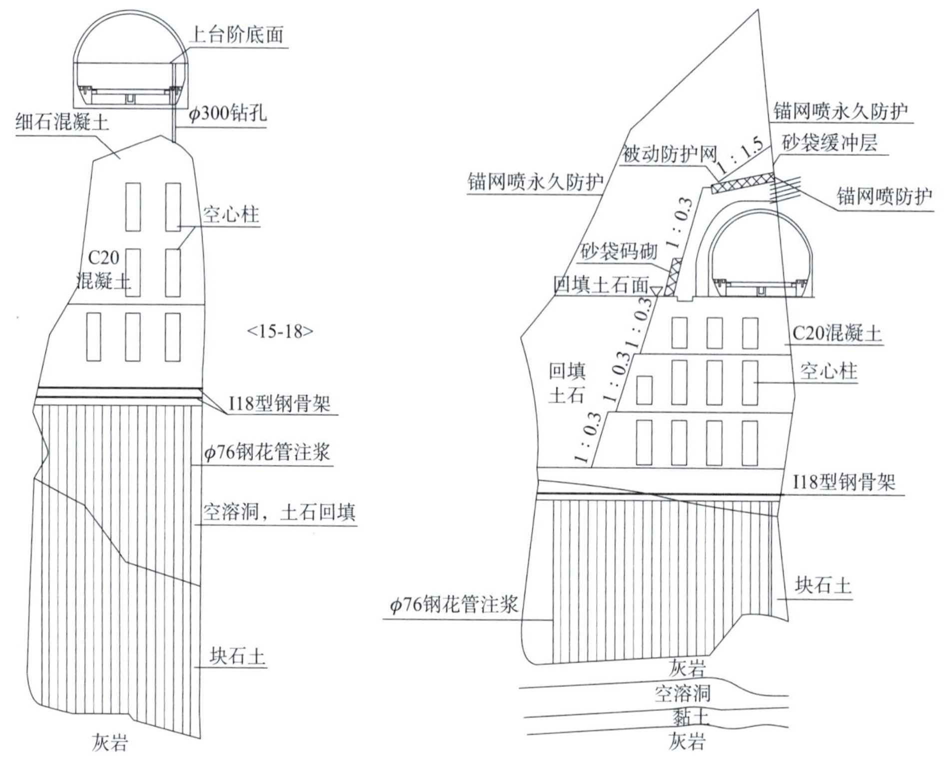

图 3-33　大体积空心混凝土回填及基础处理　　图 3-34　隧道基础处理及外侧空溶洞回填

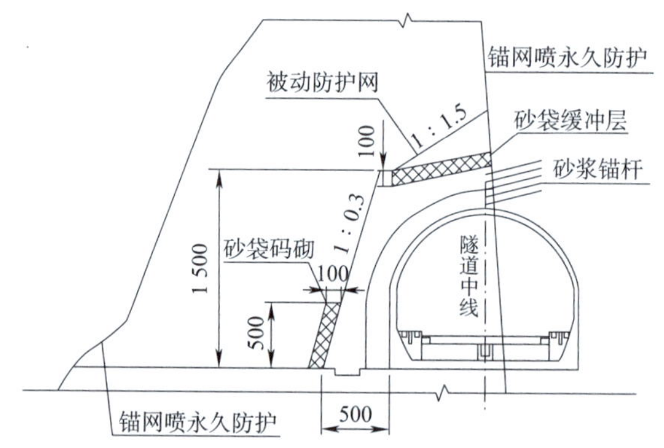

图 3-35　衬砌结构在溶洞内露空部分采用护墙及护拱防护(单位:cm)

3)排水设计

洞身段岩溶发育,且溶洞内有消水区,为避免因地下水积聚对溶洞底部基础产生不利影响,需在溶洞内保留通畅的地下水消水通道。具体工程措施:首先,通过局部整平、回填理顺溶洞底部排水坡面;然后,采用混凝土回填的溶洞部分,于溶洞底部设置钢筋混凝土管进行排水;采用土石回填的溶洞部分,于溶洞底部设置透水盲管进行排水。

(3)小结

在营盘山隧道巨型空溶洞处理过程中,根据隧道工程与空溶洞的空间关系及溶洞底部工程地质条件,采取针对性的处理措施,有效解决了受巨型溶洞影响的隧道工程结构形式、基础形式、隧底沉降、岩溶水处理等问题。自2016年底开通运营以来,基础沉降观测显示无异常,洞内未见渗漏水,设计工程措施达到了预期目的,工程处理效果良好。

3. 成贵铁路玉京山隧道

(1)工程概况

1)隧道概况

玉京山隧道,位于成贵铁路云南省境内,全长7 920 m,为单洞双线隧道,设计时速250 km,铺设无砟轨道。洞身主要穿越可溶岩,穿越的可溶岩地层约占全隧长度的65%。最大埋深约340 m。

2)地质概况

隧区地处大娄山系以西,为中山地貌,属四川盆地向云贵高原过渡的地形急变地段,山势陡峻、沟谷纵横,相对高差较大,为长江支流南广河上游的顺河流域区,地表多为季节性冲沟,灰岩段地表多发育有漏斗、溶洞和暗河天窗,局部发育有暗河进口。

洞身穿越三叠系茅草铺组、二叠系茅口组、二叠系栖霞组、志留系石牛栏组、奥陶系宝塔组、寒武系娄山关群等可溶岩地层,其中二叠系栖霞组和茅口组的灰岩,岩溶强烈发育,其余群组弱~中等发育。隧区以近东西向构造为主,线路多大角度穿越构造线,总体穿越天堂山背斜的NW翼。隧道共穿越4条断层。隧区岩层总体单斜,岩层和线路大角度相交,倾向小里程端。

隧区主要地下水类型为基岩裂隙水、岩溶水,岩溶水以溶蚀裂隙岩溶水、管道岩溶水为主。隧区地下水主要接受大气降水的补给,由于地形坡度陡,地面的径流条件好,大气降水后迅速沿斜坡坡面以面流的形式汇入溪沟,一部分大气降水沿裂隙渗入地下补给地下水,部分以下降泉、暗河的形式排泄到地表沟槽内,形成地表、地下水相互补给的关系。经详细水文地质调查发现玉京山暗河发育在二叠系栖霞组和茅口组灰岩地层(岩溶强烈)中,为典型的沿岩层走向发育的暗河系统,全长约18 km,纵坡约2.3%,该暗河对应地表多见岩溶漏斗及岩溶洼地等岩溶现象。根据勘察资料推算暗河与线路交角约58°,由线路右侧向左侧排泄,推算暗河标高位于轨面以下71 m。

①大型溶洞发育情况

隧道从进口向出口方向掘进约2 km时,揭示了一座巨型溶洞,溶洞位于地面以下60 m,沿线路方向纵向长95 m,垂直线路方向横向宽约230 m,平面大致呈一长方形,溶洞顶部呈穹隆状,溶洞大厅垂直高度为50~120 m不等。线路大里程方向和溶洞主轴呈80°大角度相交,隧道位于大厅顶板附近,如图3-36所示。

溶洞大厅洞壁为二叠系下统栖霞茅口组(P_1q+m)厚层~巨厚层夹中厚层层状灰岩,岩层走向和大厅长轴走向夹角为31°。溶洞底部为充填物,厚30~90 m,表层土为黄色黏土,

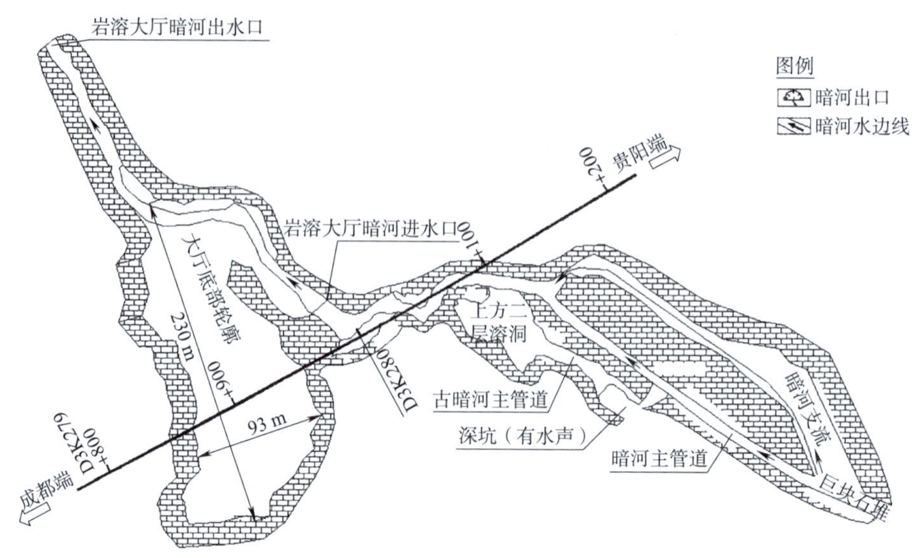

图 3-36　玉京山大型溶洞平面布置示意图

其下为碎块石、角砾土、中粗砂、细卵石堆积层。

②暗河发育情况

在溶洞线路前进方向最左侧底部发育一暗河，水面高程约为 961 m，位于隧道基底以下约 114 m，河面宽度为 5 ~ 15 m，经观测暗河雨季流量 13.55 ~ 21.16 m^3/s，暗河与线路大致呈 70°相交，由线路右侧向左侧径流排泄，呈 S 形发育，总体径流方向为 N64°E，基本沿岩层层面发育，可测量段落长度为 739 m。推测暗河最大流量 $Q_{max} \approx 605 \times 10^4\ m^3/d \approx 70\ m^3/s$。隧道大型溶洞暗河系统水文地质平面及暗河纵断面如图 3-37 和图 3-38 所示。

(2)综合处理措施

1)溶洞特征分析

①溶洞空腔规模巨大，溶洞尺寸约 93 m × 230 m × 120 m(纵 × 横 × 高)，空腔体积约 100 万 m^3。

②溶洞洞壁稳定性差，局部掉块，最大落石单体达 8 m × 4 m × 15 m，如图 3-39 所示。

③隧道与溶洞线位组合不利，大厅垂直高度为 50 ~ 90 m，隧道于溶洞顶部通过，拱顶半嵌入围岩，拱部开挖施工困难。

④溶洞下部深厚层堆积体稳定性差，且成分复杂，充填体总厚度 30 ~ 97 m，表层 0 ~ 15 m 为软土、坍落块石土，下部为中密至密实碎块石土，局部夹 0 ~ 15 m 软土、2 ~ 5 m 饱和粉砂，处于临界稳定状态，如图 3-40 所示。

⑤溶洞地下水系复杂，溶洞发育在垂直渗流带内，溶洞左侧洞底脚为暗河，且洞内分散发育小型岩溶水管道。下部堆积物表层的静水沉积物高于暗河 30 m，雨季期间会发生壅水现象，如图 3-41 所示。

综上，该溶洞规模大，洞壁坍塌掉块风险高，线路高悬，加之溶洞底部深厚层状不稳定堆积体和地下暗河影响，对施工及运营存在巨大的安全隐患。

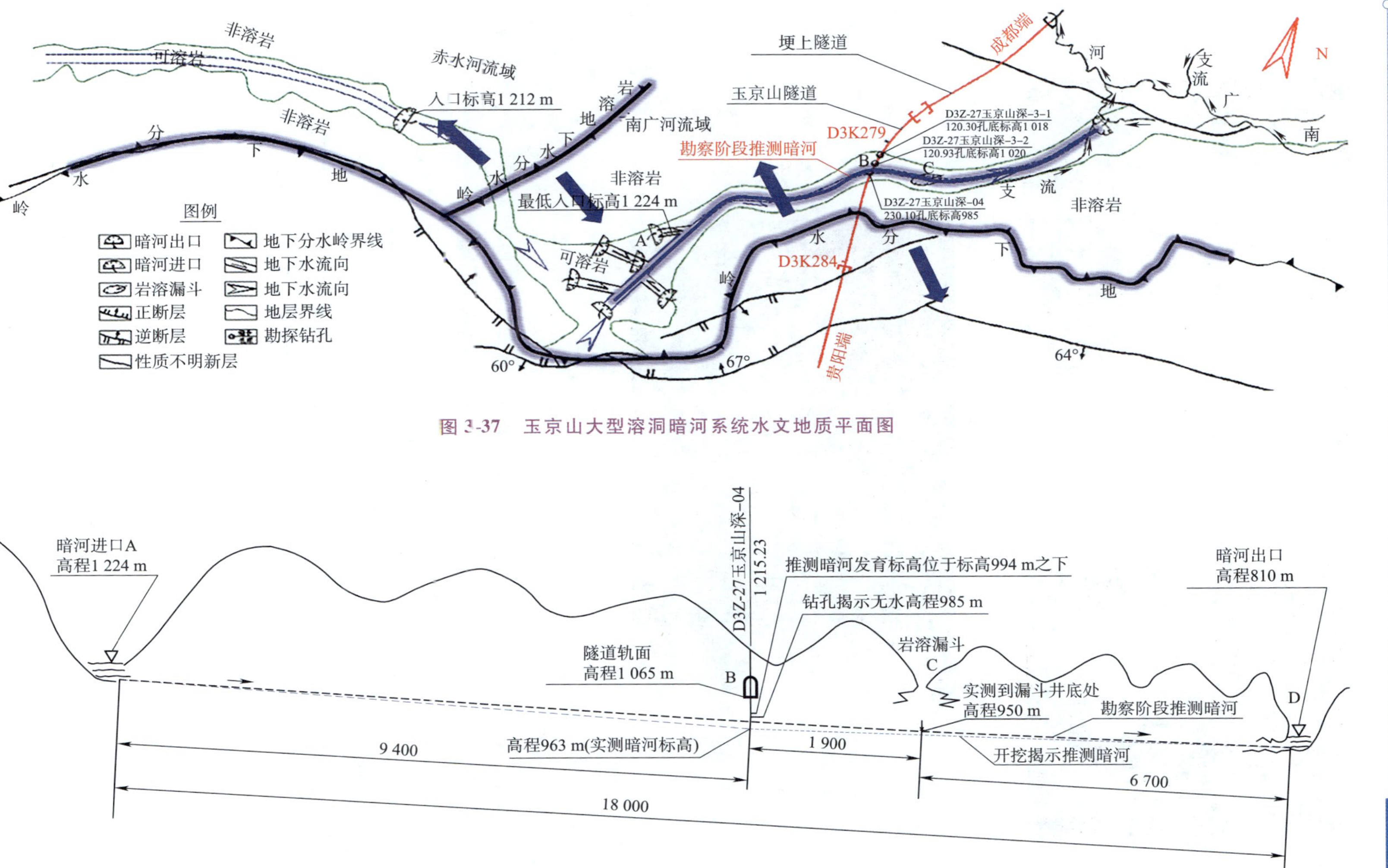

图3-37 玉京山大型溶洞暗河系统水文地质平面图

图3-38 暗河水系纵断面示意图（单位：m）

图 3-39　大体积掉块

图 3-40　溶洞底部堆积体

图 3-41　溶洞底暗河

2)处理方案及措施

为稳妥解决暗河水通道、洞壁稳定性、高悬隧道基础、下部堆积体沉降变形及施工作业平台等系列问题,建设单位组织设计、施工单位对处理方案进行了认真研究,在充分征求运营单位意见的基础上,经多次专家论证,最终确定采用"暗河改道、溶洞回填、隧道暗挖、连续梁跨越"的综合处理方案。

①暗河改到

控制因素:暗河下游消水能力不足,雨季溶洞大厅岩溶水上漫,影响工程安全。

设计要点:由暗河上游设置泄水洞,迂回引排地下暗河至下游暗河通道,绕避溶洞大厅,如图 3-42 所示。

②溶洞回填

控制因素:溶洞顶洞壁不稳定,顶板掉块带来施工安全问题;洞壁裂隙水排导问题。

设计要点:

a. 采用大型机械运输作业,减少洞内作业人员和机械数量,共分五层回填;同时解决溶洞下部充填体横向稳定性问题。

b. 回填图与洞壁间铺设 3 m 厚块石反滤渗水层,汇集地下水后引入暗河,如图 3-43 所示。

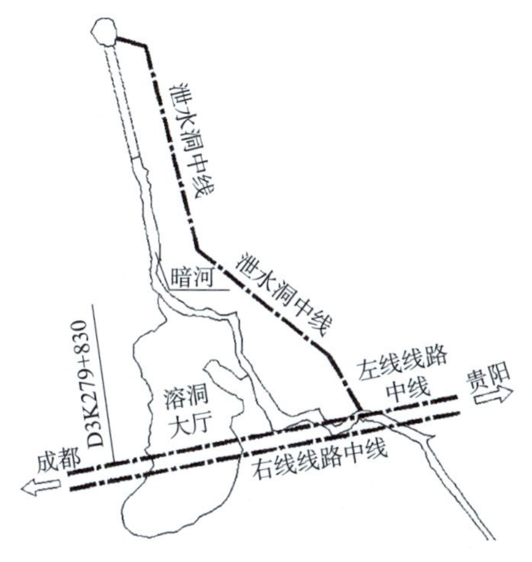

图3-42　暗河改道

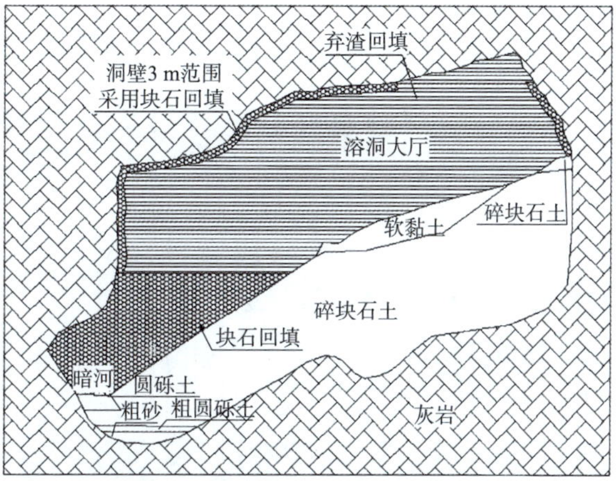

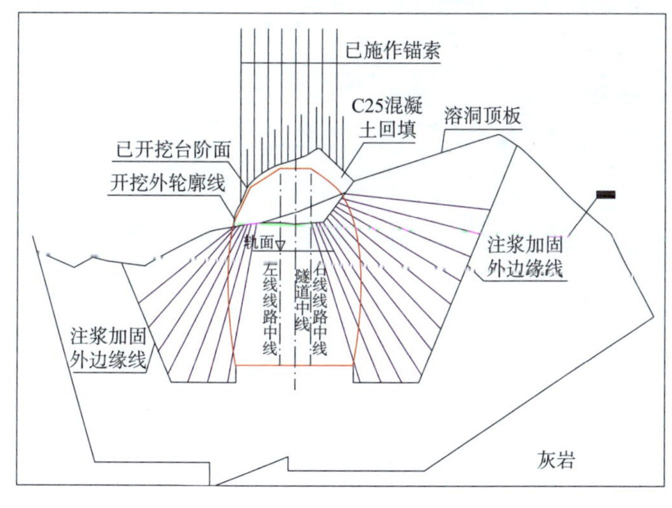

图3-43　溶洞回填

③ 暗挖隧道

控制因素一：暗洞开挖面积达430 m^2，开挖地层支护变形大、失稳风险高，需解决开挖过程中失稳问题，并抑制初支变形。

设计要点：开挖前先对回填体预注浆加固，如图3-44所示；达到注浆效果后再对下部回填体采用台阶法开挖，并设置临时钢横撑，如图3-45所示。

图3-44　回填体预注浆加固示意

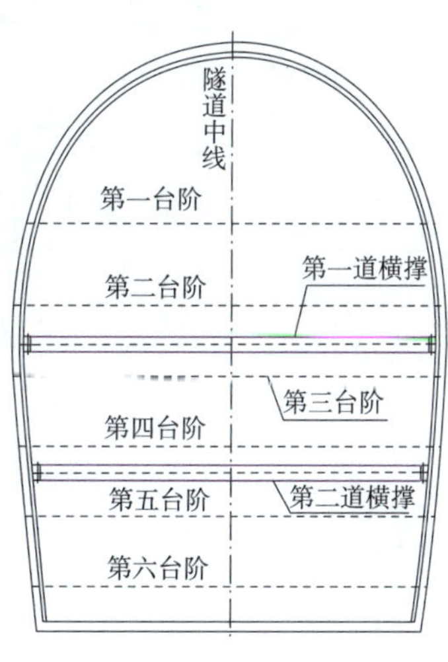

图3-45　台阶法示意

控制因素二：回填体成分不均匀，隧道基础必然发生沉降及不均匀沉降。需规避隧底沉降及不均匀沉降对行车安全的影响，并设置可靠的行车结构。

设计要点：隧底采取钢花管注浆以提高回填体整体性，如图3-46所示。溶洞段设钢筋混凝土隧道防护桥梁，如图3-47所示。为防止拱部围岩掉块，保证运营行车安全，沿线路纵向每5～6 m设一道宽型变形缝。

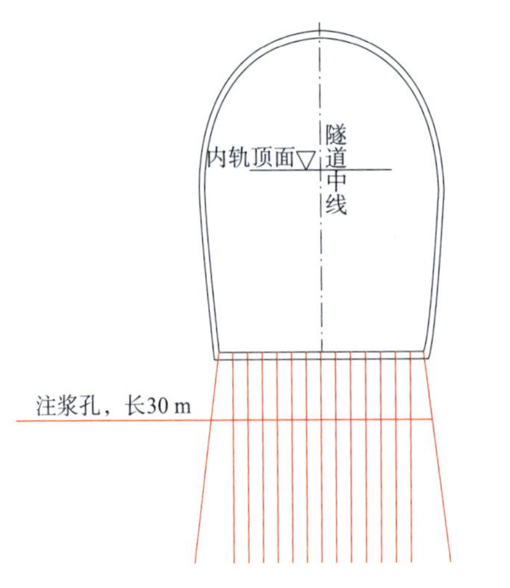

图 3-46　隧底注浆加固

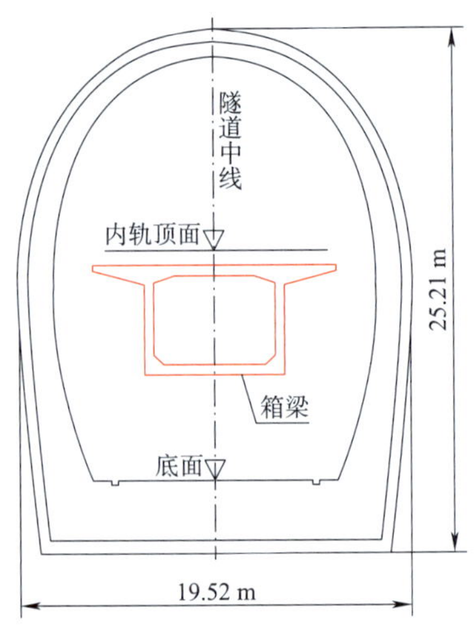

图 3-47　钢筋混凝土防护结构(隧道)

④桥梁跨越

钢筋混凝土大断面隧道内采用“38 m + 108 m + 38 m”三跨总长度 184 m 双线连续梁一次跨越溶洞,如图 3-48 所示。

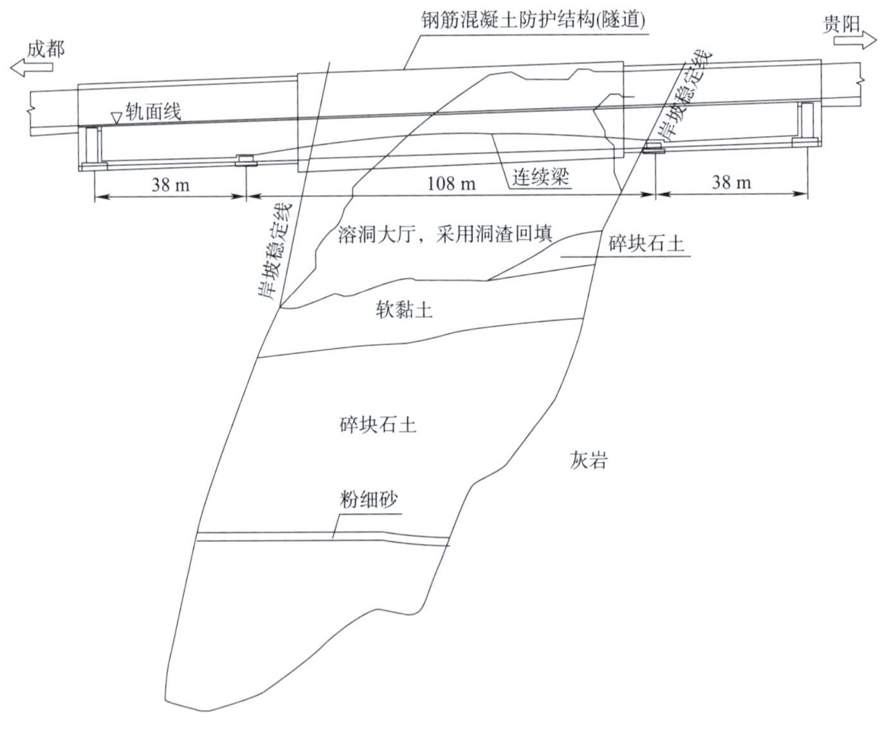

图 3-48　(38 + 108 + 38)m 大跨度连续梁结构纵断面示意图

为确保施工及结构安全,在溶洞大厅回填段开挖后加强了监控量测,重点对边墙水平收敛,拱部及隧底沉降,基底填充层分层沉降,衬砌结构应力、应变,初期支护与二衬间接触压力等开展监测,并通过补注浆改良围岩。

(3)小结

成贵铁路玉京山隧道跨越巨型溶洞工程,克服了不稳定溶洞带来的施工安全、高悬铁路结构安全、工期和环境保护的挑战。因地制宜地利用了玉京山隧道100余万立方米弃渣回填溶洞,节约了土地;在弃渣体内修建了430 m^2 超大断面暗挖隧道,在隧道内建成了长度184 m的大跨度桥梁,创造了桥梁隧道一体的新型结构;同时,回填溶洞前,将暗河改移到溶洞外,维持了地下水通路,保护了当地苗、彝等少数民族地区的生态环境,实现了工程建设与自然环境的和谐。自2019年底开通运营以来,桥隧结构工程稳定,隧道基础沉降在设计允许范围内,工程处理效果良好。

3.8 大型充填型溶洞的工程对策

根据充填物的不同,充填溶洞可分为充填黏土型、充填淤泥型、充填粉细砂型、充填块石型、充水型或者这些充填成分都有的混合型等。本书定义的大型充填溶洞是指隧道洞周地层均为充填物的较大规模溶洞。大型充填溶洞施工难度大,安全风险高,建设过程中要高度重视。

3.8.1 工程特征研判

隧道钻探或施工揭示大型充填溶洞时,应重点对溶洞内充填物的势能、充填物的稳定性和固体颗粒物流失的可能性进行合理的判识。

1. 充填物的势能

影响充填物势能大小的因素有两个:一个是地下水位高低,水位越高,静水压力越大,势能越大;二是充填物在拱顶以上的厚度,厚度越厚,则重力势能越大。储存了较大势能的溶洞,处理难度大,带来的工程危害也越大。判断势能大小最有效的办法是钻孔探测,要结合钻孔出水量的大小、孔口水压大小以及地质构造等因素综合判识。

2. 充填物的稳定性

应重点关注流塑或软塑状态下的充填物的稳定性。这两种状态下的充填物的物理力学指标低、稳定性差,有的基本没有自稳能力。一旦被误揭,可能发生大规模的突水、涌泥。如西成铁路某隧道,施工至可溶岩与非可溶岩的接触带时,隧道左侧拱腰及边墙部位的初期支护被流塑状溶洞充填物击垮、淹没隧道洞身长达100 m,随后增设高位迂回导坑排泥泄压,保证了隧道正洞结构安全。因此,应根据物理力学指标、地质构造特征和隧道埋藏深度对充填物的稳定性进行综合判识,并结合充填物的势能大小,提出突水、涌泥的风险等级。

3. 固体颗粒物流失可能性评价

充填物内固体颗粒物是否流失直接影响到隧道工程措施的选择。在固体颗粒物不流失的环境下,一般重点考虑承载力要求,工程措施相对简单一些。在固体颗粒物可能流失的环境下,隧道围岩及地基处于不稳定状态,隧底充填物则不能直接作为持力层,需要采取桩基、地基加固处理等措施。颗粒物的流失是由于地下水的搬运造成的,工程人员在评价固体颗粒物是否会流失时,应重点关注并分析地下水的活动性。

3.8.2 处理方法

结合上述工程特征分析，对穿越大型充填溶洞隧道的处理应遵循“确保施工安全、结构及防排水系统可靠、基底变形可控”的原则。

1. 施工安全辅助措施

（1）排水降能措施

对于高压富水充填溶洞，经评估对环境无影响时，应先释放溶腔能量，引导并控制地下水有序排出，减小溶腔压力，降低施工风险。常用排水降能措施有：超前钻孔排水、迂回导洞排水等。溶腔打开施工前，应制定专项施工方案，确保施工安全。

（2）预加固及超前支护措施

对于非充水型溶洞，或者经排水泄压处理后的溶洞，应结合充填物的性质及开挖稳定性评价的成果，制定工程措施。对于有涌突泥风险的，可采取超前帷幕注浆、水平旋喷桩、冻结法等预加固措施，通过迂回导洞从侧面预加固充填物也是过程实践中常用的方法之一；对于无涌突泥风险，但掌子面稳定性较差的，可采用超前周边注浆、管幕、大直径管棚等措施；对于无涌突泥风险，掌子面稳定性较好的，可采用超前管棚辅以大外插角小导管等措施。

2. 基础、结构及防排水

溶洞基础处理、结构及防排水措施等参见第 3.6.2 节相关内容，本节不再赘述。

3.8.3 工程案例

1. 安六铁路大用隧道

（1）工程概况

1）隧道概况

大用隧道，位于安顺至六盘水铁路六枝特区境内，全长 2 156 m，为单洞双线隧道，设计时速 250 km，铺设有砟轨道。洞身主要穿越灰岩地层，最大埋深约 130 m。

2）地质概况

隧区属于岩溶峰丛地貌，溶丘与沟谷相间分布，地表石芽、溶沟、溶槽及岩溶洼地等极发育，且洼地底多有落水洞。洞身岩性为三叠系中统法郎组灰岩、白云质灰岩夹泥灰岩，关岭组三段白云质灰岩、白云岩，关岭组二段灰岩。法郎组及关岭组二段岩溶中等～强烈发育，关岭组三段岩溶弱～中等发育。隧道横穿六枝向斜核部，为一贮水构造，核部岩体破碎程度较高。洞身处于地下水季节变动带，地下水主要为岩溶水，弱～中等发育。

①充填型溶洞发育情况

隧道出口工区施工至距洞口 712 m 处，开挖揭示一大型充填型溶洞，沿线路方向长约 71 m，底部边界位于设计轨面以下 18～48.4 m，拱顶以上充填体厚 20～26 m；接近地表为一溶蚀漏斗，漏斗口大小 25 m（长）×15 m（宽），深 25 m；隧道左侧边墙外溶洞发育最宽 26 m，右侧边墙外溶洞发育最宽 38 m。隧底以下溶洞充填物为黑色、褐黄色软塑状黏土，拱顶以上充填物主要为黄色、灰黄色黏土夹块石为主，土质松散，充填溶洞平面及纵断面示意如图 3-49、图 3-50 所示。溶洞现场照片如图 3-51、图 3-52 所示。

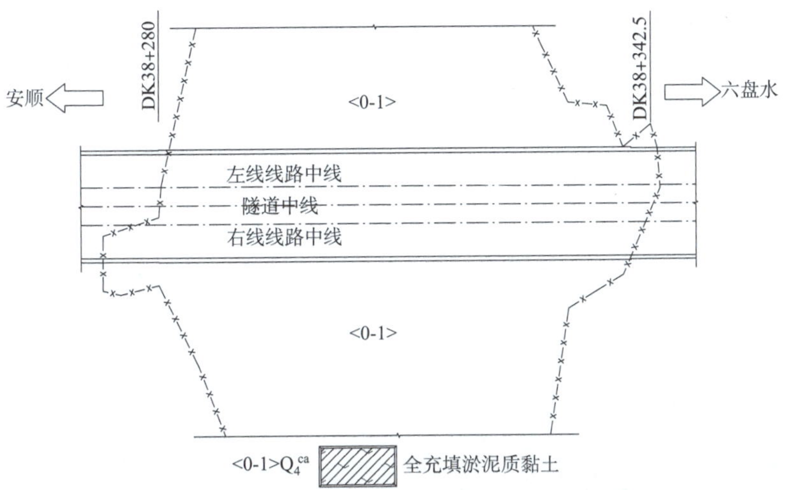

图 3-49 大用隧道大型充填溶洞平面示意图

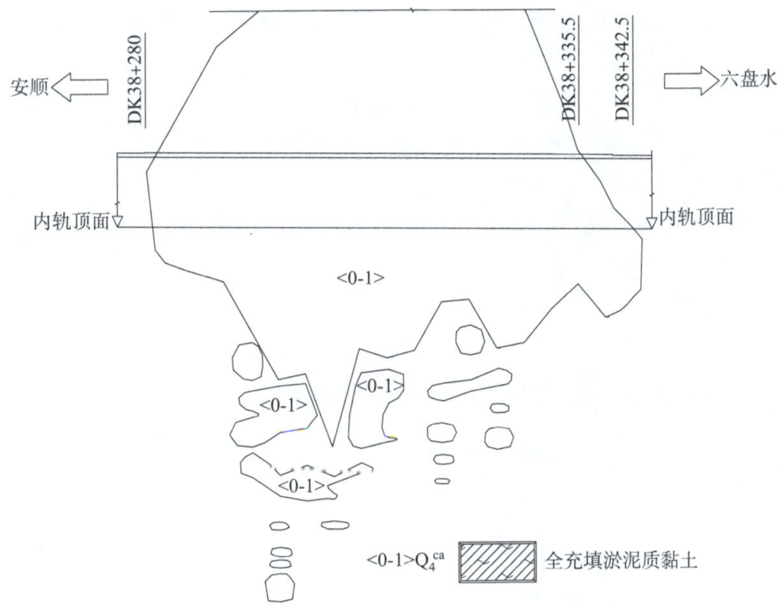

图 3-50 大用隧道大型充填溶洞纵断面示意图

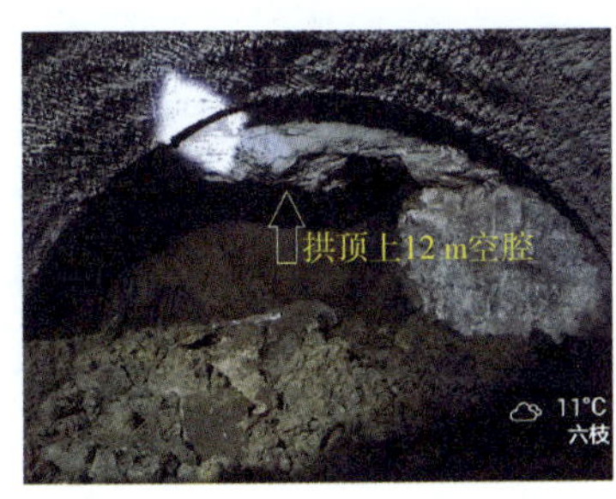

图 3-51 DK38 + 330 揭示溶洞照片

图 3-52 DK38 + 300 掌子面全充填溶洞

②岩溶水发育情况

溶洞位于六枝向斜核部附近,沿向斜轴部发育溶蚀槽谷、汇水洼地、落水洞、竖井及地下暗河等岩溶形态。该溶洞与隧顶地表溶蚀槽谷、汇水洼地、竖井、落水洞及地下暗河有连通。该段未见空溶洞发育,且旱季未见地下水,表明该溶洞为古溶洞(古暗河)通道,目前地下水已改道,古溶洞内处于沉积、淤积休息期。雨季钻探钻孔内地下水位较高,钻孔出现涌水;施工开挖后溶洞周边也出现涌水,迂回导洞进洞 5 m 右边墙起拱线处涌水高峰期水量及水压力均较大;DK38 +325 线路左侧上导拱脚处涌水,水量较大,DK38 +192 左 36 m(迂回平导右侧底板)出现涌水,经观察水质较清澈、补给排泄迅速,受降雨控制明显,涌水时未见泥砂或黏土随水涌出。可见,该溶洞充填物系多年静水沉积,充填物流失可能性小。

(2)综合处理措施

1)岩溶特征

①充填溶洞规模大,沿线路方向长约 71 m,横向最大宽度 64 m,竖向最大充填深度约 82 m。

②岩溶形态复杂,充填溶洞接近地表为溶蚀漏斗,底部发育串珠状溶洞。

③充填物主要为黏土、块石土,土质松散。其中隧底以下充填物为黑色、褐黄色软塑状黏土,拱顶以上充填物主要为黄色、灰黄色黏土夹块石为主。

④旱季未见地下水,雨季水量及水压力均较大。

⑤溶洞充填物系多年静水沉积,充填物流失可能性小。

2)处理方案

针对充填溶洞的岩溶特征,采取了"导坑迂回 + 充填溶洞段'加大预留变形量、加强支护以控制变形、设置袖阀管注浆、旋喷桩加固及桩筏结构控制沉降' + 高、低位泄水洞引排"的综合处理方案。

①增设迂回平导

由于预计到本段岩溶处理时间较长,为满足工期要求,避免岩溶处理段的施工干扰,于左线线路中线左侧 35 m 处设置一迂回平导,如图 3-53 所示。

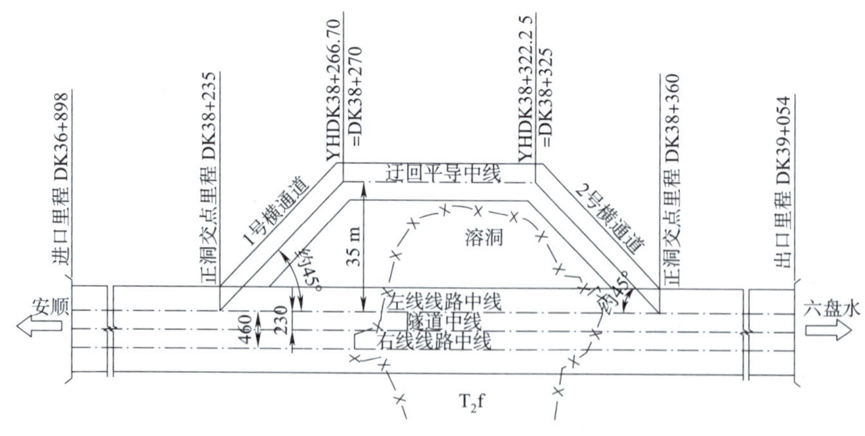

图 3-53　迂回平导平面示意图

②施工安全及变形控制

本段隧道穿越充填型溶洞,充填物为软塑状黏土夹块石、土质松散,且部分充填物已坍塌,为控制变形及确保施工安全,采取了加强锁脚、增设套拱、加强钢架纵向连接、边墙增设锚索及径向注浆等措施,具体如下:

a. 采用三台阶工法,加强锁脚措施

该段采用三台阶加临时仰拱法开挖,如图 3-54 所示。中、下台阶钢架脚采用“斜向旋喷桩 + ϕ76 锁脚锚管”相结合的锁脚措施加固。旋喷桩应进入基岩不小于 1.0 m,直径 60 cm,中、下台阶钢架脚每处设 3 排旋喷桩,角度分别与竖直方向成 20°、15°、10°。ϕ76 锁脚锚管应设置于施作完成后的旋喷桩中,其设置角度与最外侧旋喷桩角度一致。

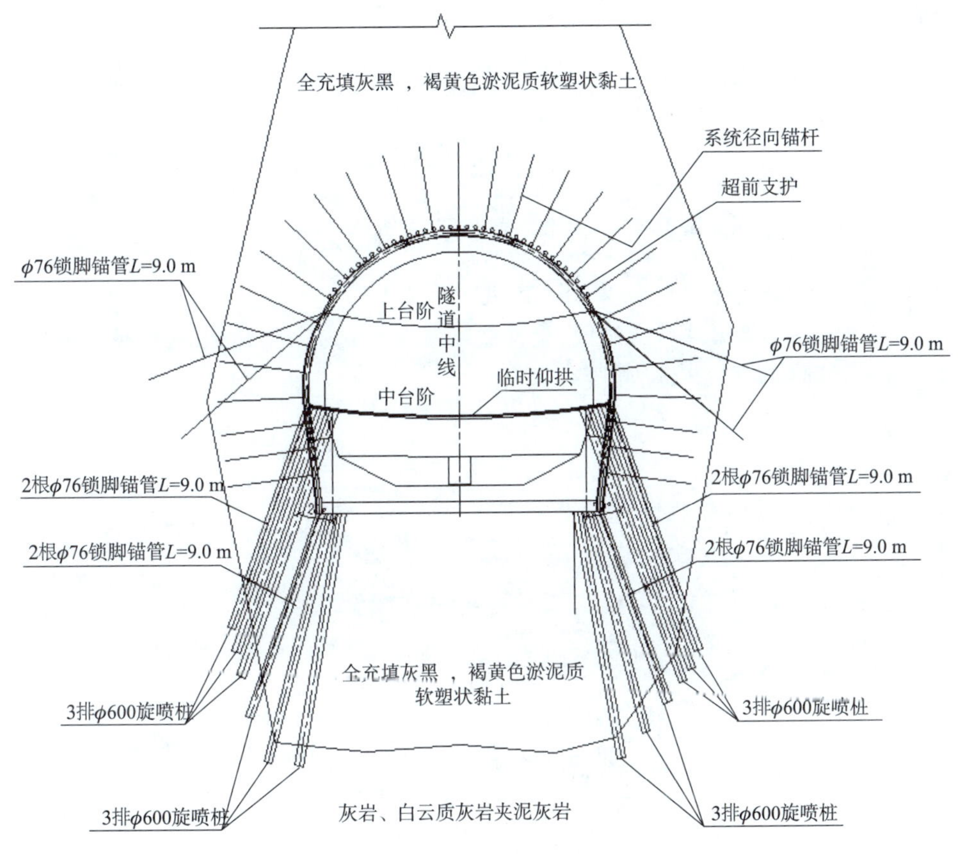

图 3-54 钢架锁脚加固示意图

b. 为加强钢架纵向连接,提高整体性,钢架间采用 I16 型钢纵向连接。

c. 为控制边墙收敛变形,左右侧边墙分别增设 3 道预应力锚索,第一道锚索位于内轨顶面高程位置,第二道锚索位于内轨顶面上 2.5 m 高程位置,第三道锚索位于内轨顶面上 5 m高程位置。锚索纵向间距为 1.8 m,锚固段长度不小于 4.5 m,如图 3-55 所示。

d. 为确保施工安全,对位于充填溶洞段,在下台阶开挖支护后,拱墙范围采用径向注浆加固。

③基础处理及沉降控制

为确保结构基础稳定及运营安全,结合隧底充填体深度、底部串珠状溶洞分布等情况,针对性采用换填、桩筏结构及“袖阀管注浆 + 旋喷桩加固”的处理方式。

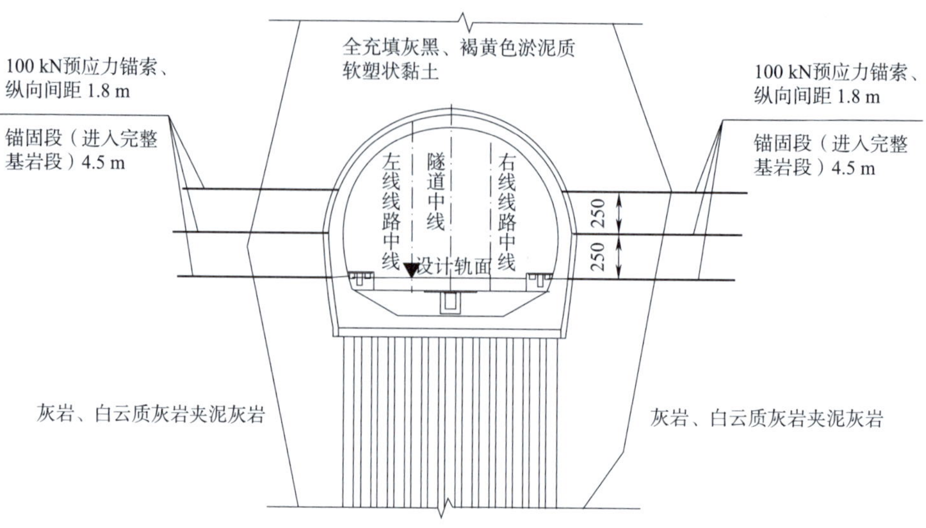

图 3-55　锚索布置横断面示意图(单位:cm)

a. 隧底充填体深度小于 5 m,采用 C25 混凝土换填。

b. 充填溶洞下部无串珠状溶洞段,设置桩筏结构。桩基采用钻孔桩,桩径 1. 50 m,桩横向间距 4. 5 m、纵向间距 3. 5 m,如图 3-56 所示。

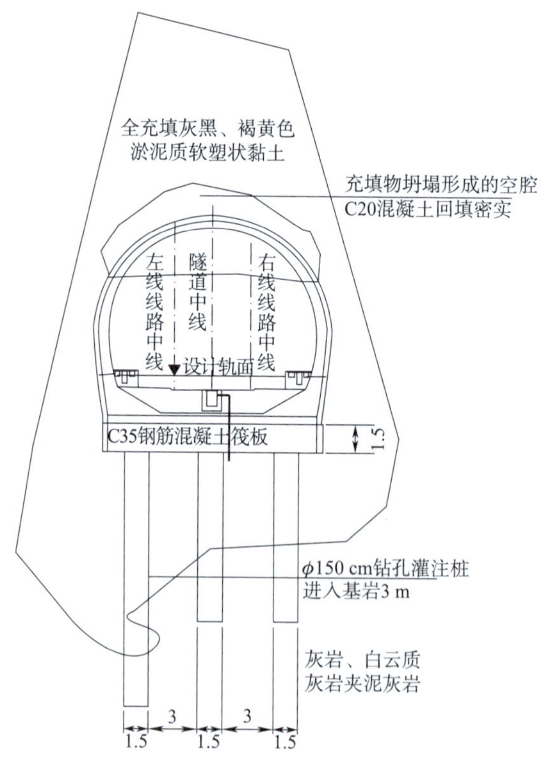

图 3-56　隧底桩筏结构(单位:m)

c. 充填溶洞下部发育串珠状溶洞段，首先采用 $\phi 76$ mm 钢制袖阀管注浆对该段底部串珠状溶洞进行加固；待袖阀管注浆加固完成后，再对隧底充填体采用 $\phi 500$ mm 旋喷桩加固，如图 3-57 所示。

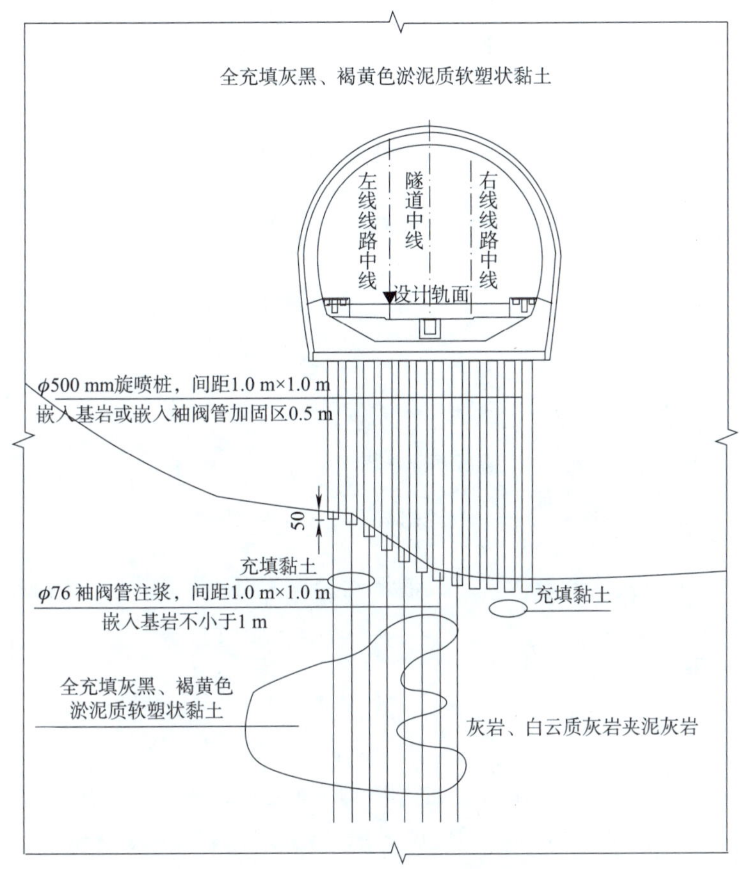

图 3-57　隧底袖阀管注浆 + 旋喷桩加固

④排水设计

a. 为加强体内排水及泄压，拱墙范围环向盲管加密至 3 m 一环；两侧边墙脚按纵向间距 1 m 设置一道泄水孔；中心水沟左右侧间隔设置竖向泄压管；施工缝及变形缝处于拱墙范围 EVA 防水板与土工布间设置一幅凸壳式排水板，幅宽 1 m。

b. 利用迂回平导，与线路右侧基岩中（充填体外）增设低位泄水洞，对该段范围进行泄水降压；同时于线路左侧设置高位泄水洞，直接对充填溶洞顶部漏斗水进行引排。泄水洞平面布置如图 3-58 所示。

（3）小结

该工程的难题是大型充填物内隧道的沉降和收敛变形控制，工程实施中采取了两侧钢架脚设置“斜向旋喷桩 + 大直径锁脚锚管”，两侧边墙部位设置三道水平预应力锚索，桩筏基础及“袖阀管注浆 + 旋喷桩”加固，设置泄水洞进行泄水降压等一系列措施，有效控制了基础沉降，保证了结构稳定。

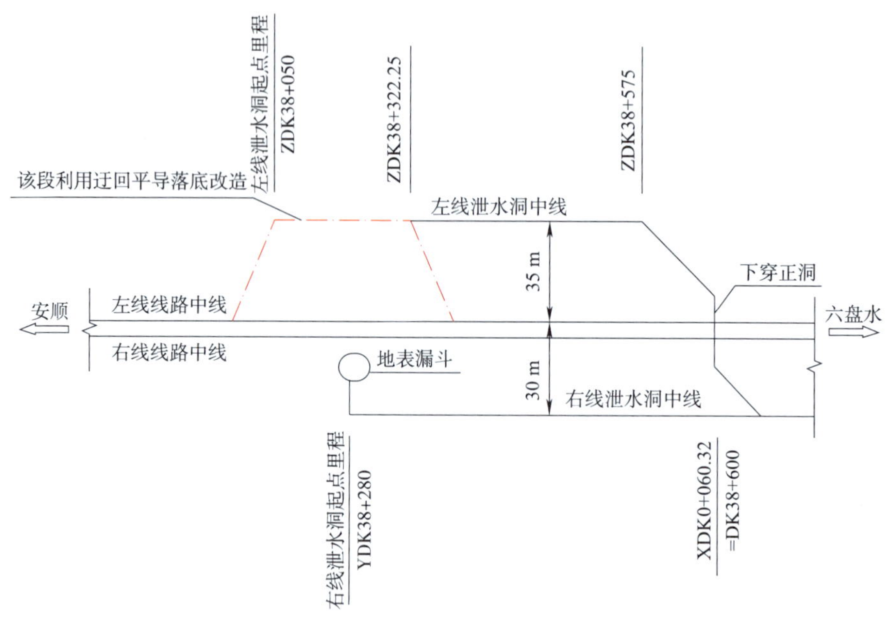

图 3-58 泄水洞平面布置示意图

2019 年 7 月，安六铁路开通运营。目前隧道结构稳定、排水通畅、线路运行平稳，工程处理措施效果良好。

2. 沪昆铁路罗仙关二号隧道

(1)工程概况

1)隧道概况

罗仙关二号隧道，位于沪昆铁路贵州省境内，全长 790 m，为单洞双线隧道，设计时速 350 km，铺设无砟轨道。洞身主要穿越可溶岩地层，隧道最大埋深 126 m。

2)地质概况

隧区属侵蚀中低山地貌，基岩大多裸露，为三叠系中统关岭组一段白云岩、泥质白云岩地层，岩溶中等～强烈发育。洞身地质构造简单，地层单斜，节理较发育，节理间距 1～2 m 不等，呈微张～张开状，延伸性较好，部分节理面有黏性土充填。

隧区地表径流条件较好，大气降雨多沿坡面排入沟中流走，地表水贫乏。地下水主要为岩溶水。

①溶洞发育情况

隧道从出口组织施工，在出口段施工中，多次开挖揭示充填、半充填和空溶洞，洞内曾经发生支护结构变形开裂、地表开裂、塌陷等情况。施工至距出口 47 m 处掌子面，揭示一狭长管道，管道往外延伸，深度不详，在溶洞揭开后显示为充填、半充填溶洞，洞内无水，空腔高 5～15 m 不等，下部充填的软塑状黏土层厚度不祥，并夹有塌落的岩块，如图 3-59、图 3-60 所示。

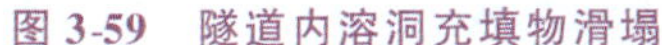

图 3-59　隧道内溶洞充填物滑塌

图 3-60　黏土填充溶洞

根据施工揭示情况，对洞内进行了补充勘测，结合地面调查、掌子面揭示及钻探结果分析，出口处为一大型全充填溶洞，溶洞主轴方向与隧道斜交，交角 34°，地面可见长度 70 ~ 80 m，宽 40 ~ 50 m，隧道穿越溶洞约 50 m，溶洞深 60 ~ 80 m，最低处位于隧底 55.4 m 深处，整个溶洞顶部为溶塌角砾岩（块石土），厚 12 ~ 18 m，其下为 60 ~ 74 m 的软塑状黏土层，局部为淤泥。底部发育充填型溶洞，不规则状，与主溶洞相连通，为其分支溶洞。

②岩溶水发育情况

该溶洞原为地下岩溶管道的竖向补给通道，后期地下侵蚀基准面下切，由于地表汇水面积小，通过逐渐被地表水带来的黏性土充填，现仅雨季地表有少量地下水下渗，溶洞充填物为淤泥质土，在长期静水环境下呈软塑 ~ 流塑状，其发生自然流失的可能性小。

（2）综合处理措施

根据溶洞充填物的发育特征，采取了以下处理措施。

1）增设迂回导坑

为有序推进现场施工，满足工期要求，同时避免岩溶处理与正洞施工的干扰，于隧道出口线路右侧设置迂回平导一座，迂回平导位于左线线路中线右侧 35 m，全长 145 m，如图 3-61 所示。

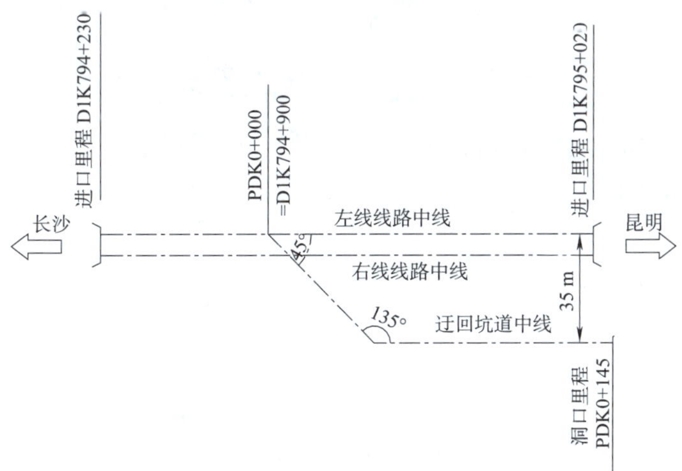

图 3-61　迂回平导与正洞连接平面布置图

2)地表处理

隧道出口段埋深浅,由于隧道开挖,地表已形成2个陷坑。因此,首先对地表陷坑周边的错台、裂缝进行全面整理、夯实处理,并于周围设置截水沟;然后,从地表对拱顶及隧道右侧充填的碎块石土与淤泥质黏土采用 $\phi75$ 钢花管注浆加固,如图3-62所示。

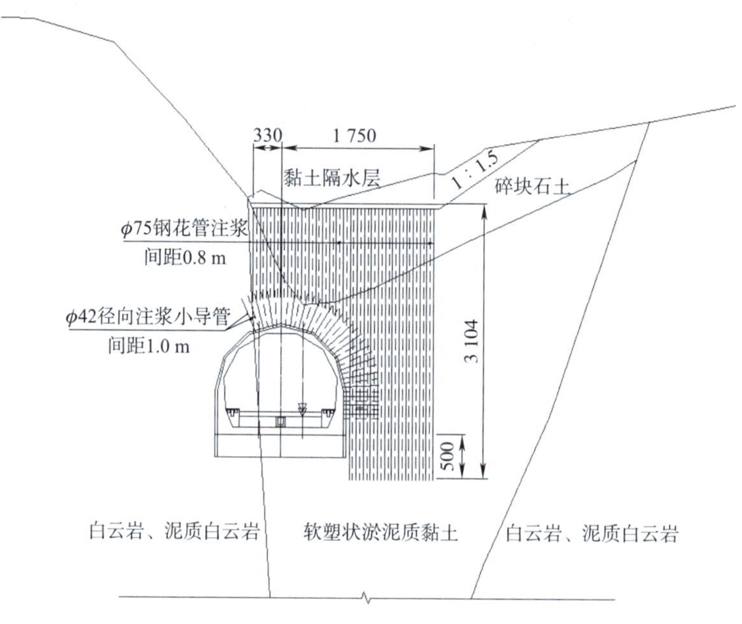

图3-62 地表处理典型断面图(D1K794+970,单位:cm)

3)洞内岩溶处理

①洞内坍陷堆积体采用人工沙袋回填反压,防止坡面滑动。

②出露空溶腔范围采取护拱,护墙进行防护。

③隧底采用桩筏结构进行加固,如图3-63所示。由于隧底溶洞充填物为灰黑色软塑~流塑状黏土、淤泥质土夹溶蚀碎块石及角砾,最厚达76 m,桩筏结构桩长细比较大,为提高桩筏结构桩间结构稳定性,隧底筏板基坑开挖平整后,于筏板施作前在桩间采用 $\phi75$ 钢花管注浆加固。

④优化结构,加强系统支护

衬砌结构均采用钢筋混凝土加强衬砌,结合隧底桩筏结构,隧底采用底板形式。隧道通过岩溶塌陷松散体,围岩稳定性极差,在超前支护及注浆加固保护下,为保证围岩加固效果,该段拱部及边墙揭示溶洞填充物部位系统锚杆均采用 $\phi42$ 锚管进行径向补注浆加固围岩。

(3)小结

在罗仙关二号隧道大型充填溶洞处理过程中,根据隧道工程与溶洞的空间关系及溶洞底部充填物工程性质,采取针对性的处理措施,有效解决了受巨型溶洞影响的隧道工程结构形式、基础形式、隧底沉降等问题。自2016年开通运营以来,基础沉降观测及洞内渗漏水均无异常,设计工程措施达到了预期目的。

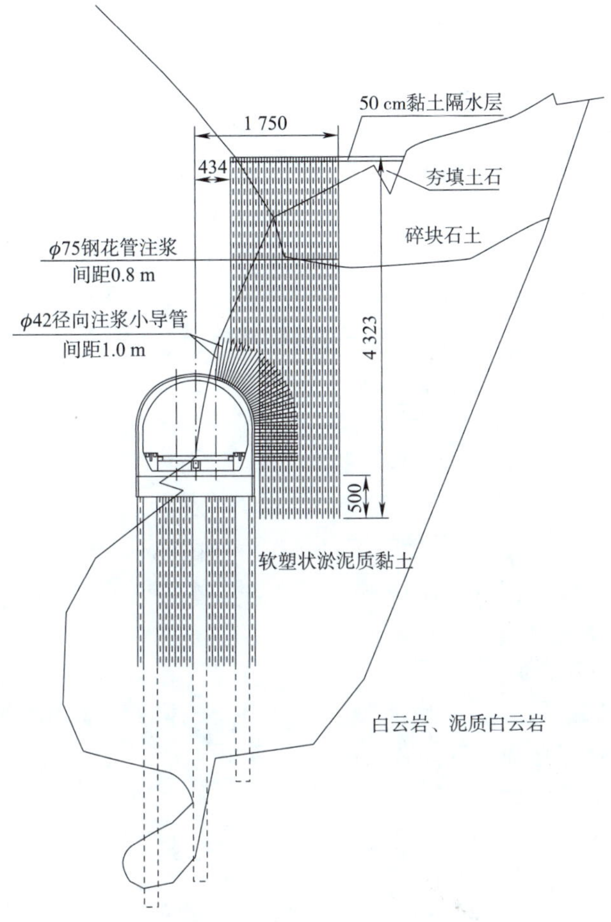

图3-63 洞内岩溶处理典型断面图(单位:cm)

3. 云桂铁路幸福隧道

(1)工程概况

1)隧道概况

幸福隧道位于云桂铁路云南省境内,全长12 787 m,为单洞双线隧道,设计时速为200 km,预留时速250 km条件,铺设无砟轨道。洞身主要穿越可溶岩地层,隧道最大埋深约280 m。

2)地质概况

隧区属低中山剥蚀及盆地堆积地貌,沟谷纵横,地形起伏较大。隧区基岩多为裸露,低洼平坦地带为坡洪积粉质黏土、黏土覆盖,下伏基岩主要有三叠系下统永宁镇组泥灰岩,洗马塘组泥岩、泥质粉砂岩;二叠系上统吴家坪组灰岩夹炭质页岩,局部夹砂泥岩,下统灰岩;石炭系上统马平群灰岩、白云质灰岩、白云岩,中统威宁组灰岩、白云岩夹薄层砂岩,下统大塘阶灰岩、白云岩等。隧区内岩体破碎、产状紊乱。隧道横穿上雨泽向斜,向斜东翼发育上雨泽1号断层、上雨泽断层、尼尼白断层、树皮断层及黄梨树丫口断层。全隧地表岩溶发育,以洼地、落水洞、溶穴(隙)、溶槽为主;地下岩溶以溶(穴)隙管道为主,垂直发育。

①溶洞充填物发育情况

隧道施工中,出口工区施工至距洞口 1 334 m 处,揭示一大型充填型溶洞,该溶洞为全充填性溶洞,沿线路纵向长 115 m,根据钻探和钎探,溶洞顶板在隧道拱顶以上 0 ~ 16 m,侧壁在左右侧边墙外 0 ~ 16 m,隧底为充填物,充填物深 0 ~ 20 m,溶洞充填物为黏性土及角砾碎石土,黏土软塑 ~ 硬塑状,软硬不一,土质不均,夹碎石角砾,碎石角砾含量分布呈不规律性,一般含量 20% ~ 30%,局部含量达 50%,局部夹块石。

②岩溶水发育情况

该段隧底溶洞底板位于区内溶蚀基准面之上,属于垂直渗流带内,仅雨季有地表降水形成的“过路水”下渗。地表可见岩溶形态有溶蚀洼地、岩溶竖井、溶沟、溶槽等。雨季溶蚀洼地、溶洞内地下水流可能向四周辐射,流向具有不确定性。

(2)综合处理措施

隧底充填物深 0 ~ 20 m,且软硬不均,物质成分不均,可能引起隧道结构不均匀沉降,结合无砟道床对隧道基础工后沉降值不应大于 15 mm 的要求,以及岩溶处理时该段二衬已施作的施工现状,采用了“微型桩 + 钢管桩结合方式”对该段隧底结构进行处理。即微型桩支承道床板,钢管桩改良地层,通过刚性基础限制无渣道床的沉降,通过复合地基处理来控制隧道的沉降。

1)微型桩与支撑板结构

支承板与微型桩桩顶连接,微型桩通过仰拱填充预留的孔施作。支承板纵向长度按 12 m布置,横向宽度与道床板宽度一致为 2.8 m,厚 0.4 m。支承板采用 C30 钢筋混凝土,设置于道床板底部。桩基采用微型桩,桩径为 ϕ300 mm,采用 C30 细石混凝土桩,水灰比不应大于 0.55;含砂率为 35% ~ 40%;灰砂比宜为 1∶2 ~ 1∶2.5。桩内设置钢筋笼。微型桩纵向间距为 2.4 m,横向每块板底设置 2 根。具体如图 3-64 所示。

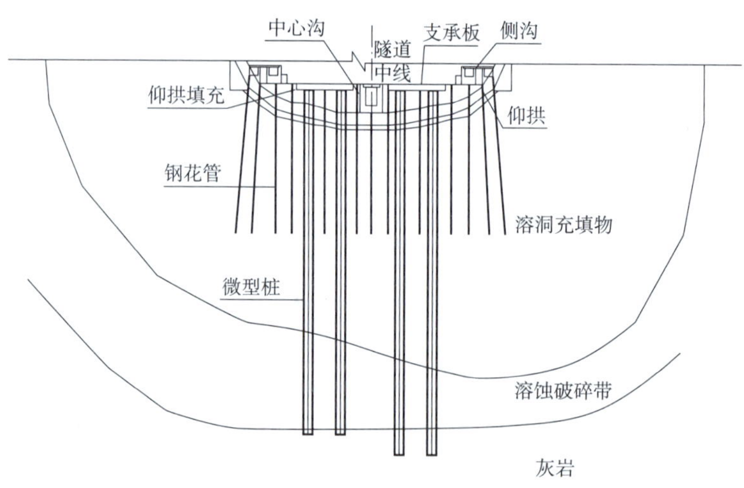

图 3-64　微型桩与钢花管注浆结合处理示意图

2)钢花管注浆改良隧底地层

钢花管直径 ϕ75 mm,现场预留孔间距 0.8 m × 0.8 m,交错布置;同时结合微型桩的布置,钢花管与微型桩位置重叠处,不再设置钢花管。隧底充填物厚度小于 5 m 时,加固至溶蚀破碎带顶面，隧底充填物厚度大于 5 m 时，加固至隧底以下 5 m，注浆采用水泥砂浆，注浆终压 3 MPa。

(3)小结

针对幸福隧道基底隐伏岩溶情况及工程特点，以控制轨道结构沉降为主要目标，采取了隧道与轨道结构“动静分离”的处理方式，微型桩及支撑板结构针对性设置轨下支撑结构体系，为隧道通过岩溶发育地区的工程处理措施提供了又一种选择。自 2016 年底开通运营以来，隧道已历经多个雨季，工程状况稳定，处理效果良好，达到了设计预期目的。

3.9 暗河的工程对策

暗河也是可溶岩地层主要的岩溶形态之一。暗河对区域岩溶管道的发育程度和地下水的分布起着主导性的作用，具有维持和调节地下水平衡系统的功能，工程建设中应注意处理好隧道与暗河的关系。

3.9.1 工程特征研判

隧道穿越暗河时，应重点关注以下几方面的工程特征：

1. 暗河与周围岩溶管道的连通性

暗河水位的涨落与大气降水、通畅程度(暗河自身的和周围管道的)有关联，在判识其水量、水压等特征时，要系统分析。

2. 暗河空间分布特征

在空间分布上，可能存在上下多层暗河立体分布，这种情况在西南艰险复杂山区多见。例如，玉京山隧道，施工过程中补勘就揭示上下两层暗河，多层分布的特征会影响到隧道基础处理和结构防护。

3. 以暗河为主导的地下水环境平衡打破后，对地表水环境影响较大，可能导致地表泉点失水、生态破坏；同时，岩溶颗粒物流失易引起地表沉降、塌陷，结构基础下沉。

3.9.2 处理方法

1. 施工安全辅助措施

在揭开暗河施工前，应做好预案，制定合理的排水措施，建立有效的排水系统。对人员安全撤离、洞内排水路线、洞外排水系统、洞内机具设备及管线的安全防护、洞内外监控预警系统、洞外警戒系统等做好专项设计。

此外，由于暗河的水位、流量受季节因素影响大，部分暗河旱季与雨季流量差可达数十倍甚至上百倍；因此，为降低施工风险，穿越暗河段宜在旱季施工。

2. 地下水引排

对于暗河，原则上应尽量维持原有排水路径及通道；若隧道开挖后截断了暗河既有通道，应增设引水构筑物，恢复排泄能力，具体可采取如下措施：

(1)根据暗河内岩溶水水量、水压大小，结合辅助坑道设置情况，优先利用集水廊道引排至平导或泄水洞；当水量较小时，可设置排水管涵直接引排至洞内排水系统。

(2)引水构筑物可采用涵洞、集水廊道等,不宜采用倒虹吸或U形槽;当无法恢复既有过水通道时,可利用平导或增设(迂回)泄水洞等进行引排。

(3)平导或泄水洞应注意出口排水系统处理,避免给下游环境带来次生灾害。

3. 结构处理

为确保运营期结构安全,隧道结构设计应结合暗河或岩溶管道对运营的影响评价及排水系统的可维护性、排水效果因素,综合考虑地下水水压对衬砌结构的不利作用。

3.9.3 工程案例

1. 沪昆客专尖山隧道

(1)工程概况

1)隧道概况

尖山隧道,位于沪昆铁路云南省境内,全长7 388 m,为单洞双线隧道,设计时速350 km,铺设无砟轨道。洞身主要穿越可溶岩地段,最大埋深约206 m。

2)地质概况

隧区属云贵高原侵蚀构造中低山区,具构造剥蚀~溶蚀槽谷地貌特点,槽谷底有呈串珠状分布的溶蚀洼地、落水洞、漏斗等岩溶地貌景观。洞身穿越三叠系上统龙潭组,二叠系上统峨眉山玄武岩组,二叠系下统茅口组、栖霞组、梁山组,石炭系上统马平群,石炭系中统威宁组,石炭系下统摆佐组、大塘组上司段、大塘组万寿山段,泥盆系上统宰格组、下统曲靖组等地层。其中可溶岩段长6 403 m,占隧道总长的86.7%。

隧区在大石山—马鞍山—黄家山山脉两侧发育有长达数公里的条形溶蚀槽谷,槽谷走向基本与山脉走向平行。槽谷底部较平缓开阔,其中有呈串珠状分布的溶蚀洼地与溶蚀漏斗。槽谷对汇集整个山区的大气降水补给地下水极为有利,隧道部分段落位于水平循环带内,洞身岩溶主要以溶蚀裂隙的形态分布。

①暗河发育情况

隧道进口工区施工至距洞口668 m处掌子面,揭示海家哨暗河,暗河与隧道大角度相交,相交处暗河宽约10 m,暗河河床底与隧底基本齐平,水流由左往右排泄,暗河与隧道平面位置关系如图3-65所示。暗河上游呈倒虹吸无法进入查看,沿下游可走行300~400 m,洞壁较稳定,无法走至暗河出口。暗河通道和岩溶通道如图3-66、图3-67所示。

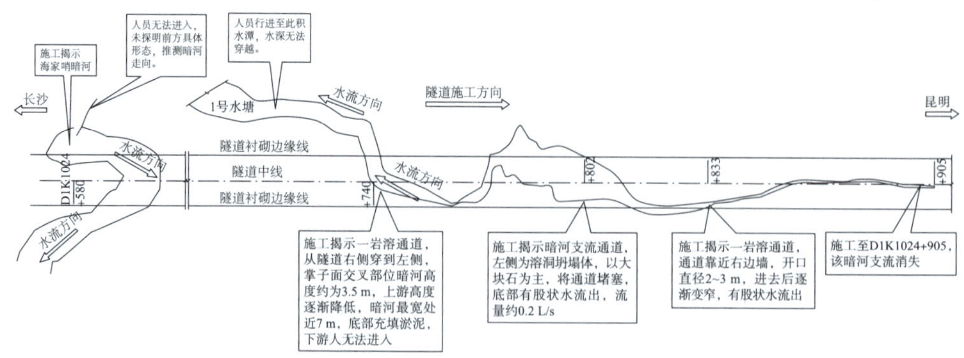

图3-65 尖山暗河揭示的暗河分布情况示意图

图 3-66　揭示暗河主通道

图 3-67　掌子面左侧岩溶通道

②涌水量及水环境特征

隧道施工中，在 2012 年、2014 年曾经多次发生暗河涌水。经现场实测，隧道洞口出水量约 $86.4\times10^{4}\ m^{3}/d$；经估算，海家哨暗河最大涌水量约 $300\times10^{4}\ m^{3}/d$。该暗河为周边居民的生产、生活水源点，且常年取水量较大，环境敏感性极高。暗河涌水后隧道洞口照片如图 3-68 所示。

图 3-68　暗河涌水后隧道洞口照片

(2)处理方案

1)总体思路

①遵循“宜疏不宜堵”的治理原则，对海家哨暗河水进行截排或引流。

②尽量减小施工、运营期间对海家哨村居民生活用水的影响。

③采取有效措施确保施工及运营安全。

2)暗河水引排

针对暗河水量大的特点，为确保运营安全，增设泄水洞对暗河水进行引排。泄水洞全长 1 013 m，位于左线中线左侧 30 m、平行于正洞，泄水洞平面布置如图 3-69 所示。

3)居民用水解决方案

隧道施工前，暗河下游的海家哨村居民用水均取自海家哨暗河。因此必须采取有效的工程措施确保居民在施工及运营期间的用水问题。

①施工期间用水方案

为保证施工期间暗河水继续维持原排泄路径，在暗河主通道设置临时排水明渠连接暗

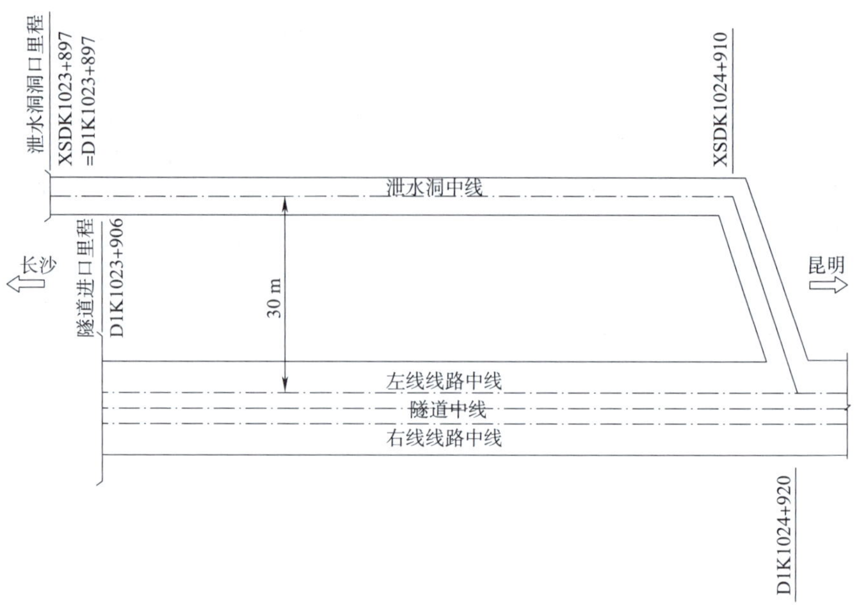

图 3-69 泄水洞与正洞线路平面关系图

河上下游。为保证正常的施工运输通道，明渠两侧用弃渣回填 20%的行车坡道形成“驼峰”，并在“驼峰”下部顺线路方向埋设排水管，以确保正洞施工排水。施工期间，暗河水仍由海家哨村的暗河出水口处排水，以保证居民用水。

②运营期间用水方案

在泄水洞洞口外设置一座沉淀池，泄水洞内的暗河水经淀池处理后，通过洞外还水系统引水至海家哨村，以解决居民的永久用水问题。图 3-70 所示为泄水洞洞口。

该系统在水量较小时将所有暗河水全部引排至还水系统，而当雨季水量过大时，通过分流装置和溢出口自动将多余水量排至洞外排水系统，如图 3-71 所示。

图 3-70 泄水洞洞口

图 3-71 泄水洞洞外分流装置

4）施工安全保障

尖山隧道施工涌水风险极高，为保证施工安全，现场主要采取了以下措施：

①泄水洞有 330 m 需从正洞进行反坡施工，结合暗河积水潭的水面高程确定泄水洞的设计标高，并将纵坡设为 4‰，反算最大积水深度为 1.3 m。即通过优化纵向坡度，有效降低

涌水带来的积水问题。

②结合机械化配套情况，泄水洞将反坡施工段断面加大至5.0 m(宽)×6.0 m(高)，加快了施工进度，同时也提高了泄水洞的排水能力。

③加强正洞及泄水洞施工期间的超前地质预报。

④编制、演练涌水处理应急预案，并安排专人观测暗河流量，水量异常时及时组织人员和设备撤离。

5)运营安全保障

①对正洞周边的所有过水通道均设置3 m厚C20混凝土封堵墙，避免暗河水排水不畅时，危及衬砌结构安全。

②强化暗河段的正洞支护措施。

③考虑到岩溶发育的复杂性，维持泄水洞周边过水通道畅通，避免正洞周边有未揭示的暗河支流因排水不畅而形成水压，危及结构安全。

(3)小结

针对尖山隧道穿越的海家哨暗河流量极大、地表生态环境敏感的特点，合理地选择了“以疏为主”的治理原则。施工期间，在暗河主通道设置临时排水明渠连接暗河上下游；运营期间，于泄水洞外修建还水系统引水至海家哨村，解决居民的生活用水问题，为类似工程处理提供了范例。自2016年开通运营以来，工程状况稳定，社会效果良好，达到了设计预期目的。

2. 贵广铁路油竹山隧道

(1)工程概况

1)隧道概况

油竹山隧道位于贵广铁路贵州省境内，全长9 896 m，为单洞双线隧道，设计时速300 km，铺设无砟轨道。洞身主要穿越可溶岩地层，最大埋深约700 m。

2)地质概况

隧区山体呈东西走向，支脉向南北方向展布，线路与山体走向一致。地貌受构造及岩性控制明显，兼有溶蚀、剥蚀类型，属低中山山地地貌。洞身穿越红花园组灰岩夹白云岩，桐梓组白云岩、泥质白云岩夹页岩，寒武系上统娄山关组白云岩等地层。洞身发育光坡寨正断层，断层内物质为结构紧密的构造压碎岩组成，岩石比较破碎，稳定性较弱。地下水主要为岩溶水，岩溶水赋存于白云岩、白云质灰岩、灰岩及泥质灰岩等可溶岩的溶孔、溶蚀裂隙中，通过洼地、漏斗、落水洞汇集大气降水并接受地表水的补给，以岩溶下降泉、暗河出口的形式排出地表。隧道基本处于岩溶水的水平径流带内，局部处于季节变动带内。预测全隧道平常期涌水量$Q_{平常}\approx 67\ 300\ m^3/d$，雨洪期涌水量$Q_{雨}=168\ 250\ m^3/d$。

2009年6月19日，油竹山隧道出口工区开挖至距洞口199 m处掌子面，隧底左侧揭示一溶洞，溶洞顶部位于隧道底板以上约5 m，溶洞内暗河水面位于隧道底板以下约10 m，暗河整体上窄下宽，水深达10.3 m，水面宽度11 m，可见长度约50 m，洞壁有滴水，如图3-72和图3-73所示。

经地质补勘调查，暗河与隧道夹角约40°，自线路右侧向线路左侧流动。暗河与隧道平面关系示意如图3-74所示。暗河空腔与出口外线路右侧对门河边的小型溶蚀管道连通。

由于暗河的下切速度快于对门河的下切速度，导致暗河底部高程较对门河底高程低约 10 m，暗河内常年有水，暗河水位随降雨量大小发生变化。

图 3-72 溶洞口

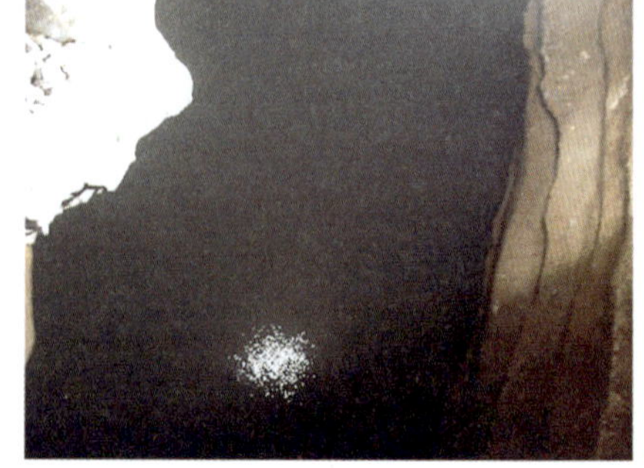

图 3-73 溶洞内暗河

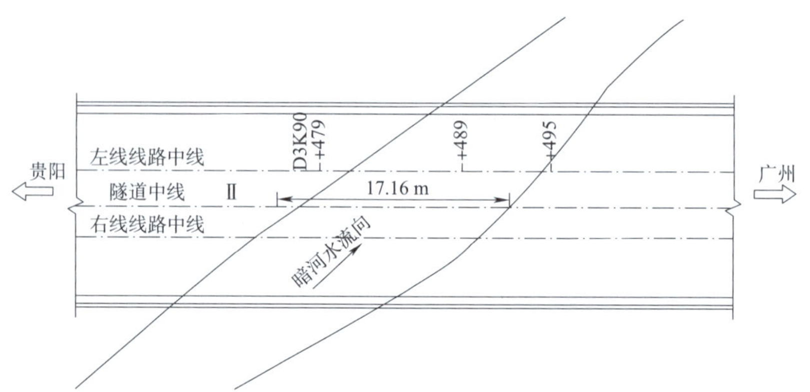

图 3-74 油竹山隧道暗河平面示意图

(2)处理措施

1)采用拱跨结构跨越暗河

根据暗河与隧道的位置关系，于 D3K90 +460 ~ +510 段设置 6 幅拱跨，拱跨 23 m，矢高 4. 14 m，拱截面高 1. 2 m，拱跨采用 C35 钢筋混凝土结构。两端设 C35 干硬性微膨胀早强混凝土拱座，拱顶与隧道边墙底齐平，拱跨与底板间采用 C25 混凝土回填。拱跨结构平、纵断面示意如图 3-75 和图 3-76 所示。

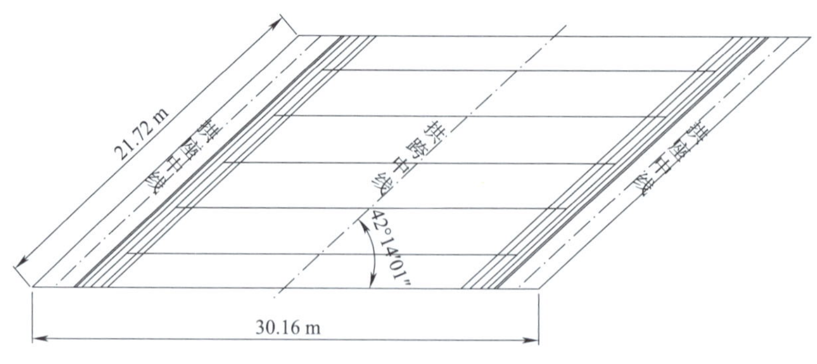

图 3-75 拱跨结构平面示意图

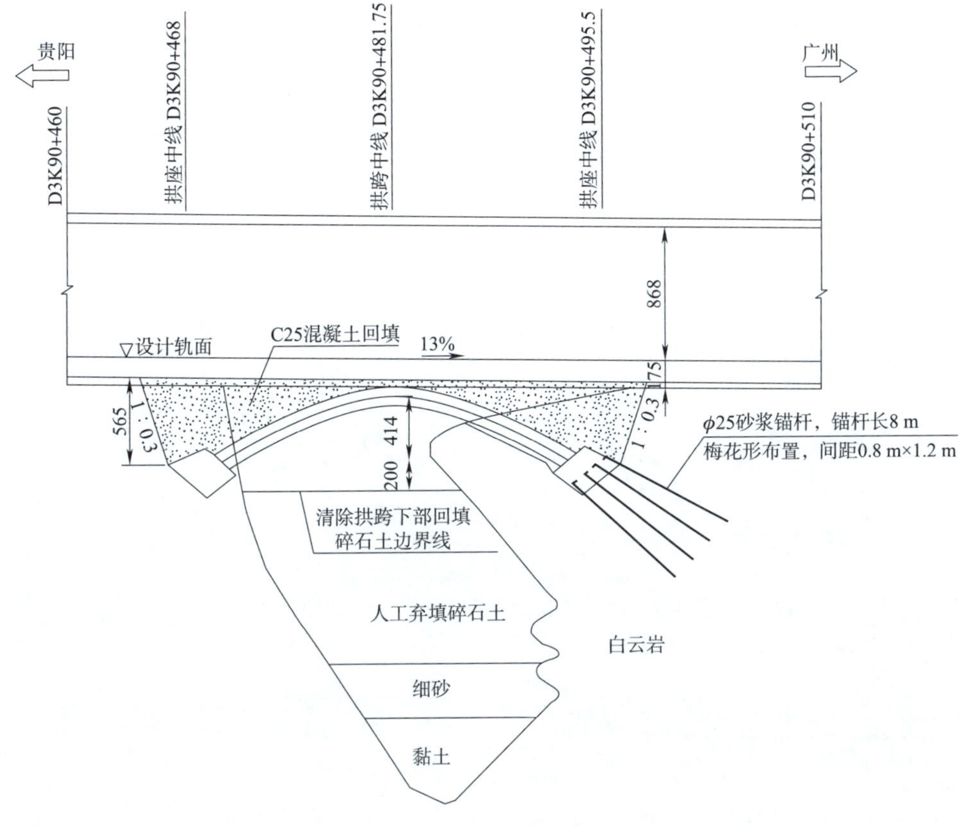

图 3-76　拱跨结构纵断面示意图

2)设置底板型衬砌结构

隧道 D3K90 +460 ~ +510 跨暗河段采用底板型加强衬砌,底板设置于拱跨回填混凝土之上。

3)暗河水引排

如图 3-77 所示,于 DK90 +493 处设计引水横通道,净空断面采用 2.0 m×2.0 m(高×宽)。通过引水横通道将暗河水引至平导,由平导排出洞外。

为便于暗河水流入引水横通道,确保排水通畅,对正洞拱跨下部约 6 m 高范围内施工前期回填的碎石土进行清除;同时,引水横通道靠正洞段 3 m 范围净空断面调整为 3.0 m×2.0 m(高×宽),如图 3-78 所示。

(3)小结

根据油竹山隧道工程与暗河的空间关系,结合施工平导布置,设置了引水横通道,将暗河水引排至平导,由平导排出洞外;同时,正洞采用了拱跨的方式跨越暗河,既保证了水流通道,又为隧道提供了结构基础。自 2014 年底年开通运营以来,隧道基础稳定,结构可靠,暗河水引排通畅,工程效果良好。

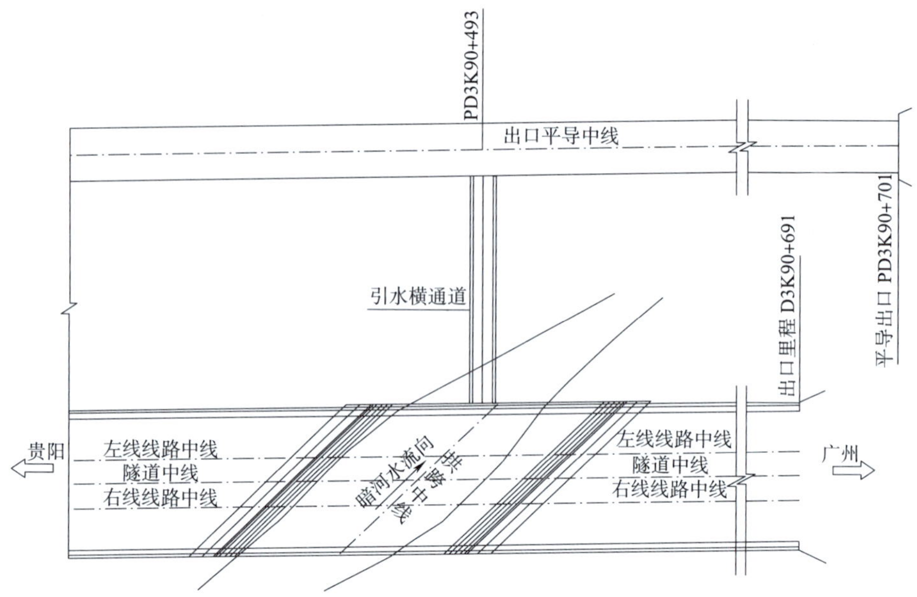

图 3-77　暗河段排水通道平面示意图

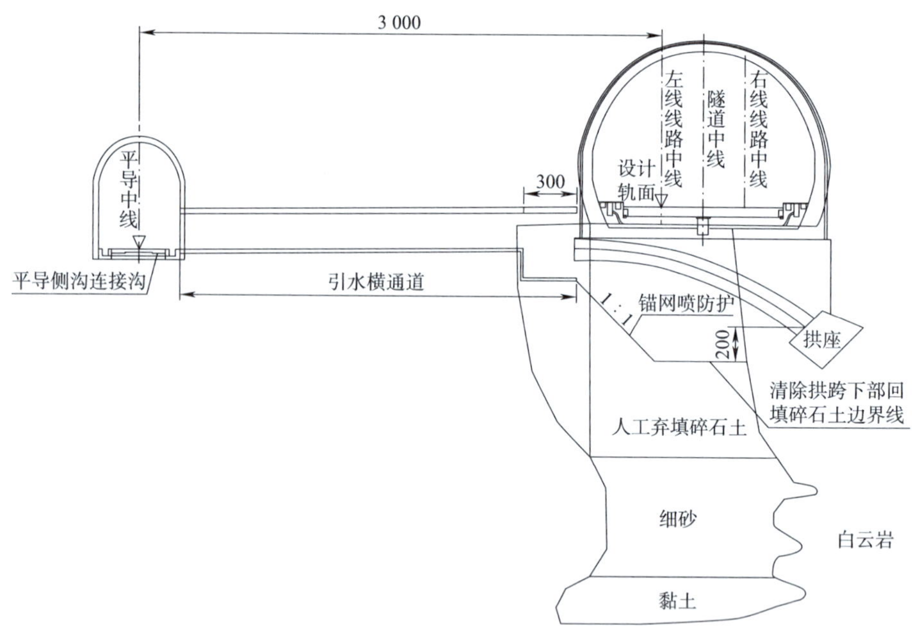

图 3-78　暗河段排水通道剖面示意图(单位:cm)

3.10　小　　结

本章从岩溶特点分析着手,结合大型溶洞、暗河隧道案例,从岩溶隧道超前地质预报、防排水系统构建、结构体系建立、风险防控等方面对西南艰险复杂山区铁路岩溶隧道的建设进行了较为系统的总结，提炼出了岩溶隧道设计、施工关键技术。这些技术中有的获得了国际咨询工程师联合会(FIDIC)优秀奖，有的获得了国际隧道与地下空间协会(ITA)年度克服挑战奖，得到了国际同行的认可，这充分说明我国在岩溶隧道处理技术上已处于国际先进水平。尽管如此，我们还是应该看到，由于岩溶发育的复杂性、随机性、隐蔽性，再加上岩溶勘察手段有限，我们对岩溶的认识还存在一定的局限，岩溶隧道建设难度大，施工安全风险还比较高，在岩溶隧道超前地质预测预报的准确性、治理技术的可靠性等方面还需要持续开展深入研究。

第4章　软弱构造带隧道

软弱构造带是艰险复杂山区常见的不良地质类型之一。隧道穿越软弱构造带时，因隧道开挖卸荷容易导致塌方、围岩变形、支护结构开裂破坏；当软弱构造带处地下水发育时，隧道开挖形成的临空面在地下水压力作用下会被压溃或击穿，水流裹挟软弱泥砂瞬时涌入隧道，发生涌水突泥，给设计和施工带来较大的困难和安全风险。

软弱构造带受地质构造及地下水的影响，往往岩体破碎，地质条件差，施工安全风险高，已受到业界的广泛关注。本章介绍了一些常见的软弱构造带类型及工程特征，结合典型工程案例分析，对不同类型软弱构造带的处理原则和方法进行归纳总结。

4.1　软弱构造带的常见类型及工程特征

软弱构造带常见类型主要有褶皱构造、节理密集带、断层、蚀变带等，其主要工程特征如下：

4.1.1　褶皱构造

在地壳运动中，岩层受挤压作用后形成的一系列连续的波状弯曲变形构造称褶皱构造。褶皱是岩层产生塑性变形的表现，也是地壳表层广泛发育的地质构造基本形态之一，褶皱中每一个弯曲称为褶曲，是褶皱最基本的单位。褶皱的规模差异性大，规模大者可长达几十甚至上百公里，规模小者可在手标本上体现。

褶皱按外观形态分为背斜和向斜，如图4-1、图4-2所示。当岩层向上隆起发生弯曲变形，两翼指向下方时形成背斜，背斜两侧岩层倾向相背，中部为老岩层；当岩层向下弯曲变形，两翼指向上方时形成向斜，向斜两侧岩层倾向相向，中部为新岩层。因此，背斜和向斜往往相伴而生，在形成过程中，其附近常发育一系列横张、纵张节理及层间滑脱，岩层各部位在地应力作用下会出现不同性质的裂隙，是地表水下渗和储水最为有利的裂隙类型，尤以核部更为明显，特别是向斜核部由于岩层走向转折较大，张裂隙较发育，当向斜构造中存在隔水层时，在地表水的补给下，极有可能在向斜核部形成一个储水构造，成为地下水富存场所。

规模较大的向斜构造一般储水量大、补给条件好，且具有承压性，突水时具有瞬时出水量大、水压高、出水时间长的特点。当向斜构造同时发育有岩溶管道时，上述特征更为显著，如渝怀铁路圆梁山隧道毛坝向斜最大涌水量高达$20\times10^4\ m^3/d$。向斜受地质构造作用，区域内往往伴生断层及破碎带等，隧道开挖时围岩破碎，节理裂隙发育，围岩稳定性差，加之地下水的作用，施工中可能会发生大规模的涌水、涌泥、涌砂、塌方、围岩软化崩解及地表塌陷等工程灾害。同时，施工中如果地下水大量排放还将会引起地下水位下降，可能影响

图 4-1　背斜构造

图 4-2　向斜构造

区域环境和地表居民生活用水,并对隧道衬砌结构耐久性产生不良影响。

4.1.2　节理密集带

节理也称裂隙,是当岩体发生破裂时沿破裂面两侧的岩石中形成的微小位移,当某一区域节理密集分布、裂隙发育时,通常称为节理密集带,如图 4-3 所示。节理按发育形态不同可分为张开节理、闭合节理和隐蔽节理。通常情况下,张开节理因两壁张开,节理间距较大,具有明显可见的缝隙,节理面之间一般充填有全风化的软弱夹层,其工程性能比闭合节理和隐蔽节理更差。节理密集带处岩层受节理切割影响较严重,围岩更破碎,密集带自身相互之间连通性更好,透水性更强,节理面之间软弱夹层一般情况下受地下水软化作用强烈。

图 4-3　隧道掌子面节理密集带

节理密集带地下水补给来源广,主要有地表水下渗、节理面软弱夹层延伸方向的地下水以及软弱夹层两侧的少量基岩裂隙水。当某区域节理密集带发育时,张开节理会受地表水直接补给或与其他含水构造单元相通,尤其当裂隙间填充物质较少或未能有效胶结时,节理裂隙将成为过水通道,在地下水补给下会形成一个富水区域,成为良好的地下水储水构造。当节理密集带含水体为封闭含水构造时,其突水量通常由小到大,然后逐渐变小直至枯竭;当与其他含水构造单元相连时,其突水特征则与所相连的含水构造特征密切相关。

节理密集带内岩体破碎,围岩承载力低,受地下水影响较大。当地下水静止水位比隧道洞身高得多时,由于水头高差大,形成的渗透压力大,软弱夹层物质受地下水浸泡后软化崩解，强度会急剧降低。在未探明地质情况下开挖或采取的施工措施不当时，可能出现突水突泥、塌方、支护变形，甚至地表沉陷等危害。

本书结合工程实例，依据节理发育程度、岩层完整性、地下水发育程度和掌子面稳定性等地质特征，将节理密集带分为 A、B、C 三类，详细分类见表 4-1。

表 4-1　节理密集带分类

A 类节理密集带	B 类节理密集带	C 类节理密集带
节理裂隙发育，节理呈密闭～闭合型，岩体较破碎，呈块状，局部裂隙带成全风化层，地下水一般较不发育，开挖掌子面具有一定自稳能力	节理裂隙发育，节理面多被泥化层充填，岩体破碎，呈碎石角砾状，地下水较不发育～较发育，开挖掌子面自稳能力较差，易掉块、坍塌	节理裂隙发育，岩体破碎，呈碎石角砾状或砂状，地下水较发育，开挖掌子面自稳能力较差，易发生大规模掉块、坍塌，施工措施不当时易发生突水突泥

4.1.3　断　　层

断层是由于地壳的变动而使岩层发生断裂，并沿断裂面发生相对位移的构造，是构造运动中广泛发育的构造形态。断层面是构成断层的破裂面，也就是断层两侧岩体沿之产生显著滑动位移的面。断层面两侧发生相对位移的岩体，称为断(层)盘。当断层面倾斜时，位于断层面上方的称为上盘，下方的称为下盘。按断层上、下盘相对位移特点划分，可分为正断层、逆断层和平移断层，如图 4-4 所示。其中逆断层多属于挤压性断层，岩体相对更为破碎，常伴有断层角砾、碎裂岩、糜棱岩或断层泥等，对隧道工程施工的影响最大。

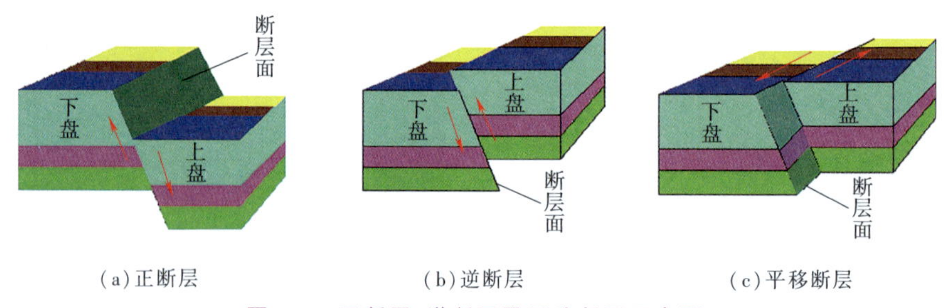

(a)正断层　　(b)逆断层　　(c)平移断层

图 4-4　正断层、逆断层及平移断层示意图

断层一般不是单个的面，而是由一系列的破裂面或次级断层所组成的带，即断层带或断裂带。

隧道穿越断层的工程风险主要有：塌方、涌突泥和支护结构变形等。当断层含水率相对较低时，主要表现为塌方和围岩变形；随着宽度增大，含水率增加，在地下水渗流作用下，岩体会呈流塑状，隧道大规模涌突泥的风险随之加大；当隧道在埋深不大的情况下，随着涌突泥的持续，还可能产生隧道冒顶、地表坍陷等风险。隧道通过断层时，由于围岩软弱或者地应力的影响，经常出现较大的支护结构变形，甚至需要拆除重建。

断层的形成是地壳运动的结果，艰险复杂山区隧道修建中还会遇到另一类特殊的断层，即活动断层。活动断层是指现今仍在活动或近代地质时期曾有过活动，将来还可能重新活动的断层。因其工程性质特殊，本书将在第 8 章介绍。

4.1.4 蚀变带

当地壳内部的热液流体沿着一定的通道进入到成分和物理化学条件与其有很大差别的岩石体系后，便会与之发生化学反应，使得这些岩石的化学成分、矿物成分以及结构构造都发生很大改变，形成蚀变岩或蚀变带。

蚀变带的强度、变形特性受蚀变程度、风化程度及岩石性质共同影响，在地下水的作用下，其力学性能指标明显降低，且具有一定的膨胀性。

工程中常见的蚀变带有花岗岩蚀变带和玄武岩夹凝灰岩蚀变带。

1. 花岗岩蚀变带

花岗岩一般强度较高，但在特定的大地构造环境、多期次的岩脉侵入和强烈的水化学作用等特殊环境作用下，会形成特殊的软弱构造带，花岗岩蚀变带便是其中一种。花岗岩在构造带或其影响带内，因岩体破碎，渗透性及赋水性好，在地下水的水解、淋滤、水化学作用下，侵入岩岩脉会加剧周边花岗岩的蚀变，加重岩体的破碎程度，形成软弱构造花岗岩蚀变带。典型的花岗岩蚀变带构造如图 4-5 所示。

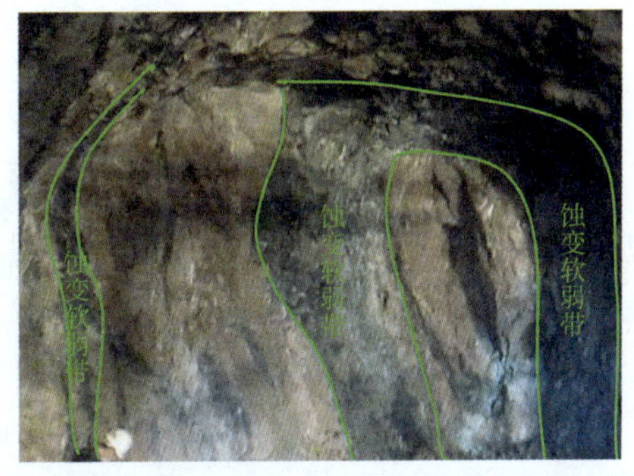

图 4-5　隧道掌子面典型花岗岩蚀变带构造

(1)花岗岩蚀变带主要工程地质特征

①蚀变带厚度一般不大

单条花岗岩蚀变带的厚度一般不大于 10 m，但对较大规模的断层、节理密集带、岩脉同时作用形成的综合型蚀变带，其厚度可能超过 100 m。

②分布无规律

花岗岩蚀变带在隧道洞身段呈现无规律分布的特征。因花岗岩内侵入岩岩脉的分布位置、规模无特定的规律，导致在地下水和岩脉蚀变作用下形成的蚀变带也具有不确定性，呈无规律分布。

③蚀变带富水或强富水

蚀变带附近一般为富水或强富水带。这是因为在地质构造作用下，岩脉侵入过程会加剧周边岩体的挤压破碎程度，造成破碎花岗岩和周边完整基岩产生差异风化，形成地下水的运移通道。

④蚀变带具有不可预见性

花岗岩蚀变带具有不可预见性。因侵入岩岩脉的差异性大，并非所有后期侵入的岩脉均能形成软弱蚀变带，这与侵入岩岩体的自身特性、侵入环境、周边岩体的岩性岩相、破碎程度、地下水发育情况有关。一般而言，周边岩石中长石含量越多、颗粒粒径越大、地下水越发育，形成软弱蚀变带的可能性越大。

(2)花岗岩蚀变带的分类

基于艰险复杂山区典型花岗岩蚀变带隧道的勘察成果，根据对花岗岩蚀变带的认知情况，结合其风化程度、地下水赋存及稳定性等工程地质特征，可将蚀变带按不同的地质特性分为 A、B、C、D 四类，详见表 4-2。

表 4-2 花岗岩蚀变带分类简表

A 类蚀变带	B 类蚀变带	C 类蚀变带	D 类蚀变带
夹层物质为强风化花岗岩，节理裂隙发育，岩体破碎，呈块状，局部裂隙带成全风化层，节理裂隙面一般充填黏土层，地下水一般较不发育，开挖掌子面具有一定自稳能力	夹层物质以强风化花岗岩为主，夹全风化花岗岩、辉绿岩，宽约 5～10 m，地下水较不发育～较发育，开挖掌子面自稳能力较差，易掉块、坍塌	夹层物质为全～强风化花岗岩、辉绿岩等，宽约 5～15 m，局部地段宽约 20 m，地下水发育，开挖掌子面稳定性差，开挖扰动后，夹层物质易软化崩解成砂状，易发生较大规模掉块、坍塌	夹层物质为全风化花岗岩、辉绿岩、闪长玢岩等，局部夹强风化花岗岩，宽度一般大于 10 m，地下水补给源为地表水，补给源水量丰富，地下水发育～极发育，开挖掌子面稳定性极差，开挖扰动后，夹层物质易软化崩解成砂状，易发生大规模坍塌

2. 玄武岩夹凝灰岩蚀变带

玄武岩是火山喷发出的岩浆冷却后凝固而成的一种致密状或泡沫状结构的岩石，多为黑色、黑褐或暗绿色，属火成岩。在我国分布较广，特别是云贵高原、四川盆地及东南沿海地区，具有密度大、强度高的特点，隧道工程一般将其划分为硬质岩。

凝灰岩为火山活动喷达地表后火山灰冷凝固化形成，为火山碎屑凝灰结构，凝灰岩透镜体具有赋存随机性、分布无规律性、遇水易软化等特点。凝灰岩多为灰白色、白色、红色、淡绿色、紫色等。完整未风化的凝灰岩具有沉积岩的特性，岩石致密坚硬，密度较大，但风化后的凝灰岩密度及强度急剧下降，且具有动力蚀变作用和一定的膨胀性，会造成周围地层局部形成全风化蚀变带。

单一的玄武岩或凝灰岩地层隧道施工相对容易，但当玄武岩地层随机夹有规模不一或者透镜状分布的凝灰岩团块时，就困难多了。受玄武岩多期喷发和凝灰岩动力蚀变作用影响，凝灰岩周围的玄武岩会局部形成全风化蚀变带，该蚀变带岩体破碎、裂隙发育，局部蚀变风化囊较深；一旦地表水沿构造节理裂隙和玄武岩与凝灰岩接触带下渗，将会软化凝灰岩，破坏玄武岩和凝灰岩间的结合，降低隧道围岩的稳定性，从而极大地增加隧道修建难度。

(1)玄武岩夹凝灰岩蚀变带工程特征

①玄武岩破碎、节理裂隙发育

玄武岩受凝灰岩动力蚀变作用后，多表现为碎裂结构或镶嵌结构，节理发育。施工中拱顶玄武岩块一旦掉落，会牵引上部岩体坍塌，从而形成较大规模塌方。

②凝灰岩出露位置及规模无规律

玄武岩夹凝灰岩蚀变带附近，凝灰岩透镜体厚度一般小于 10 m。在开挖过程中，掌子面凝灰岩出露的位置及规模无规律。

③玄武岩的差异风化

对于埋深较大的隧道，除地表全～强风化玄武岩外，洞身部分一般为弱～微风化玄武岩。由于玄武岩的差异风化严重，施工中经常出现以下现象：部分段落为弱～微风化玄武岩，岩体完整；部分段落为强风化玄武岩，岩体较为破碎；局部地段洞身为全风化玄武岩，岩体破碎或极破碎，甚至在同一掌子面出现差异风化，强弱风化并存的现象。玄武岩的这种差异风化对施工开挖会产生较大的影响,引起工法工序的频繁转换;同时也会引起施工中支护措施不断改变。

凝灰岩出露位置的无规律与玄武岩的差异风化是严重影响隧道正常施工的两大主要因素。

④玄武岩富水全风化囊

玄武岩夹凝灰岩蚀变带风化程度严重,若加之地下水发育,则在地层中易形成富水全风化囊体。这种囊状构造的特点是规模、大小不同,囊中物质成分为全风化玄武岩和凝灰岩,呈土状或碎块、碎颗粒状,地下水长期浸泡后呈泥状,力学指标非常低。若支护措施不到位或施工方法不当,打开囊状体缺口后,囊中物质迅速涌入洞内,产生突泥涌水。

⑤地下水发育

玄武岩中地下水以基岩裂隙水为主,一般水量不会很大。但值得注意的是,在节理裂隙发育和风化程度较高的玄武岩地层中赋存凝灰岩的时候,地下水往往会比较发育,且同一座隧道不同段落的地下水发育程度差别将会比较大。总体表现为玄武岩和凝灰岩软弱结合面、构造节理密集带、蚀变风化囊体等部位地下水发育,单点出水量有的甚至会达到每小时数百方。

(2)玄武岩夹凝灰岩蚀变带的分类

按凝灰岩出露的位置和占开挖断面的比例进行划分,大致可以将玄武岩夹凝灰岩风化带分为以下四种类型:

①全断面出露型:洞身全断面为凝灰岩。

②交错分布型:洞身全断面为玄武岩与凝灰岩交错分布。

③拱部出露型:洞身拱部为凝灰岩。

④边墙出露型:洞身边墙局部为凝灰岩。

综上所述,隧道施工常见的四种软弱构造带类型的形成机理是各不相同的,在工程地质特征方面具有共通性又有差异性。共通性表现在:构造带附近一般岩体软弱破碎、节理裂隙发育、风化较严重,当地下水补给丰富时,受地下水影响严重,会加剧岩体的软化和破碎程度,使得围岩更软、更破碎、自稳能力更差。隧道施工中,带来的主要工程特征有塌方、支护变形,当地下水及补给来源丰富时,涌水突泥是最直接、危害最大的地质灾害。差异性表现在:向斜构造易发生突水灾害,水质较清,少有泥砂,仅在突水初期可能携带少量细小颗粒物,通常突水量较大、水压较高、持续时间较长;节理密集带裂隙间填充物质较少时易发生涌水,随着地下水的排放一般水量衰减较快(可溶岩和含水体单元相通者除外),当节理层面间夹软弱泥砂时,也会形成涌泥、涌砂等;断层处一般易发生突泥灾害,突泥物质以断层泥或糜棱岩为主,其突泥量与断层破碎程度、富水程度及突泥处溃口大小密切相关;蚀变带在地下水的软化作用下,力学性能指标明显降低,施工过程中易发生涌泥。

4.2　软弱构造带的工程对策

针对软弱构造带的工程特性,隧道工程设计施工时,可采取以下工程对策:

1. 综合超前地质预报

软弱构造带的超前地质预报应遵循“地质调查法为基础,物探先行、钻探补充验证”及

“洞内外结合,洞内为主;长短配合,以短为主”的原则。采用常规地质调查法、TSP、地质雷达法、高分辨直流电法、瞬变电磁法、激发极化(TIP)探水法、超前钻探等方法开展超前地质预报工作。对超前预测预报所得的资料进行综合分析与评判,相互印证,并结合掌子面揭示的地质条件、发展规律、趋势及前兆特征进行预测判断,为施工方案的合理选择提供必要的信息,确保施工安全。

富水的向斜应重点查明地下水赋存的准确范围,地下水量和水压力的大小,查明隧道是否通过向斜的核部,对涌突水的风险进行评价;节理密集带要重点查明软弱夹层的范围,并根据节理发育程度、地下水富水情况以及破碎程度等特征,划分出准确的类型;断层带重点查明断层位置、倾角、走向、与线路的交角、层厚等,确定断层的空间位置;同时查明断层带的破碎程度和地下水发育程度;蚀变带重点查明蚀变带以及凝灰岩的分布规律及形态特征,对花岗岩蚀变带还要根据花岗岩风化程度,结合稳定性等因素,对蚀变等级进行合理分类。

2. 超前降水

隧道在穿越富水软弱构造带且地下水环境不敏感时,应坚持“治岩先治水,治水先泄压,泄压先降水”的原则。通过设置集水钻孔,必要时泄水洞、集水廊道等进行排水降压,减小地下水压力对衬砌结构的作用。

3. 超前围岩预加固

隧道在穿越富水软弱构造带且地下水环境敏感时,应根据超前地质预报成果,采用超前管棚、超前周边注浆、超前帷幕注浆等措施,超前加固改良围岩,控制地下水的排放。

对常规注浆加固效果不佳的软弱带或涌突体,还可以采用水平旋喷桩加固。通过高压旋喷,使土体与水泥浆搅拌混合,起到加固围岩,防流砂、防渗透、抗滑移的作用。

当夹层物质以强风化软弱围岩为主时,重点防止塌方。应先采用大管棚、双层小导管等超前支护进行加强。对于较大规模的断层、节理密集带、岩脉同时作用的综合型蚀变带,应先施作超前帷幕注浆或水平旋喷桩进行预加固,改善软弱夹层的物理力学性能,防止地下水形成管涌通道;在开挖软弱夹层前,可设置一环或者多环定向长管棚,伸入前方的完整基岩,提前支撑软弱夹层,减小软弱夹层因开挖扰动发生的竖向下沉。在开挖过程中,还要及时对未能达到预期效果的加固措施进行补强,将施工对软弱夹层的扰动降至最低程度。

4. 控制围岩变形,强化支护结构

在软弱构造带,围岩一般比较软弱、破碎,承载能力低。为确保施工及运营安全,可加强支护结构的强度和刚度,如提高喷射混凝土等级、采用大刚度钢架、设置双层支护、利用系统锚管进行径向注浆加固围岩,以及设置多层二次衬砌和衬砌结构配筋加强等。

5. 建立综合排水系统

软弱构造带处应先通过地表截排水系统进行地表水处理,减少地表水渗入;然后利用隧道体外排水系统,采用泄水洞、集水廊道等措施对洞周地下水进行排放降压,防止因水压过大破坏衬砌结构;注意避免洞周土体颗粒流失,实现隧道体外“排清留固”,控制排放;最后根据隧道内出水量、水压、围岩情况等设置隧道体内防排水系统。

6. 建立监控量测及信息反馈机制,实现信息化施工

软弱构造带隧道施工中,应加强监控量测及信息反馈工作,准确掌握施工过程中围岩

变形收敛情况;及时指导设计和施工,动态调整支护参数及施工工法,提前防范可能出现的工程地质灾害。

根据不断变化的围岩特性,结合监控量测结果及时优化调整施工工法是软弱构造带隧道信息化施工的重要工作内容之一。贫水的软弱构造带隧道一般选用二台阶或三台阶法;地下水发育时一般选用三台阶预留核心土法,必要时配合掌子面喷混凝土封闭等措施;风化程度高、规模大的蚀变带选用三台阶预留核心土法,必要时采用交叉中隔壁法(CRD 法)或双侧壁导坑法等工法。在采用这些分部开挖工法时,要注意支护及时闭合成环和控制钢架接头的变形。

4.3　向斜构造处理案例

本节以渝怀铁路圆梁山隧道毛坝向斜构造涌水突泥处理为例,介绍向斜构造的处理方法。

4.3.1　隧道工程概况

渝怀铁路圆梁山隧道,全长 11 070 m,为单线电气化铁路隧道,设计时速 120 km。隧道洞身主要穿越灰岩、泥岩、砂岩、页岩等地层。全隧设置 1 座贯通平导和 1 座横洞。现场施工中,为处理毛坝向斜地段大规模高压富水粉细砂溶洞问题,在洞身设置了 2 座迂回导坑。圆梁山隧道辅助坑道设置情况如图 4-6 所示。

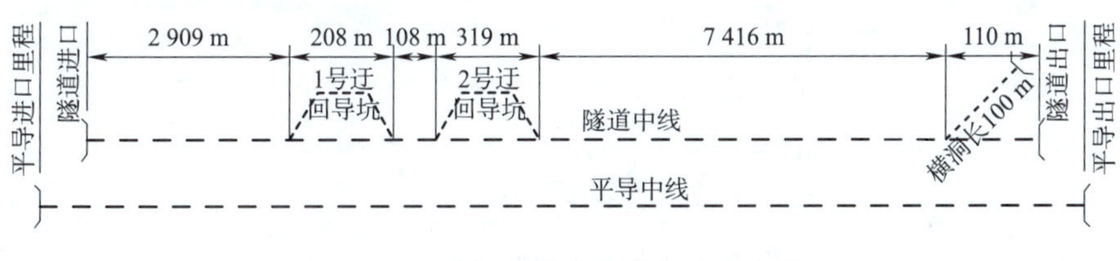

图 4-6　圆梁山隧道平面布置示意图

4.3.2　施工揭示情况

1. 毛坝向斜揭示情况

圆梁山隧道毛坝向斜高压富水区施工中,共揭示出 5 个大型充填溶洞体构造,其中正洞有 3 个溶洞体(以下简称一号、二号、三号),如图 4-7 所示,平导揭示 2 个溶洞体,开挖过程中多次发生涌水涌泥,单个溶洞最大涌水量达 4 000 m^3/h,最大射程达 30 m,洞内最大涌泥堆积长达 244 m,单个溶洞最大涌泥量约 4 200 m^3,该向斜构造主要有以下特征:

(1)规模巨大

毛坝向斜为两翼高凸、中间低洼的槽状地貌,南北长 65 km,东西宽 2 ~ 3.5 km,平面形态呈“S”状,向斜翼部最大埋深 780 m,核部最小埋深 550 m。

(2)向斜核部围岩破碎

正洞 50 m 和平导 30 m 穿越毛坝向斜核部的轴面部位,为一挤压破碎带,挤压带中劈理产状 N25° ~ 50°W/ 70° ~ 80°NE,局部倾向 SW,岩体呈片状剥落,围岩破碎。

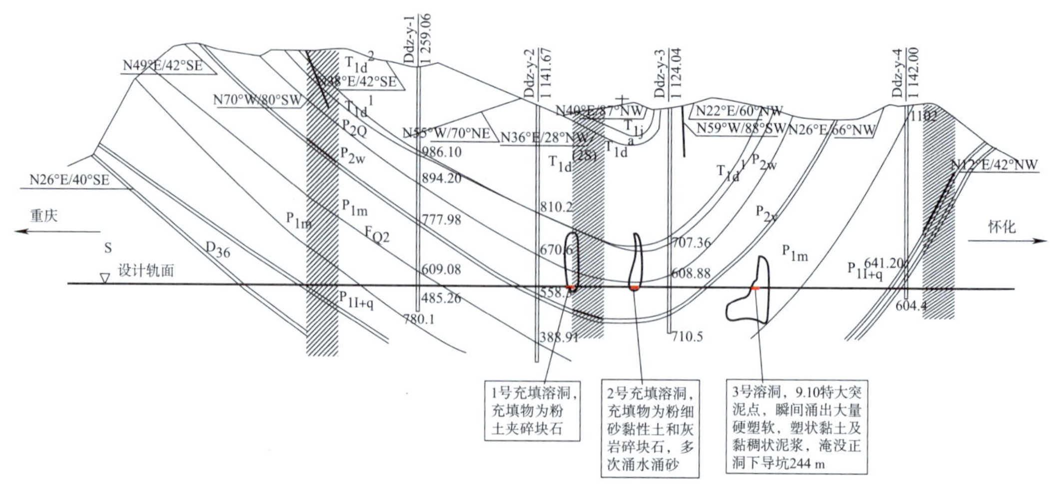

图 4-7　圆梁山隧道毛坝向斜纵断面及揭示溶洞位置示意图

(3)水量大,水头高

隧道穿越毛坝向斜富水区长达 2 200 m,该段正常涌水量 $5.5\times10^4\ m^3/d$,最大总涌水量 $8.3\times10^4\ m^3/d$,特大暴雨时,最大涌水量可达 $20\times10^4\ m^3/d$,以岩溶裂隙水和层间裂隙水为主,最大水头高度 490 m。

(4)涌水、涌砂频发

毛坝向斜段充填溶洞开挖时,揭示充填物为粉质黏土、细砂夹块石等,且洞隙充填物与溶蚀灰岩和灰岩块石呈犬牙状交错。开挖过程中多次发生涌水涌砂。一开始出现局部股状水,随着地下水对岩溶管道及裂隙的洗通,涌水量不断增加,最大时可达 4 000 m^3/h,且与浅部岩溶水体或地下暗河系统存在着水力联系。涌突水量与降雨有较强的相关性。

2. 毛坝向斜突泥情况及原因分析

毛坝向斜 1 号溶洞距进口约 2.8 km,2 号溶洞距进口约 3 km,三号溶洞距进口约 3.4 km。三号溶洞与正洞位置关系断面图如图 4-8 所示。

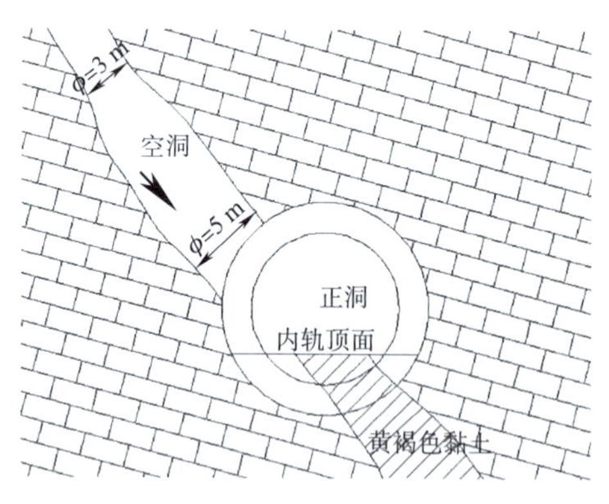

图 4-8　三号溶洞与正洞位置关系断面图

(1)毛坝向斜涌水、突泥情况

1 号溶洞:出现大型溶洞管道,直径 2 ~ 3 m,最大涌水量为 10 000 m^3/d。该溶洞体充填介质为淤泥质粉质黏性土,夹杂部分漂石和砾石。岩溶管道水泄出后,溶腔填充介质受水的影响减轻,自稳能力有一定提高。

2 号溶洞:具宽大溶蚀裂隙构造特征的深埋充填溶洞,充填物为碎块石夹大量粉细砂,地下水涌水量大且持续时间长,导致溶洞区内发育连续的、大小不一的空洞,施工过程中多次发生涌水涌砂现象,涌出物甚至掩埋正洞下导坑,最大涌水量可达 $20\times10^4\ m^3/d$。

3 号溶洞:在 2002 年 9 月 10 日,正洞掌子面右下方开始缓慢挤压涌出硬塑状黏土(测定其沉积年龄约为 1.5 万年)，在此现象 3 h 50 min 左右后，突然发生爆响，出现爆喷型突泥涌水，瞬间爆突出大量硬塑～可塑状黏土及黏稠状泥浆约 4 200 m^3，迅速充满 244 m 长的正洞下导坑空间。

(2)突水原因分析

毛坝向斜因局部区域应力场调整，至少经历了三期构造演化。因而，向斜区内断裂构造主要为 NE 向、具压性特征的走向逆断层，以及 NW 向、具张扭性特征的横向断层，多数断层形成于燕山期。因大多数断层破碎带是导水的，从而改变了深部岩溶水的补给条件和岩溶发育程度，造成深部岩溶高压水头，向斜轴部和灰岩与泥页岩接触带岩溶洞隙和岩溶水发育。总的来说，受向斜构造影响，该段围岩破碎，节理裂隙发育，且溶洞上方的水流通道与岩溶水体或地下暗河系统存在着水力联系，涌突水量与降雨有较强的相关性。

4.3.3 工程处理措施

1. 总体思路

根据毛坝向斜区已探明的溶腔位置、规模、涌水量、水压等，按充填物质成分对圆梁山隧道溶洞进行分类，结合施工处理的难易程度，将淤泥质粉质黏性土充填物划分为 A 类，将粉细砂层充填物划分为 B 类。A 类溶洞受岩溶管道水排泄影响，溶腔填充介质受水的影响不大，有一定的自稳能力，施工处理相对简单；B 类溶洞因充填物含砂量大，自稳能力差，涌出的岩石溶蚀现象严重，施工处理相对困难。

A 类溶洞：采取超前注浆加固措施，加强支护体系和二衬结构，同时考虑高压富水等因素，泄水降压，采取“以堵为主、限量排放”的处理原则。

B 类溶洞：该类溶洞处理相对困难，为保证工期，采用迂回导坑两端处理为原则，通过超前注浆加固措施，加强支护体系，采取“全封堵方案”防水处理，调整衬砌轮廓，根据测定水压力设置相应加强的抗水压衬砌。

2. 处理方案

(1)1 号溶洞处理

该溶洞属于 A 类溶洞，溶腔填充介质受水的影响不大，有一定的自稳能力，施工中采用全断面超前预注浆加固、超前管棚支护、型钢拱架网喷初支和人工开挖；采取“以堵为主、限量排放”的处理方式，设置不小于 1 MPa 抗水压衬砌。

通过向围岩注浆，形成围岩注浆固结堵水圈，减小其渗透系数，以限制排水量，实现控制排放，并与初期支护一起共同保证施工期间洞室稳定及安全；其主要目的是限制排水量，并适当降低作用在衬砌背后的水压力。

(2)2、3 号溶洞处理

①迂回导坑

2 号、3 号溶洞属于 B 类溶洞，根据该段复杂的地质条件及施工工期要求，为绕过 2 号、3 号充填溶洞，在超前地质预报的基础上，分别于 2、3 号溶洞线路左侧增设 1 号、2 号迂回导坑，如图 4-6 所示。

②全封堵防水

该溶洞充填粉细砂段涌水量集中，由于长期排水，岩溶管道已经疏通，水量增大，洞身范围地下水与浅部岩溶水体或地下暗河系统存在强烈的水力联系，不再适合采用“以堵为主、限量排放”的处理方式，采取了全封堵方式。

③隧道注浆及支护

全断面预注浆 + 上半断面 TSS 管超前预注浆 + 下半断面 TSS 管垂直预注浆后，采取人工开挖，型钢格栅拱架交替网喷支护通过。

④加强型抗水压衬砌

该溶洞通过段采取全封衬砌，不再设置防水板和环向盲管，在实施超前帷幕注浆后采用圆形钢筋混凝土衬砌，按承受 4.5 MPa 水荷载考虑，采用了型钢混凝土衬砌，厚度为 100 cm，如图 4-9 所示。

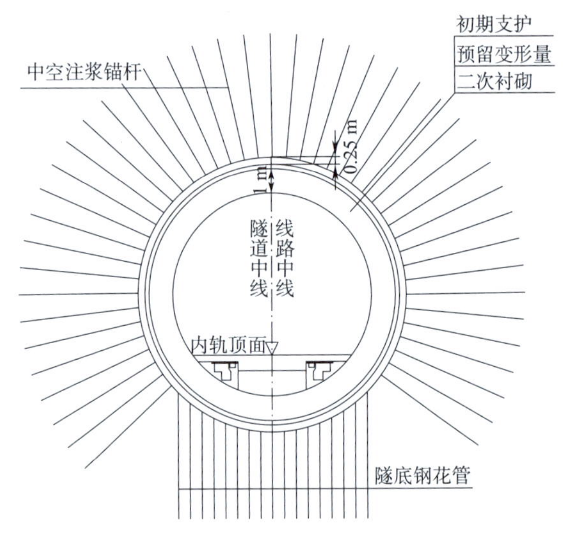

图 4-9　4.5 MPa 抗水压正洞衬砌结构体系

4.3.4　小　结

毛坝向斜富水溶洞区段长 1 015 m，在不同区段根据不同的水压、水量情况和不同的地质特点，采取分区分段设防的防排水原则，实施以围岩注浆固结圈、初期支护、防排水网络及抗水压模筑混凝土衬砌组成结构体系，成功解决了大型富水向斜核部抗高水压结构设计及施工安全问题。

4.4　节理密集带处理案例

本节以玉磨铁路新平隧道穿越前震旦系砂岩夹板岩地层涌突处理为例，介绍节理密集带的处理方法。

4.4.1　隧道工程概况

玉磨铁路为中老昆万铁路国内段，北起昆玉铁路玉溪站，经玉溪市、普洱市、西双版纳自治州，至中老边境磨憨，设计行车速度 160 km/h。正线全长 508 km，全线新建隧道 91 座，总长 395 km，占线路总长的 78%。

玉磨铁路新平隧道（原扬武隧道）位于罗里站—立新站区间，全长 14.835 km，双线隧道，线路纵坡为人字坡，隧道最大埋深约 580 m。

隧道位于石屏—建水区域性全新世活动断裂与杨武—青龙厂区域性早—中更新世活动断裂夹持带内，平行杨武—青龙厂大断裂而行，距断裂 0.4 ~ 1 km。隧道主要穿越前震旦系黑山头组（Pt_1hs）板岩夹砂岩，局部段落穿越前震旦系大龙口组（Pt_1d）灰岩、白云岩夹板岩，富良棚组（Pt_1f）凝灰岩、板岩夹砂岩，三叠系上统干海子组（T_3g）页岩、炭质页岩、砂岩夹煤层。新平隧道为Ⅰ级高风险隧道，辅助坑道采用“6 横洞 +1 斜井”方案，共分 8 个工区组织施工。新平隧道纵断面示意如图 4-10 所示。

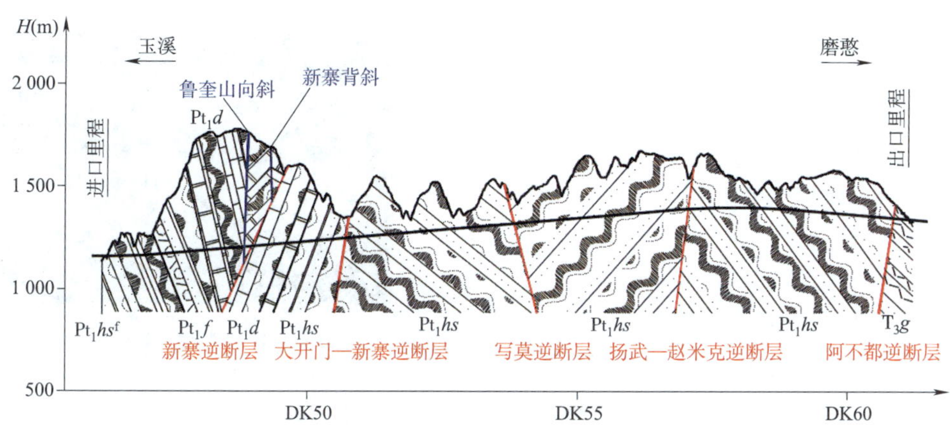

图 4-10 新平隧道纵断面示意图

4.4.2 施工揭示情况

新平隧道开挖揭示节理密集带约 220 处，按第 4.1.2 节表 4-1 类型划分，揭示 A 类密集带约 120 处，B 类密集带约 60 处，C 类密集带约 40 处。密集带处开挖揭示主要为板岩夹砂岩，因受岩层地质年代久远及地质构造影响，岩体疏松破碎，以强风化 ~ 全风化为主，且差异风化明显，节理裂隙发育。隧道施工过程中多次出现突水突泥、掌子面溜坍，大段落出现初期支护变形侵限等问题，严重制约工程进度。施工揭示工程地质特征主要表现在以下几个方面：

1. 节理密集、裂隙发育

新平隧道受岩性古老久远及构造运动影响，岩体节理普遍密集发育，以构造节理为主，同时剪性、张性节理也有出露，图 4-11 为隧道掌子面竖向节理发育情况。受地质构造影响，砂、板岩节理密集带规模从数米至上百米。

2. 产状变化大，揉皱发育，岩体挤压破碎明显

新平隧道进口 D1K46 + 295 ~ D1K48 + 060 段，揭示地层岩性为前震旦系昆阳群黑山头组第六段（Pt_1hs^f）砂质板岩、泥质板岩夹炭质板岩，富良棚组（$Pt_1 f$）砂泥质板岩、变质砂岩，灰、灰白、深灰、灰黑色，薄 ~ 中厚层状。局部段落受构造影响严重，产状变化大，揉皱发育，岩体挤压破碎明显，如图 4-12 所示。节理裂隙发育，围岩破碎为主，多呈碎石角砾状，地下水弱发育。

图 4-11 竖向节理切割水平岩层

图 4-12 揉皱发育产状紊乱

3. 板岩、砂岩互层明显

新平隧道主要穿越前震旦系黑山头组板岩夹砂岩。受岩层厚度影响，隧道掌子面揭示可能为砂岩或板岩一种岩性，或者两种岩层互层，如图 4-13 所示。当掌子面揭示为板岩、拱顶上方存在富水破碎砂岩时，极易发生涌突现象。

图 4-13　薄 ~ 中厚层状砂岩、板岩互层

4. 地下水发育程度不均

炭质、泥质板岩透水性较差，属于相对隔水层，当节理裂隙为密闭或被泥化层充填时，赋存地下水较少，如图 4-14 所示。砂岩、砂质板岩较破碎 ~ 极破碎，节理裂隙发育，有利于地下水富集，形成富水带，如图 4-15 所示。当隧道穿越泥质板岩段落时地下水不发育，当隧道穿越砂岩、砂质板岩时地下水较发育。

图 4-14　地下水不发育的炭质板岩

图 4-15　破碎富水砂岩掌子面涌突

4.4.3　工程处理措施

1. 不同类型密集带处理措施

隧道穿越节理密集带时以超前地质预报为基础，以防治涌突为重点，对突水突泥（砂）、掌子面失稳风险进行防范。现场施工中针对不同类型的密集带处理措施如下：

（1）A 类节理密集带

A 类节理密集带应以防止局部掉块及坍塌为主，按正常围岩处理，以台阶法开挖为主，局部辅以钢架支护，设置一般复合衬砌；采用小导管或双层小导管等超前支护进行加强。

（2）B 类节理密集带

B 类节理密集带应以防止拱部塌方和开挖面失稳为主，一般采用台阶法加临时仰拱或三台阶法预留核心土开挖，设置全环型钢钢架支护，根据揭示节理密集带情况，局部采用径向注浆加固，采用加强型复合衬砌；采用中管棚、双层小导管等超前支护进行加强，辅以掌子面加固措施（玻璃纤维锚杆、喷射混凝土封闭掌子面）。

（3）C 类节理密集带

C 类节理密集带因围岩破碎，地下水发育，掌子面易失稳，开挖扰动后在地下水的作用下，易发生大规模突水突泥、塌方等地质灾害。对于此类密集带软弱夹层主要以防止发生较大规模坍塌、掉块、突水、涌泥等地质灾害为主，一般采用长管棚或超前注浆预加固地层，改善围岩的物理力学性能，防止地下水形成管涌通道；在开挖软弱夹层处，设置定向长管棚，伸入完整基岩，防止软弱夹层因开挖扰动发生变形。超前加固地层后采用台阶法加临时仰拱开挖，全环型钢钢架支护，根据开挖后实际揭示围岩稳定性及地下水情况，辅以小导管局部超前注浆或径向补注浆，设置加强型复合衬砌。

2. 典型的涌突事故处理

(1)涌突事故过程

新平隧道累计发生涌突 30 余次，其中规模较大一次发生在 3 号横洞工区，具体过程为：2017 年 10 月 6 日上午 9:00，新平隧道 3 号横洞工区正洞大里程端 D1K55 + 126 开挖掌子面时发现有少量砂从拱顶流出，下午 15:20 上台阶立拱时，掌子面流砂量有增加趋势，15:40 流砂量突然增大，涌突体涌至仰拱端头，如图 4-16 所示。16:15 再次大量突砂(泥)，涌突体涌至二衬台车下方，涌突体涌至距掌子面约 60 m，突砂(泥)量约 600 m^3。10 月 7 日 4:00 左右，洞内出现异响，后经查看模板台车被推出约 20 m，同时涌砂至横洞三岔口 130 m 处，涌水量 200 ~ 120 m^3/h，至 10 月 12 日基本趋于稳定，总方量约 3 500 m^3，涌突物母岩成分以砂岩为主。2017 年 12 月 9 日出水量 11 ~ 13 L/s。

该段隧道发生涌突前，掌子面揭示为泥质板岩，节理裂隙发育，节理面多被泥化层充填，涌突发生前掌子面情况如图 4-17 所示。

(2)涌突事故原因分析

根据开挖揭示的岩层产状分析，泥质板岩透水性差，岩质软弱，形成相对的隔水岩层，阻止地下水下渗；砂岩节理裂隙发育，岩体破碎，为地下水的赋存提供了储存空间，形成了富水带。开挖揭示的围岩以泥质板岩为主，地下水不发育，超前钻孔及大管棚均未揭穿拱部上方富水砂岩。当板岩厚度不足以承载拱顶上方破碎富水砂岩时，导致从拱顶上方发生涌突。

图 4-16　3 号横洞 D1K55 + 126 涌突

图 4-17　3 号横洞 D1K55 + 120 掌子面

(3)涌突事故处理措施

涌突泥处理措施与其他富水软弱构造带涌突处理措施相似，清淤时采取排水固结法，清淤至掌子面附近处施作止浆墙采取超前注浆加固处理(超前周边、帷幕)，初期支护及二衬采用加强复合衬砌，现场顺利通过。

3. 后续涌突风险处理

后续施工中，根据超前地质预报结果探测 D1K55 + 435 ~ D1K55 + 452 段 17 m 长为破碎富水体，分布于隧道边墙上 4 m 至拱顶 9 m 范围，开挖揭示为 C 类节理密集带，涌突风险较高，现场采取了“超前帷幕注浆加固 + ϕ76 中管棚超前支护 + 施工泄水孔泄水降压”的综合处置措施，确保了现场施工安全。

新平隧道前期施工（2017 年 3 月 ~2018 年 10 月）涌突频率及次数较高，后期调整后隧道涌突次数逐渐降低，分析其主要原因包括两个方面：一方面是重视超前地质预报作用，根据综合超前地质预报结果采取了有效的防范措施，减小了涌突的发生；另一方面是施工过程中增加了横洞及靠山侧的迂回导坑，对地下水静储量在一定程度上进行了排放，减小了诱发涌突的外部荷载。

4.4.4 小　　结

隧道穿砂板岩节理密集带时，应分析节理密集带形成的成因、判断其类型，施工中重点防范掌子面突涌发生，综合采取超前注浆加固、超前排水、泄能降压等措施，避免发生突涌，保证施工安全。

4.5 糜棱岩断层处理案例

在西南艰险复杂山区隧道施工揭示的诸多断层中，糜棱岩断层因其水敏感性极强、自身水稳性极差的特征，相比其他断层构造，施工难度更大，安全、投资、工期风险更高。本案例以广昆铁路秀宁隧道糜棱岩断层处理为代表，介绍断层的处理方法。

4.5.1 隧道工程概况

广昆铁路秀宁隧道（原安禄隧道），全长 13 187 m，为单洞双线合修隧道，设计时速 200 km，线路设计为单面上坡，隧道洞身主要穿越古老震旦系昆阳群变质岩地层，岩性主要为板岩、砂岩、白云岩和灰岩，最大埋深 550 m，出口端发育罗茨—易门大断裂，为一条规模巨大的区域性控制断层。秀宁隧道地质纵断面示意图如图 4-18 所示。

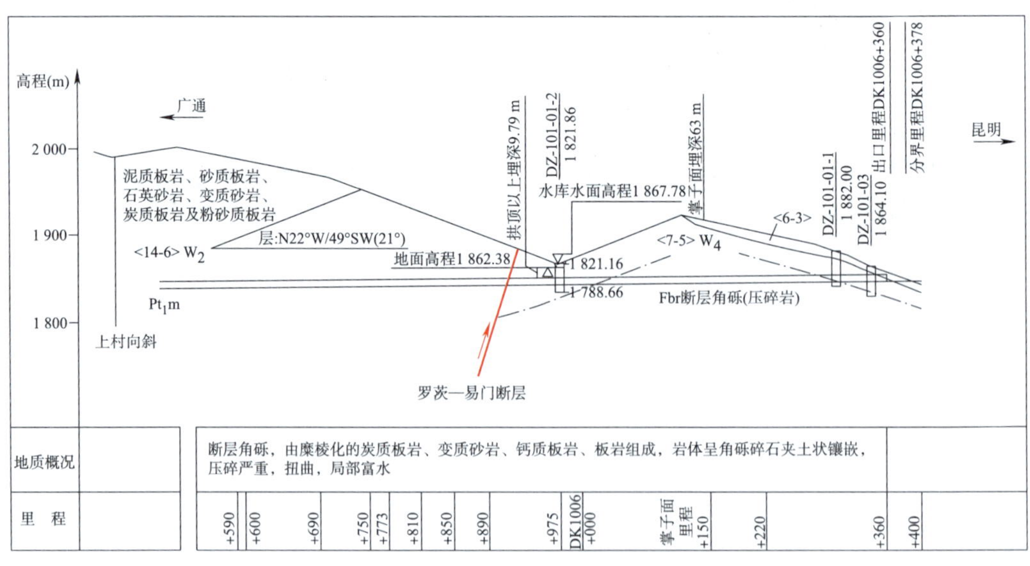

图 4-18　秀宁隧道地质纵断面示意图

勘察阶段通过地质调绘、钻探和大地电磁物探等手段，解译罗茨—易门大断裂为一条规模巨大的区域性控制断层。断层深部为断面倾向东、断距约 1 km 的正断层，而地表则为断层倾向西的逆冲断层。断层在测区范围内走向为北东向，西盘为昆阳群美党组（Pt_1m）板岩、炭质板岩夹砂岩，下盘为澄江组（Zac）砂岩、砾岩，该断裂在 DK1006 + 420 地表附近以近 80°夹角与线路相交。据钻孔揭示、地表形态及岩性分析，破碎带宽为 800 ~ 1 000 m，主要分布在线路 DK1005 + 810 ~ DK1006 + 360 段，在断层带附近小褶曲、揉皱极其发育，岩层扭曲、破碎，产状凌乱。沿断层有褐红色、灰褐色，钙质胶结的角砾岩发育，且分布较广，断层内为压碎岩，褐灰色、灰黄色、灰绿色等，系板岩、白云岩、砂岩等受构造强烈挤压磨碎而成。

出口工区于 2008 年 10 月进洞，进洞初期采用双侧壁导坑法施工，掘进约 140 m 后，隧道逐渐进入罗茨—易门大断裂的核部。2009 年 4 月至 5 月，施工过程中掌子面发生数次涌泥、溜坍等病害，施工受阻。截至 2011 年 4 月底，共掘进 237 m，月进度不足 8 m，进度严重滞后。

4.5.2　施工揭示情况

1. 断层揭示情况

秀宁隧道出口在穿越罗茨—易门大断裂时，开挖揭示断层成分主要为含泥糜棱岩断层角砾，含泥量高，水敏感性极强，泥质成分多为炭质板岩岩粉，无胶结，颗粒分布较均匀，岩体富水呈饱和状，受线路左侧龙潭水库库尾影响，隧道开挖后断层角砾在动水作用下各物理力学指标急剧下降，呈流塑状，掌子面极易失稳，造成塌方和涌泥事故（图 4-19），根据开挖揭示调整为Ⅵ级围岩。

图 4-19　秀宁隧道洞内涌泥和地表陷坑

2. 隧道涌突泥过程

以下按施工先后顺序对穿越罗茨—易门大断裂时隧道开挖揭示围岩及涌突泥过程进行描述。

（1）DK1006 + 360 ~ DK1006 + 256 段开挖揭示为炭质板岩、变质砂岩及黏性土等挤压而成的断层角砾，岩体含水率相对较低，施工采用双侧壁导坑法开挖，施工过程中除局部段落变形严重外，总体开挖和变形相对稳定。

（2）DK1006 + 256 ~ DK1006 + 220 段开挖揭示仍是炭质板岩、砂质板岩的断层角砾，但是岩体炭质板岩成分明显增加，另外就是岩体含水率增大。施工开挖过程中初期支护变形较大，随着掌子面往前推进，仰拱封闭后，变形仍难以稳定，该段变形普遍都超过 30 cm，局部变形达到 50 cm 以上，变形严重侵限，且根据监控量测结果分析，该段的变形仍在缓慢发展。

(3)随着掌子面往前推进，进入断层核部，开挖揭示为含泥的、糜棱化断层角砾，成分多为炭质板岩岩粉，岩体富水呈饱和状，加之受线路左侧龙潭水库库尾影响，在地下水渗流作用下，岩体呈流塑状，施工期间多次发生溜塌，溜塌规模最小的仅 1 m^3，最大的达 2 400 m^3。具体情况如下：

① 2009 年 4 月 14 日，开挖施工至 DK1006 +220 里程时，左侧壁导坑拱顶发生坍塌，将开挖台架局部掩埋，现场采取注浆固结加强支护等措施，控制溜塌扩大。

② 2009 年 4 月 17 日，左侧导坑正常开挖支护，开挖进尺为 0.6 m，初喷混凝土后作业人员准备架设型钢钢架，掌子面突然发生突泥，涌出物呈断层泥状，灰黑色，坍体涌至 DK1006 +264 里程。

③ 2009 年 4 月 24 日，施工至 DK1006 +228 处，上半断面导坑开挖初喷后，在支立钢架、安装钢筋网片的过程中，涌出大量的涌泥，涌泥呈断层泥状流动状态，灰黑色；涌泥向外漫延约 35 m。

④ 2009 年 5 月 26 日，右侧壁导坑在清理涌泥过程中再次发生涌泥，涌泥体无自稳能力，不断地下涌，截至 5 月 28 日，涌泥体达到 2 000 m^3 左右。涌泥发生后，隧顶坍腔逐步漫延至地表，形成地表塌陷，塌陷坑洞上口直径 6.1 m，下口宽 8.5 ~9 m，深 11 m，坑洞体积约 1 000 m^3。

(4)随着掌子面往前推进，围岩情况较先前有所好转，DK1005 +810 ~ DK1005 +770 段开挖揭示为灰黑色钙质板岩、硅质板岩夹炭质板岩，局部夹方解石脉，片层—薄层状，层厚一般为 3 ~5 mm，最厚为 8 mm，最薄小于 1 mm，以钙质胶结为主，次为泥质胶结。因紧临罗茨—易门大断裂，岩层揉皱严重，产状凌乱，主要岩层产状为 N80°E/75°NW，节理发育、局部极发育，由于受断裂构造强烈影响，方解石脉被挤压成角砾及粉末，岩体呈碎块石夹角砾，围岩破碎至较破碎，差异风化明显，局部炭质板岩风化呈硬塑状土状。地下水沿岩层层面、节理面、裂隙渗出，沿岩层层面、节理面泥化，手摸污手，局部拱顶地下水呈点线状断续下滴。地下水具滞后效应，一般 2 ~3 h 后渗流，局部掌子面会发生滑坍。

4.5.3 工程处理措施

糜棱岩是一种动力变质岩，其原岩在强烈的地应力作用下经过挤压破碎、塑变作用形成的具有糜棱结构的岩石，往往位于断层或(活)断裂带附近，原岩受压扭应力和强烈塑性变形作用，发生错动、断裂、研磨和粉碎，形成定向排列的细小颗粒，其结构松散，整体稳定性很差。由于糜棱岩具有细小颗粒含量高、结构松散、微观孔径分布集中等特征，导致其对水敏感性强，自身水稳性极差。含水量越高，糜棱岩的抗剪强度越低；随含水率的增加，其内摩擦角将急剧减小、黏聚力增大。糜棱岩一旦富水饱和，极易进入流塑状，失去强度。针对这些特点，采取以下综合处理措施：

1. 综合超前地质预报

(1)大地物探

秀宁隧道采用大地电磁法进行物探测试，测试深度达到隧道洞身高程以下 50 m，点距

20 m，测点 703 个，完成实测长度 14 060 m；共解释断层 10 条，破碎异常区 3 处，岩溶低阻异常区 2 处。基本查明罗茨—易门大断裂规模、产状、宽度和深度，结合地质钻孔资料探明了断层的物质成分、破碎程度和地下水情况，与开挖揭示情况基本相符，为设计和施工采取针对性措施奠定了基础。

(2)洞内物探

隧道穿越罗茨—易门大断裂时，采用了 TSP 物探和红外探水法对掌子面前方围岩破碎程度、节理发育情况和地下水进行探测，探测结果与开挖揭示情况基本一致，但对地下水的富存情况探测精确度不高。

(3)超前钻孔

秀宁隧道在穿越罗茨—易门大断裂核部时，掌子面均采用 $\phi89$ 钻孔进行超前钻探，以查明掌子面断层破碎带围岩和地下水发育情况，但受开挖工法和机械设备操作空间限制，超前钻孔布孔位置也有局限性。

2. 超前围岩预加固

结合综合超前地质预报结果和开挖揭示情况，在断层核部采用超前周边注浆预加固围岩。注浆加固范围为开挖轮廓线外 5 m，每一循环注浆长度为 25 m，开挖长度 20 m，并保留 5 m 注浆岩盘；考虑隧道穿越水库库尾段涌水突泥风险极高，该段注浆范围适当加大。注浆采取先注周边钻孔，采用定量定压控制标准进行注浆加固。由于地层具有松散、保水、强度低等特点，注浆加固采用前进式注浆加固的方式。

注浆完成后，现场开挖掌子面无水，且稳定性好，可以看到明显的浆脉和浆柱，如图 4-20 所示，由浆脉、浆柱和挤密的岩(土)体构成的网状骨架，其整体稳定性明显提高。开挖后根据监控量测结果分析，初期支护的变形得到了有效控制，一般不大于 20 cm，确保了施工及运营的安全。

图 4-20　注浆后地层中浆脉充填

3. 支护结构加强

隧道穿越Ⅴ级围岩断层破碎带时采用全环 I20b 型钢钢架加强支护，拱部设 ϕ42 超前注浆小导管；Ⅵ级围岩断层核部采用双层钢架加强支护，ϕ108 大管棚超前支护，并配合小导管使用，具体支护措施见表 4-3，衬砌断面如图 4-21 所示。

表 4-3　断层破碎带支护措施表

支　护　参　数				锁脚锚杆
围岩级别	工　　法	超前支护	加强支护	
Ⅵ级围岩普通段	三台阶预留核心土	ϕ108 大管棚 + 大外插角 ϕ42 小导管	全环 H200 钢架	ϕ76 锁脚锚管
Ⅵ级围岩下穿水库段	三台阶预留核心土	ϕ108 大管棚 + 大外插角 ϕ42 小导管	全环 H200 钢架 + 拱墙 I18 钢架	

二次衬砌结构采用Ⅵ级围岩抗震设防衬砌进行加强，具体参数见表 4-4。

表 4-4　断层地段支护参数表

衬砌类型	喷射混凝土厚度(cm)	预留变形量(cm)	ϕ8 钢筋网设置部位	径向支护(锚杆或小导管)	二衬厚度(cm)
Ⅵ级抗震设防衬砌	27	40	拱墙	全环 ϕ42	60

4.5.4　小　　结

秀宁隧道穿越糜棱岩断层时，根据超前地质预报结论和开挖揭示情况，有针对性的根据糜棱岩颗粒组成情况、抗剪强度的水稳性、黏聚力和内摩擦角等物理力学参数，采取超前周边注浆措施达到了对地层加固的预期目的，现场开挖后掌子面无水、可以看到明显的浆脉和浆柱，整体稳定性明显提高，未再发生涌水突泥等灾害，有效地控制了初期支护的变形，确保了施工安全。

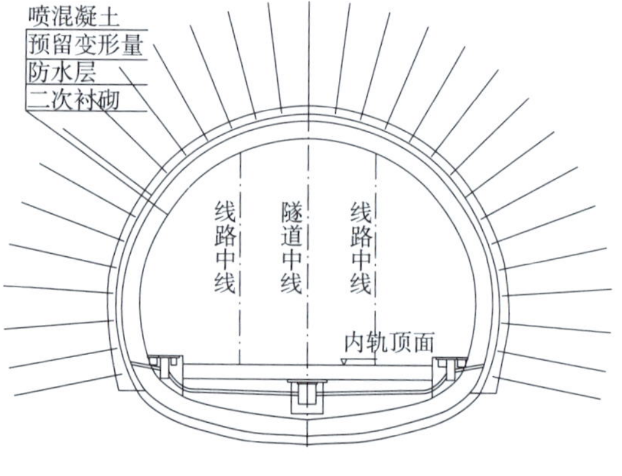

图 4-21　衬砌断面示意图

4.6　蚀变带处理案例

本节以厦深铁路梁山隧道花岗岩蚀变带突泥、大丽铁路禾洛山隧道玄武岩夹凝灰岩蚀变带涌突泥处理为例，介绍蚀变带的处理方法。

4.6.1　案例一：花岗岩蚀变带处理

1. 隧道工程概况

厦门至深圳铁路梁山隧道全长 9 888 m，为单洞双线合修隧道，设计时速 200 km；隧道洞身主要穿越燕山早期晶洞花岗岩、黑云母花岗岩地层，岩体较完整，受区域断裂构造影响，岩浆岩类岩性、岩相变化及岩脉十分复杂，侵入蚀变带、断层、节理、裂隙密集带和差异风化囊槽等发育，致使其工程特性差异大，且侵入蚀变带分布位置、规模及工程特性等具有不确定性，给设计施工带来较大难度。

梁山隧道遇到的所有花岗岩蚀变带中，L7 巨型花岗岩蚀变带处理难度最大，这使得梁山隧道一度成为制约厦深铁路修建成败的关键工程，引起业界广泛关注。梁山隧道平面布置示意如图 4-22 所示。

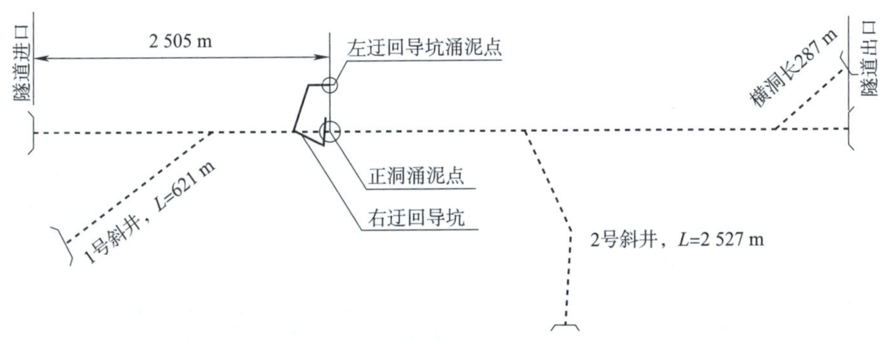

图 4-22　梁山隧道平面布置示意图

L7 巨型花岗岩蚀变带具有以下三个特点：

(1)规模大

L7 蚀变带夹层宽度 21 ~ 25 m，与洞身相交里程为 DK96 + 505 ~ DK96 + 533；走向为 N25°W，与线路平面夹角 61°，延伸长度约 2.3 km(图 4-23)，在地表出露特征为较连续的沟槽。蚀变带夹层倾向 NE，倾角为 75° ~ 85°，近乎直立，蚀变带深度从地表至洞身达到 270 m，宽度 40 m。

图 4-23　梁山隧道 L7 蚀变带分布示意图

(2)地下水发育，水头高

L7 蚀变带的地下水的补给来源主要有地表水下渗、沿软弱夹层延伸方向的地下水以及软弱夹层两侧的基岩裂隙水。地下水量 90 ~ 100 m^3/h，水头高度约 200 m(2 MPa)。

(3)物质组成复杂

软弱蚀变带内夹层物质主要分为两层：第一层为全风化层，厚 10 ~ 13 m，物质为全风化花岗岩、辉绿岩、闪长玢岩，含孤石，含量约占 10%，粒径一般在 6 ~ 20 cm，最大粒径达 40 cm；第二层为强风化夹弱风化花岗岩，岩体破碎，岩质软硬不均，变化频繁，厚 10 ~ 12 m。

2. 施工揭示情况

(1)L7 蚀变带突泥情况

梁山隧道 1 号斜井工区正洞大里程端施工约 460 m 时，掌子面右侧拱腰附近揭示出 L7 软弱夹层蚀变带，出露面积约 1.5 m × 1.0 m，其余均为完整基岩，随后发生多次小规模涌泥，蚀变带出露面逐渐扩大，直至左侧完整基岩被涌泥冲毁，并先后发生 4 次大规模突水涌泥灾害，总涌泥量约 3×10^4 m^3，导致 230 m 长正洞被涌泥半断面 ~ 全断面充填，地表发生塌陷。

在处理灾害过程中，左侧迂回导坑实施了全断面超前帷幕注浆预加固及大管棚超前支护工程处理措施。施工进入该蚀变带 7.5 m 时，掌子面右侧拱腰出现股状涌水并不时伴有泥浆涌出，且逐渐扩大，发生多次间歇性、规模不一的突水涌泥，涌泥总量约 1.8×10^4 m^3，导致 150 m 长迂回导坑被涌泥全断面充填，正洞 100 m 被涌泥半断面 ~ 全断面充填，原地表塌陷区坑底再次发生坍塌，漏斗加深约 15 m，最终陷坑深度达 15 ~ 25 m，面积约 900 m^2。

(2)突泥原因分析

隧道施工揭露软弱蚀变带后，因隧道开挖打破填充物质原有的平衡，填充物质在压力差及自重双重作用下，呈泥砂水状态涌入隧道，形成突水涌泥。根据左侧迂回导坑帷幕注浆后的钻孔取芯及开挖揭示情况，蚀变带夹层物质中总体注浆效果较好，但由于闪长玢岩黏性较高，局部注浆效果不佳，在动水作用下，注浆盲区逐渐淘蚀并发生管涌导致整体破坏，再次发生较大规模涌泥地质灾害。

3. 工程处理措施

(1)总体思路

①迂回爬升竖向加固溃口涌泥体

右侧迂回导坑爬坡至正洞溃口上方，竖向加固溃口处涌泥体，确保清淤安全，为后续处理创造空间条件。梁山隧道迂回导坑平面及纵断面示意图如图 4-24 所示。

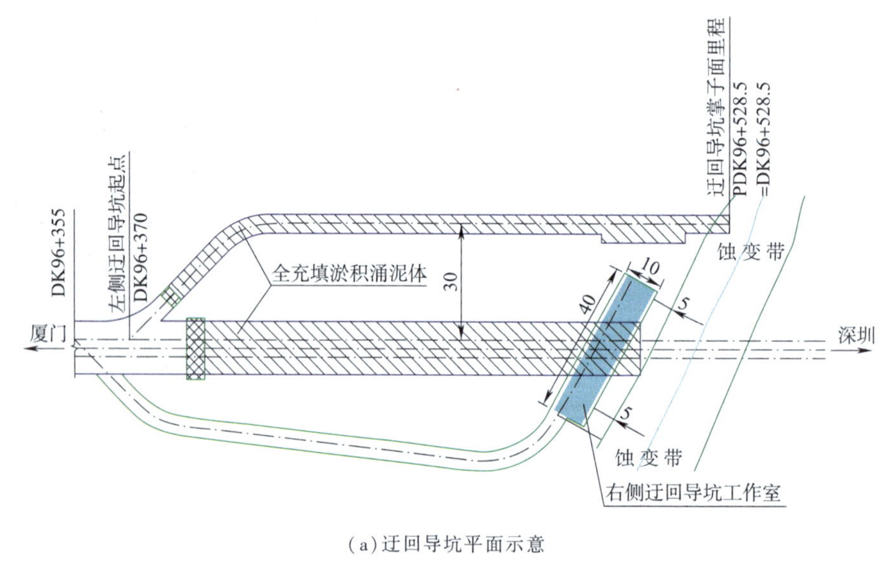

(a)迂回导坑平面示意

(b)迂回导坑纵断面示意

图 4-24　梁山隧道迂回导坑平面及纵断面示意图(单位:m)

②排水泄压

图 4-25 梁山隧道迂回导坑泄水情况

利用右上侧迂回导坑工作室实施正洞上方泄水孔,左侧迂回导坑及右迂回导坑作为排水通道,使正洞上方及两侧形成顺畅的排水通道,为后续加固处理蚀变带创造环境条件。施工及运营过程中保留迂回导坑工作室中的排水孔,保证排水畅通,并加强水量、水质监测。据现场对地下水水质、水量监测,总排水量持续稳定于 90 ~ 100 m^3/h,排水畅通、水质清澈。现场实施效果如图 4-25 所示。

③注浆预加固改良围岩

在利用左、右上侧迂回导坑实施正洞上方泄水后,对正洞周边一定范围的蚀变带进行固结,固结示意如图 4-26 所示,以保证在隧道开挖前形成一个较均匀、连续、具有一定强度的加固圈,防止因地下水管涌造成整体破坏,并为隧道结构提供相对较好的弹性抗力,保障隧道的受力工作环境的稳定。

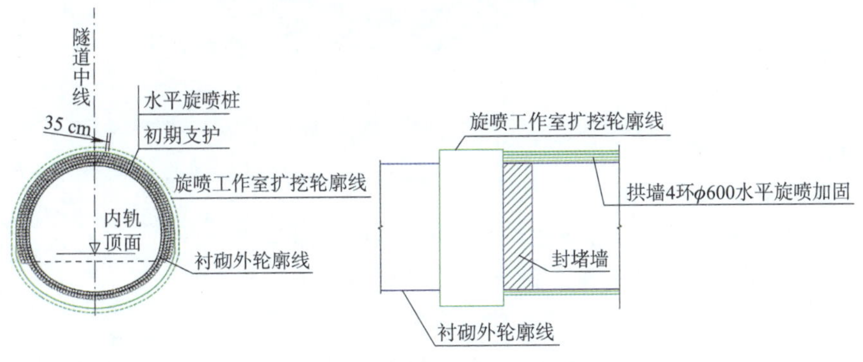

图 4-26 蚀变带加固示意图

④超前支护加强

在隧道周边形成加固圈的基础上,施作两环超前支护并进入完整基岩,以在纵向提供一个相对有力的支撑,为开挖支护过程提供安全作业时间。双层大管棚布置示意如图 4-27 所示。

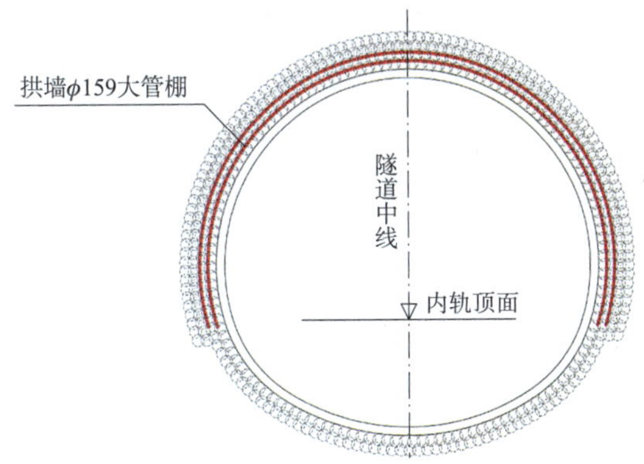

图 4-27 双层大管棚布置示意图

⑤分部开挖分部衬砌

正洞采用了分部开挖;同时,为确保分部开挖时体系转换的结构安全,初期支护与衬砌结构分部跟进施作,待支护闭合成环后拆除临时支撑,再施作以防水、安全储备为目的的三层衬砌。特殊复合式衬砌横断面示意如图4-28所示。

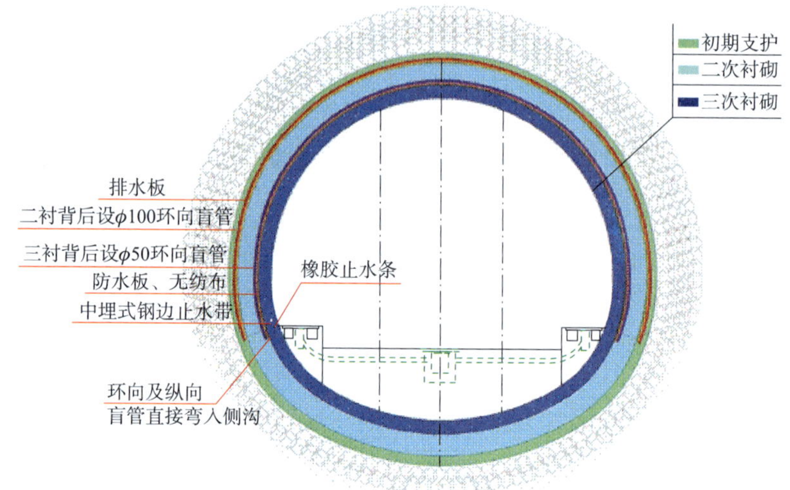

图4-28　特殊复合式衬砌横断面示意图

(2)荷载分析

为确保结构安全,对围岩荷载进行了分析检算,围岩按松散介质考虑,采用普氏理论计、太沙基理论和土体的初始平衡条件等多种方法计算围岩荷载。根据计算结果,涌泥体自然固结状态下围岩压力高达700 kPa。为确保运营期间结构安全,还需对隧道开挖线外一定范围的围岩进行固结,以抵抗外部压力。

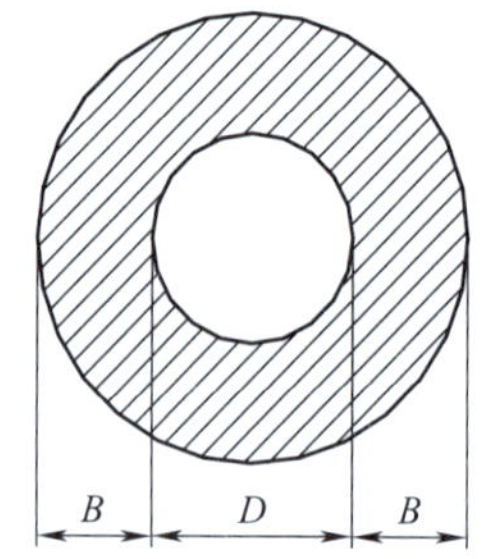

图4-29　厚壁圆筒理论示意图

(3)水平旋喷加固

利用旋喷桩固结体强度高、均匀、可靠的特点,在隧道开挖线外一定范围形成具有较高强度的结石体,以抵抗外部压力,并防止地下水及涌泥体向洞内渗透涌出,保证正洞开挖通过时的安全。

①加固范围

根据厚壁圆筒理论(图4-29),加固圈厚度按式(4-1)计算。

$$B=\left(\sqrt{\frac{\sigma}{\sigma-\sqrt{3}P_{w}}}-1\right)\times\frac{D}{2} \tag{4-1}$$

式中　σ——加固体的抗压强度,MPa;

P_w——涌泥体计算摩擦角,°;

D——洞室等效直径,m;

B——加固圈厚度,m。

水平旋喷桩固结体能达到的抗压强度 σ 取5 MPa,P_w 按涌泥体原状计算摩擦角20°,根据普氏理论和太沙基理论计算得到的围岩压力，计算加固圈厚度 $B=1.9$ m。

②洞周水平旋喷桩布置

洞周水平旋喷桩加固范围应大于上述加固圈厚度，水平旋喷桩直径采用 ϕ600 mm，共设 4 环，相邻桩相互咬合。水平旋喷桩横断面布置如图 4-30 所示。

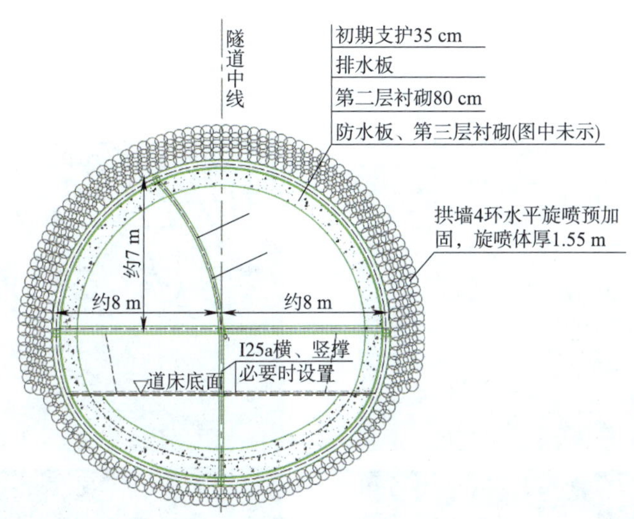

图 4-30　水平旋喷桩布置示意图

③掌子面水平旋喷桩加固及水文监测孔设计

为加强开挖时正洞掌子面的稳定，在掌子面上梅花形布置若干水平旋喷桩。同时均匀布置若干水文监测孔，当水文孔有水流持续流出，须适当增加掌子面上的水平旋喷桩数量。

(4)支护及二衬结构

根据前述厚壁圆筒理论，当开挖轮廓线以外的环向水平旋喷桩施作完毕并到达设计强度后，是能够抵抗外部压力的。此时在正洞范围内开挖是安全的，可采用台阶法直接开挖，并施作衬砌即可。但理论计算具有一定的不确定性，为保证正洞开挖时的安全，避免厚壁圆筒被压溃后产生灾难性后果，正洞开挖前采用大管棚超前支护，开挖后及时施作初期支护及二衬，让支护结构与旋喷固结体共同承受荷载，以保证施工及结构安全。

在计算二次衬砌结构时，考虑了自然排水固结工况和旋喷加固工况下的围岩荷载，按照不同的衬砌与初期支护荷载分配关系，采用结构荷载模型与地层结构模型分别进行分析计算。采用旋喷桩加固后，考虑初期支护的共同作用，二衬承担 70% 的围岩荷载，当衬砌厚度 80 cm 时，环向主筋采用 ϕ25 钢筋，每延米 6 根，能够确保结构安全。

根据计算，衬砌最大变形发生在拱顶，剪切应力最大集中于拱腰处，为控制变形，在断面二衬未封闭成环前，应保留临时横撑及竖撑，在二衬成环后再拆除。

(5)施工工法及工艺

传统的交叉中隔壁法或双侧壁导坑法等，在拆除临时支撑体系时，往往因为应力集中释放，极易造成支护体系变形失稳，俗称“天窗时间”，如图 4-31 所示。

梁山隧道 L7 蚀变带施工过程中，创新采用了“十字交叉隔壁后拆式隧道施工工法”，该工法提出“后拆除”临时支撑的理念,能有效消除因“天窗时间”带来的安全风险,具有安全、快速、便捷的特点。本隧道 L7 蚀变带处围岩软弱、土柱荷载高、断面跨度大,通过该工法的实施,成功实现了对围岩变形的有效控制,降低了体系转换风险,确保了结构施工安全。十字交叉隔壁后拆式分部开挖法施工主要工序如图 4-32 所示。

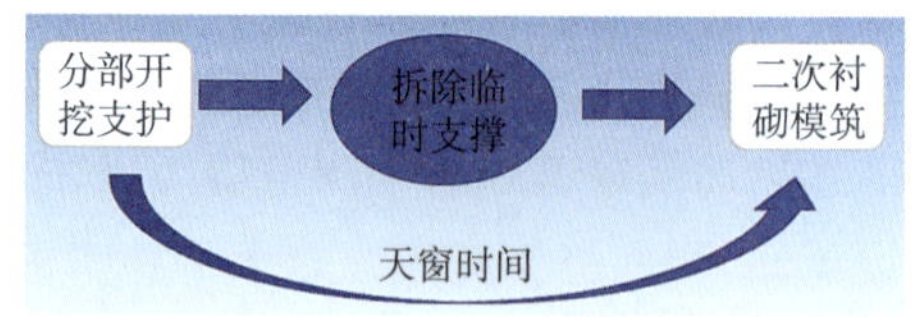

图 4-31 传统工法存在“天窗时间”

图 4-32 十字交叉隔壁后拆式分部开挖法施工照片

(6)监控量测设计

为进一步掌握多层衬砌结构的受力情况,监控运营条件下衬砌结构的安全状态,竣工后对围岩压力(包括初期支护与二次衬砌之间、二次衬砌与三次衬砌之间的接触压力)、二次衬砌背后的水压力、二次衬砌和三次衬砌内的钢筋应力、二次衬砌和三次衬砌的混凝土应变等开展了应力、应变监测。

4. 小结

梁山隧道针对 L7 花岗岩蚀变带成功应用了水平旋喷技术,研发了十字交叉隔壁后拆式分部开挖法,采取排水减压、超前加固、三次支护的综合处理措施,施工中避免了再次大规模涌水突泥,从目前运营期间衬砌结构的监控情况来看,结构受力及工作状况良好。

花岗岩属于硬质岩,围岩条件总体较好,正常设计按照Ⅱ级或者Ⅲ级围岩采取工程措施,措施设计相对简单。当遇到未预计到的软弱花岗岩蚀变带时,如果不及时调整工程措施,非常容易发生涌泥涌砂等地质灾害,给设计和施工带来较大的困难和风险。因此,设计和施工中应积极开展综合超前地质预报,目的在于探明软弱蚀变带的位置、宽度和规模以及地下水富存情况，分析成因、判断类型，通过经济技术比选，采取针对性的措施，预防风险事故的发生。

4.6.2　案例二：玄武岩夹凝灰岩蚀变带处理

1. 隧道工程概况

大理至丽江铁路禾洛山隧道，全长 5 848 m，为单线电气化铁路隧道，设计时速 120 km，地质条件极为复杂。隧道除进、出口位于全风化～强风化玄武岩地层外，洞身均为二叠系玄武岩夹凝灰岩地层。玄武岩节理裂隙发育，凝灰岩具有呈透镜状、多尖灭呈团块状、分布无规律、规模不一、岩体破碎、岩质软弱的特点。全隧围岩级别以Ⅱ、Ⅲ级为主，占比 83%，Ⅳ、Ⅴ级围岩占比 17%。隧道中部穿越独木桥南断层。预测最大涌水量为 40 000 m^3/d，隧道最大埋深约 225 m。禾洛山隧道纵断面示意如图 4-33 所示。

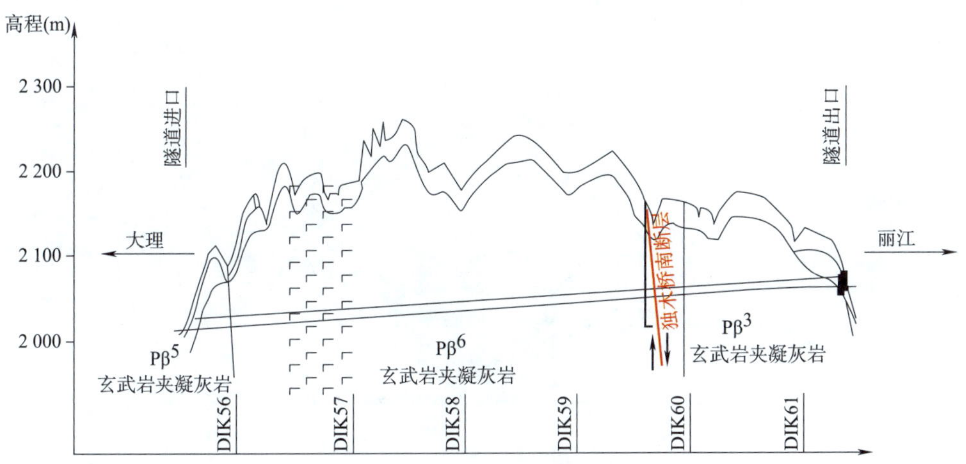

图 4-33　禾洛山隧道纵断面示意图

2. 施工揭示情况

本隧道穿越地层岩性单一，除进、出口端为玄武岩地层外，其余均为玄武岩夹凝灰岩地层。因透镜状凝灰岩分布无规律，加之动力蚀变作用影响，造成凝灰岩周围的玄武岩局部为全风化或强风化，差异风化明显，岩体破碎、裂隙发育，局部形成玄武岩夹凝灰岩全风化蚀变囊，地下水发育处围岩软化呈泥。隧道施工过程中出现多次涌水、突泥、坍方、变形等问题，严重制约工程进度。施工揭示具体情况如下：

(1)节理密集、裂隙发育

从对掌子面和地面调绘量测的 268 条节理来看，节理间距一般 0.2～0.8 m，节理在3 组以上，以构造型为主。根据量测的节理进行统计分析，统计结果显示发育的节理主要有 6 组：①N0～8°E/34～83°(15 条)；②N20～28°E/29～75°(12 条)；③N40～48°E/8～86°(17 条)；④N60～90°E/6～86°(44 条)；⑤N60～67°W/12～85°(18 条)；⑥N70～75°W/39～82°(14 条)。其中，①～③组节理对隧道施工影响较大，隧道施工时存在着不同程度的节理顺层，④～⑥组节理发育(76 条)，与其他方向发育的节理(含垂直节理)共同组合形成"X"型、"网"型，间距 0.1～0.5 m 不等，在多向节理的共同作用下，岩体切割影响严重，岩体破碎至极破碎，完整性差，局部呈压碎结构，导致围岩稳定性差。在统计的节理中近四分之一(64 条)倾角为 90°，亦证明玄武岩柱状节理较发育。

根据统计分析结果绘制节理走向、倾向、倾角玫瑰花图，如图 4-34 ~ 图 4-36 所示。

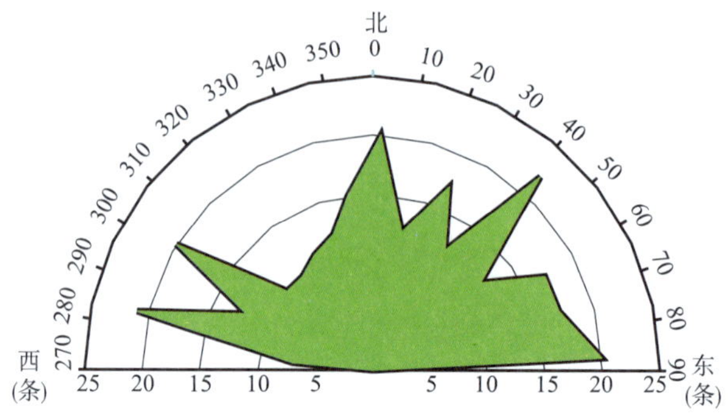

图 4-34　节理走向玫瑰花图

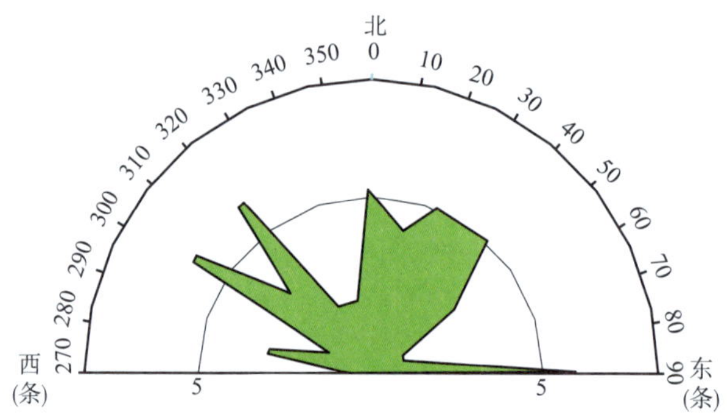

图 4-35　垂直节理走向玫瑰花图

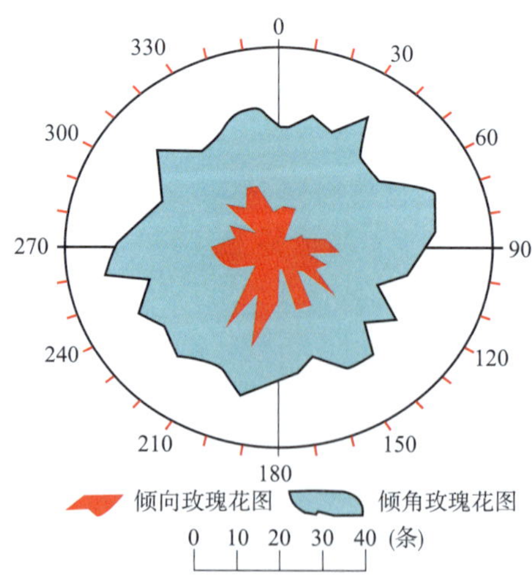

图 4-36　节理倾向、倾角玫瑰花图

(2)玄武岩差异风化明显

隧道开挖揭示的玄武岩风化差异明显,其风化程度和破碎程度均有较大不同,有完整的弱风化地段,也有破碎的强风化和全风化地段。代表性隧道掌子面差异风化情况如图 4-37 ~ 图 4-40 所示。

图 4-37　弱风化或微风化,岩体完整

图 4-38　弱风化,局部强风化,岩体较完整

图 4-39　强风化,局部弱风化,岩体较破碎

图 4-40　全风化囊,岩体破碎或极破碎

(3)凝灰岩出露无规律性

凝灰岩在掌子面的出露位置及规模无规律性,有时出现在拱部,有时在边墙,有时全断面揭示均为凝灰岩,导致掌子面地质条件多变,每一循环掌子面围岩特征均有微观差异。隧道掌子面代表性凝灰岩出露情况如图 4-41、图 4-42 所示。

图 4-41　拱部局部为凝灰岩

图 4-42　边墙局部为凝灰岩

(4)地下水发育程度不均

因凝灰岩赋存的随机性及玄武岩风化的差异性,造成地下水发育程度不均匀,岩体富水情况视节理发育程度及风化程度而不同。施工中,进口端1 km水量很小,表现为渗水或无水;局部地段地下水量突增,掌子面最大涌水量200~300 m^3/h,局部可达500 m^3/h,给施工带来极大的困扰及安全隐患。

根据施工开挖的出水量记录,进口工区每延米平均出水量11.8 m^3/d,最大总涌水量是平均总涌水量的1.54倍;出口和斜井工区每延米平均出水量4.1 m^3/d,最大总涌水量是平均总涌水量的1.12倍。全隧最大总涌水量大约是平均总涌水量的1.33倍。

3. 涌突泥情况及原因分析

(1)涌突泥情况

禾洛山隧道进口工区施工至DIK56+703时,开挖揭示掌子面均为凝灰岩,左侧拱顶风化较严重,节理裂隙发育,初期支护钢架施工作业时,掌子面拱顶左侧有裂隙水流出,瞬时涌水量达260 m^3/h,随后发生突泥,突泥量约4 000 m^3,掌子面后方126 m被淹。

(2)原因分析

富水的蚀变全风化囊位于隧道左侧拱顶,随着隧道开挖施工,富水全风化囊底部凝灰岩形成临空面,隔水作用的凝灰岩厚度不断减小,难以承受上部荷载而被压溃,导致囊中的全风化玄武岩及凝灰岩伴着地下水一涌而出。

4. 工程处理措施

(1)综合超前地质预报

①地面物探

禾洛山隧道在DIK56+500~DIK60+500段4 km范围,开展高密度电法和大地电磁法(V6)地表物探对比测试,物探地质剖面分别如图4-43和图4-44所示。图中蓝色~绿色表示为低阻区域,推测为富水、破碎或软弱岩体;黄色~红色表示为高阻区域,推测为较完整岩体。

图4-43 高密度电法资料视电阻率断面图

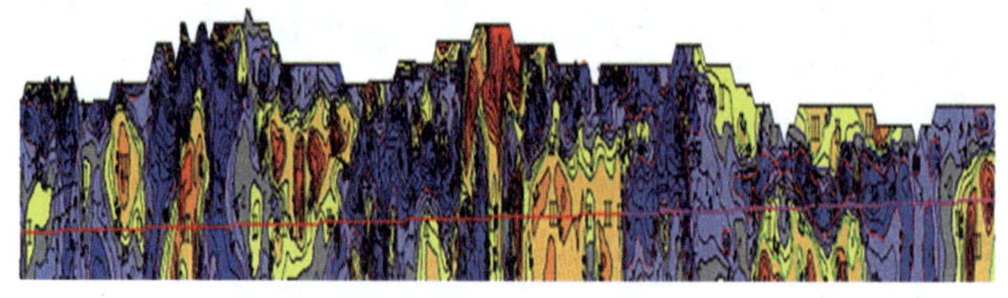

图4-44 CSAMT资料(V6仪器采集)视电阻率断面图

根据物探结果及实际开挖揭示地质条件进行对比分析，地表物探能基本反应出洞内各区段的地质条件，对设计施工有重要的参考价值。从吻合度方面来说，大地电磁法（V6）与实际开挖情况更吻合。一般埋深小于 150 m 可选高密度电法，大于 150 m 则选大地电磁法。

表 4-5 为地表物探分析结果与实际开挖揭示情况的对比表。

表 4-5　地表物探与实际开挖揭示情况对比表

揭示围岩级别	Ⅱ	Ⅲ	Ⅳ	Ⅴ
段落长度（m）	164	566	1 473	1 797
占总长度的百分比	4.1%	14.2%	36.8%	44.9%
物探异常段落	Ⅱ类异常段	Ⅲ类异常段	Ⅳ类异常段	Ⅴ类异常段
段落长度（m）	130	545	2 120	1 205
占总长度的百分比	3.2%	13.6%	53%	30.1%

从表 4-5 可以看出，利用物探的方法推测的Ⅳ、Ⅴ级围岩长度与实际情况相差较大，但Ⅳ、Ⅴ级总长度相差较小。利用物探的方法推测的Ⅱ、Ⅲ级围岩准确度相对高阻区Ⅳ、Ⅴ级围岩要高一些。

②洞内物探

根据地面物探成果，在进入低阻区前采用洞内物探手段进行探测，分析掌子面前方软硬界面及富水情况，根据开挖资料，对禾洛山隧道洞内掌子面所进行的 22 次 TSP 预报结果进行统计，15 次预报准确，7 次预报比较准确，可以看出 TSP 法在这种存在软硬相间地质情况下的预报精度较高。

③超前钻孔

禾洛山隧道在后期施工中掌子面均采用超前取芯钻孔进行超前地质探测，基本查明掌子面前方富水风化囊体位置，凝灰岩的出露位置及规模，为采取及时有效的工程措施提供了可靠的依据，取得良好效果，避免了前期经常出现的坍方、突水突泥等灾害。

（2）防止坍方处理

禾洛山隧道的坍方主要包括两方面原因：一方面是由于碎裂的玄武岩呈镶嵌结构，隧道开挖后拱部玄武岩块掉落，牵引上部岩体继续坍塌，从而形成坍方；另一方面是由于玄武岩夹凝灰岩蚀变部位风化严重，岩体力学性能低，施工开挖临空面易引起坍塌。如 2006 年 5 月 22 日，出口三线车站段线路右侧边墙处发生小坍塌（高约 4 m，深 1 m），随后不断发展，最终牵引的坍方段长度达 40 m 左右；2008 年 2 月 22 日进口工区施工至 DIK56 + 703 时，揭示掌子面左侧及拱部为全风化玄武岩和凝灰岩互层，初期支护时左侧拱部掉块，继而引发坍方，围岩滑坍速度较快，不到 1 h 施作初支段 8 m 已被溜坍物填满。

禾洛山隧道的坍方具有明显的“牵一发而动全身”特征，发展速度较快，施工中必须保证开挖范围内任何部位都不能发生坍塌。因此，开挖前做好超前支护、开挖后及时做好锚网喷及钢架支护，并确保支护结构有足够的刚度和强度，是防止坍方发生的关键。

（3）富水蚀变带涌突泥处理

该涌突泥处理措施与其他富水构造带涌突泥处理措施相似，清淤时采取排水固结法，清淤至掌子面附近处施作止浆墙采取全断面帷幕注浆处理，ϕ89 管棚超前支护 + 全环 I18

型钢钢架加强支护,二衬采用V级复合衬砌,现场顺利通过。

综上所述,因玄武岩夹凝灰岩软弱带不良地质分布随机性和无规律性的特点,通过掌子面前方进行长、中、短相结合的综合超前地质预报手段,查明掌子面前方蚀变风化带的分布情况,才能使工程措施做到有的放矢,避免事故发生。根据玄武岩的破碎及风化程度,结合凝灰岩分布的范围及规模,综合分析掌子面失稳风险和后期变形风险,主要对分布区域采取超前管棚支护、钢架支护及径向注浆加固等措施,防止坍方及后期变形。对于大规模富水风化囊宜采取提前排水降压措施,采用超前排水钻孔或超前迂回导坑排水,必要时对蚀变带地段采取超前帷幕(周边)注浆加固,防止坍塌、突涌等情况发生。

4.7 小　结

隧道穿越褶皱构造、节理密集带、断层破碎带、蚀变带等软弱构造带,施工风险高。从历次软弱构造带灾害发生的原因及处理过程来看,准确预判软弱构造带,提前对地下水进行引排,并加固洞壁周边岩体形成固结圈是防止软弱构造带灾害的关键措施和主要手段。提前引排地下水一方面能降低水压,减小储量;另一方面可减小地下水对软弱带的软化作用,有利于岩体自身固结;注浆加固形成固结圈后,与初期支护共同发挥承载作用抵抗隧道周边荷载。因此,应坚持"提前探明地质、排水并改良围岩、加强支护结构体系、动态优化设计"的指导原则,以防范软弱构造带坍方、突水、突(涌)泥为重点,并根据不同软弱构造带的类型及工程特征,采取有针对性的设计方案和施工方法,以确保施工及运营安全。

第5章　高地应力软岩大变形隧道

高地应力隧道软岩大变形一直是困扰隧道工程界的一项重大难题，通常表现为围岩变形量大、变形速率高、变形持续时间长以及变形导致的支护体系破坏等现象，给设计、施工带来极大困难。本文结合国内部分艰险复杂山区隧道工程实践，从变形类型、变形机理、变形分级及预测、变形处理措施及施工工法、工艺、机具配套等方面，探讨了高地应力软岩大变形隧道的相关工程技术问题，并介绍了部分典型软岩大变形隧道的工程实例。

5.1　大变形类型及变形机理

5.1.1　大变形主要类型

隧道大变形是隧道建设中常见的施工地质灾害，按其变形特征分类，可分为软岩塑流型、碎裂挤压型、岩层弯折型等三种类型，具体见表5-1。

表5-1　高地应力软岩大变形分类

大变形类型	发生条件	代表性围岩	变形特征	围岩压力
软岩塑流型	岩质软、岩石强度低、岩体强度低，高地应力	薄层炭质千枚岩、绢云母千枚岩、炭质页岩、煤层、炭质板岩、糜棱岩等	围岩变形量大、持续时间长，常伴有隧底上拱现象	形变压力
碎裂挤压型	岩体破碎，岩石强度相对较高、岩体强度低，高地应力	受构造影响严重的薄层板岩，薄层砂泥岩，构造蚀变带等	前期变形剧烈，位移速率增长快，若不及时处理，发生塌方概率大	形变压力为主部分为松动荷载
岩层弯折型	薄层岩层，线路与岩层小角度相交，高地应力	受构造影响较轻微的薄层砂岩、泥岩、千枚岩，板岩等	变形优势方向明显，为不利产状法线方向。岩层缓倾时，易出现隧底上拱现象；岩层陡倾时，变形以水平方向为主	形变压力

5.1.2　变形机理

上述三种类型的软岩大变形的变形产生机理不相同。

1. 软岩塑流型

软岩塑流型大变形主要发生在岩石强度低、岩体强度同样也低的地层中。发生于围岩松弛阶段，围岩因受过大剪应力作用而破坏，其中剪切过程伴随有围岩的滑移、突然分离和体积的膨胀。在埋深大、地壳经历激烈运动，地质构造复杂的泥岩、页岩、千枚岩、片岩、煤层、炭质板岩、糜棱岩等都容易出现较大的挤压大变形。典型的软岩塑流型大变形掌子面和破坏模式如图 5-1、图 5-2 所示。

图 5-1 软岩塑流型大变形掌子面完全破碎

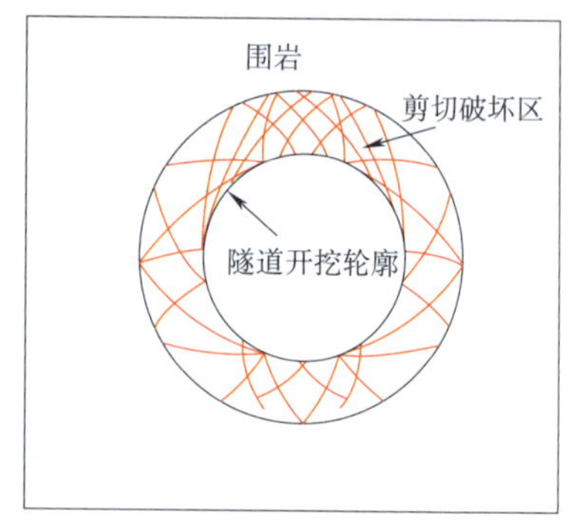

图 5-2 软岩塑流型大变形破坏模式

2. 碎裂挤压型

发生碎裂挤压型变形的隧道，其围岩岩石强度相对较高，但由于受构造影响严重，岩体呈破碎或极破碎状，岩体的强度低，这是它与软岩塑流型最大的差别。碎裂挤压型变形力学机制前期以松弛压力为主，后期以形变压力为主。多发生在薄层板岩，薄层砂泥岩，构造蚀变带等地层。

3. 岩层弯折型

发生岩层弯折型大变形的隧道，其穿越地层的层(节)理发育，变形具有明显的各向异性，陡倾岩层变形优势方向为水平向，水平岩层变形优势方向为竖直方向变形力学机制主要是受结构面影响。当隧道线路方向与岩层走向平行或小角度相交时，隧道开挖后，在高地应力作用下，结构面发生滑移、弯折变形，岩体扩容。典型岩层弯折型大变形又可进一步分为陡倾岩层弯折型和水平岩层弯折型，陡倾岩层弯折型大变形掌子面和破坏模式如图 5-3、图 5-4 所示。

图 5-3 岩层弯折型变形掌子面

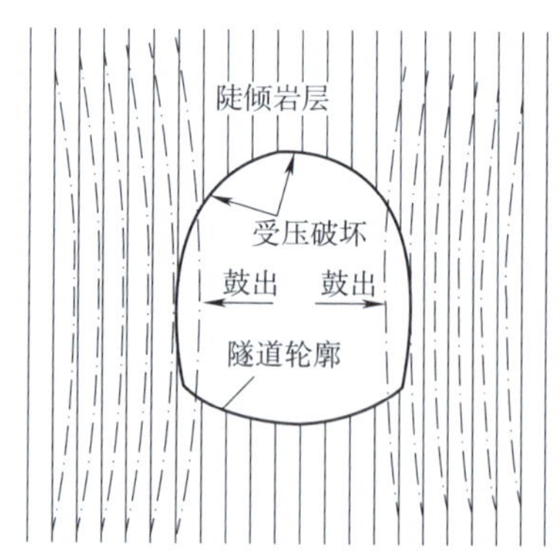

图 5-4 岩层弯折型变形示意图

5.1.3 高地应力软岩大变形的影响因素

影响高地应力软岩隧道大变形的因素很多，包括初始地应力、岩体强度、地下水、洞室形态及支护措施、施工因素、相邻洞室等，其中初始地应力与岩体强度是影响软岩大变形发生的主要内在因素。

1. 初始地应力

初始地应力是软岩隧道发生挤压型变形的主要控制因素。初始地应力越高，隧道发生大变形的可能性越大。

2. 岩体强度

岩体强度是软岩隧道发生变形的另一重要控制因素。在初始地应力达到一定值的情况下，围岩强度越低，隧道发生大变形的程度越严重。

3. 地下水

一般在高地应力地段，围岩呈无水状态；但软岩遇水软化特性明显，地下水对围岩的软化作用会加剧变形发展。因此大变形地段应对地下水进行严格控制。

4. 相邻洞室影响

施工实践和数值模拟分析均表明，大变形地段应力重分布范围广，在应力扰动范围设置洞室，施工过程中会相互影响，从而加剧变形发展，极大增加变形控制难度，设计时应适当加大洞室间距离。

5. 隧道断面尺寸

隧道断面大小也是影响大变形的因素之一。相关研究及施工实践同样表明：相同地层条件下，同等支护措施，隧道断面越大，变形量越大。因此，严重大变形地段不宜设置较大跨度洞室结构。

6. 支护措施

洞室开挖后围岩的变形程度与支护强度有直接的关系。一般情况下，支护强度和支护的整体刚度越高，变形越小。为避免大变形地段变形无序发展，支护措施应具备足够强度和刚度。

7. 施工因素

施工工法、工艺及支护时机等施工因素也对大变形有着非常重要影响。喷锚支护施作不到位、钢架接头错位，施作效率低、支护未及时封闭成环等因素都会加剧变形发展。

5.2　大变形分级及预测

5.2.1　分级标准

分级标准是研究软岩大变形的一个重要内容，是确定隧道设计措施的主要依据。分级标准的研究涉及两个核心问题：一个是大变形等级分类，另一个分级指标。

从国内外软岩大变形分级指标的调研情况来看，主要分级指标一般包括强度应力比、初始地应力及隧道初期支护的相对变形量等三项，个别也有利用多项指标进行综合判断分级的。总的来说，为便于现场操作，分级评判指标不宜太多。

《铁路隧道设计规范》（TB 10003—2016）和《铁路挤压性围岩隧道技术规范》（Q/CR 9512—2019）中将大变形分为三级，两部规范在一、二级分级标准上有所差异，采用的强度应力比值评价指标有所不同，具体分级标准见表 5-2。

表 5-2　现行规范分级对比表

铁路挤压性围岩隧道技术规范	大变形等级	一	二	三
	围岩强度应力比	$0.3 \geqslant Gn > 0.2$	$0.2 \geqslant Gn > 0.15$	$Gn \leqslant 0.15$
铁路隧道设计规范	大变形等级	Ⅰ级	Ⅱ级	Ⅲ级
	围岩强度应力比	0.25 ~ 0.5	0.15 ~ 0.25	< 0.15

在处理大变形过程中，发现现行三级分级标准跨度偏大。为便于分级与工程措施匹配，结合铁道部“艰险困难山区高速铁路复杂地质隧道修建技术”课题研究成果，本书将现行规范中Ⅲ级进一步细分为严重及极严重两个亚级，这样将大变形划分成为轻微、中等、严重和极严重四级，见表 5-3。这种新的分级方法加强了大变形分级标准的适用性，目前已经在铁路工程建设项目中得到了推广使用。

表 5-3　高地应力软岩隧道地质分级表

大变形等级	围岩强度应力比(N_C)	围岩变形特征
轻微	0.25 ~ 0.5	(1)围岩有一定自稳能力，开挖后围岩位移较大，以塑流型、弯曲型、滑移型变形模式为主，兼有剪切型变形。 (2)支护局部出现开裂或破损，相对变形量 1% ~2.5%
中等	0.15 ~ 0.25	(1)围岩自稳时间短，开挖后围岩位移大，持续时间较长，以塑流型、弯曲型变形模式为主。 (2)支护开裂或破损严重，相对变形量 2.5% ~5%
严重	0.05 ~ 0.15	(1)围岩自稳时间很短，开挖后围岩位移很大，持续时间长，以塑流型为主。 (2)支护开裂或破损很严重，相对变形量 5% ~10%；洞底有隆起现象，流变特征很明显
极严重	≤0.05	(1)围岩自稳时间很短，开挖后围岩位移很大，持续时间很长，以塑流型为主。 (2)变形极难控制，采用加强支护仍出现很严重的开裂或破损情况，相对变形量大于 10%；洞底有明显隆起现象，流变特征很明显

表 5-3 中，围岩强度应力比 N_C 按下式进行计算：

$$N_C = \frac{\sigma_{cm}}{p_0} \tag{5-1}$$

式中　σ_{cm}——岩体抗压强度；

p_0——垂直于隧道走向的最大地应力分量。

岩体抗压强度可采用岩石单轴抗压强度折减确定，折减系数见表 5-4；同时还考虑地下水对围岩强度的修正，修正系数按表 5-5 确定。

表 5-4　岩体强度折减系数

岩体完整性	折减系数 k
完整	> 0.75
较完整	$0.75 \geqslant k > 0.55$
较破碎	$0.55 \geqslant k > 0.35$
破碎	$0.35 \geqslant k > 0.15$
极破碎	$k \leqslant 0.15$

表 5-5　地下水状态及对围岩强度等级的修正

地下水级别	修正系数	地下水特征	渗水量[L/(min·10 m)]
Ⅰ	1.0	干燥或湿润	<10
Ⅱ	0.9	偶有渗水	10～25
Ⅲ	0.7～0.9	经常渗水	25～125

5.2.2　大变形的预测方法

隧道大变形预测分别按勘察设计阶段和施工阶段两阶段进行，勘察设计阶段是对大变形的宏观预测，施工阶段是对大变形的实施性预测。

1. 勘察设计阶段预测

勘察设计阶段，应在地质调绘基础上，采用遥感、物探、挖探、钻探、硐探、测试、室内试验等方法进行综合分析预测大变形，为铁路选线、概算编制、施工组织设计提供依据。

勘察设计阶段大变形预测要点：

(1)通过地质调绘、勘探和测试，初步查明软岩大变形的段落和工程地质特征。

(2)通过钻探详细查明软弱围岩的岩性特征、原始地应力情况，并结合地质分析方法和应力反演技术等手段查明区域地应力水平等情况。

(3)通过测试手段，测试岩体强度。

通过以上勘察手段，获取到区域地应力水平和线路附近实测地应力值，软弱围岩岩性特征、岩体强度等地质参数，根据分级标准对大变形进行预测。

2. 施工阶段预测

施工阶段应开展大变形的核查工作，并根据地质勘查资料和设计文件，采用超前地质预报、掌子面素描、地应力测试和地质分析方法，结合监控量测成果综合预测，必要时根据预测结果调整大变形等级和工程措施。

施工阶段大变形预测要点：

(1)注意掌子面围岩破碎程度的变化

勘察设计阶段对围岩破碎程度的判断主要依据区域地质、地面物探的低阻区，结合钻孔取芯资料来进行判别，是一个比较粗略的预判，与实际揭示的围岩情况可能有一定的差异。这种差异可能是掌子面局部部位的差异，变化几米长度；也可能是全部掌子面的差异，变化几十米甚至于更长的范围。现场施工及设计院配合施工人员要引起重视。

(2)注意软岩与硬岩的岩性和强度的变化

在相同的地应力环境下，软岩可能发生大变形，但硬岩变形却在正常范围内。例如，成兰铁路跃龙门隧道，在埋深 1 000 m 左右的地段，辉绿岩以侵入岩的形式与炭质板岩交错分布，穿越炭质板岩段，隧道发生了严重大变形；而隧道进入紧邻的辉绿岩后，未有发生大变形。

(3)注意地层产状、走向与隧道关系的变化

地层的倾角、走向与隧道的关系，与支护的变形大小密切相关。例如，成兰铁路杨家坪隧道，当洞室掘进方向与岩层走向垂直相交时，支护变形值处于正常范围内；当掘进方向与岩层走向小角度相交时，隧道支护发生了中等大变形。

(4)分段预测

由于发生大变形的围岩往往受到多期次的地质构造影响,岩性和破碎程度变化较快,小型构造密集发育。因此,大变形预测应分段开展,每段预测距离不宜过长,一般以20 m左右为一预测单元比较合适。

5.3 大变形隧道设计

5.3.1 大变形控制理念及原则

软岩大变形应遵循"适度释放、主动控制、强化支护、注浆修复围岩、充分调动围岩的自承载能力,控制塑性区发展"的设计理念。

(1)针对轻微、中等大变形应以优化洞形,加强措施为主,尽量保护围岩,减少围岩的破坏范围。

(2)针对严重、极严重大变形,在优化洞形的基础上,隧道支护宜采用长短锚杆组合、注浆加固及掌子面围岩补强等措施,并配合大刚度钢架初期支护体系;对极严重大变形可采用长锚索,双(多)层支护等措施。

5.3.2 工程对策

1. 合理确定断面形状(轮廓)

隧道断面内轮廓首先要满足建筑限界的要求,同时,作为一种承载结构,还应兼顾合理的受力轴线及经济性。对大变形隧道,衬砌内轮廓应结合建筑限界、跨度、大变形等级等综合确定,可采用椭圆形、近圆形或圆形内轮廓。

(1)单线隧道:轻微大变形及中等大变形地段,可采用椭圆形轮廓;严重及极严重大变形地段,可采用圆形轮廓,如图5-5所示。

(2)双线隧道:可采用近圆形或圆形断面轮廓。

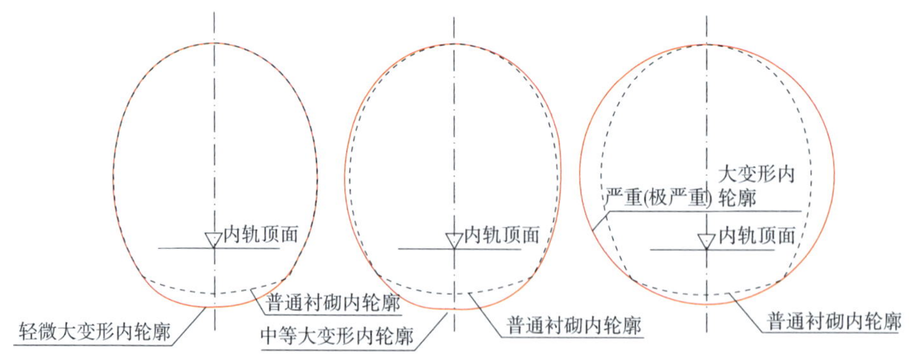

图5-5 单线隧道不同大变形等级地段内轮廓示意图

2. 合理预留变形量

应根据大变形不同等级合理预留变形量。在大变形隧道施工中,一些施工单位在设计预留变形量的基础上,又进一步加大开挖轮廓,这种做法是不合适的。过大的变形将使支护进入塑性状态,甚至发生破坏。当变形不出现收敛趋势时,应该采取其他有效措施进行处理。

3. 加固围岩,充分发挥围岩自承能力

当变形接近预留变形值的 1/3 且不收敛时,对围岩进行补强注浆,填充初支背后空隙,对已破坏的围岩进行加固;当变形接近预留变形值的 2/3 且不收敛时,采用径向钻孔进行注浆加固,钻孔以深度 1.5 ~5 m 为宜。

4. 建立高性能支护体系

对于高地应力软岩隧道,可通过提高支护结构(包括喷射混凝土、锚杆、钢架、钢筋网、超前小导管和二次衬砌等)的强度和刚度来控制隧道围岩产生过大变形。

(1)提高喷混凝土早期强度及柔性

喷混凝土具有很高的黏结力和抗压强度,能与围岩及时、紧密地贴合,并形成共同的承载结构。喷混凝土具备一定的柔性,能够吸收围岩变形,调节围岩应力。大变形段应提高喷射混凝土早期强度,使喷混凝土能及时发挥抑制围岩变形的作用;同时还可掺加纤维,提高延展性,以吸收更多的围岩变形能。

(2)加大钢架刚度

在高地应力软岩隧道支护中,钢架对沉降及水平位移的约束作用较强,尤其在支护结构施作初期,对围岩变形控制较好。钢架应有足够的刚度,宜采用工字钢和 HW 型钢钢架。必要时应采用双层钢架支护,并加强钢架纵向连接。

(3)强化锚杆

大变形地段,应提高锚杆的施工效率(图 5-6)及锚固力发挥的及时性,实现主动加固围岩,限制塑性区扩展。

图 5-6　锚杆施工照片

①合理选择锚杆类型

塌孔、缩孔地段宜采用自进式锚杆,其余段锚杆可采用低预应力锚杆。

②合理配置机械设备

长锚杆施工应采用大型机械设备,如凿岩台车或专业锚杆钻机,提高钻进效率,避免施作角度等限制。长度 8 ~10 m 的锚杆,每根施作时间应控制在 20 min 以内。

③长短结合,先短后长

对变形发展迅速的严重变形地段,可充分利用短锚杆(≤4 m)施作便捷快速的特点,对初期变形进行控制,并为长锚杆创造施作时机;同时长短锚杆交错结合形成群锚效应,更有利于围岩变形的控制。

5. 基本工程措施

本书结合铁道部"艰险困难山区高速铁路隧道关键技术研究——艰险困难山区高速铁路复杂地质隧道修建技术"课题研究成果及成兰等铁路隧道大变形的工程处理经验,提出了不同等级的软岩大变形隧道工程处理参考措施,见表5-6。

表5-6 软岩大变形设计参考措施

变形等级	轻微	中等	严重	极严重
断面轮廓	必要时加大曲率断面	加大曲率断面	加大曲率断面,必要时设置为圆形	圆形
喷射混凝土	C25	C25或C30	C30	C30
系统锚杆	短锚杆	中、短锚杆	长、短锚杆	长、短锚杆或锚索
钢架	I20-I22型钢	I22-H175型钢	HW175-HW200型钢(双层)	HW175－HW200型钢(多层)
径向注浆	可采用	宜采用	应采用	采用
特殊措施			必要时考虑长锚索、多层支护、应力释放等	必要时考虑应力释放、掌子面前方加固
二次衬砌	钢筋混凝土	钢筋混凝土	钢筋混凝土	钢筋混凝土

5.4 大变形隧道施工方法、工艺及机具配备

5.4.1 施工方法

大变形隧道施工方法要点:

(1)隧道变形控制的核心是控制围岩的变形速率,因此,施工中必须充分重视支护的时效性,确保围岩加固及支护措施及时施作、初期支护尽早封闭成环。

(2)软弱围岩隧道钻爆开挖,爆破振动对围岩扰动损伤大,会加剧围岩变形,不利于发挥围岩自稳能力,同时也会对支护结构产生不利影响;因此,隧道开挖宜采用控制爆破或弱爆破开挖,条件适宜地段可采用非爆破开挖。

(3)大变形隧道施工工法应根据围岩变形等级,断面尺寸确定。轻微、中等变形地段可采用大断面或全断面法施工,严重大变形地段可采用台阶法或大断面法施工。

5.4.2 施工工艺

1. 喷射混凝土

一般大变形地段支护结构的破坏都由喷混凝土开裂、剥落开始,因此,施工中应尽量采取有效的措施和手段,避免喷混凝土破坏失效。

(1)大变形地段,在开挖完成后,应尽快进行初喷保护新鲜岩面。在极严重大变形地

段，对新开挖掌子面也应进行喷混凝土封闭。

(2)对严重、极严重大变形，由于初期变形速率快，喷射混凝土宜采用早期强度较高的早高强喷射混凝土，喷射混凝土等级不宜小于 C30。

(3)喷射混凝土应采用湿喷工艺。大变形喷射混凝土体积量一般比较大，为尽快完成喷射作业，应选用大容量的喷射机和喷射机械手。

(4)大变形初期支护钢架比较密，喷射混凝土施工时，应注意喷嘴角度和距喷射面的距离，保证钢架间和钢架背后混凝土喷射密实。

(5)喷混凝土施工前，宜采用高压风吹净岩面；当受喷面有小股水或裂隙水时，应采用岩面注浆或导管引排后再喷混凝土，以提高喷混凝土与岩面的黏结性。

(6)喷射混凝土施工应连续进行，一次喷射混凝土的厚度不小于 4 cm，后一层喷射应在前一层混凝土终凝后进行，喷混凝土终凝后 3 h 内不得进行爆破作业。

2. 锚杆

在大变形地段，采用锚杆加固围岩对控制变形有着非常重要的作用。

(1)锚杆施作应在初喷之后进行。当受作业面限制，无法施作长锚杆时，应先施作短锚杆。短锚杆宜采用能及时形成锚固力的树脂锚杆；采用自进式锚杆时，可结合作业空间接长杆体长度。锚杆的插入围岩深度不应小于设计长度的 95%。

(2)中空锚杆的灌浆应在锚杆插入钻孔后及时进行，最迟不应超过 3 h，灌浆作业应满足相关规范要求。

(3)所有锚杆应尽可能径向施作或与岩体主要结构面垂直，保证锚杆的支护效果。

(4)大变形地段应做好垫板系统施工。垫板厚度等几何尺寸应严格满足设计要求。除垫板及螺帽外，应增设垫圈等，以防止垫板拉裂。安装垫板和紧固螺帽应在砂浆体的强度达到 10 MPa 后进行。

(5)施工单位应配置合适的锚杆作业机械，不宜采用手持气动风枪施作锚杆。

3. 钢架

大变形地段钢架破坏以压扭破坏为主，因此，钢架应选择抗扭能力强的钢架类型。

(1)钢架应工厂化制作，采用冷弯成型。钢架接头是钢架结构的薄弱环节，制作时应尽可能延长节段，减少接头。

(2)大变形地段钢架一般采用重型型钢钢架，应尽可能采用钢架安装机等设备进行拼装，保证安装质量，避免安全事故。

(3)钢架架设应在初喷之后进行，钢架应密贴初喷混凝土。

(4)钢架施工每个分步应打设锁脚锚杆(或锚管)，应加强锁脚的施工管理，对变形严重地段，可设置多组锁脚以保证钢架稳定。

(5)各分步施工时拱脚下应设置纵向托梁，将钢架纵向连成整体。钢架基脚喷混凝土应密实，钢架不得悬空。

(6)对宽翼缘的型钢钢架，必要时可预留注浆管，对钢架背后进行注浆，从而保证钢架与初喷混凝土密贴。

4. 径向注浆

(1)初期支护背后径向回填注浆应设置孔口管。

(2)以加固围岩为目的的径向注浆宜采用袖阀管注浆工艺。

(3)注浆材料及浆夜配合比等关键参数可根据现场注浆效果试验确定。

(4)应合理控制注浆压力,保证注浆效果。

5. 二次衬砌

(1)大变形地段二次衬砌的施作时机至关重要,二次衬砌施作应在初期支护趋于稳定后进行。初期支护稳定判别标准为:水平收敛小于0.4~0.6 mm/d(7 d平均值),拱部下沉小于0.2~0.3 mm/d。

(2)初支成环1个月仍未达到收敛标准的段落,可对初期支护进行补强或对围岩进行补注浆加固,降低变形速率。

(3)特殊地段,如围岩流变效应明显段落,当初期支护变形量值已达设计预留变形量的90%以上,变形速率呈明显下降趋势,可通过理论分析预估最大可能变形及可能作用在衬砌上的荷载,以确定二次衬砌的支护时机及参数。

6. 防止不协调变形的控制措施

大变形地段,特别是严重大变形地段,经常出现同一个断面里程不同部位(如拱顶、拱腰或者边墙)支护变形速率(变形量)不一致的现象,即支护变形不协调。支护变形不协调问题往往难以在设计中考虑。支护变形的不协调将加剧隧洞结构的不均匀受力,从而导致局部失稳(或局部失稳导致支护阻力不均匀)。支护变形不协调一般由围岩结构面的不对称、施工工序或者质量差异等原因造成。为避免或减小不协调变形,可采取以下措施:

(1)开挖后,围岩完整程度不一致时,现场锚杆可不均匀设置,可在破碎围岩段加密锚杆等支护。

(2)施作支护后,发现局部变形量大时,可在变形发展较快的部位增设长锚杆支护,对钢架补打锁脚。

(3)在施工工序上,对围岩破碎一侧可暂缓开挖下台阶,先施工较好围岩一侧。

7. 支护补强

大变形地段支护进入塑性状态或破坏是比较常见的现象。当支护开始发生破坏时,应及时对支护进行补强,维持一定的支护阻力,以免局部支护失效造成更大的变形。补强原则如下:

(1)当出现局部掉块,面积较大,围岩出露时,可通过人工局部修整,补喷混凝土覆盖,必要时可挂设钢筋网并局部增设锚杆,防止出露围岩进一步风化破坏。

(2)当出现局部钢架扭曲破坏,则应在钢架扭曲周边布设长锚杆,有条件时可对锚杆施加预应力。

(3)当支护大面积掉块,变形速率不衰减甚至加快时,应及时施加钢架套拱。

(4)多层支护施工时,如果上一层支护封闭成环以后变形仍不收敛,则应先对上一层支护进行必要的补强,保证各层支护均具备一定承载能力后再施作下一层支护。

个别施工现场存在多层支护一次施作完成的不正确做法,在隧道施工中应尽量避免。

5.4.3 机械配备

在大变形地段,地层软弱破碎,施工工序繁多,各工序交叉作业干扰大而施工作业面狭小,关键工序应该采用大型机械化施工,大变形地段至少应配置如下类型机械,并达到相应的性能要求，见表 5-7。

表 5-7　大变形地段机械配置及性能要求

序号	工　　序	机械类型	性能要求或适用条件
1	超前地质预报	多功能液压钻机	钻孔深度大于 100 m，可实现多角度钻进
2	锚杆施工	锚杆钻机 单臂或多臂凿岩台车	可实现小断面（3.5 m 高度作业面）360°钻进，钻注一体。可施作普通锚杆及自进式锚杆
3	立架	钢架安装机	适用分步开挖重型型钢钢架拼装
4	喷混凝土	湿喷机械手	适用于单、双线铁路隧道

5.5　工程案例

5.5.1　成兰铁路茂县隧道—软岩塑流型大变形

1. 隧道概况

茂县隧道位于茂县车站—龙塘车站区间，隧道全长 9 913 m（左线拉通），茂县车站伸入隧道进口端，进口段 1 290 m 合修，其余段为左右线分修隧道。隧道进口段位于半径为 6 000 m 的右偏曲线上，出口段位于半径为 7 000 m 右偏曲线上，线路从进口至出口分别设置 1‰、11‰、17.2‰、8.5‰的单面上坡。

隧道辅助坑道采用“2 斜井 +3 平导”方案，全隧分进、出口和 1、2 号斜井共 4 个工区组织施工。茂县隧道纵断面、平面布置示意如图 5-7 所示。

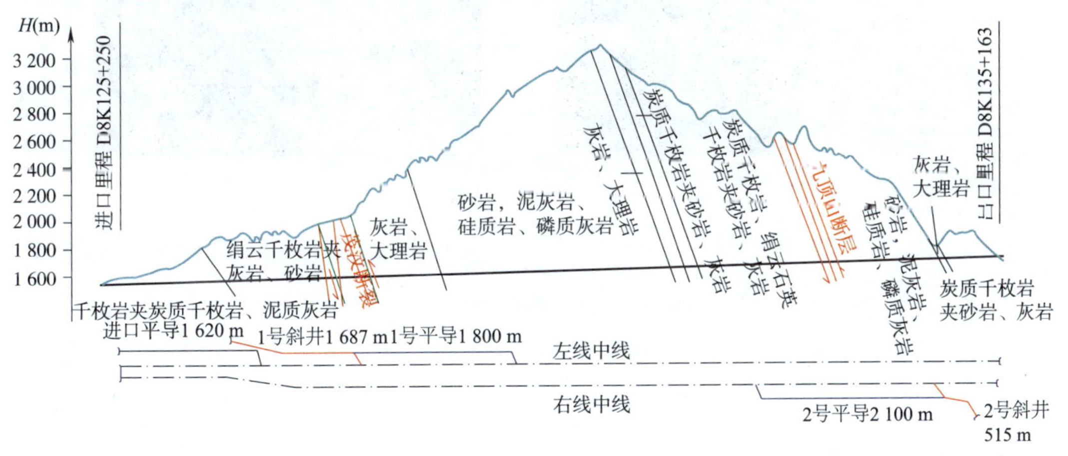

图 5-7　茂县隧道纵断面示意图

2. 地质概况

茂县隧道洞身 645 m 穿越龙门山后山断裂—茂汶断裂及其影响带，埋深 400～600 m。茂汶断裂是龙门山断裂带主干断裂之一，属于龙门山后山断裂，总长约 120 km，具有全新世活动的地质地貌证据，晚第四纪以来表现为逆冲右旋运动性质，总体走向 N30°～55°E，倾向 NW，倾角 50°～70°。茂汶断裂与茂县隧道呈 75°相交。区域断层上盘（NW 盘）为奥陶系

(O)灰岩、大理岩,地层产状 N52°E/76°NW,下盘(SE 盘)为志留系茂县群第五组(Smx^5)绢云千枚岩夹灰岩、砂岩,地层产状为 N56°E/71°NW。断层破碎带主要处于断裂下盘的软质岩中。

隧道大变形区域构造应力占绝对优势,最大主应力量值为 27.5 MPa,倾角为 15.20°,方位角为 N19.30°W;中间应力量值为 19.3 MPa,倾角为 6.80°,方位角为 S68.90°W;最小主应力量值为 16.4 MPa,倾角为 73.30°,方位角为 S44.60°E,最大主应力与线路大里程方向夹角约 38°。岩性为绢云母千枚岩,岩石单轴抗压强度 3.1 MPa。该千枚岩是具有千枚状构造的低级变质岩石,原岩通常为泥质岩、粉砂岩及中、酸性凝灰岩等,经区域低温动力变质作用或动力热流变质作用的低绿片岩相阶段形成,围岩较破碎。开挖揭示围岩照片如图 5-8 所示。

图 5-8　开挖揭示围岩照片

3. 变形特征

穿越活动断裂范围的两座隧道及一座斜井均发生大变形,大变形段平纵断面示意如图 5-9 所示。现场先行施工平行于正洞的斜井(线间距 30 m)。在斜井施工中开展了严重变形控制技术现场试验研究,形成了大变形主动控制技术,并应用于正洞段。斜井采用三台阶法开挖,围岩为绢云母千枚岩,开挖后掌子面无法自稳,存在明显的纵向挤出现象,全断面向内收缩变形。由于斜井没有施作二次衬砌,变形时间持续变形 4 年以上。隧道穿越活动断裂时,左右线正洞施工初期变形量分别达到:水平收敛最大达 1 276 mm,拱顶沉降达765 mm,仰拱隆起达 624 mm,大变形等级为严重大变形。变形典型照片如图 5-10 所示。

4. 变形原因分析

(1)软弱破碎的地层岩性条件

该段隧道围岩为志留系茂县群千枚岩、绢云母千枚岩夹石英脉,泥质结构,千枚状构造，石英脉发育，呈条带状及脉状展布，岩性变化快，围岩岩质软弱破碎，属于极软岩，岩石和围岩岩体强度均小于 1 MPa。

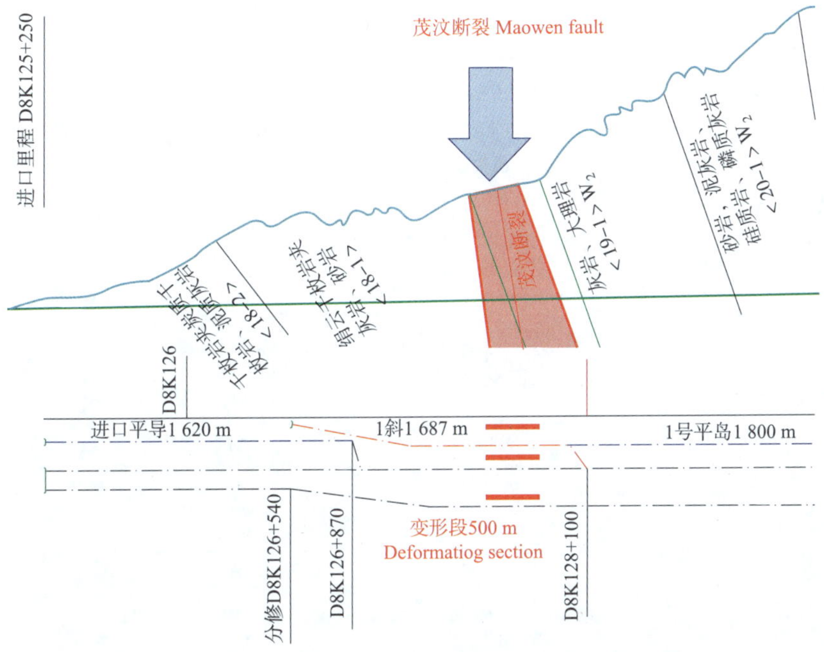

图 5-9　茂县隧道大变形段平纵示意图

图 5-10　茂县隧道变形典型照片

(2) 复杂的地质构造环境条件

该段位于茂汶活动断裂（龙门山后山断裂）内，围岩受构造影响严重，节理裂隙较发育，隧道开挖后围岩剥落、掉块严重，整体稳定性较差。

(3) 高地应力条件

根据地应力测量结果，测区以水平构造应力为主，最大主应力为 27.5 MPa，属于高地应力区。

5. 局部地段地下水的软化效应

现场开挖揭示局部有渗水、滴水现象，活动断裂带揭示的绢云母千枚岩、炭质千枚岩，遇水极易软化，使围岩力学指标降低、稳定性变差。

综上所述，茂县隧道在软弱破碎的地层岩性条件、复杂的地质构造环境条件、高地应力条件、局部地段地下水的软化效应等综合因素下引起的软岩大变形，属于典型软岩塑流型大变形。围岩强度应力比 $N_C \leq 0.05$，根据表 5-3 判定为极严重大变形等级。

6. 主要控制措施及效果

初期支护采用双层支护，钢架纵向采用型钢连接，加强支护的整体性能，同时扩大超前支护范围至边墙。隧道开挖采用三台阶预留核心土法施工，配置专用锚杆钻机，10 m 锚杆施作时间控制在 20 min 以内，保证锚杆施工及时性和施工质量。其他支护参数见表 5-8，横断面如图 5-11 所示。

表 5-8　茂县隧道严重大变形段支护参数(单线)

类　　型	主要设计参数
断面	圆形轮廓(内轮廓半径 5.1 m)
预留变形量	一层 25 cm，二层 15 cm
喷混凝土	C30 早高强喷混凝土，25 cm + 21 cm 厚
钢架	双层 H175 型钢分次施作，0.6 m/榀，接头处加强纵向连接
钢架锁脚	加密锁脚，树脂(药包)锁脚或 φ32 自进式锚杆(6.0 m)
锚杆	长短结合，树脂(药包)锚杆(4.0 m) + 边墙 R32 自进式锚杆(10 m)
	间距 1.2 m × 0.6 m(环 × 纵)
钢筋网	双层全环 φ8 钢筋网(20 mm × 20 mm)
超前支护	拱部 150°范围设置 φ42 小导管
二次衬砌	55 cm 厚钢筋混凝土

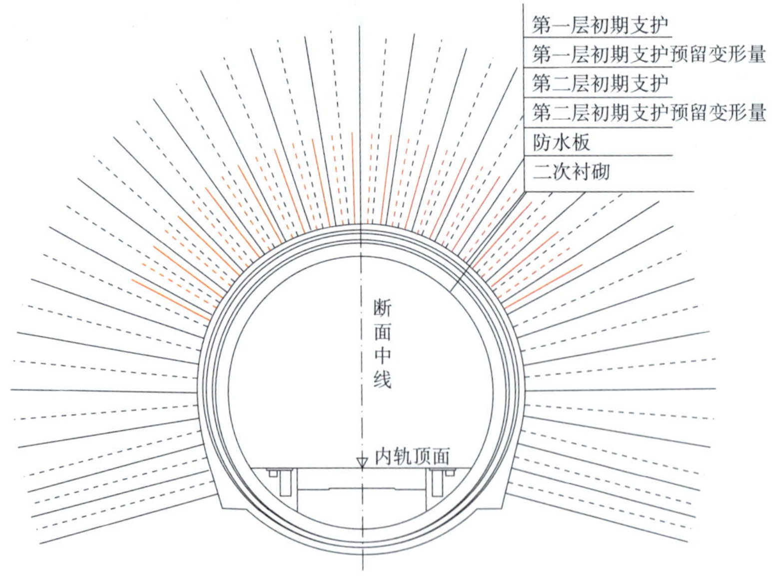

图 5-11　茂县隧道严重大变形断面示意图

通过以上控制措施，变形得到了有效控制，最大下沉量 36.2 cm，最大收敛量 55.9 cm，边墙单侧变形控制在 30 cm 以内。

5.5.2　成兰铁路榴桐寨隧道—碎裂挤压型大变形

1. 隧道概况

榴桐寨隧道为双洞分修隧道，全长 16 312 m（左线），出口段龙塘车站伸入隧道 486 m（左线），为双线车站大跨隧道。线路纵坡为单面上坡，最大埋深 1 410 m，采用“2 斜井 +3 横洞”辅助坑道方案。

2. 地质概况

榴桐寨隧道位于薛城—卧龙“S”型构造带北东段与石大关弧形构造带东段复合部位，岷江断裂带南段，总体穿越由永顶倒转向斜和火烧坡向斜、火烧坡倒转背斜组成的复式褶皱构造，中间被大岐山断层所切断。全隧 92% 以上为志留系茂县群千枚岩、炭质千枚岩为主，变形段岩石抗压强度 4 ~ 11 MPa。实测最大水平地应力 23 MPa，与隧道洞轴方向夹角约 20 °，以水平构造应力为主，侧压系数 1.15，推测最大埋深处地应力 38 MPa。榴桐寨隧道纵断面示意如图 5-12 所示。

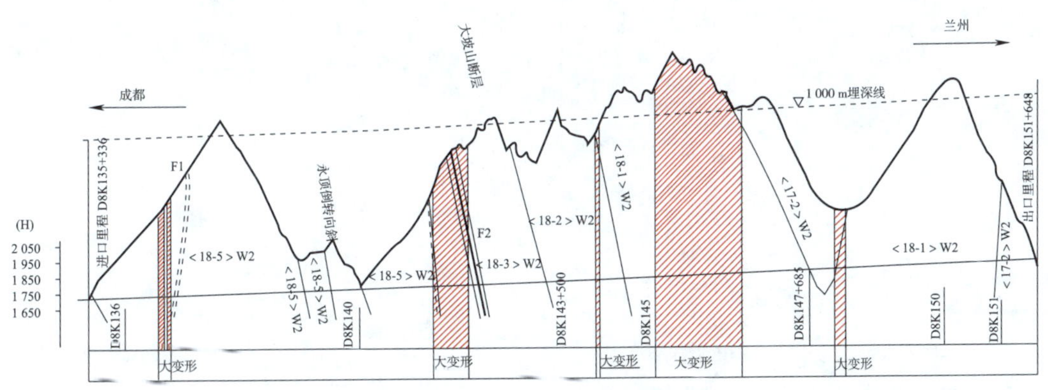

图 5-12　榴桐寨隧道纵断面示意图

3. 大变形特征

榴桐寨隧道各工区均发生了软岩大变形现象，全隧发生大变形约 2.31 km（左线），变形段占全隧的 14%，其中轻微大变形 0.9 km，中等大变形 1.14 km，严重大变形 0.27 km。变形段一般变形持续时间长，有滞后变形及突变变形现象。边墙单侧位移最大达 691 mm，拱顶下沉最大达 243 mm。该隧道严重变形段岩体破碎，挤压变形特征明显，属于典型碎裂挤压型大变形。围岩强度应力比 N_C =0.09 ~ 0.46，根据表 5-3 判定为轻微、中等、严重，三个等级大变形均会发生（图 5-13，图 5-14）。

4. 变形原因分析

施工揭示围岩受区域构造影响节理裂隙发育、局部呈碎块状，在大埋深及构造影响严重段落，隧道支护侧边墙挤压严重，较长时间持续变形。

5. 控制措施及效果

按照分级控制、优化洞形、主动加固、强化支护的大变形主动控制原则。根据现场发生

图 5-13 现场显著的边墙挤入变形

图 5-14 隧道掌子面围岩

的轻微、中等、严重三个等级大变形分别设计了衬砌轮廓和支护参数，严重大变形段采用圆形断面，设计断面如图 5-15 所示。初期支护采用了双层 H 型钢支护，长短锚杆结合等主要措施；由于隧道侧向压力和变形大，重点加强了边墙锚杆的长度。在开挖技术方面，强调了“快挖、快支、快封闭”技术，优化工法采用大断面开挖，在 2 倍洞径左右快速成环，后期及时对围岩进行补注浆固结松动圈。这些措施的实施对变形控制的效果非常明显。

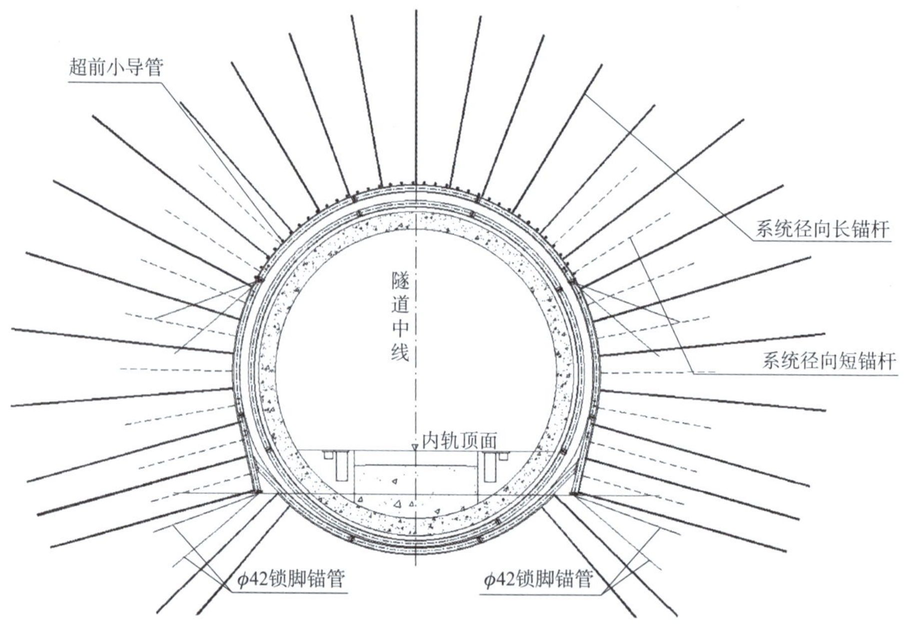

图 5-15 隧道严重大变形断面示意图

5.5.3 成兰铁路杨家坪隧道—陡倾岩层弯折型大变形

1. 隧道概况

杨家坪隧道全长 12 815 m，隧道进口段 1 500 m 为双洞单线分修隧道，其余 11 125 m 为单洞双线合修隧道，出口段 190 m 茂县车站伸入隧道，为三线车站大跨隧道。线路纵坡为单面上坡，最大埋深 745 m，采用“4 横洞”辅助坑道方案。

2. 地质概况

隧区位于龙门山中段,大屋基背斜北西翼,处于龙门山主中央断裂带与龙门山后山断裂带之间。主要发育杨家坪背斜,杨家坪向斜及千佛山斜冲断层。全隧 90% 段落岩性为绿泥石千枚岩,岩石抗压强度 7 MPa,掌子面围岩为陡倾(70°以上),薄片状,节理裂隙较发育,局部段落岩体破碎,岩层走向沿线路方向,变形优势方向明显。实测最大水平地应力约 22 MPa,与隧道洞轴方向夹角约 26°,以水平构造应力为主,侧压力系数 2.48。杨家坪隧道地质纵断面示意如图 5-16 所示。

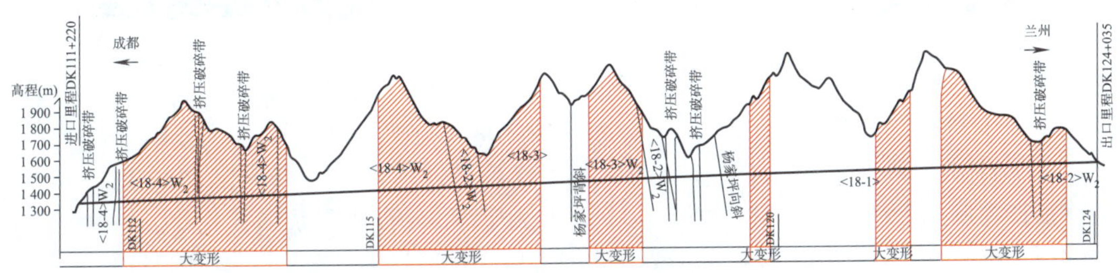

图 5-16　杨家坪隧道地质纵断面示意图

3. 变形特征

杨家坪隧道各工区均发生了软岩大变形现象,全隧发生大变形约 7.8 km,变形段占全隧的 61%,其中轻微大变形 5.2 km,中等大变形 1.9 km,严重大变形 0.7 km。全隧掌子面纵向稳定性好,但横向稳定性差。边墙单侧位移最大达 605 mm,拱顶下沉最大达 379 mm,边墙的绝对位移通常大于拱顶下沉一倍以上,图 5-17 ~ 图 5-19 为初期支护变形、掌子面陡倾岩层地层和超前水平钻孔变形情况。该隧道岩层弯折型变形特征明显,属于典型岩层弯折型大变形。围岩强度应力比 $N_{C}=0.1\sim0.4$,根据本章 5.2 节表 5-3 判定为轻微、中等、严重,三个等级大变形均会发生。

4. 变形原因分析

施工揭示围岩呈竖向薄片状结构,受区域构造影响节理裂隙发育、层间结合差,在洞室开挖后应力重分布情况下,易于出现弯折压溃变形,在较高原始地应力作用下,隧道支护侧边墙挤压严重,因此导致大变形的发生。

图 5-17　现场显著的边墙挤入变形

图 5-18　陡倾围岩掌子面照片

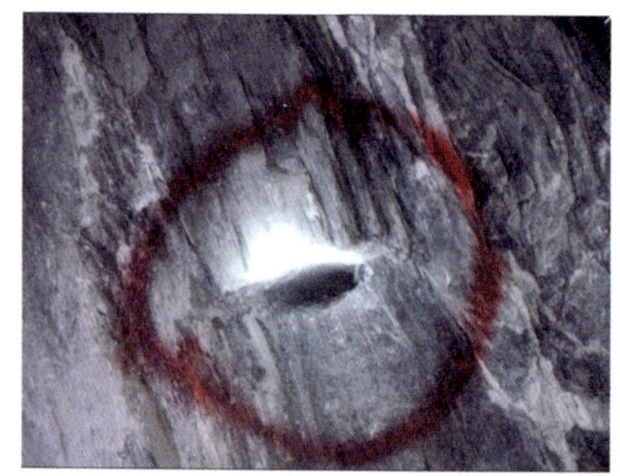

图 5-19　超前钻孔受挤压变形

5. 控制措施及效果

由于岩层陡倾、侧压力大，变形控制以采用作长锚杆强化边墙支护作为重点。为尽早发挥锚杆控制变形的功能，锚杆砂浆采用快凝早强砂浆，与普通砂浆锚杆相比，采用早强锚杆拱顶下沉减小了 47.2%，边墙位移减小了 41.8%。为达到早封闭、早成环的目的，开挖工法由三台阶法优化为“大台阶 + 下台阶带仰拱”的两台阶开挖法，并辅以大型机械化配套施工。采用这些措施后，施工质量、工程进度和变形控制效果明显。代表性支护参数见表 5-9，代表性横断面如图 5-20 所示。

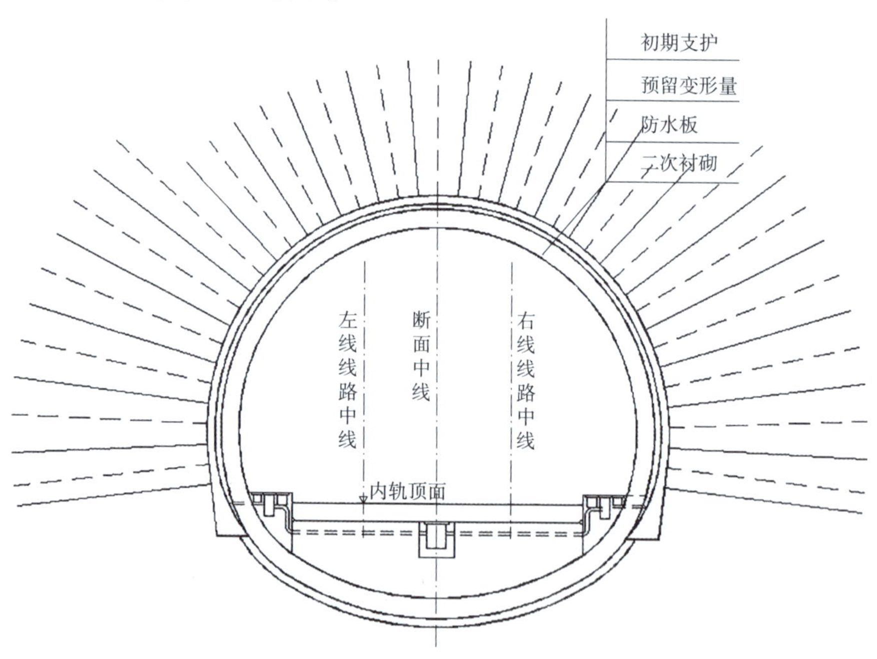

图 5-20　杨家坪隧道中等大变形断面示意图

表 5-9　杨家坪隧道中等大变形支护参数(双线)

预留变形量	35 cm 并与施工工序匹配
断面	近圆形轮廓(优化仰拱曲率)
喷混凝土	C30 早高强喷混凝土，25 cm 厚

续上表

预留变形量	35 cm 并与施工工序匹配
钢架	H175 型钢,0.6/榀
钢架锁脚	ϕ42 钢花管(5.0 m)
锚杆	拱部 90°范围 ϕ22 组合中空锚杆,其余拱部、边墙 ϕ25 中空锚杆(6 m)
	间距 1.2×0.8(环×纵)
钢筋网	全环 ϕ8 钢筋网(20 mm×20 mm)
超前支护	拱部 120°范围设置 ϕ42 小导管
二次衬砌	55 cm 厚钢筋混凝土

5.5.4　成昆铁路保安营 1 号隧道—水平岩层弯折型大变形

1. 隧道概况

保安营 1 号隧道为单线隧道,设计时速为 80 km,全长 13 326 m,属越岭隧道,设计为单面上坡,最大埋深约 887 m。辅助导坑采用四座斜井、一座平导。隧道平面布置如图 5-21 所示。

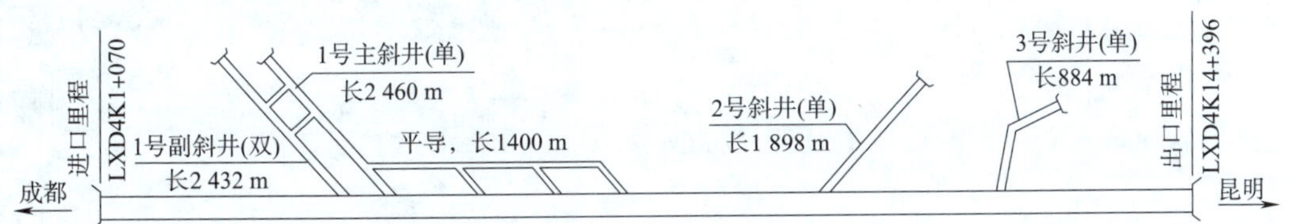

图 5-21　保安营 1 号隧道平面示意图

2. 地质概况

隧址属构造剥蚀高中山地貌,地形起伏较大。测区地处扬子准台地西缘康滇地轴中段,构造以南北向和北北东向断裂构造为主,褶皱构造次之。区域性活动断裂元谋—绿汁江断裂于金沙江东岸坡麓地带大致平行通过,距测区约 10 km,区内发育竹木山(保安营)向斜及保安营正断层。

隧道通过主要地层岩性为第三系昔格达组(N_2x)页岩夹砂岩,三叠系上统宝鼎组下段(T_3bd^1)砂岩、页岩互层夹炭质页岩、砾岩及煤,元古界康定群大田组上段(Pt_1d^2)混合岩、角闪岩夹云母片岩、花岗岩,晋宁期(δo_2)花岗闪长岩。隧道地质纵断面示意如图 5-22 所示。

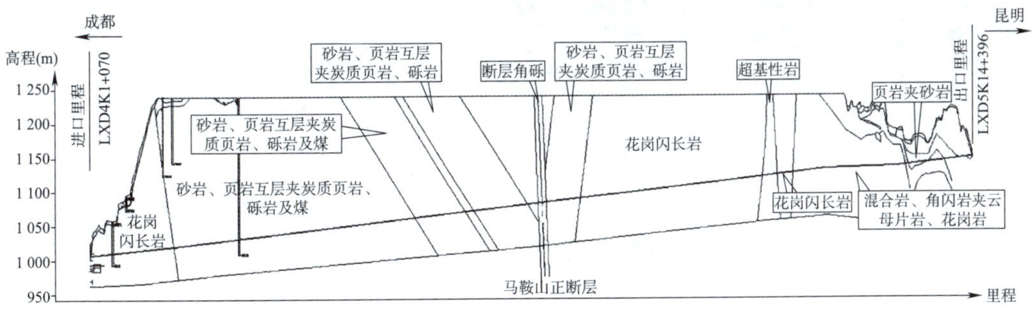

图 5-22　保安营 1 号隧道地质纵断面示意图

隧道岩性复杂多变，不良地质主要为缓倾岩层、高地应力，还有煤层与瓦斯、高地温等问题。本节主要介绍缓倾岩层、高地应力。

（1）缓倾岩层：隧道通过宽缓的竹木山（保安营）向斜核部，地层岩性为三叠系上统宝鼎组下段（T_3bd^1）砂岩、页岩互层夹炭质页岩、砾岩及煤，岩层产状平缓，一般真倾角为 5°～17°，局部 25°，陡倾节理及垂直节理发育，多为 68°～90°，受构造影响，岩体多被切割成块体状，隧道开挖后，拱顶易产生掉块、坍塌，Ⅲ级围岩。

（2）地应力：勘察期间在 3 个钻孔内进行了地应力测试，最大主应力 7.0～22.3 MPa，以水平主应力为主。

3. 施工阶段地质揭示情况

施工揭示地层岩性与勘察阶段基本一致，为三叠系上统宝鼎组下段（T_3bd^1）砂岩、页岩互层夹炭质页岩、砾岩及煤，缓倾岩层，属煤系地层。砂岩层厚主要为 10～50 cm 中厚层状，夹 2～3 层 0.5～1.5 m 厚层～巨厚层状，以Ⅲ级围岩为主，掌子面地质情况如图 5-23 所示。隧道主要采用Ⅲh 型复合衬砌。在仰拱开裂处钻孔揭示隧底为中厚层、厚层砂岩硬质岩夹薄层页岩软质岩，其中砂岩硬质岩比重占 86%～94%。

图 5-23　施工揭示掌子面围岩情况

为进一步查明保安营 1 号隧道地应力水平，施工阶段开展了地应力补充勘察工作。在隧道进口、1 号斜井和 2 号斜井采用应力解除法进行了 5 个测点的测试工作，测得最大主应力在 16～21 MPa，与隧道大角度相交，对隧道不利。

4. 施工阶段大变形情况

施工阶段隧道正洞、平导和斜井都发生了不同程度的大变形。

（1）拱部变形纵向开裂掉块。隧道正洞和平导的部分段落均出现拱部纵向初支混凝土的开裂、剥落和掉块现象，局部型钢钢架扭曲变形，现场照片如图 5-24 和图 5-25 所示。

（2）隧道仰拱隆起纵向开裂。隧道正洞仰拱部分段落隆起、纵向开裂。仰拱在施工完成时仰拱混凝土填充层表面无明显裂缝，在施工完成后的第 7 天左右表面开始出现裂缝，裂纹基本沿隧道中心线混凝土填充层纵向发展，表面呈闭合～微张状，宽度 0～5 mm，向下延伸，属于张性裂纹，如图 5-26 所示。

（3）1 号主、副斜井底板隆起开裂

保安营 1 号隧道 1 号斜井施工至埋深 200 m 左右，底板开始隆起，并有逐渐加重的趋势。其中隆起较严重段的底板最大隆起高度约 1 m，底板横断面呈“人”字形；而且该段边墙出现开裂，部分地段边墙喷混凝土出现剥落。典型照片如图 5-27 所示。

图 5-24　正洞初支剥落、钢架变形扭曲

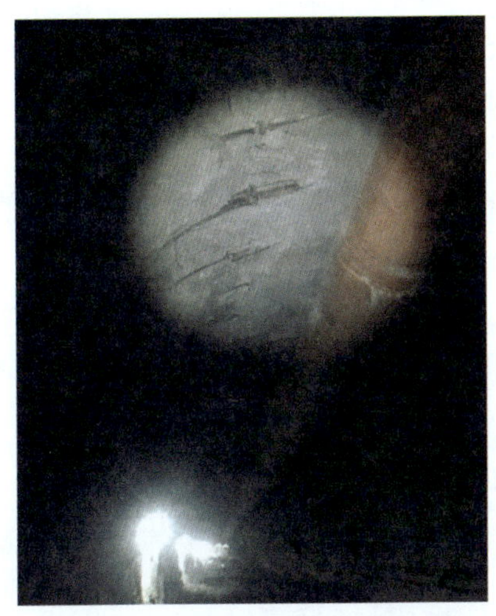

图 5-25　平导初支剥落、钢架变形扭曲

图 5-26　隧道仰拱混凝土填充层裂纹

图 5-27　1 号斜井底板隆起情况

5. 大变形原因分析

保安营 1 号隧道通过的岩性为砂岩夹页岩，围岩级别为Ⅲ级，砂岩的强度高、占比大(86% ~ 94%)，垂直节理发育；地层产状平缓，为近水平状波状起伏的缓倾岩层(真倾角一般 3° ~ 8°，局部达约 15° ~ 20°)；实测最大水平主应力 21.69 MPa，属于极高应力场区，主应力方向与隧道走向近垂直(87°)。因此，高地应力环境下近水平、中薄层和软硬相间岩层的弯曲变形是隧道产生大变形病害的主要原因。

大变形地段以硬质砂岩为主，岩石的强度较高、节理发育，与强度较低的薄层页岩互层，围岩岩体的整体强度较低，属于碎裂挤压型大变形。由于岩层产状近水平，岩层的破坏表现出弯曲折断的特征，因此也可以划分为岩层弯折型大变形。围岩强度应力比 N_C = 0.2 ~ 0.4，根据本章 5.2 节，表 5-3 判定为轻微、中等等级大变形。

6. 工程对策

针对保安营水平缓倾岩层，由于高地应力引起的弯曲变形，为防止隧道出现底鼓，将原马蹄型衬砌的仰拱矢跨比由 1/8 调整为 1/6；同时，加强初期支护和二次衬砌。初期支护调整为全环 I20b 型钢，钢架间距 1.0 ~ 1.5 m/榀，拱墙、仰拱增设长锚杆，二衬采用全环配筋钢筋混凝土。初期支护参数见表 5-10，大变形衬砌断面形式如图 5-28 所示。

表 5-10　初期支护参数表

预留变形量		C25 喷射混凝土		φ8 钢筋网		锚　　杆		
设置部位	厚度（cm）	设置部位	厚度（cm）	设置部位	网格间距（cm）	设置部位	长度（m）	间距（m）
拱墙仰拱	10	拱墙	33	拱墙	20×20	拱墙	8	1.0×1.0
		仰拱	33			仰拱	6	

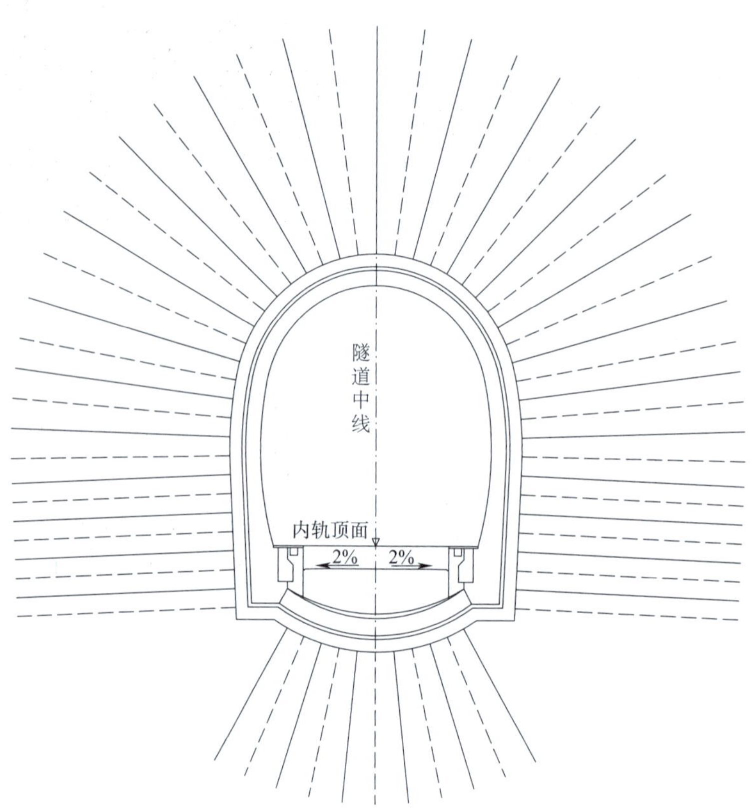

图 5-28　大变形衬砌断面形式示意

保安营 1 号隧道施工过程中还出现过轻微岩爆现象。在同一个地应力环境下硬岩岩爆与大变形同时发生的情况并不多见，这与岩层的完整程度有一定的关系，值得我们今后在理论和实践中进一步探讨。

5.6　小　　结

近年来，随着铁路建设的大规模发展，大埋深、高地应力隧道呈现出不断增多的趋势，软岩大变形问题也越来越突出，尤其是在西南艰险复杂山区。通过成兰等铁路的科研与工程实践，对大变形隧道开展了较为系统的研究，提出了采用主动支护控制大变形的设计理念，在支护措施、施工工艺、工法、机具配套等关键技术方面取得了一定的突破。但大变形机理复杂,影响大变形的因素较多,大变形问题仍是隧道工程界一大难题,存在大变形预测难,严重、极严重大变形工程处理难,二衬施作时机确定难等问题,在后续隧道工程建设中还需要持续进行深入研究。

第6章 岩爆隧道

岩爆是高地应力的产物,是具有大量弹性应变能储备的硬质脆性岩体,由于洞室开挖,径向约束解除,环向应力骤然增加,造成岩片(块)脱离母体,猛然向临空方向抛(弹)射,经历快速"劈裂—剪折—弹射"的渐进破坏过程,并伴随声响和振动。

岩爆往往发生在完整岩体中,没有明显的预兆,抛射岩块范围自几米至几十上百米。其对隧道施工的影响主要表现在恶化施工环境,对人员、设备及隧道支护造成损伤和破坏,增加了安全风险,降低施工效率。因此如何选择合理的工程措施减小岩爆造成的损失对于实际工程是至关重要的。

本章主要介绍岩爆的机理、影响因素、岩爆分级,并结合工程案例对预测预报技术及防治措施等进行介绍。

6.1 岩爆成因机理

6.1.1 岩爆发生机理

对岩爆作用机理的理论研究,目前主要有岩石破坏的强度理论、能量原理、刚度理论,以及均匀介质中的集中力作用、单力偶和双力偶岩石破坏理论、断层破坏理论、岩石的非线性破坏理论等。其中强度理论、能量原理、刚度理论为最常用的理论依据。

1. 强度理论观点

岩爆是重分布应力达到岩石强度时产生的破坏。用格里菲斯理论解释,岩爆为拉伸破坏;用摩尔—库仑准则解释,岩爆为剪应力作用产生的剪切破坏。

2. 能量理论观点

从能量的观点来看,岩爆的形成过程是岩体中的能量从储存到释放直至最终使岩体破坏而脱离母岩的过程。因此,岩爆是否发生及其表现形式主要取决于岩体中是否储存了足够的能量,是否具有释放能量的条件及能量释放的方式等。岩石在破坏前积聚的变形能 W_e 与破坏后消耗的塑性变形能 W_p 之比 W_{et}($W_{et}=W_e/W_p$),是衡量岩石是否在破坏时产生冲击以及冲击程度的重要指标。

3. 刚度理论观点

刚度理论的产生源于刚性压力机,认为岩爆取决于岩石加载过程的刚度 K_m 与应力达到峰值以后卸载过程的刚度 K_s 比值,提出了刚度冲击性指标 K_{cf},$K_{cf}=K_m/|K_s|$,认为当 $K_{cf}<1$ 时岩爆就可能发生。

6.1.2 岩爆影响因素

影响岩爆发生的因素很多,归纳起来主要有原始地应力、岩性、岩体结构、埋深、地形、地下水、施工影响等。

1. 原始地应力

岩爆从能量角度来说是岩体中弹性应变能的释放,因此发生岩爆的岩体首先应储备较高的弹性应变能,是岩爆发生的必备条件。而岩体中储存的应变能主要由原始地应力决定。原始地应力对岩爆的影响主要表现在如下两个方面:

(1)原始地应力的大小

同样的岩体条件下,原始地应力越高,则弹性应变能越高,则发生岩爆的可能性及等级越高。

(2)原始地应力的方向

原始地应力的方向将影响岩爆发生部位及规模。一般情况下最大主应力方向与隧道轴线一致时,岩爆发生规模将小于最大主应力方向垂直于隧道轴线工况。

原始地应力主要受岩体自重、地形、地质构造活动等的影响。

2. 岩体条件

岩体条件的影响主要有以下几个方面:

(1)岩石强度

大量岩爆记录资料显示,岩爆几乎都发生在如花岗岩、闪长岩等脆性坚硬的硬质岩中,其抗压强度均大于60 MPa。因为岩石强度越大,则储存应变能的能力越大,只有储存足够的应变能,断裂后的岩块才能获得足以弹射、抛出的动能,形成岩爆。影响岩石强度的有岩性、岩体完整性及含水量等。

(2)完整性

一般情况下,完整岩体更易发生岩爆,主要是因为完整岩体储能条件更好,岩体比较破碎时,不具备储存大能量的条件;但当地应力足够大时,裂隙发育的围岩,也同样具备发生岩爆的可能。

(3)岩体结构

岩体中存在较多的结构面,开挖后,岩块更易从岩体结构薄弱面剥离飞出形成岩爆。因此岩体结构的产状、走向等对岩爆发生的部位也有很大影响。

(4)水的作用

一般发生岩爆地段都是干燥无水的段落。这是由于含水岩石的孔隙率较高,节理、裂隙发育,使其存储应变能的能力降低。

3. 施工影响

产生岩爆的重要条件之一是开挖后引起的二次应力局部集中。应力集中不仅与原始地应力有关,与开挖轮廓,开挖方法等也密切相关。主要有如下几个方面影响:

(1)开挖轮廓

在同样的应力环境条件下,圆顺的洞形有利于减少开挖后二次应力集中,从而能降低一定岩爆强度。圆形断面积应力集中效应小于非圆形断面,因此圆形断面发生岩爆的烈度和概率都要低于非圆形断面。

(2)开挖方法

采用钻爆法施工,爆破造成的岩体裂隙,爆破振动是也是触发岩爆的因素之一。而若采用 TBM 等机械开挖,开挖洞形圆顺,无爆破振动影响,发生岩爆的概率要小于同样地质条件下的钻爆法。

(3)此外开挖进尺、支护措施以及支护时机等人为因素,均会对岩爆的发生产生影响。

6.2 岩爆分级及类型

6.2.1 岩爆分级

对于岩爆分级问题,目前没有统一的标准,一般依据与岩爆有关的单项或少数几项指标来划分。现在的趋势是更加侧重于实际的表观现象,也就是根据岩爆发生时岩体的破坏表现程度来分级,这样更方便现场施工人员对岩爆等级进行直观的判断。

1. 实际工程中岩爆烈度分级

实际工程中关于岩爆分级标准主要来源于公路隧道,其资料详见表 6-1 ~ 表 6-4。

表 6-1　大相岭隧道岩爆烈度分级表

级别特征	轻微岩爆	中等岩爆	强烈岩爆
工程危害	工程建设受到岩爆的轻微影响,需要现场施工人员注意防范,适当采取工程措施就可使施工正常进行	工程建设受到岩爆较为显著的影响,需要对现场人员及设备进行防护或者采取一定的措施降低岩爆的发生程度	对工程建设影响巨大,由于岩爆剧烈,往往造成工程无法施工,若不注意就会造成人员伤亡及设备损坏的重大损失,必须采取有效措施才能保证工程继续进行
声响特征	噼啪声、撕裂声	清脆的爆裂声	强烈爆裂声
运动特征	爆裂松脱、剥离	爆裂松脱现象严重,有时会发生弹射	剧烈的爆裂弹射,甚至抛掷
断口特征	新鲜贝壳状	贝壳状、弧形凹腔、楔形	规模大的弧形凹腔,楔形
时效特征	零星间断爆裂	持续时间长,有向深度发展特征	具有突发性,迅速想围岩深度发展
影响深度	深度在 1 m 以下	深度在 1 ~ 2 m	深度在 2 m 以上

表 6-2　秦岭隧道岩爆烈度划分标准

岩爆烈度	岩爆特征描述
无岩爆	没有发自岩石的响声,无岩石应力引起的岩爆问题
轻微岩爆	轻微的岩爆活动,新开挖岩壁有噼啪响声,岩石劈裂成板块状,厚度一般小于 10 cm,个别大于 10 cm;洞壁表面岩石被劈裂成板状或透镜状岩片松脱坠落,岩爆坑深数厘米至十几厘米,有时仅有岩石爆裂的新鲜破裂面;爆坑沿隧道轴向长度小于 10 m,零星分布
中等岩爆	中等程度的岩爆活动,岩石发出清脆的爆裂声响,似枪声,岩石被劈裂成棱块状、片状、透镜状岩片,厚度 5 ~ 20 cm,个别达 30 ~ 40 cm;洞内重复发生劈裂、剪断,弹射或松脱坠落,形成横断面呈现三角形、弧形及梯形的岩爆坑,有相当数量的岩石松脱坠落,偶有小岩片弹射,爆坑一般十几厘米深,最深达 150 cm;爆坑沿隧道轴向 10 ~ 20 m,呈片状分布
强烈岩爆	剧烈的岩爆活动,爆破后,洞壁、拱部立即发生剧烈的爆裂、崩落、弹射,发出巨大的声响,似炮声或雷声,岩石被劈裂成棱块状、板状、片状,厚度一般大于 10 cm,最厚可达 100 cm;爆裂岩石数量大,洞壁形成大量超挖局面,洞形不规则;岩爆坑深几十厘米,最深可达 200 cm,沿隧道轴向长多大于 20 cm,多连续或成片分布

表 6-3 二郎山隧道岩爆烈度划分标准

分类	岩爆描述	判据	
		σ_{Hmax}(MPa)	σ_{Hmax}/σ_v
微弱	岩石个别松脱和破裂,有微弱声响	<30	1.0~1.5
中等	有相当数量的岩片弹射和松脱,洞内岩体变形,有随时间发展的趋势,有的岩体有强烈的爆裂活动	30~40	1.5~2.0
强烈	顶板和侧壁发生强烈岩片弹射,甚至有巨石抛射,伴随有巨大声响,周边围岩变形严重,可引起洞室坍塌	>40	>2.0

注:σ_{Hmax}为最大竖向地应力(MPa);σ_v为最大竖向地应力(MPa)。

表 6-4 玉峰寺隧道岩爆预测烈度分级

烈度等级	轻微岩爆	中等岩爆	强烈岩爆
宏观现象	岩石有片状剥落、松脱、破裂现象,局部零星发生,声响微弱或无声响,洞壁表面局部轻微破场,不损坏机械设备;对施工影响轻微	洞壁岩石有较大范围破场,相当数量的岩片弹射和松脱,爆裂脱落、剥离现象较严重,可成片发生且向洞壁内部发展,形成V形三角坑,有随时间发展的趋势,有似了弹射击声和清脆的爆裂声,持续时间较长,对施工生产有一定影响,个别情况下损坏设备	拱顶严重崩落,拱脚岩石弹射,底板隆起,周边变形,成片连续发生,具有延续性。可以听到类似发射子弹、炮弹的强烈声响。“劈裂一剪断一弹射”过程迅速,并急剧向洞壁深处扩展。生产中断

2. 行业标准中岩爆分级标准

铁路隧道岩爆分级标准见表6-5,公路、水电等相关行业标准中关于岩爆分级标准的资料见表6-6及表6-7。

表 6-5 《铁路隧道设计规范》中岩爆分级标准

岩爆分级	岩石强度应力比(R_c/σ_{max})	分级描述
轻微	4~7	围岩表层有爆裂、剥离现象,内部有噼啪、撕裂声,人耳偶然可听到,无弹射现象;主要表现为洞顶的劈裂~松脱破坏和侧壁的劈裂~松脱、隆起等;岩爆零星间隔发生,影响深度小于0.5 m;对施工影响小
中等	2~4	围岩爆裂、剥离现象较严重,有少量弹射,破坏范围明显;有似雷管爆破的清脆爆裂声,人耳常可听到围岩内的岩石撕裂声;有一定持续时间,影响深度0.5~1 m;对施工有一定影响
强烈	1~2	围岩大片爆裂脱落,出现强烈弹射,发生岩块的抛射及岩粉喷射现象;有似爆破的爆裂声,声响强烈;持续时间长,并向围岩深部发展,破坏范围和块度大,影响深度1~3 m;对施工影响大
极强	<1	围岩大片严重爆裂,大块岩片出现剧烈弹射,震动强烈,有似炮弹、闷雷声,声响剧烈;迅速向围岩深部发展,破坏范围和块度大,影响深度大于3 m;严重影响施工工程

注:1. 岩爆判别适用于完整~较完整的中硬、坚硬岩体,且无地下水活动的地段。

2. R_c为岩石饱和单轴抗压强度(MPa),σ_{max}为最大地应力(MPa)。

表 6-6 《公路隧道设计细则》中岩爆分级标准

岩爆级别	R_c/σ_{max}	分级描述
Ⅰ	>7	开挖中无岩爆发生
Ⅱ	4～7	开挖中可能出现岩爆,洞壁岩体有剥离和掉块现象,新生裂纹较多,成洞性较差
Ⅲ	<4	开挖中时有岩爆发生,有岩块爆出,洞壁岩体发生剥离,新生裂纹多,成洞性差

注:R_c 为岩石饱和单轴抗压强度;σ_{max} 最大主应力压强度。

表 6-7 《水利水电工程地质勘察规范》中岩爆分级标准

岩爆分级	岩石强度应力比 R_c/σ_{max}	主要现象和岩性条件
轻微岩爆	4～7	围岩表层有爆裂射落现象,内部有噼啪、撕裂声,人耳偶然可听到;岩爆零星间隔发生,一般岩爆影响深度小于0.1～0.3 m;对施工影响较小
中等岩爆	2～4	围岩爆裂弹射现象明显,有似子弹射击的清脆爆裂声响有一定的持续时间。破坏范围较大,一般影响深度0.3～1 m,对施工有一定影响,对设备及人员安全有一定威胁
强烈岩爆	1～2	围岩大片爆裂,出现强烈弹射,发生岩块抛射及岩粉喷射现象,巨响,似爆破声,持续时间长,并向围岩深部发展,破坏范围和块度大,一般影响深度1～3 m;对施工影响大,威胁机械设备和人员人身安全
极强岩爆	<1	洞室断面大部分围岩严重爆裂,大块岩片出现剧烈弹射,震动强烈,声响剧烈,似闷雷。迅速向围岩深处发展,破坏范围和块大,一般影响深度大于3 m,乃至整个洞室遭受破坏;严重影响施工,人才损失巨大,最严重者可造成地面建筑物破坏

注:R_c 为岩石饱和单轴抗压强度;σ_{max} 最大地应力压。

目前,各规范对岩爆分级的标准不一,但无一例外均采用了围岩应力强度比作为判断标准,且对岩爆分级描述上基本一致。参考各行业规范及既有工程岩爆分级方法,本书结合拉林铁路现场工程实践,提出表 6-8 所列的岩爆综合分级标准。该标准以岩爆发生时的各种物理力学特征为主要依据,并结合围岩应力强度比值进行分级,方便工程技术人员对岩爆等级的现场判识。

表 6-8 岩爆综合分级标准

判别方法/分级	轻微岩爆	中等岩爆	强烈岩爆	剧烈岩爆
声响特征	噼啪声、撕裂声	清脆的爆裂声	强烈的爆裂声	剧烈的闷响爆裂声
运动特征	松脱、剥离	爆裂松脱、剥离现象严重	大片爆裂,出现弹射或动下落	大片连续爆裂,大块岩片出现弹射
时效特征	零星间断爆裂	持续时间较长,有随时间累进性向深部发展特征	具有延续性,并迅速向围岩深部扩展	具突发性,并迅速向围岩深部扩展
工程危害	影响甚微,适当的安全措施就可使施工正常进行	有一定影响,应及时采取挂网喷锚支护措施,否则有向深部发展的可能	有较大影响,应及时挂网喷锚支护措施	严重影响甚至摧毁工程,必须采取相应的特殊措施加以防治

续上表

判别方法/分级	轻微岩爆	中等岩爆	强烈岩爆	剧烈岩爆
岩爆块形态特征	薄片状、薄弧形片状、薄透镜状	透镜状、棱板状	棱板状、块状、板状	板状、块状或散体
发生部位	掌子面、边墙及拱肩	拱肩及拱腰	主要在边墙与拱部,可波及其余部位	边墙及拱部,可波及其余部位
断口特征	新鲜贝壳状	贝壳状、弧形凹腔、楔形	规模大的弧形凹腔,楔形	大规模弧形凹腔或楔形,剪张破坏并存
影响深度	<0.5 m	0.5~1 m	1~2 m	>2 m
预判标准2	$0.15 \leqslant \frac{\sigma_1}{R_c} < 0.25$	$0.25 \leqslant \frac{\sigma_1}{R_c} < 0.35$	$0.35 \leqslant \frac{\sigma_1}{R_c} < 0.45$	$\frac{\sigma_1}{R_c} \geqslant 0.45$

注:表中 σ_1 为最大主应力;R_c 为岩石饱和单轴抗压强度。

6.2.2 岩爆类型

1. 按地应力成因分类

高地应力是岩爆产生的能量来源,根据岩爆岩体高地应力的成因,可将岩爆类型划分为自重应力型、构造应力型、变异应力型和综合应力型四大类。

(1)自重应力型

该类岩爆主要发生在地壳中水平构造作用轻微,以重力作用为主,积累了大量弹性应变能的地区。因而这类岩爆主要受自重应力控制,多发生在一定埋深条件下,岩爆强度、发生次数等一般随埋深增大而增加。

(2)构造应力型

该类岩爆主要受构造应力控制,可以分为以下三个亚类:第一类岩爆主要发生在最大主应力近于水平的高地应力区和地壳中构造应力较为集中的部位(如褶皱翼部等),在水平构造应力长期作用下,岩体内储存了足以导致岩爆的弹性应变能,重力和地形对该亚类岩爆影响不明显,因而无统一的岩爆临界深度;第二类为断层错动引起的岩爆,当开挖靠近断层,特别是从断层底部通过时,工程开挖使作用于断层面上的正应力减小,从而使沿断层面的摩擦阻力降低,引起断层局部突然重新活动,形成岩爆,并常造成地震,该亚类岩爆一般多发生在构造活动区埋深较大的地下工程中,破坏性大;第三类岩爆主要发生在距断裂构造(带)一定距离范围的局部构造应力增高区,它是由于断裂构造活动导致局部岩体发生松弛现象,造成局部应力降低带,其应力则向断裂构造(带)两侧一定范围的围岩中转移,从而形成了该类局部构造应力增高区。

(3)变异应力型

后期岩浆侵入体对围岩在垂直其接触面的方向上能造成很大的压应力,从而可以形成高变异应力区形成的岩爆活动。

(4)综合应力型

综合应力型系自重应力、构造应力和残余应力等联合作用的结果,彼此难以分清主次。这类岩爆总体上可以归纳为以下两个亚类:第一类主要发生在深山区、峡谷两岸及谷底等形成的高地应力区,最大主应力与水平面夹角多介于20°~70°之间,由于上述应力的作用方式、大小及其组合关系较为复杂,故该亚类岩爆破坏形式多种多样,岩爆强烈程度差异悬殊,产生岩爆的深度也相差较大;第二类主要发生在综合应力作用条件下由岩性软硬条件所造成的局部应力集中区,当开挖至岩性软硬变化部位时,该亚类岩爆多发生在硬脆性夹层侧,究其成因系邻近软岩的这些硬脆性夹层由于前者应力调整而出现局部应力增高现象所致。

2. 按变形特征分类

按岩爆变形特征可以分为应变型岩爆与滑移型岩爆。

(1)应变型岩爆

应变型岩爆主要在单一岩性的完整岩体中容易积聚较大的弹性应变能,由于地下工程开挖卸荷引起的围岩弹射性破裂现象,其扰动源(即开挖面)与岩爆破坏部位基本一致且发生在开挖后不久。

(2)滑移型岩爆

滑移型岩爆是围岩受爆破扰动沿着已有断裂面或因开挖产生的新断裂面滑移失稳,一般发生部位和扰动源之间存在一定距离。滑移型岩爆破坏性通常比应变型岩爆强烈得多,影响范围更大,发生的时间较为滞后。

3. 按岩爆发生的时间特点分类

按岩爆发生时间与施工开挖的关系可以分为即时型岩爆与时滞型岩爆。

(1)即时型岩爆

即时型岩爆一般发生在开挖卸荷效应影响过程中,在开挖过程中、开挖后几小时或1~3 d内发生,发生位置可在掌子面、拱顶、拱脚、边墙和隧底;同时,还具有以下一些特点:

①即时型岩爆在孕育初期微震的活动性一般,在临近岩爆发生时微震(见6.3.2节)活动性很活跃,一般没有明显的“平静期”。

②即时型岩爆发生的位置取决于围岩所在处的应力集中水平、围岩性质、地质条件及结构面状况;硬性结构面,即使是零星的,也可以诱发高等级的岩爆,同时也对爆坑的边界起到至关重要的控制作用。

③岩爆的发生主要是由拉裂破坏、剪切破坏、压剪混合破坏或(和)拉剪混合破坏而引起的。

(2)时滞型岩爆

时滞型岩爆一般发生在隧道掌子面开挖应力调整扰动范围之外,80%的时滞型岩爆时间上滞后该区开挖时间的6~30 d,空间上在距离掌子面80 m的范围内;同时,还具有以下一些特点:

①时滞型岩爆发生区,一般节理、裂隙、夹层等原生的结构面比较丰富,结构面类型以与洞轴线成小夹角的隐性结构面为主。

②时滞型岩爆发生前微震信息演化规律明显:岩爆区开挖时,应力调整剧烈,围岩的破裂活动较频繁,微震事件时间上持续增加,空间上位置集中;视体积持续增加,有突增趋势;能量指数持续高位,有下降趋势;岩爆发生前夕,微震事件较少,存在一个明显的“平静期”,且岩爆发生时视体积和能量指数变化不明显。

③时滞型岩爆区开挖卸荷后，初期微震事件以拉伸、剪切及拉剪混合型破坏为主；接着，以沿破坏面扩展的拉伸破坏为主；然后，有一个明显的“平静期”；最后，岩爆发生时，以剪切破坏为主导。

6.3 岩爆预测

6.3.1 岩爆预测方法

岩爆预测的常用方法有地质综合分析法和理论分析法两种。

1. 地质综合分析法

地质综合分析法以工程区域内地应力条件、岩性条件、构造地质条件、水文地质条件为依据，以定性方式综合分析工程岩爆倾向性及大致分布范围。

(1)高地应力条件

岩爆的发生是一个能量释放的过程，在高储能环境条件下，隧道开挖造成的高应力释放极有可能诱发岩爆，从而造成施工地质灾害。根据统计已发生岩爆工程区地应力研究结果以及三维地应力反演结果显示，初始最大主应力绝大多数大于20 MPa，甚至达到30 MPa以上，具备发生岩爆的条件，这充分表明初始地应力越大，越容易发生岩爆。

(2)岩性及围岩条件

岩爆的发生与岩体结构类型密切相关。发生岩爆的地段岩性主要为极硬岩类，围岩级别大多数为Ⅰ～Ⅲ级，岩体完整性好，节理裂隙不发育，这些地段的岩石单轴抗压强度均大于60 MPa，有的地段岩石单轴抗压强度达到150 MPa，甚至200 MPa以上，这些有利因素为弹性应变能的储藏提供了先决条件。发生岩爆的地段K_v(岩体完整性指数)大于0.55的较完整和完整岩体中；K_v低于0.55时岩体较破碎，甚至极破碎，而破碎的岩体不能有效的聚积应变能，因此就不能发生岩爆。

(3)构造地质条件

在断层破碎带处，由于在其形成过程中能量已经释放，即使之后再次经历强烈的构造作用和浅表生改造，这部分破碎岩体也已经不具有集聚大量应变能的围岩条件，因此，在断层破碎带处一般不会发生岩爆。但在断层破碎带附近的完整岩体中，当隧道掘进到这个位置时可能有岩爆发生。

(4)水文地质条件

所有发生岩爆的地段，岩体完整、干燥、无地下水活动。岩爆已发生段洞室内岩体一般干燥，潮湿以及滴水现象很少。

2. 理论分析法

在理论研究和施工现场试验相结合的基础上，国内外学者提出了多种岩爆判据，在一定程度上投入了实际应用，并取得了一定的效果，下面列举部分主要的岩爆判据。

(1)卢森 Russense 判据

挪威 Russenes 在1974年曾提出了一个岩爆分级表，可以应用有限元法和 Kirsch 方程计算洞壁最大切向应力$\sigma_{\theta\max}$，根据洞室最大切向应力σ_θ与岩石点荷载强度I_s，建立了岩爆烈度关系图。把 I_s 换算成岩石单轴抗压强度 σ_c，并根据 Russenes 图可得：

$$\begin{cases} \sigma_{\theta\max}/\sigma_c < 0.20(\text{无岩爆}) \\ 0.20 \leqslant \sigma_{\theta\max}/\sigma_c < 0.30(\text{弱岩爆}) \\ 0.30 \leqslant \sigma_{\theta\max}/\sigma_c < 0.55(\text{中岩爆}) \\ \sigma_{\theta\max}/\sigma_c \geqslant 0.55(\text{强岩爆}) \end{cases} \tag{6-1}$$

(2)巴顿判据

巴顿把岩石的单轴抗压强度 σ_c 与原始地应力 $\sigma_{原}$ 的比值作为衡量岩爆的重要指标：

$$\begin{cases} \sigma_c/\sigma_{原} > 5(\text{无岩爆}) \\ 2.5 \leqslant \sigma_c/\sigma_{原} < 5(\text{弱岩爆或中岩爆}) \\ \sigma_c/\sigma_{原} < 2.5(\text{强岩爆}) \end{cases} \tag{6-2}$$

有的采用：$\sigma_{原} = (0.2 \sim 0.4)\sigma_c$ 为中等岩爆，$\sigma_{原} > 0.4\sigma_c$ 为强岩爆。

(3)陶振宇判据

我国陶振宇教授提出的岩爆判别准则：

$$\begin{cases} R_c/\sigma_{原} > 14.5(\text{无岩爆}) \\ 14.5 \geqslant R_c/\sigma_{原} \geqslant 5.5(\text{弱岩爆}) \\ 5.5 > R_c/\sigma_{原} \geqslant 2.5(\text{中岩爆}) \\ R_c/\sigma_{原} < 2.5(\text{强岩爆}) \end{cases} \tag{6-3}$$

(4)有效能量释放率

由波兰的 Motyczka 于 1973 年提出，该指标 η 定义为岩样在单轴抗压试验破坏时岩石碎片抛出的动能 E_t 与试块存储的最大弹性应变能 E_s 之比，即

$$\begin{cases} \eta < 3.2\%\ (\text{无岩爆}) \\ 3.2\% \leqslant \eta < 3.8\%\ (\text{弱岩爆}) \\ 3.8\% \leqslant \eta < 4.4\%\ (\text{中岩爆}) \\ \eta \geqslant 4.4\%\ (\text{强岩爆}) \end{cases} \tag{6-4}$$

(5)能量密度

根据岩体中储存的弹性应变能密度，将岩爆划分为 4 个等级：

$$\begin{cases} W_e < 40\ \text{kJ/m}^3(\text{无岩爆}) \\ 40\ \text{kJ/m}^3 \leqslant W_e < 100\ \text{kJ/m}^3(\text{弱岩爆}) \\ 100\ \text{kJ/m}^3 \leqslant W_e < 200\ \text{kJ/m}^3(\text{中岩爆}) \\ W_e \geqslant 200\ \text{kJ/m}^3(\text{强岩爆}) \end{cases} \tag{6-5}$$

分析以上有代表性的判据可看出：大多数判据都是以洞室围岩的环向应力和径向应力来表达的，在设计阶段岩爆发生条件判别时十分不便，且岩爆发生还受其他多种因素影响，因此在实际使用中精确判定仍存在一定困难。

6.3.2 现场岩爆预测

施工现场主要结合施工期间表观现象、微震监测等手段进行预报预测。微震监测为近年来发展较快的一项岩爆预测技术，准确率相对较高，现结合拉林铁路巴玉隧道岩爆隧道

微震监测预测情况，将微震监测方法作介绍。

1. 微震监测原理及基本概念

岩体在破坏之前，必然持续一段时间以声波的形式释放积蓄的能量。岩体在隧道掘进活动的影响下会产生弹性变形和非弹性变形，而岩体中积蓄的弹性势能将在非弹性变形过程中以震动波的形式沿周围的介质向外逐步或突然释放出去，这种能量释放的强度随着破坏的发展而变化，导致岩体内部产生微震/声发射事件。

微震事件发生后，其产生的震动波沿周围的介质向外传播，放置于孔内紧贴岩壁的传感器接收到其原始的微振动信号并将其转变为电信号，随后将其发送至信号采集仪；之后通过数据传输线路再将数据信号传送给分析计算机，通过分析处理软件可以对微震动数据信号进行多方面处理和分析，实现微震/声发射事件的定位、获取震源参数、趋势跟踪等，并可对定位微震/声发射事件在三维空间和时间上进行预测。微震监测原理如图6-1所示。

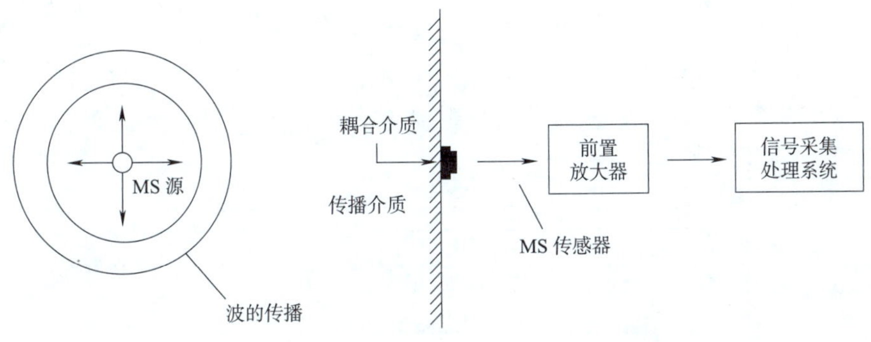

图6-1　微震监测原理示意图

2. 微震监测

综合考虑现场施工情况和监测条件，微震监测一般采用16通道IMS微震系统一套，8个微震传感器。传感器分两个断面进行布置，断面之间相距30 m，第一排传感器距掌子面60 m。由于岩爆主要发生在掌子面附近，传感器布置采用快速安装与回收技术，紧跟掌子面布置以实现实时动态追踪岩爆风险。掌子面每向前推进30 m，回收最后一排传感器重新布置到距当前掌子面60 m处；传感器随着掌子面推进实时移动，始终保证传感器距掌子面最大距离不超过130 m如图6-2所示。

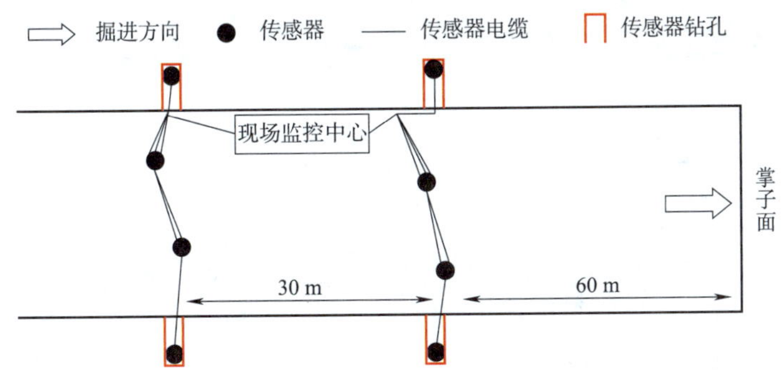

(a)沿洞轴线监测系统布置

图　6-2

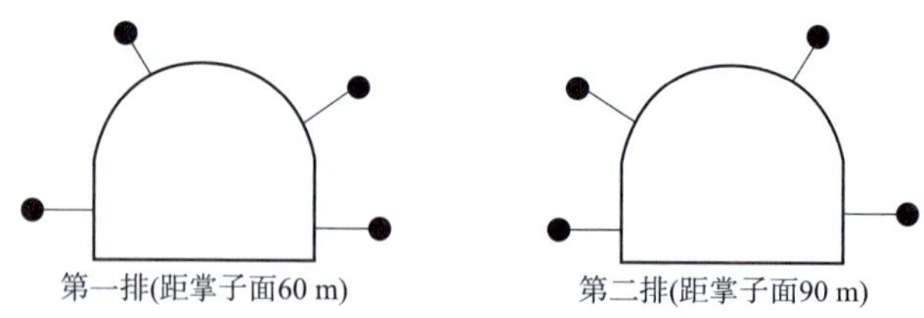

(b)隧道断面传感器布置示意

图 6-2　传感器布置方案

3. 微震数据分析及岩爆预警方法

(1)连续/离散小波－神经网络滤噪

监测过程中,获取岩石破裂源及噪声源(机械设备振动、电气噪声、锚杆钻机钻进及爆破等)典型波形特征,然后根据微震信号特征参数和信号类型,建立相应的数据库;利用神经网络表征它们之间的特征关系,建立微震信号神经网络初始识别模型。将该信号识别模型应用于岩爆孕育过程的实时微震信息分析,并随着监测数据的不断累计,动态更新微震信号数据库和神经网络识别模型,保障信号识别的速度和精度。各类微震源信号的典型时域波形如图 6-3 所示。

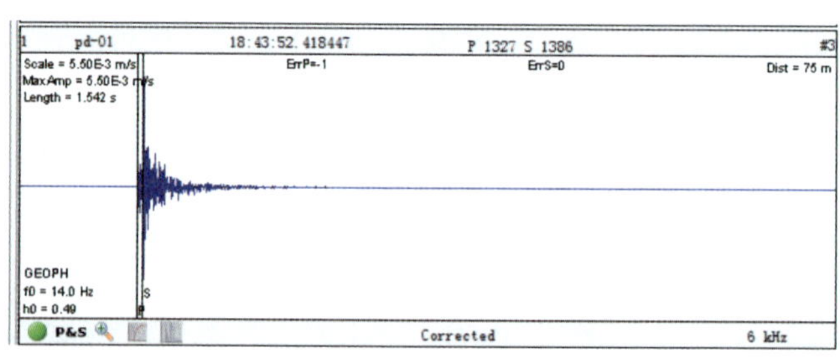

(a)大尺寸岩石破裂信号(岩爆)

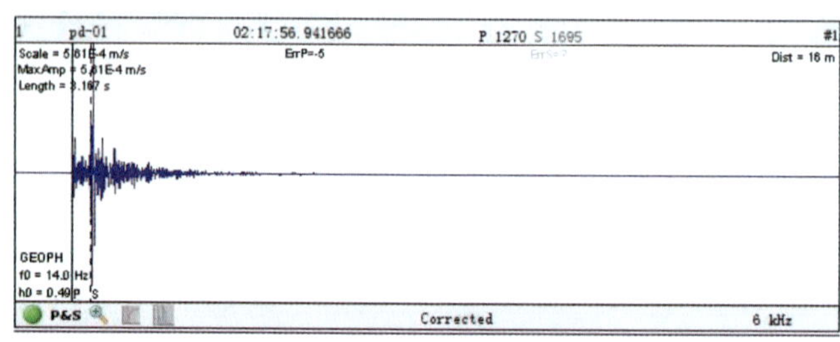

(b)小尺寸岩石破裂信号

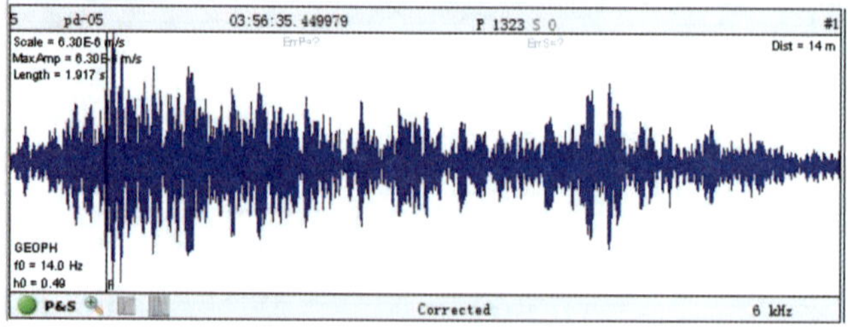

(c)机械振动信号

图　6-3

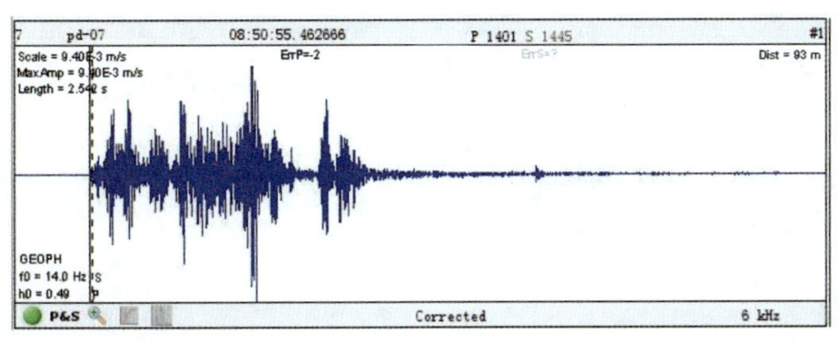

(d)爆破信号

图 6-3　典型微震信号波形

(2)隧道破裂源快速精确定位

采用微震源分层定位方法,利用智能技术解决传统方法对系数矩阵的依赖,联合反演解决波速难于确定的难题,相互耦合解决隧道工程传感器阵列范围之外微震源定位问题。该方法流程如图 6-4 所示。

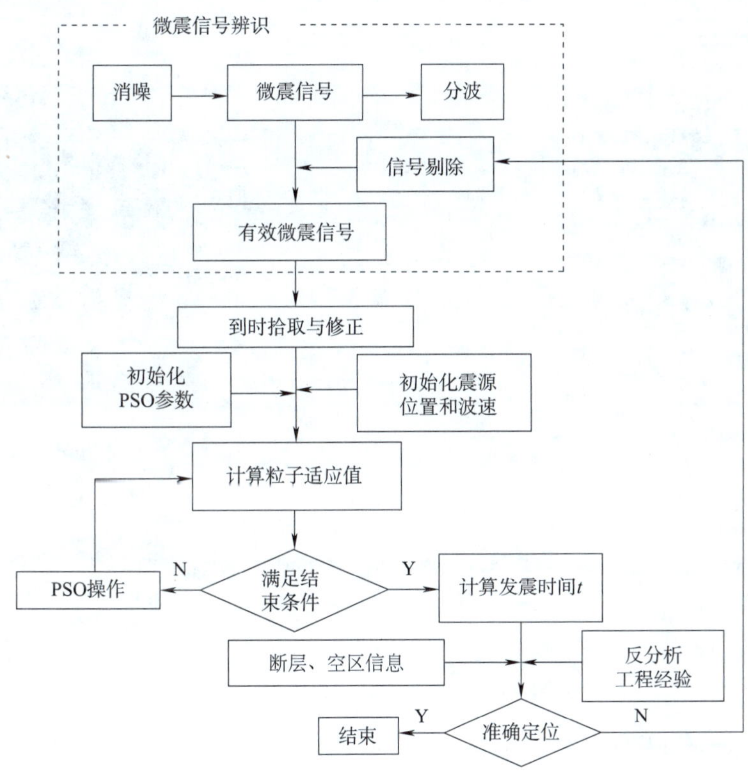

图 6-4　微震源分层 PSO 定位方法

(3)岩爆实时预测

采用基于微震信息演化规律的深埋隧道即时型岩爆风险预测方法对岩爆进行预测,如图 6-5 所示。

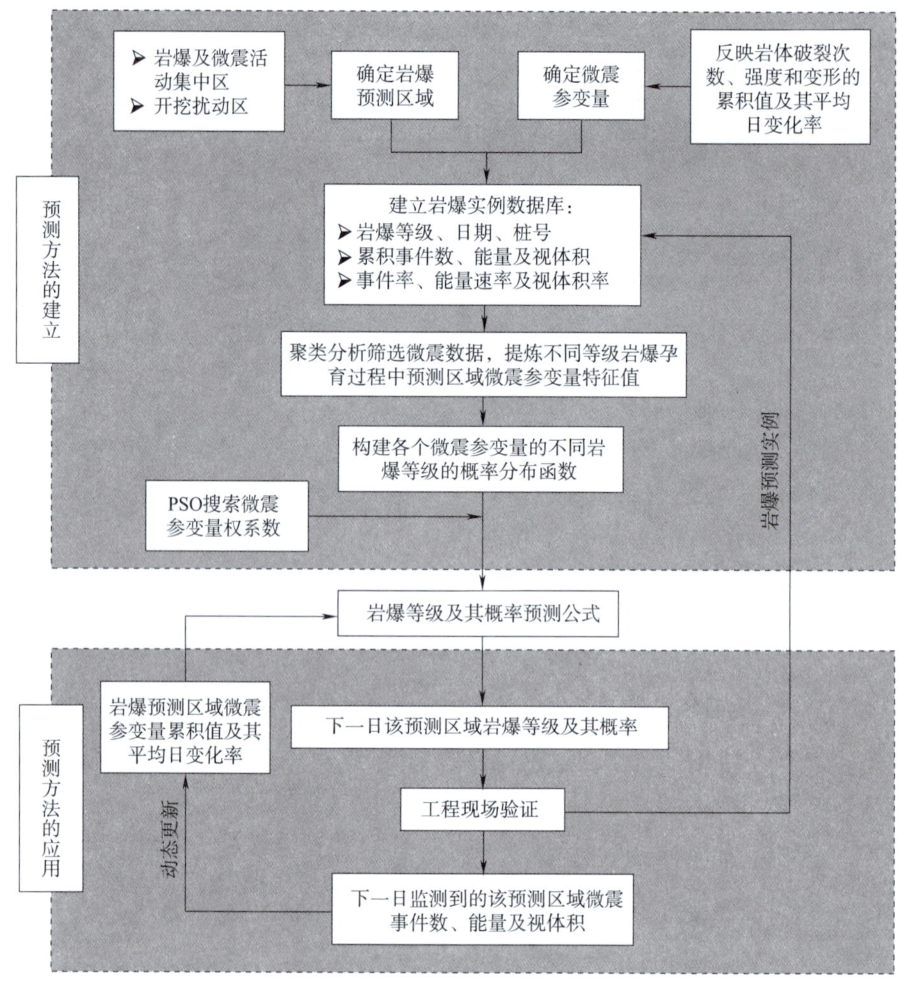

图 6-5　基于微震信息演化规律的深埋隧道即时型岩爆预测方法

6.4　岩爆防治措施及支护结构

6.4.1　岩爆防治原则

一般情况，只有达到相应条件下的储能极限时岩爆才能发生。围岩储能的多少与岩石物理力学性质、围岩应力及围岩的完整程度有密切的联系，防治岩爆就是通过各种措施来消减围岩的储能，使其储能降低到极限水平以下，同时为防止措施不到位造成的人员伤亡，工程中还需要采用一定的支护手段和措施吸收释放的能量。因此，岩爆防治主要原则为改善围岩的物理力学性质，改善岩体应力条件，破坏围岩的完整性，施作合理的耗能结构。

6.4.2　岩爆防治措施

岩爆的施工处置措施主要包括围岩处理、规避、控制爆破质量和合理选择开挖方式。

如何选择合理的工程措施以达到减小岩爆造成的损失对于实际工程是至关重要的。

1. 规范中关于岩爆处置措施的规定

《高速铁路隧道工程施工技术规程》(Q/CR 9604—2015)中针对不同强度等级的岩爆建议采取相应措施,见表 6-9。

表 6-9　铁路相关标准中的岩爆防治措施

岩爆分级	预防措施	治理措施
轻微	采用光面爆破技术,使隧道周边圆顺,减少应力集中;严格控制装药量,减少对围岩的扰动;控制循环进尺,循环进尺不宜大于 3 m;开挖后应及时喷纤维混凝土封闭,厚度宜为 5 ~ 8 cm	采用局部锚杆、应力释放孔等措施
中等		除可采用轻微岩爆措施外,还可采用超前注水、防岩爆锚杆等措施
强烈		应采用及时受力的锚杆,同时挂设钢筋网或柔性防护网,防治岩爆落石。应在开挖工作面上钻应力释放孔或掘进小导洞,使岩层中的高地应力部分释放,再进行隧道的开挖;应采用超前锚杆预支护,锁定工作面前方的围岩

注:应力释放孔直径不宜小于 ϕ70 mm;防岩爆锚杆可采用楔管式、缝管式、水胀式等能及时受力的锚杆,以调整围岩应力分布及加固围岩,锚杆长度宜为 2 m 左右,间距宜为 0.5 ~ 1.0 m。

2. 实际工程中关于岩爆的处置措施

实际工程中铁路、公路、水电等关于岩爆的处置措施详见表 6-10 ~ 表 6 – 14。

表 6-10　二郎山公路隧道岩爆防治措施

岩爆分级	预防措施	治理措施
轻微	一般进尺控制在 2 ~ 2.5 m;尽可能全断面开挖,一次成形,以减少围岩应力平衡状态的多次破坏,控制光爆效果,以减小围岩表面应力集中现象;在掌子面及洞壁喷洒水或高压注水,以弱化围岩;必要时可采用超前钻孔应力解除方法,形成局部应力释放区,以减少(弱)岩爆现象	酌情分二步循环作业,共喷 10 cm 厚 C20 混凝土;ϕ22 系统砂浆锚杆,长 2 m,间距 1.2 m,梅花形布置,加垫板;ϕ6 钢筋网,间距 20 cm × 20 cm
中等		酌情分二或三步循环作业,共喷 10 ~ 12 cm 厚 C20 混凝土;ϕ22 系统砂浆锚杆,长 2.5 m,间距 1 m,梅花形布置,加垫板;ϕ8 钢筋网,间距 20 cm × 20 cm;必要时局部岩爆易破坏部位可酌情增设格栅钢架支撑
强烈	一般进尺控制在 2 m 以内,必要时也可以采用上、下台阶法开挖,以减弱岩爆;提高光爆控制效果,以减小围岩表面应力集中现象;采用超前钻孔应力解除方法、预裂爆破等方法,使岩体应力降低,弹性应变能在开挖前释放;在掌子面及洞壁喷洒水或高压注水,以弱化围岩	必要时掌子面可以采用 TZL 部分预应力超前锚杆加固,长 3.5 m,间距 2 m;分三步循环作业,共喷 12 cm 厚 C20 混凝土;ϕ22 系统砂浆锚杆,长 3 m,间距 0.5 ~ 1 m,梅花形布置,加垫板;ϕ8 钢筋网,间距 20 cm × 20 cm;设格栅钢架支撑

表 6-11　锦屏二级水电站辅助洞(东端)岩爆防治措施

岩爆分级	预防措施	治理措施
轻微	一般进尺控制在 2 ~ 3 m;尽可能全断面开挖,一次成形,以减少围岩应力平衡状态的破坏;及时在掌子面和洞壁喷洒水;必要时采用超前钻孔应力解除法来释放部分应力	局部岩爆段可以通过初喷 5 cm 厚的 CF30 钢纤维混凝土来防止洞表面岩体的剥离;对岩爆频繁段,边拱顶范围随机安设钢筋网片 ϕ6.5@15 × 15 cm + 随机布设 ϕ25,L = 3.5 m 长的涨壳式预应力锚杆或水胀式锚杆,后期边拱顶二次喷 C25 混凝土厚 8 cm
中等		边拱顶初喷 7 cm 的 CF30 钢纤维混凝土 + 挂网 ϕ6.5@15 × 15 cm;采用 ϕ25,L = 3.5 m 长涨壳式预应力锚杆或水胀式锚杆,间距 1.0 m × 1.0 m;后期边拱顶范围二次喷 C25 混凝土厚 8 cm

续上表

岩爆分级	预防措施	治理措施
强烈	一般进尺控制在 1.5 ~ 2 m 以内;采用打超前应力孔法来提前释放应力、降低岩体能量;及时在掌子面和洞壁喷洒水,必要时可均匀、反复地向掌子面高压注水,以降低岩体地强度	边拱顶初喷 7 cm 的 CF30 钢纤维混凝土 + 挂网 ϕ@ 15 × 15 cm;采用 ϕ32,L = 4.5 m 长涨壳式预应力锚杆或水胀式锚杆,间距 1.0 m × 1.0 m;视岩爆强度增设拱架;后期边拱顶范围二次喷 C25 混凝土厚 8 cm

表 6-12 终南山公路隧道岩爆防治措施

岩爆分级	防治措施
无	正常支护
轻微	拱墙设系统锚杆,长 2.5 m,间距 1.2 m × 1.2 m,按梅花形布置;拱部设钢筋网,间距 25 m × 25 m
中等	采用短进尺,努力提高光爆效果。待岩爆阵发停止后,即立拱架支护;拱墙设锚杆、网片,喷混凝土及时封闭
强烈	采用短进尺,扩大开挖断面,岩爆间歇,锚、喷、网、格栅支撑联合支护,尤以格栅支撑或钢拱架支护为重点

表 6-13 广昆铁路安禄隧道岩爆防治措施

岩爆分级	防治措施
轻微	合理选择开挖参数,采用短进尺掘进,减少药量和减少爆破频率,控制光爆效果,以减少围岩表层应力集中现象,一般进尺控制在 2 ~ 2.5 m,尽可能全断面开挖,一次成形,并经常在掌子面的洞壁喷撒冷水,一定程度上起到降低表层围岩的强度,促进围岩软化,从而消除或缓解岩爆程度
中等	及时并合理调开挖参数,进尺控制在 2 m 以内;发生岩爆时停止施工作业,退后 Zoom 待避待岩爆自然缓解后,用机械手找顶,撬除松裂岩石,及时喷射混凝土。在边墙及拱部成放射状倾斜向岩体内部钻孔。并向孔内灌高压水,使岩体有一定程度软化,加快围岩内部的应力释放随后安装锚杆、挂钢筋网,喷射混凝土。必要时配合钻孔爆破卸载法,尽可能使围岩内部的应力得以释放

表 6-14 成兰铁路平安隧道岩爆防治措施

岩爆分级	防治措施
轻微	光面爆破,进尺不大于 2.5 m,对掌子面及周边围岩喷水,补强锚网喷,及时支护
中等	设置周边应力释放孔;光面爆破,进尺不大于 2.5 m;钢丝网、尼龙网或钢纤维喷混凝土封闭掌子面,锚网喷、超前管棚及型钢钢架,及时支护
强烈	超前应力释放孔和周边应力释放孔结合;钢丝网、尼龙网或钢纤维喷混凝土封闭掌子面;台阶法开挖,弱爆破,光面爆破,进尺不大于 1.5 m;锚网喷、超前管棚及型钢钢架,及时支护;一般强烈岩爆素混凝土衬砌,对时滞型岩爆段采用钢筋混凝二次衬砌
极强烈	超前应力释放孔内进行松动爆破或将完整岩体用小炮震裂等措施;锚网喷封闭掌子面;台阶法开挖,弱爆破,光爆,进尺不大于 1.5 m;全环锚杆、超前管棚及型钢钢架,及时支护;钢筋混凝二次衬砌

3. 主要防治措施

根据隧道现场岩爆的特征、发生模式和分级情况,应用岩体力学理论和数值模拟技术分析和研究围岩与支护体系间的相互作用、支撑和锚固体系的加固机理等,采用地应力解除、软化或预裂破坏缓和应力、短进尺多循环分布开挖、超前高压注水、岩面湿化和喷锚、挂钢筋网以及在山体应力集中处进行小规模爆破转移应力等方法，建立岩爆优化防治的技术体系，并合理选择施工方法。有针对性地提出岩爆防治的施工预案，给出支护时机、支护类型和参数的设计建议；根据可能出现岩爆的规模和级别，参照已有工程经验，分类提出控制岩爆发生或减缓其发生程度的有效技术措施，以及相适应的施工综合防治方案。

综合起来，岩爆防治遵循“预防为主，防治结合，改善应力状态，提高围岩支护强度”的原则，主要防治措施如下：

(1)为减少对围岩的扰动，开挖每循环宜控制在 3 m 以内，尽可能全断面开挖，一次成型。

(2)加强光爆效果控制。光面爆破效果好则开挖轮廓比较平顺，可有效减小围岩的应力集中，抑制岩爆。

(3)及时在掌子面及洞壁喷洒高压水，降低表层围岩应力。

(4)掌子面沿拱墙开挖轮廓周边线施作 $\phi76$ 超前应力孔，提前释放围岩应力，降低岩体能量。超前应力释放孔可按以下要求设置：环向间距 1.5 m，纵向间距 20 m，单孔长度 25 m，孔内注高压水劈裂释放应力(水压可取 3 ~ 5 MPa)或在应力释放孔底弱爆破松动岩体提前释放应力。

(5)开挖后清理表面松动岩体，及时施作初喷混凝土封闭围岩。初喷混凝土一般施作于拱墙，掌子面岩爆强烈时也可施作于掌子面；初喷混凝土厚度一般采用 5 cm 左右，根据岩爆等级可采用普通混凝土，钢纤维混凝土或合成纤维混凝土，一般轻微岩爆可采用普通喷混凝土，中等及以上岩爆采用纤维喷混凝土，如采用钢纤维混凝土，钢纤维掺量可采用 40 kg/m^3。

(6)挂设钢筋网片，及时施作锚杆。锚杆采用密锚方式，具体锚杆长度和间距可视岩爆等级而定。锚杆可采用砂浆锚杆、涨壳式预应力中空锚杆等，对于中等及以上等级岩爆一般采用涨壳式预应力锚杆，以便及时承载，抑制岩爆。锚杆长度一般需较岩爆影响深度长 2 m 左右。

(7)强烈岩爆地段采用型钢钢架配合超前支护组合预支护系统，超前锚杆兼做超前应力释放孔，防治岩爆危害施工安全。根据岩爆等级，钢架可采用 I14、I16、I18 型钢钢架，钢架间距可采用 1 ~ 1.5 m/榀。二次衬砌建议采用钢筋混凝土。

综合以往研究成果和实际工程中岩爆的处置措施，本书针对不同岩爆烈度等级提出表 6-15 施工处置措施。

表 6-15　不同岩爆烈度等级的处置措施建议表

措施分类	轻微岩爆	中等岩爆	强烈、剧烈岩爆
开挖进尺控制	3 m 以内	3 m 以内	2 m 以内
开挖方式	岩爆段尽可能采用全断面开挖以减少对围岩的扰动		
爆破方式	岩爆段采用光面爆破，集中预裂爆破和缓冲爆破，并控制光爆质量，根据岩体情况不断调整炸药用量，装药密度，炮孔间排距等		
超前应力解除爆破	不需要	不需要	必要时采用
掌子面及洞壁洒水	采用	采用	采用
掌子面高压喷水	必要时采用	必要时采用	采用
应力释放孔	不需要	必要时采用	需要
轴向卸载槽	不需要	不需要	必要时采用

续上表

措施分类	轻微岩爆	中等岩爆	强烈、剧烈岩爆
系统锚杆	只需在岩爆发生部位随机布设砂浆锚杆	必要时采用	需要
炮孔高压注水	不需要	不需要	需要
钢筋网	需要	需要	需要
格栅钢架	不需要	必要时采用	需要
复喷混凝土	不需要	必要时采用	需要
二次衬砌	一般素混凝土	一般素混凝土	建议采用钢筋混凝土
施工车辆和人员防护	对车辆机械易损部位和驾驶室上部加焊钢结构防护栅，施工人员配带钢盔和防弹背心，对管理人员和施工人员加强岩爆知识教育，严格执行隧道施工的安全规定，强化个人防护意识		
反复找顶	需要	需要	需要
时间规避	必要时组织施工人员及时进行规避以减小损失		
加强照明	需要	需要	需要

6.5 工程案例

本节以拉林铁路巴玉隧道为例，对岩爆发生规律、特征、判识、预测预警、防治措施及安全防护等方面进行介绍。

6.5.1 工程概况

拉萨至林芝铁路所经区域内构造发育，内动力地质作用强烈，浅表地貌改造频繁，表生地质作用强烈，岩爆问题突出，尤其是巴玉隧道。

巴玉隧道位于藏南谷地桑加段(桑日至加查)下游段，进口位于西藏自治区山南市桑日县平登，出口位于西藏自治区山南市加查县藏木。隧址区地面标高 3 260 ~ 5 500 m，高差达 2 300 m，为典型的高山峡谷地貌。隧道全长 13 073 m，最大埋深约为 2 080 m，设置进出口 2 座平导作为辅助坑道，隧道围岩以坚硬花岗岩地层为主，地应力大，岩爆现象突出。巴玉隧道纵断面如图 6-6 所示。

巴玉隧道正洞预测岩爆段落共计 12 242 m，占其长度的 94%，其中轻微岩爆 4 106 m，中等岩爆 5 922 m，强烈岩爆 2 214 m。

6.5.2 岩爆发生规律与特征分析

巴玉隧道 2015 年首发岩爆，随着掘进的深入，埋深越来越大，岩爆发生的频次和等级逐渐加强，施工中岩爆频发。

(1)岩爆发生的部位

就目前岩爆发生统计，岩爆多发生在拱腰及边墙，占比达 75% 以上，拱顶和掌子面较少，偶尔也会在底板发生。

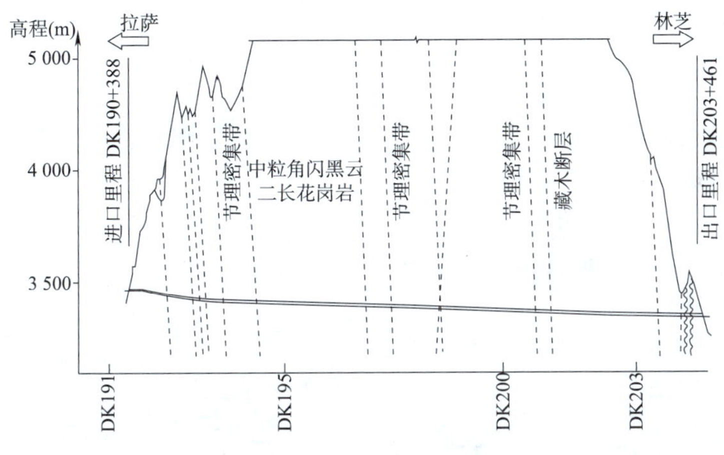

图 6-6 巴玉隧道纵断面

(2)岩爆发生的时间

隧道各工序施工时,岩爆在未发生前并无明显的预兆和规律(虽然经过仔细找顶排险并无空响声)。岩爆发生主要集中在爆破后 2 ~ 6 h,开挖过程、出渣过程,甚至喷锚支护以后均会发生,有时甚至开挖支护一星期后或半个月后仍会发生。

(3)岩爆发生的特点

岩爆发生时呈棱片状、薄片状、块状和板状剥落、弹射和飞出,甚至是爆炸式喷出,同时伴随噼啪声和清脆的爆裂声,零星间断或持续时间较长(出现最长时间 12 h 以上)。岩爆不仅发生在地质较好的Ⅱ、Ⅲ级围岩段落,也会发生在构造应力集中的破碎带或是富水地段。

6.5.3 隧道岩爆判识与预测预警

施工中分别进行超前地质预报、地应力测试和岩爆微震监测,判释掌子面前方围岩特性。微震实时监测手段结合测得的地应力的大小和方向,以及掌子面前面地质预报情况,每日发布岩爆预警情况,给出预警区域内的岩爆风险等级及施工建议。

1. 超前地质预报

TSP(Tunnel Seismic Prediction)是隧道常用的超前地质预报方法之一,是弹性波法的一种。可以对断层破碎带、岩性变化等不良地质进行预报。进行围岩评价时,主要选择纵波波速、岩石物理力学参数、岩体完整性系数、地下水影响等 4 个主要的影响因素,这些因素是影响围岩分级的主要因素,与 TSP 解译成果相关性大,数据易于获得,可操作性较强。

岩体完整性系数 K_v 是通过 TSP 技术评价和预测岩爆的关键指标。岩体完整性系数 K_v 是掌子面前方岩体弹性纵波速度 V_{pm} 与岩石弹性纵波速度 V_{pr} 的比值,函数表达式如下:

$$K_v = \frac{V_{pm}^2}{V_{pr}^2} \tag{6-6}$$

式中 K_v——完整性系数;

V_{pm}——岩体弹性纵波速度;

V_{pr}——岩石弹性纵波速度。

以 DK196 + 618 ~ DK196 + 738 段 TSP 超前地质预报为例，在隧道的左边墙和右边墙位置分别布置一个地震波信息接收孔，孔径为 50 mm，在隧道右边墙，按约 1.5 m 的间距布置 24 个激发孔分别激发地震波，孔径约 40 mm，孔深 1.0 ~ 1.5 m 不等。

超前地质预报成果如图 6-7 所示。探测结果表明，该段围岩整体完整，强度高，局部节理裂隙发育，预报围岩级别为Ⅱ级，稳定性好，其中 DK196 + 659 ~ + 680 段和 DK196 + 705 段附近节理裂隙发育，含水，施工时注意支护。该段岩体纵波范围为 3 555 ~ 5 888 m/s，岩石纵波范围为 4 500 ~ 6 500 m/s，通过式(6-6)计算，K_v 的范围为 0.62 ~ 0.80，满足岩爆完整性要求，有发生岩爆可能。

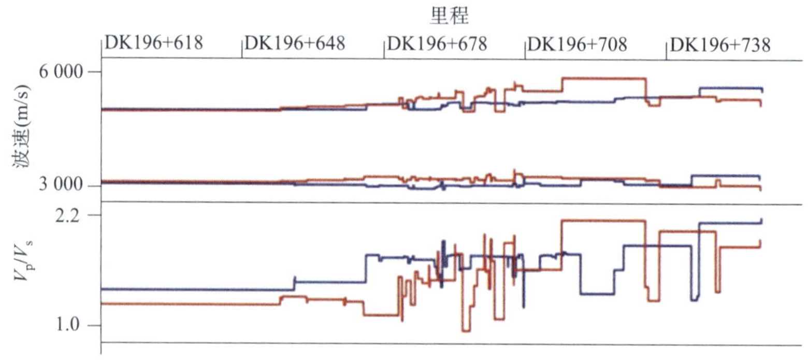

图 6-7　TSP 超前地质预报成果图

2. 地应力测试与岩爆等级判定

地应力测量是一项十分复杂的工作，测试方法很多，应力解除法和水压致裂法是 2003 年国际岩石力学学会新推荐的两种地应力测试方法。应力解除法的测试深度相对较浅，需要足够的地下空间容纳设备，但该法能够在钻孔中一次测得六个应力分量属于三维应力测量方法，特别适合于已开挖隧道。从理论上讲，水压致裂法没有测试深度限制，特别适合于在隧道的初期勘探阶段应用，但其所测结果并非真正意义上的三维地应方值。因此，巴玉隧道地应力测量采用应力解除法。现场地应力测试及岩芯如图 6-8 所示。

图 6-8　现场地应力测试及岩芯

巴玉隧道进口测试点测深 1 446.1 m，根据测试结果见表 6-16。根据室内试验结果，该段的岩石饱和单轴抗压强度 R_c 取 70 MPa，$\sigma_1/R_c = 0.71$，根据表 6-8 判别结果为强烈岩爆。

表 6-16　巴玉隧道进口地应力测试结果

主应力	大小(MPa)	方位(°)	倾角(°)
最大主应力	49.7	197.7	2.3
中间主应力	37.0	86.7	83.5
最小主应力	36.1	108.0	-6.1

3. 岩爆微震监测预警

巴玉隧道微震监测预警系统紧跟掌子面布置，于距离掌子面后方约 70 m 和 100 m 处共安装两排传感器，随开挖每 30 ~ 40 m 向前移动后一排传感器。监测设备紧跟掌子面掘进而移动，24 h 监测隧道施工过程中掌子面附近岩体破裂活动。每掘进 10 m 预警一次掌子面前方未开挖 10 m 至掌子面后方已开挖 25 m 区域内的潜在岩爆风险。

图 6-9 是巴玉隧道 K194 +573 ~ +705 段现场岩爆微震活动特征图，现场微震监测结果表明：

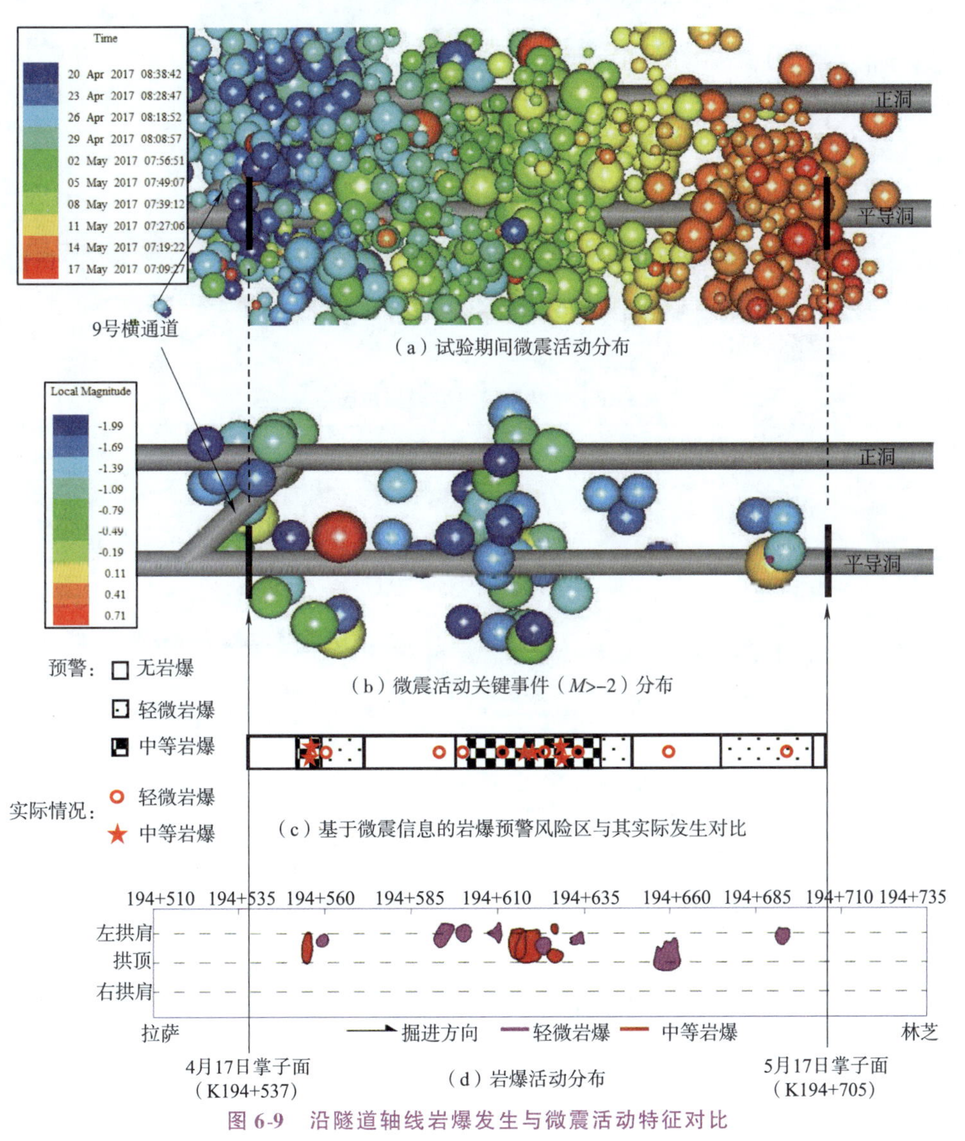

图 6-9　沿隧道轴线岩爆发生与微震活动特征对比

(1)开挖是产生微震活动的主要诱因,微震活动紧跟掌子面开挖而移动,如图 6-9(a)所示。

(2)岩爆呈区域性分布且与微震活动之间具有良好的空间对应关系,尤其是微震活动关键事件($M > -2$,M 为地震级)与岩爆发生的分布特征基本一致,如图 6-9(b)所示。

(3)基于微震信息预警的岩爆风险区域与实际岩爆发生基本一致,如图 6-9(c)、(d)所示。

巴玉岩爆预测与实际发生的对比见表 6-17。可以看出:岩爆是否发生与实际相符性较高,但预测的等级与实际发生等级间差异较多。

表 6-17　巴玉隧道岩爆预测与实际发生对比概表

试验期间岩爆实际发生情况	巴玉隧道岩爆预测与实际对比	
	概述	详细说明
9 次中等,17 次轻微	成功预测 24 次	10 次等级一致
		14 次等级不一致
	2 次未预测	均为轻微岩爆

6.5.4　巴玉隧道岩爆防治措施

施工过程中根据预测结果和开挖后表观特征判定岩爆发生的强度等级,采取针对性措施,改善施工环境,保障洞内作业人员及机械设备安全,以满足施工进度和施工质量的要求。巴玉隧道主要岩爆防治措施见表 6-18。

表 6-18　拉林铁路隧道岩爆防治措施

岩爆分级	预　防　措　施	治　理　措　施
轻微	开挖每循环宜控制在 3 m,尽可能全断面开挖,一次成型,减小对围岩的扰动;每循环在掌子面和洞壁喷洒高压水,降低围岩应力	清理岩面危石;拱墙初喷 4 cm 厚 C25 混凝土;拱墙挂设 $\phi6$ 钢筋网,网格间距 25 cm×25 cm;拱墙设置 $\phi22$ 砂浆锚杆,长 2 m,间距 2 m×2 m(环×纵),锚杆尾端需设垫板并与初喷密贴;复喷 C25 混凝土厚 4 cm
中等		拱墙初喷 5 cm 厚 CF25 钢纤维混凝土;拱墙挂设 $\phi6$ 钢筋网,网格间距 25 cm×25 cm;拱墙设置 3 m 长 YE25-5 涨壳式预应力中空锚杆,锚杆间距 1.0 m×1.0 m,交错布置,安装时,锚杆垫板要将钢筋网压住再喷射混凝土;复喷 C25 混凝土 5 cm
强烈	掌子面沿拱墙开挖轮廓周边线施作 $\phi76$ 超前应力孔提前释放应力,降低岩体能量,超前应力释放孔环向间距 1.5 m,纵向间距 20 m,单孔长度 25 m,孔内注高压水劈裂释放应力或在应力释放孔底弱爆破松动岩体提前释放应力。开挖每循环宜控制在 2 m,尽可能全断面开挖,一次成型,减小对围岩的扰动。每循环掌子面和洞壁喷洒高压水,降低围岩应力	施作 $\phi25$ 超前锚杆,环向间距 0.5 m,纵向间距 2 m,单根长 3.5 m;清理岩面危石;拱墙初喷 5 cm 厚 CF25 钢纤维混凝土;拱墙挂设 $\phi6$ 钢筋网,网格间距 25 cm×25 cm;拱墙设置 4.0 m 长 YE25－5 涨壳式预应力中空锚杆,锚杆间距 1.0 m×1.0 m,交错布置,安装时,锚杆垫板要将钢筋网压住再喷射混凝土;架设拱墙 I 14 型钢拱架,纵向间距 1 m;复喷 C25 混凝土厚 17 cm

6.5.5 岩爆安全防护

岩爆隧道施工安全防护是保障作业人员与施工机械设备安全的重要措施，包括安全培训、人员防护、机械设备防护等。

1. 安全培训及人员防护

现场应加强安全培训，牢固树立安全意识；加强管理，认真做好作业人员防护，并采取以下措施：

(1)强化作业人员安全、纪律教育以及岩爆常识、防护知识学习(图6-10)；严格执行有关技术和安全操作规程；危险地段增设照明并设置醒目警示标志。

图6-10 岩爆培训

(2)加强现场岩爆监测、警戒及巡回找顶，必要时及时躲避。设置专职安全人员全天候巡视警戒及监测(图6-11)。听到围岩内部有闷雷似的声响时，应尽快撤离人员及设备。每次岩爆发生时，作业人员及设备均应及时躲避一段时间(一般为2～6 h)，待岩爆平静为止。

图6-11 岩爆监测、洞内警示牌

(3)掌子面所有施工及管理人员佩戴安全防护用品，进洞人员必须穿戴钢盔和防护服(图6-12)。

(4)掌子面开挖台架安装钢板或防护网，或是设置移动防护棚架(图6-13)，防止岩块掉落飞出，有效保护人员及设备安全。

图 6-12　佩戴防弹衣及头盔

图 6-13　多功能安全防护台架

(5)加强机械化配套施工,采用三臂凿岩台车(图 6-14)、湿喷机械手等,减少作业人员,降低安全风险。

图 6-14　三臂凿岩台车施工

(6)每个工作面安装监控摄像装置,记录岩爆发生的现象。

(7)施工前全面做好应急演练,施工现场做好应急物资材料储备工作。

2. 机械设备防护

(1)对主要施工设备采取设置防护网(图 6-15)、防护钢板等安全防护措施。

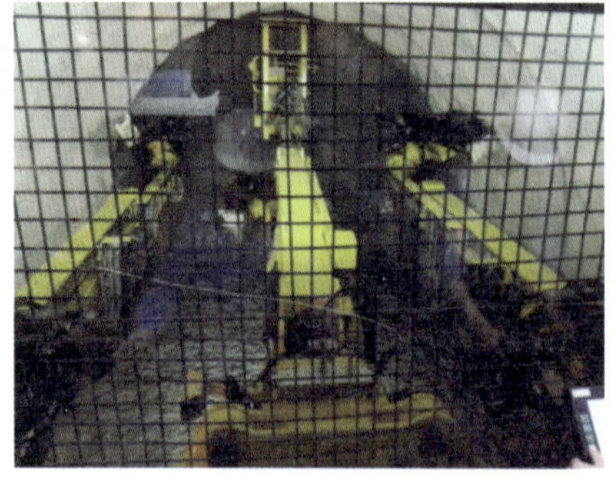

图 6-15　机械设备安装防护网

(2)对车辆机械易损部位和驾驶室上部加焊钢结构防护。

(3)加强掌子面设备备品备件储备。

6.6 小　　结

随着我国西部地区铁路建设的大发展,隧道埋深越来越大,高地应力岩爆问题凸显。通过合理利用已有的技术,采取"预防为主,防治结合,改善应力状态,提高围岩支护强度"的原则,可有效降低轻微至中等岩爆影响。但强烈、极强岩爆可能造成开挖工作面的严重破坏、设备损坏和人员伤亡,仍是深部岩石地下工程的世界性难题,今后还应持续对强烈、极强岩爆处理措施作进一步研究。

第7章 高地温隧道

高地温隧道所处的地质环境温度异常,在隧道修建过程中可能产生热害。高温热害会恶化隧道施工环境,危及人员健康作业,降低施工效率,影响隧道衬砌结构承载能力及耐久性,严重者还可能恶化隧道的运营环境。本章结合高地温成因、高地温类型及危害,开展了高地温隧道通风降温、局部冰块降温、机械制冷降温、地下热水防治、高地温隧道衬砌结构及耐热建筑材料、运营环境温度控制等热害综合防治措施的研究,并详细介绍了我国西南山区大瑞铁路高黎贡山隧道、玉蒙铁路旧寨隧道、拉林铁路桑珠岭隧道热害防治的工程案例,总结形成了高地温隧道的成套技术,可为后续高地温隧道设计、施工及建设管理提供参考。

7.1 高地温成因

高地温隧道是指原始地层岩温或水温超过 28 ℃的隧道。当隧道穿越高地温地区时,例如地温梯度异常区、火山或岩浆活动强烈区、深大活动断裂发育区、地表热显示发育区域等,隧道所处的地质环境温度异常,在施工过程可能出现高岩温或高温热水(汽)等热害现象。

高地温的成因主要有以下四种:其一为地球的地幔对流形成热源引起地温升高;其二为火山爆发的岩浆侵入地层中释放热量形成热源;其三为放射性元素的裂变热形成热源;其四为深循环地下热水在深大断裂构造中流动引起地温升高。

7.1.1 地幔对流热

地球岩石圈下的软流圈有10%的融熔体。岩石圈以下的固体地幔因高温高压而表现为像黏滞液体一样的韧性,并能产生流动。地幔中因放射性同位素蜕变产生热而加温,密度变小,系统中势能加大,于是轻物质向上,重物质向下运动,以便达到最低位能的稳定状态,这就是地幔对流。地幔对流的速度非常慢,其上升流可持续几千万年到几亿年,但却会引起地温的升高。

7.1.2 火山爆发热

由于火山供给的热是地下的岩浆集中处的热能而产生热水,这种热水成为热源又将热供给周围的岩层。当隧道或地下工程穿过这种岩层,极易引起高地温或高地热的现象。

7.1.3 放射性元素裂变热

地表热流量里有20%~80%来自于地壳内放射性元素衰变所释放的热量。放射性衰变将质量转变为辐射能，辐射能又转变为热能。根据文献资料，由于地壳内岩石中含有放射性物质，其裂变热产生地温，地下增温率以所处的深度不同而异，其平均值为 3 ℃/100 m。假定地表温度为 15 ℃，地下增温率以 3 ℃/100 m 计，覆盖层厚 1 000 m 深处的地温则为 45 ℃。日本某地质调查所对 30 处深层热水地区调查的结果，在平原地区认为不受火山热源的影响，其地下 2 000 m 深处的地下温度为 67 ℃～136 ℃。由此说明，如果覆盖层很厚，即使没有火山热源供给也有发生高温或高热问题的可能性。

7.1.4　深循环地下热水活动

深循环的地下水，在循环过程中被高温岩体加温之后，在有利的地质构造条件下，如沿断裂带或急倾斜的透水层向上涌流，在通道周围及其上方形成局部热异常带。张性断裂具有良好的开启性，是构成热水活动通道的主要类型；而压性断裂对于深部循环地下径流起着阻水作用，促使地下热水积聚，引起地下热水顺着张性断裂和压性断裂相对开启的部位向上运移，往往张性断裂与压性断裂的交汇部位岩石破碎，裂隙最发育，是热水上升的良好通道。

7.2　高地温类型及危害

7.2.1　高地温类型

根据高地温成因，高地温类型可分为高岩温、高温热水、混合型三大类。

1. 高岩温

由于岩石温度过高，隧道围岩和开挖剥落的岩体向洞内散热。热源主要来自于上地幔软流圈的热扩散，或晚期岩浆活动的余热及放射性元素的放射热等。其地温变化与岩石热物埋性质密切相关，地温梯度大多正常，无明显的热异常带。隧道施工期间揭示的高岩温热害情况如图 7-1 所示。

图 7-1　高岩温隧道施工揭示热害示意图

2. 高温热水

深大断裂构造中地下热水深循环流动引起地温升高，即地下水在断裂深处吸收地壳的热量后温度升高。由于水温升高、密度变小、向上流动，地表处的冷水因密度较大向断裂深处流动补充热水流失的空间，从而引起地下水的循环流动，将热量沿断裂构造不断传递给地层。如大理至瑞丽铁路高黎贡山隧道越岭段地勘揭示热害为深循环高温地下热水，隧道附近地表出露有邦腊掌高温热水型温泉，为高温高压热水，其最高水温为 102 ℃，并伴有高温蒸汽，具体如图 7-2 所示。

图 7-2　云南龙陵县邦腊掌高温热水型地表温泉图

3. 混合型

既有高岩温又有高温热水问题，热水叠加于岩温之上，形成局部叠加热异常带，热水温度高于岩温。热害混合型地区，其地质构造一般较为复杂。

7.2.2 热害等级

根据大瑞铁路高黎贡山隧道勘察成果，结合我国目前隧道施工技术状况及劳动防护要求，并依据断裂导热水能力、热害分析评估标准及隧道施工处理措施，《铁路工程不良地质勘察规程》(TB 10027—2012)制定了地温带及热害分级标准，具体见表7-1。

表7-1 地温带及热害等级划分

原始地层温度(℃)	地温带分级	热害等级
$t \leq 28$	常温带(Ⅰ)	无
$28 < t \leq 37$	低高温带(Ⅱ)	轻微
$37 < t \leq 50$	中高温带(Ⅲ)	中等
$50 < t \leq 60$	高高温带(Ⅳ)	较严重
$t > 60$	超高温带(Ⅴ)	严重

7.2.3 高地温对隧道施工影响及危害

从国内外高地温实践情况来看，当原始地温达到35 ℃、湿度达到80%时，隧道施工期间遭遇的高温问题就已经显得非常严重，高地温对隧道工程的不利影响主要表现在：

1. 恶化施工环境、影响人员健康

隧道通过高地温地段，会给施工带来很多困难。隧道内温度过高，人体散热困难，引起体温升高，心率加速，脉搏可能加快到120～150次/min，人体的热平衡状态遭到破坏，导致体内新陈代谢异常，危害人体健康。据文献报道：在南非金矿，工作面温度达到60 ℃，曾发生多起工人受热中暑甚至死亡事件；河南平顶山八矿，工作面气温上升到33 ℃～34 ℃，施工人员多次出现昏倒或呕吐，且均患传染性湿疹；广西合山里兰矿，掘进工作面达到32 ℃，施工人员有415人患有各种皮肤病，并发生多起中暑昏倒病例。

2. 施工降效

隧道内的高温高湿环境导致机械设备的工作条件恶化，洞内高温热水及降温洒水产生大量的热蒸汽，裹去了一部分氧气，导致机械油料燃烧不完全，机械效率降低，故障率增高，机械使用寿命降低，加之人员降效，可能引起隧道施工降效更严重。

3. 爆破安全风险高

高温条件下炸药保存和使用不当时，有可能导致炸药热分解反应转变为燃烧或爆炸，进而造成重大事故；炸药在高温及热水浸泡环境下可能融化，溶化后产生刺激性硝铵气味，对人体伤害大；导爆管、雷管等起爆器材在高温环境下也可能失效，导致炸药发生拒爆而留下安全隐患。

4. 高温热水突涌安全风险大

对于以高温热水为主的高地温隧道，热水分布受地质构造体系控制，主要集中在断裂带,施工期间存在较大的热水突涌风险,作业人员被高温热水、蒸汽烫伤的风险高。

由此可见,高地温对隧道施工人员配置、机械设备配套、人员和机械工效、爆破器材及爆破方案、施工降温技术、医疗保障等方面都会产生不可忽视的影响。

7.2.4 高地温对隧道结构的影响

隧道衬砌结构处于高地温环境,将会对隧道结构的承载能力及耐久性等方面产生一定的影响。主要表现为以下方面:

1. 喷射混凝土强度劣化,黏结力衰减

大瑞铁路高黎贡山高地温隧道喷射混凝土热性能试验结果表明:若养护温度为50 ℃且龄期足够长,混凝土抗压强度、劈拉强度均较常温养护条件有所降低。当隧道处于高温干燥环境时,由于水分蒸发快,混凝土水泥水化受到影响,甚至水分蒸发过快使水泥成为干粉,不能水化;当隧道处于高温高湿环境时,喷射混凝土可能出现较大的回弹。此外,高地温环境还对速凝剂效果产生影响,将延缓混凝土的终凝时间,降低初期支护黏结强度,从而影响喷射混凝土的初期支护作用。

2. 锚杆支护降效

当围岩温度处于30 ℃~50 ℃时,对锚杆体的力学性能影响不大,但高温对锚杆孔中的砂浆或浆液正常凝结有影响,可能造成砂浆锚杆或中空注浆锚杆不能起到应有的支护效果。

3. 注浆材料强度降低

在地下高温热水条件下,注浆材料受高温影响可能引起浆液初期凝结时间加快,浆液可灌性变差,或注浆加固体结石强度降低。

4. 防水材料力学性能指标降低

防水材料拉伸性能与耐刺穿等指标性能下降,进而易引发隧道渗漏水问题。大瑞铁路高黎贡山隧道材料性能试验表明:当岩温升高,EVA防水板和止水带的各项力学性能指标均降低;防水卷材在80 ℃热水浸泡环境下,强度整体上呈下降趋势,下降幅度大部分位于5%~20%,最高达60%;80 ℃高温热水持续加热28 d后,防水卷材抗刺破能力整体下降12%~17%。

5. 混凝土结构后期强度降低

当混凝土结构的养护环境温度较高时,其力学性能指标会发生变化。试验研究结果表明,当对混凝土结构采用标准养护温度(20 ℃ ±2 ℃)和平均温度35 ℃进行养护时,平均35 ℃养护温度下的结构早期(3 d)抗压性能较标准养护环境温度下的要高,其抗压强度升高幅度为3.4%~41.3%,而其后期(28 d)强度比标准养护环境温度下的抗压强度降低12.8%~19.3%。这是由于在混凝土结构施作后的养护期间,水泥自身水化是放热反应,在热环境下热量散失受阻,混凝土内部温度可能上升到较高范围,形成高温早期养护效应,在高温养护条件下,混凝土早期抗压强度提高;由于水泥颗粒表面快速形成致密的水化产物外壳阻止了水分进入水泥内核,从而使其后期的水化程度降低,引起混凝土后期强度倒缩。

6. 高温及温度应力导致结构开裂

环境温度过高及混凝土灌注后的水泥水化放热,导致混凝土的内部温度过高,而混凝土结构是热的不良导体,远离高温一侧的结构表层的温度相对较低,内外温差太大,致使结构在养护期间会形成温度应力，从而导致结构出现裂缝或开裂。若为钢筋混凝土结构时，随着温度的升高，钢筋与混凝土的黏结力会随之下降。此外，由于结构处于高温环境下，混凝土结构体内游离水大量蒸发也可能产生急剧收缩而出现开裂现象。

7. 对结构承载能力与耐久性的影响

混凝土是一种复合建筑材料，高温作用下，由于混凝土组成材料中水泥等胶结材料和粗细骨料的热工性能不同，以及这些材料间的物理化学作用等错综复杂的原因，使混凝土的物理力学性能变异很大，特别是界面原始缺陷在不均匀温度变形时产生局部微应力集中，导致缺陷扩展，缺陷的增加必然会影响混凝土正常使用阶段的承载能力和耐久性能。

8. 高温加速混凝土结构的碳化

调研资料表明：当环境温度为 10 ℃ ~60 ℃时，混凝土碳化速度随环境温度的升高基本成正比关系；在相对湿度为 70% RH 的条件下，若环境温度从 10 ℃提高到 50 ℃时，混凝土的碳化速度会提高近 3 倍。

7.2.5 高地温对隧道运营维护的影响

隧道开通后，洞内部分地段仍可能出现运营环境温度较高的情况，会对隧道运营维护和管理造成以下影响：

1. 设备性能降低

在运营过程中，隧道内的环境温度较高，洞内各种设备的运行环境温度可能会相应提高，易发生线路老化，或引起设备故障率增加。

2. 运营成本增加

隧道建成并投入运营后，洞内热害段温度可能较高，为改善隧道内运营环境和养护作业条件，需设置运营环境监测设施和机械通风系统，引起隧道运营管理成本增加。

7.3 高地温隧道施工降温

7.3.1 隧道热环境控制标准及热害防治原则

1. 隧道热环境控制标准

矿井和隧道均为地下工程，井下和洞内作业具有相似性。为保障人员健康作业，国内外基于各自的国情、气象条件、人员长期所处的环境条件及对热环境适应的差异性等因素，因地制宜，分别制定了适合于本国的热环境控制标准。部分国家对矿井作业的热环境控制标准见表 7-2。

表 7-2 国外热环境环控标准

国家	允许温度	备注
德国	等效温度 $t_{eff} < 25$ ℃ 等效温度 $25 < t_{eff} \leq 29$ ℃ 等效温度 $29 < t_{eff} \leq 30$ ℃ 等效温度 $t_{eff} > 30$ ℃ 等效温度 $t_{eff} \geq 32$ ℃	超过标准工作时间不得超过 8 h； 超过标准工作时间不得超过 6 h； 超过标准工作时间不得超过 5 h； 超过标准工作人员不得工作； 抢险等个别情况可进行工作

续上表

国　家	允　许　温　度	备　　注
苏联	干球温度 $t<26$ ℃	煤矿
波兰	干球温度 $t>26$ ℃ 干球温度 $28<t<33$ ℃ 干球温度 $t>33$ ℃	超过标准工人的工作量应减少 4%； 超过标准班工作时间缩短到 6 h； 只允许进行矿井救护工作
日本	干球温度 $t>37$ ℃	超过标准停止工作
英国	等效温度 $t_{eff}\leq29.4$ ℃	
美国	等效温度 $t_{eff}\leq32$ ℃ 等效温度 $t_{eff}>32$ ℃	煤矿 超过标准禁止作业
南非	湿球温度 $t_f<31.5$ ℃	金矿

我国煤矿、铁路、公路等行业对热环境的温度控制标准也分别进行了规定。《煤矿安全规程(2016)》规定：生产矿井采掘工作面空气温度不得超过 26 ℃，机电硐室的空气温度不得超过 30 ℃，当空气温度超过时，必须缩短超温地点工作人员的工作时间，并给予高温保健；采掘工作面的空气温度超过 30 ℃、机电硐室温度的空气温度超过 34 ℃时，必须停止作业。《中华人民共和国矿山安全法实施条例(1996)》第 22 条规定：井下工人作业地点的空气温度不得高于 28 ℃。《铁路隧道设计规范》规定：隧道内温度不得高于 28 ℃。《公路隧道施工技术规范》(JTG/T 3660—2020)规定：隧道内气温不宜高于 28 ℃，隧道内气温高于 28 ℃时，宜采取通风、洒水、加冰等措施降低温度。

根据国内外调研资料，世界各国制定热环境环控标准的差异较大。结合我国实际情况，铁路隧道施工环境温度控制标准宜按气温不大于 28 ℃进行确定；当超过 28 ℃时，应缩短劳动时间，并强化劳卫保健措施。

2. 高地温隧道降温范围

高地温隧道施工热环境控制的主要目的是为洞内施工人员提供适宜作业的环境条件，保障人员健康作业，并避免因热害引发安全事故。铁路隧道的施工工序主要包括开挖作业、支护作业、衬砌作业等，人员作业主要集中在掌子面附近的一定范围内；一般情况下，二次衬砌仰拱距开挖面不超过 50 m，拱墙二次衬砌距离掌子面的距离为Ⅳ级围岩不大于 90 m、Ⅴ级围岩不大于 70 m，即人员集中作业区域主要位于掌子面附近 100 m 范围内。

因此，隧道施工热环境控制区域范围应结合地热处理难度，并适应掌子面主要作业区域施工工序安排需要，从技术经济合理性角度，隧道施工环境控制区域宜为掌子面附近 100 m范围；洞内其他区域的施工作业人员较少且较为分散，确有需要时可采取个体防护或局部降温的处理对策。

3. 高地温隧道施工降温原则

根据隧道热害分布情况、热害风险分析及处理对策，并结合矿井热害处理的技术经验，制定高地温隧道施工降温的设计原则如下：

(1)隧道开挖面空气干球温度不大于 28 ℃。

(2)当隧道开挖面空气干球温度介于 28 ℃～30 ℃之间时，需加强通风降温，对掌子面、二次衬砌等作业人员相对集中处，增设局扇加快空气流通，以改善作业人员的热感应舒适度。

(3)隧道开挖面空气干球温度大于 30 ℃时，除加强通风外，尚应采取强制制冷降温措施,将掌子面空气温度控制为不大于 28 ℃。

当采取降温措施仍超过 28 ℃时,则应缩短劳动时间,并强化劳卫保健措施。

7.3.2 高地温隧道降温计算方法

高地温隧道降温计算,应明确隧道内的热源,分别对各种热源的散热量进行计算分析,并根据传热学原理,对通风或制冷等降温措施条件下洞内环境进行热力学计算。

1. 高地温隧道热源散热计算方法

隧道内施工环境主要受围岩放热、地下热水散热、机械设备散热、爆破散热、运输中渣石放热、施工人员放热、水泥水化散热以及空气压缩散热等诸多因素的共同影响,其主要热源的热交换计算方法如下:

(1)隧道围岩散热

高地温隧道开挖后,围岩会向隧道内风流散热,围岩散热量可按式(7-1)计算。

$$Q_r = K_\tau UL(t_{rm} - t) \tag{7-1}$$

式中 Q_r——隧道围岩传热量,kW;

K_τ——围岩与风流间的不稳定换热系数,kW/(m^2·℃);

U——隧道开挖壁面周长,m;

L——隧道长度,m;

t_{rm}——平均原始岩温,℃;

t——隧道内平均风温,℃。

(2)隧道内热水散热

隧道内揭示的热水直接与空气进行热湿交换,并对空气进行强烈地加热、加湿,对空气的放热量可按式(7-2)计算。

$$Q_w = \alpha F(t_w - t) + \beta F(p_s - p_w) \tag{7-2}$$

式中 Q_w——隧道内热水散热量,kW;

α——水面对空气的对流传热系数,kW/(m^2·℃);

F——水的散热面积,m^2;

t_w——水的温度,℃;

t——隧道内平均风温,℃;

β——水蒸气对空气以气压表示的传质系数,kW/N;

p_s——对应水温的饱和水蒸气压,Pa;

p_w——空气的水蒸气分压,Pa。

(3)隧道内机电设备散热

隧道内机械设备电机或发动机所消耗的能量,将转化为热能,机电设备散热量可按式(7-3)计算。

$$Q_e = \sum (\phi \cdot N_j) \tag{7-3}$$

式中 Q_e——隧道内机电设备的散热量,kW;

ϕ_j——机电设备散热折算系数,一般设备可取 0.2,水泵可取 0.035 ~0.04;

N_j——同时使用的机电设备总额定功率,kW。

(4)爆破作业散热

钻爆法掘进段爆破散热量可按式(7-4)计算。

$$Q_b = \frac{0.2 \times q_b \times G_b}{3\ 600} \tag{7-4}$$

式中　Q_b——隧道矿山法施工段爆破散热量,kW;

q_b——炸药爆破时爆热,kJ/kg;

G_b——掌子面爆破所用的炸药量,kg。

(5)隧道内运输渣石散热

隧道内运输渣石作业引起的散热量可按式(7-5)计算。

$$Q_k = m_z \cdot c_z \cdot \Delta t \cdot \beta \tag{7-5}$$

式中　Q_k——运输砟石的散热量,kW;

m_z——渣石的运输量,kg/s;

c_z——渣石的比热,kJ/(kg·℃);

Δt——渣石与空气的温差,℃;

β——渣石的散热系数。

(6)水泥水化散热

锚喷衬砌或模筑衬砌的水泥水化散热量可按式(7-6)计算。

$$Q_s = q_s \cdot F \tag{7-6}$$

式中　Q_s——水泥水化时的散热量,kW;

q_s——水泥水化时单位面积放热量,kW/m^2;

F——锚喷衬砌或模筑衬砌表面面积,m^2。

(7)作业人员散热

隧道内作业人员散热与劳动强度和个体体质有关,作业人员散热量可按式(7-7)计算。

$$Q_t = n \cdot q_r \tag{7-7}$$

式中　Q_t——作业人员的散热量,kW;

n——隧道内作业人数,人;

q_r——人员个体散热量,kW/人:轻劳动可取 0.14,中等程度劳动可取 0.21,重劳动可取 0.47。

(8)空气压缩散热

对于深大竖井或长大斜井,风流向下流动的自压缩热量可按式(7-8)计算。

$$Q_y = M_B g \Delta H \alpha \tag{7-8}$$

式中　Q_y——空气的自压缩热量,kW;

M_B——通过管道或巷道的风流质量流量,kg/s;

g——功热当量,kJ/(kg·m);

ΔH——风流流经的始终点标高差,m;

α——风流吸收或放出热量的系数,一般可取 0.2~0.3。

2. 通风降温计算方法

高地温隧道通风降温,可将风机布置于洞外或洞内气温相对较低的地段,通过风筒将冷风供送至掌子面，冷空气送入洞内后对热源进行冷却降温。由于风机吸入冷风后，经风机电机加热、风筒与隧道回风巷进行热交换，供送至掌子面的风流是在通风系统沿程热交换并达到相对热平衡状态下的冷却介质，再与隧道掘进面区域的各种热源进行热交换，从而降低洞内作业环境温度。高地温隧道通风降温系统布置示意图如图 7-3 所示。

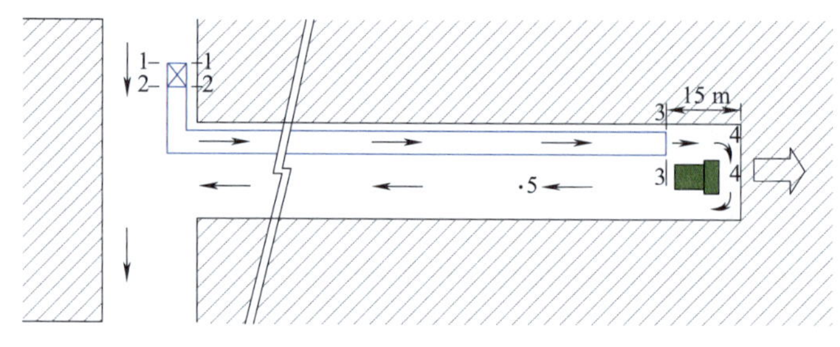

图 7-3　高地温隧道通风降温系统布置示意图

(1)风机出风口风温计算

风流从通风机进口流至出口时，假定通风机所消耗的电能会转变为热能且没有向外散热，假定图 7-3 中 1—1 断面处的通风机入口处的风流温度为 t_1，则图中 2—2 为风机出口处的风流温度 t_2 可按式(7-9)计算。

$$t_2 = t_1 + \frac{N_f}{M_0 \times C_p \times \eta_1 \times \eta_2} \tag{7-9}$$

式中　t_1——通风机入口处的风流温度，℃；

t_2——通风机出口处的风流温度，℃；

M_0——通过隧道风机的风流质量，kg/s；

C_p——空气的定压比热，J/(kg·℃)；

η_1——隧道风机的效率；

η_2——隧道风机的电机效率；

N_f——风机额定功率，W。

通风机供风量可按式(7-10)计算。

$$Q_0 = \frac{M_0}{\rho_0} \tag{7-10}$$

式中　Q_0——通风机供风量，m^3/s；

ρ_0——通风机吸风口处风流密度，kg/m^3。

(2)风筒与隧道内空气热交换

假定通风管安装在平均温度为 t_d 的隧道中，图 7-3 中 3—3 断面为风筒出口处，则风流从通风机出口流至风筒出口处的空气温度 t_3 可按式(7-11)计算。

$$t_3 = t_d - (t_d - t_2)\mathrm{e}^{\frac{\pi d k_j L}{M_1 C_p}} \tag{7-11}$$

式中　t_3——风筒出口的风流温度，℃；

t_d——计算段风筒外隧道中风流的平均温度，℃；

d——风筒内壁直径，m；

k_j——风筒的总传热系数，$kW/(m^2 \cdot ℃)$；

L——计算段风筒的长度，m；

M_1——风筒内风流的平均质量流量，kg/s；

C_p——风筒内风流的定压比热，kJ/(kg·℃)。

(3)风筒出风口掘进面热交换

风筒风口处的风流流至掘进面作业区域进行热交换，图 7-3 中 4—4 断面为掘进面处附近的截面，经热交换后，掘进面处风流温度 t_4 可按式(7-12)计算。

$$t_4 = t_3 + \frac{\sum Q_{ji}}{M_2 C_p} - \frac{\gamma h}{C_p}(d_4 - d_3) \tag{7-12}$$

式中　t_4——掘进面风流温度，℃；

ΣQ_{ji}——掘进面热源放热量，kW；

M_2——掘进面风流的质量流量，kg/s；

h——巷道水分蒸发从空气中吸热的比值；

d_3——风筒末端风流含湿量，%；

d_4——掘进面风流的含湿量，%。

(4)隧道回风巷风流温度计算

假定图 7-3 中回风巷任意点为点 5，或以该点的横断面为 5—5 截面，若不考虑风筒漏风，则隧道回风巷任意点 5 的风流温度可按式(7-13)计算。

$$t_{5k} = t_4 + \frac{\sum Q_{ji}}{M_2 C_p} - \frac{\gamma h}{C_p}(d_5 - d_4) \tag{7-13}$$

式中　t_{5k}——不考虑风筒漏风时的回风巷风流温度，℃；

d_5——回风巷风流的含湿量，%。

若考虑风筒漏风的实际情况，则隧道回风巷任意点 5 的风流温度可按式(7-14)计算。

$$t_5 = \frac{t_{5k} M_2 + \left(\frac{t_2 + t_3}{2}\right) \times (M_0 - M_2)}{M_0} \tag{7-14}$$

式中　t_5——考虑风筒漏风时的回风巷风流温度，℃。

3. 作业面局部冰块降温计算方法

对于通风降温在局部时间段难以将作业面区域的环境温度降至环境控制标准时，可考虑采用局部冰块辅以降温，降温幅度与投放的冰块量有关。由于冰块吸热融为水会增大洞内湿度，湿热效应不利于作业人员体感舒适度，故冰块降温作用有限，加之制冰成本相对较高，一般作为短段落临时性的辅助降温措施采用。根据传热学原理，隧道内投入冰块降温区域的空气降温幅度可按式(7-15)计算。

$$\Delta t_a = \frac{M_i(Q_{i\text{-}w} + C_w t_w - C_i t_i)}{C_p m} \tag{7-15}$$

式中　Δt_a——隧道内空气降温幅度，℃；

C_p——冰块降温区域空气的平均定压比热，kJ/(kg·℃)；

m——冰块降温区域的空气质量流量，kg；

M_i——冰块质量，kg；

C_i——冰的比热，kJ/(kg·℃)；

t_i——降温区域冰块吸热前的初始温度，℃；

$Q_{i\text{-w}}$——0 ℃的冰融化为 0 ℃的水吸收的热量,kJ/kg;

C_w——水的比热,kJ/(kg·℃);

t_w——0 ℃的水吸热后的温度,℃。

4. 机械制冷降温计算方法

机械制冷降温计算,应根据高地温隧道掘进作业区域各种热源在通风降温或其他冷却降温后所需要的制冷量,作为制冷降温的需冷量,并考虑制冷降温系统冷量损失,从而确定机械制冷降温总需冷量,并据此分析确定其排热负荷。具体计算方法如下:

(1)需冷量

高地温隧道所需冷量可按式(7-16)计算。

$$Q_x = Q_z + Q_d \tag{7-16}$$

式中 Q_x——隧道制冷降温总需冷量,kW;

Q_z——隧道内掘进作业区域制冷降温需冷量,kW;

Q_d——制冷降温系统总冷量损失,kW。

$$Q_z = \sum Q_i - Q_f \tag{7-17}$$

式中 $\sum Q_i$——隧道内总散热量,kW;

Q_f——隧道通风降温或其他降温所吸收的热量,kW。

隧道掘进作业区的需冷量由制冷降温系统提供,需冷量可按式(7-18)、式(7-19)计算。

$$Q_j \geqslant Q_z \tag{7-18}$$

$$Q_j = M_{Bi}(i_1 - i_2) \tag{7-19}$$

式中 M_{Bi}——通过空气冷却器(蒸发器)的质量风量,kg/s;

i_1——空气冷却器入口风流的焓,kJ/kg;

i_2——空气冷却器出口风流的焓,kJ/kg。

(2)总冷量损失

制冷降温系统总冷量损失可根据设备实际配置情况进行核算,但不应大于隧道掘进区制冷降温需冷量的 20%,可按式(7-20)计算。

$$Q_d = 0.2Q_z \tag{7-20}$$

(3)总制冷量

制冷降温系统总制冷量可按式(7-21)计算。

$$Q_p = 1.2 \times Q_x \tag{7-21}$$

式中 Q_p——制冷系统总制冷量,kW。

(4)排热负荷

排热负荷应等于或大于冷凝器的冷凝热和油冷器排除热量之和,可按式(7-22)计算。

$$Q_k \geqslant kQ_p \tag{7-22}$$

式中 Q_k——制冷设备排热负荷,kW;

k——考虑制冷机耗功的热量系数。

7.3.3 高地温隧道通风降温设计

通风降温就是在开挖面风流温度超过规定的标准时,采取加大风量方法,将工作面空间的热负荷降低或完全排除，以达到降低风流温度目的。隧道内供风量的增加，将相应地提高洞内风速，对改善人体的散热条件极为有利。

本节以我国目前最长的铁路隧道——大瑞铁路高黎贡山隧道为例，对地热工区不同风量、不同热水温度进行对比分析，进而确定地热工区的合理降温风量。

1. 隧道热害特征

大瑞铁路高黎贡山隧道位于云南省保山与芒市之间，为设计时速 140 km 的客货共线电气化铁路隧道。隧道全长 34.538 km，是目前我国最长的交通隧道，也是亚洲最长的越岭交通隧道，最大埋深为 1 155 m。

高黎贡山隧道辅助坑道采用"贯通平导＋斜井＋2 座竖井"的设置方案。其中平导长 34.586 km，斜井长 3 850 m，1 号竖井深 762.59 m，2 号竖井深 640.22 m。斜、竖井均设置为主副井，为国内交通隧道中设置的最长斜井和最深施工生产竖井。隧道辅助坑道设置情况如图 7-4 所示。

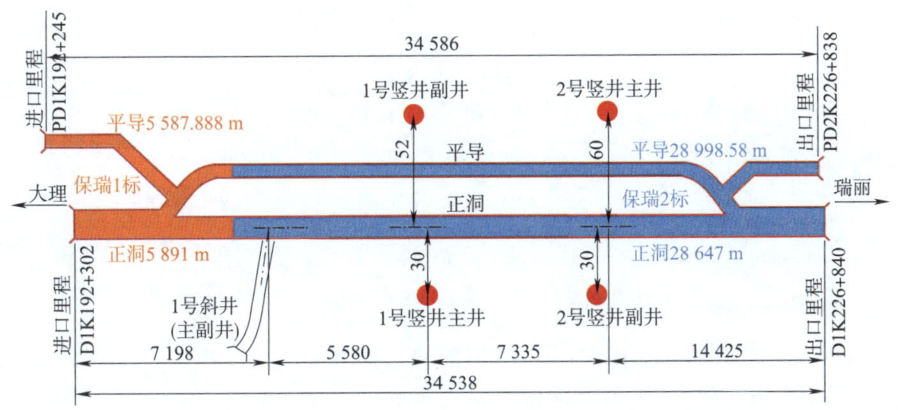

图 7-4　高黎贡山隧道辅助坑道布置平面示意（单位：m）

本隧道热害成因为断裂深循环型地下热水。隧道洞身分布有帮迈—邵家寨断层、帮迈—邵家寨次级断层、怒江断层、镇安断层等 4 条导热水断裂，在导热水断裂带可能出现局部热水突出。结合洞身地质深孔勘探资料，预测最高水温为 50 ℃。受地下热水影响，全隧地温高于 28 ℃的段落长度共计 10 122 m，接近全隧总长的 1/3，其中岩温介于 28 ℃～37 ℃的热害轻微段落总长 8 716 m，岩温介于 37 ℃～39 ℃的中等热害段落总长 1 406 m。高黎贡山隧道地温分布纵断面如图 7-5 所示。

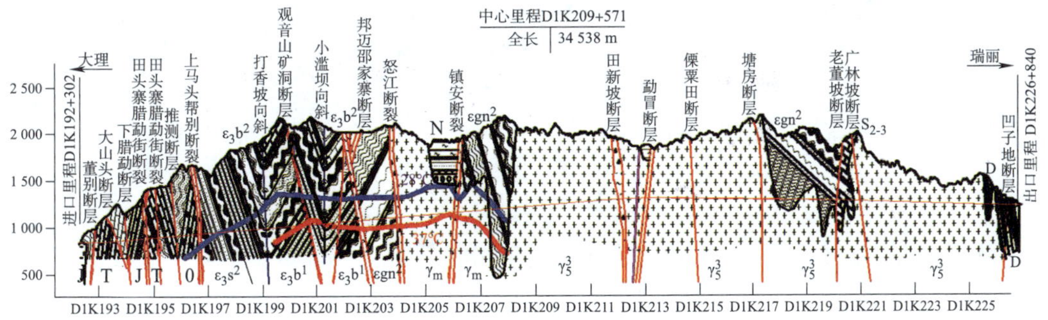

图 7-5　高黎贡山隧道地温分布纵断面示意

高黎贡山隧道进、出口段地温较低，洞身中部部分段落地温相对较高，隧道地温分布预测及热害评估见表 7-3。

表 7-3　高黎贡山隧道洞身地温预测及热害评估表

序　号	温度(℃)	里　程	长度(m)	热害评估
1	≤28	D1K192 + 302 ~ D1K197 + 460	5 158	无热害
2	28 ~ 37	D1K197 + 460 ~ D1K200 + 435	2 975	热害轻微
3	37 ~ 39	D1K200 + 435 ~ D1K201 + 260	825	中等热害
4	28 ~ 37	D1K201 + 260 ~ D1K201 + 756	496	热害轻微
5	导热水断裂(43 ℃)	D1K201 + 756 ~ D1K201 + 891	135	中等热害
6	28 ~ 37	D1K201 + 891 ~ D1K202 + 518	627	热害轻微
7	导热水断裂(43 ℃)	D1K202 + 518 ~ D1K202 + 672	154	中等热害
8	28 ~ 37	D1K202 + 672 ~ D1K203 + 928	1 256	热害轻微
9	导热水断裂(50 ℃)	D1K203 + 928 ~ D1K204 + 071	143	中等热害
10	28 ~ 37	D1K204 + 071 ~ D1K206 + 041	1 970	热害轻微
11	导热水断裂(50 ℃)	D1K206 + 041 ~ D1K206 + 190	149	中等热害
12	28 ~ 37	D1K206 + 190 ~ D1K207 + 582	1 392	热害轻微
13	≤28	D1K207 + 582 ~ D1K226 + 840	19 258	无热害

2. 热害隧道通风降温的合理风量

根据通风降温计算方法，对不同风量、不同热水温度进行对比分析，进而确定地热工区的合理降温风量。隧道热害段通风降温风量与风温分布情况如图 7-6 所示。

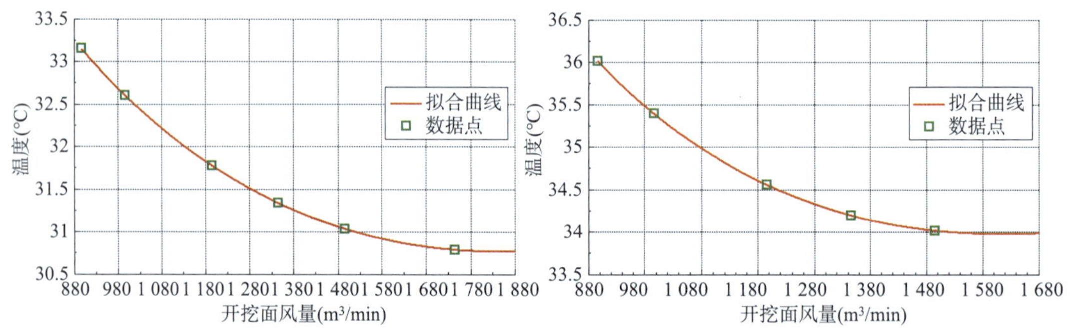

(a)高岩温段通风降温风量分布　　(b)50 ℃高温热水段通风降温风量分布

图 7-6　隧道热害段通风降温风量与洞内风温分布关系

从图 7-6 可以看出，隧道开挖面空气温度随风流速度增加而降低，但风量增加到一定程度时，洞内气温下降幅度非常缓慢，即超过一定风量值时，再增大风量对洞内降温效果并不明显。

经模拟分析研究，当隧道开挖掌子面处的供风量达到 1 100 ~ 1 600 m^3/min 时，其风温变化值已经非常小，通风降温的温差仅相差约 1 ℃；结合隧道施工通风降尘的要求，以及平导、正洞断面净空情况，从技术经济合理性角度，本隧道控制热害的经济合理风量为平导不小于 1 100 m^3/min、正洞不小于 1 200 m^3/min。

3. 通风降温的适应性分析

为分析施工通风模式下对隧道降温的适用性，按风管入风口空气温度为 20 ℃考虑，经计算，不同开挖距离时，距开挖面 100 m 处热环境的计算结果见表 7-4 及图 7-7。

表 7-4　不同开挖长度时距开挖面 100 m 处环境温湿度

开挖距离（m）	干球温度（℃）	湿球温度（℃）	相对湿度（%）	开挖距离（m）	干球温度（℃）	湿球温度（℃）	相对湿度（%）
204	21.02	12.1	37.92	3 672	25.69	14.07	29.53
408	21.29	12.22	37.37	3 876	27.34	14.65	26.81
612	21.55	12.33	36.83	4 080	27.59	14.73	26.42
816	21.83	12.45	36.28	4 284	27.84	14.82	26.04
1 020	22.14	12.58	35.68	4 488	28.09	14.9	25.66
1 224	22.42	12.7	35.14	4 692	28.34	14.98	25.3
1 428	22.7	12.82	34.6	4 896	28.58	15.06	24.94
1 632	23.01	12.95	34.03	5 100	28.82	15.14	24.6
1 836	23.29	13.07	33.52	5 304	29.06	15.22	24.26
2 040	23.57	13.18	33.02	5 508	29.3	15.3	23.92
2 244	23.86	13.31	32.5	5 712	29.54	15.38	23.6
2 448	24.13	13.42	32.04	5 916	29.77	15.46	23.28
2 652	24.4	13.53	31.6	6 120	30.01	15.53	22.97
2 856	24.68	13.65	31.13	6 324	30.24	15.61	22.67
3 060	24.93	13.76	30.71	6 528	30.47	15.68	22.37
3 264	25.18	13.86	30.31	6 732	30.7	15.76	22.08
3 468	25.45	13.97	29.9	6 936	30.93	15.83	21.79

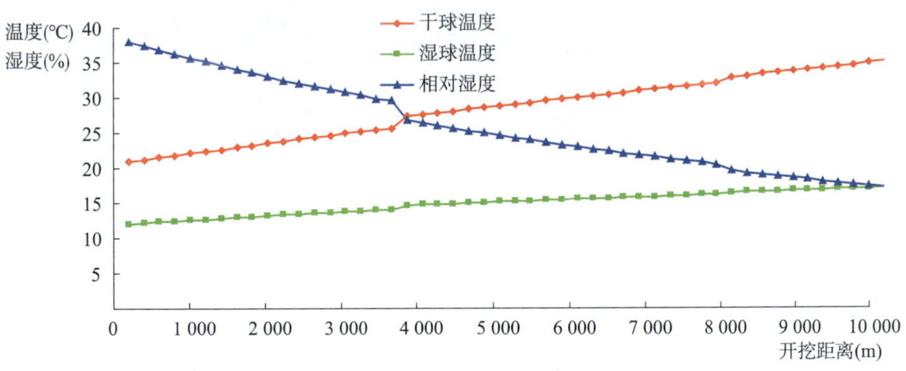

图 7-7　不同开挖长度时距开挖面 100 m 处环境温湿度

从表 7-4 可看出，随着通风管路的长度增加，其洞内掌子面附近 100 m 范围内施工环境温度逐渐升高，为了将洞内掌子面 100 m 范围的空气温度控制在 28 ℃以内，其适宜的通风长度约为 4 300 m;随着通风长度的进一步增加,其掌子面的降温效果达不到隧道环境控制标准要求。

由此说明,采取通风降温对改善隧道内施工作业环境具有一定作用,但其通风降温所能解决的长度是有限制的,超过其适用的降温长度,则应采取制冷降温等措施。

4. 高地温隧道通风降温技术措施

大瑞铁路高黎贡山隧道高地温段主要位于斜井工区和1号竖井工区,其降温方案如下:

(1)斜井工区降温

通过收集隧道进口附近的保山市、出口附近的龙陵县近10年来每个月的气象资料,可得斜井井口处的大气参数。具体见表7-5。

表7-5 斜井洞口处大气参数表

项目	一月	二月	三月	四月	五月	六月	七月	八月	九月	十月	十一月	十二月
温度(℃)	11.02	13.05	16	18.86	20.87	22.67	22.75	22.63	21.43	19.33	14.73	11.42
大气压力(kPa)	85.75	85.73	85.6	85.55	85.34	85.2	85.16	85.22	85.48	85.75	85.85	85.85

结合本工区辅助坑道及地温分布情况,利用斜井副井进新鲜风、主井排污风,将轴流风机布设于距副井井底处,通风管路采用双层隔热风筒,百米漏风率不大于1%,向作业面处供送的风量为正洞不小于 1 200 m^3/min、平导不小于 1 100 m^3/min。若通风降温不足以使作业面环境温度达到28 ℃时,尚需采取机械制冷,以满足施工环境要求。

经计算分析,本隧道斜井工区高地温段降温措施见表7-6。

表7-6 斜井工区隧道降温措施汇总表

起点里程	终点里程	围岩温度(℃)	1号斜井工区各月份降温措施表											
			一月	二月	三月	四月	五月	六月	七月	八月	九月	十月	十一月	十二月
D1K198+193	D1K198+200	30	A	A	A	A	B	B	B	B	B	A	A	A
D1K198+200	D1K198+600	31	A	A	A	A	B	B	B	B	B	A	A	A
D1K198+600	D1K198+900	32	A	A	A	A	B	B	B	B	B	A	A	A
D1K198+900	D1K199+200	33	A	A	A	A	A	B	B	B	B	A	A	A
D1K199+200	D1K199+500	34	A	A	A	A	A	B	B	B	A	A	A	A
D1K199+500	D1K200+000	35	A	A	A	B	B	C	C	C	B	B	A	A
D1K200+000	D1K200+300	36	A	A	B	B	B	C	C	C	C	B	B	A
D1K200+300	D1K200+500	37	A	A	B	B	C	C	C	C	C	B	B	A
D1K200+500	D1K200+600	38	A	A	B	B	C	C	C	C	C	C	B	A
D1K200+600	D1K200+800	39	A	A	B	B	C	C	C	C	C	C	B	A
D1K200+800	D1K201+100	38	A	B	B	C	C	C	C	C	C	C	B	B
D1K201+100	D1K201+400	37	A	B	B	B	C	C	C	C	C	C	B	B
D1K201+400	D1K201+800	36	A	B	B	B	C	C	C	C	C	C	B	B
D1K201+800	D1K202+900	35	B	B	B	C	C	C	C	C	C	C	B	B

续上表

起点里程	终点里程	围岩温度(℃)	1 号斜井工区各月份降温措施表											
			一月	二月	三月	四月	五月	六月	七月	八月	九月	十月	十一月	十二月
D1K202 +900	D1K203 +795	34	B	C	C	C	C	C	C	C	C	C	C	B

注：A——通风降温，正洞风量不小于 1 200 m^3/min，平导风量不小于 1 100 m^3 min。

B——通风 + 局扇降温，正洞风量不小于 1 200 m^3/min，平导风量不小于 1 100 m^3/min，对掌子面、二次衬砌等作业人员相对集中处，应采取增设局扇，以加快空气流通，改善作业人员的热感应舒适度。

C——通风降温 + 强制制冷，除按上述风量通风外，需采用机械制冷冷却风筒出口段新鲜空气。

根据上表计算结果，当本工区隧道岩温 < 34 ℃时，仅采取通风降温可满足作业环境要求，双层隔热风筒向掌子面通风降温可达 6 ℃左右；当岩温介于 34 ℃ ~39 ℃时，一般需在 4 ~10 月份中的不利时间段采取强制制冷降温，而对于距斜井位置较远的 D1K202 +900 ~ D1K203 +795 段 895 m 需在 2 ~11 月采取强制制冷降温。

(2)1 号竖井工区通风降温

通过收集隧道进口附近的保山市、出口附近的龙陵县近 10 年来每个月的气象资料，可得 1 号竖井井口处的大气参数。具体见表 7-7。

表 7-7　1 号竖井井口处大气参数表

项目	一月	二月	三月	四月	五月	六月	七月	八月	九月	十月	十一月	十二月
温度(℃)	8.74	10.77	13.72	16.58	18.59	20.69	20.47	20.35	19.15	17.05	12.45	9.14
大气压力(kPa)	81.01	80.99	80.89	80.88	80.78	80.53	80.56	80.73	81.03	81.26	81.29	81.29

结合本工区辅助坑道设置及地温分布情况，利用 1 号竖井副井进新鲜风、主井排污风，将轴流风机布设于副井井底处的风道内，通风管路采用双层隔热风筒，百米漏风率不大于 1%，向作业面处供送的风量为正洞不小于 1 200 m^3/min、平导不小于 1 100 m^3/min。若通风降温不足以使作业面环境温度达到 28 ℃时，尚需采取机械制冷降温措施，以满足环境要求。

经计算分析，本隧道 1 号竖井工区高地温段降温措施见表 7-8。

表 7-8　1 号竖井工区隧道降温措施汇总表

起点里程	终点里程	围岩温度(℃)	1 号竖井工区各月份降温措施表											
			一月	二月	三月	四月	五月	六月	七月	八月	九月	十月	十一月	十二月
D1K203 +795	D1K204 +700	34	A	A	A	A	A	B	B	B	A	A	A	A
D1K204 +700	D1K205 +300	35	A	A	A	A	A	B	B	B	A	A	A	A
D1K205 +300	D1K205 +700	36	A	A	A	A	A	C	C	C	B	A	A	A
D1K205 +700	D1K205 +900	37	A	A	A	A	B	C	C	C	B	B	A	A
D1K205 +900	D1K206 +100	36	A	A	A	A	A	B	B	B	B	B	A	A
D1K206 +100	D1K206 +700	35	A	A	A	A	A	B	B	B	A	A	A	A
D1K206 +700	D1K206 +900	34	A	A	A	A	A	B	B	B	A	A	A	A

续上表

起点里程	终点里程	围岩温度(℃)	1号竖井工区各月份降温措施表											
			一月	二月	三月	四月	五月	六月	七月	八月	九月	十月	十一月	十二月
D1K206+900	D1K207+100	33	A	A	A	A	A	A	A	A	A	A	A	A
D1K207+100	D1K207+200	32	A	A	A	A	A	A	A	A	A	A	A	A
D1K207+200	D1K207+300	31	A	A	A	A	A	A	A	A	A	A	A	A
D1K207+300	D1K207+400	30	A	A	A	A	A	A	A	A	A	A	A	A
D1K207+400	D1K207+500	29	A	A	A	A	A	A	A	A	A	A	A	A
D1K207+500	D1K207+820	28	A	A	A	A	A	A	A	A	A	A	A	A

注：A——通风降温，正洞风量不小于1 200 m^3/min，平导风量不小于1 000 m^3/min。

B——通风+局扇降温，正洞风量不小于1 200 m^3/min，平导风量不小于1 100 m^3/min，并对掌子面、二次衬砌等作业人员相对集中处，采取增设局扇，以加快空气流通，改善作业人员的热感应舒适度。

C——通风降温+强制制冷，除按上述风量通风外，需采用机械制冷冷却风筒出口段新鲜空气。

根据上表计算结果，若1号竖井工区于6~8月份施工D1K205+300~D1K205+900岩温异常段时，该段600 m范围需机械制冷；其余异常岩温段仅需通风降温即可。结果表明，通过竖井取风路径短，且竖井井口外风温相对更低，送入的冷风对洞内高地温段冷却降温极为有利，洞内作业环境降温幅度可达8 ℃左右。

7.3.4 高地温隧道机械制冷降温设计

1. 高温热害隧道制冷降温系统工作原理

制冷降温就是采用制冷设备来降低风流温度，制冷降温系统由制冷站（冷源）、输冷系统、传冷系统和排热系统四个基本要素组成，其功能是通过制冷剂、载冷剂（冷水）和冷却水三个独立的循环系统的联合工作来实现的。

（1）制冷剂循环系统

制冷机组通过制冷剂的循环制取冷量。制冷剂循环系统由制冷机组各大部件（压缩机、冷凝器、蒸发器和膨胀阀等）及其连接管道组成。

制冷剂在蒸发器中吸收载冷剂（冷风或冷水）的热量而被气化为低压低温的蒸汽，该蒸汽被压缩机吸入，并经压缩升压升温。高压高温蒸汽再进入冷凝器，并在其中将热量传递给冷却水而被冷凝成液体。液体制冷剂经膨胀阀降压降温后又进入蒸发器中，继续吸收冷水（或风流）的热量，由此循环达到制冷的目的。

（2）载冷剂循环系统

载冷剂（冷冻水）在空气冷却器中吸收风流的热量之后，通过冷水管道回流到蒸发器中，在蒸发器中载冷剂通过管道将热量传递给制冷剂而自身温度降低。低温载冷剂经管道返回到空气冷却器中，继续冷却风流，以此达到冷却风流的目的。

（3）冷却水循环系统

冷却水循环系统由冷凝器、水冷装置和冷却水管道组成，其功能是将载冷剂从风流中吸收的热量排到大气中去。其作用原理是将制冷剂从风流吸收的热量和压缩机的压缩热在冷凝器中传递给冷却水，冷却水通过冷却水管道进入水冷装置中，在水冷装置中冷却水将热量传递给空气而自身温度降低。

上述三个循环系统(冷水、制冷剂和冷却水)的连续工作,致使制冷降温系统达到连续降低风流温度的目的。

2. 高温热害隧道制冷降温适用技术

适用于隧道施工的制冷降温技术主要有 2 种基本类型。

(1)采用冷风机组隧道制冷降温系统

制冷压缩机压缩出来的高压制冷剂蒸汽进入冷凝器,在冷凝器内经冷却水冷却,制冷剂蒸汽冷凝成高压液态制冷剂,再经热力膨胀阀节流降压,压力迅速下降,并进入蒸发器液态制冷剂在蒸发器中蒸发并通过管壁吸收风流的热量迅速蒸发成气体,而后被吸入制冷压缩机,连续不断地完成制冷循环。此时流过蒸发器的空气,被制冷剂吸收热量而温度下降,再用风筒和蒸发器串联,利用风筒将低温风流送到需冷场所。

(2)采用冷水机组隧道制冷降温系统

从制冷机组蒸发器中流出的低温冷水(5 ℃ ~7 ℃),由冷水泵经冷水管打入空气冷却器中。冷水在空气冷却器中通过管壁吸收风流的热量,使风温降低。吸收风流热量的冷水由空气冷却器中流出后,经管道流回蒸发器,并在蒸发器中将热量传递给制冷剂致使本身的温度降低,其再由水泵送到空气冷却器中继续冷却风流。

制冷剂在蒸发器中吸收冷水的热量之后,由压缩机吸入并压进冷凝器中,其在冷凝器中将热量传递给冷却水;被加热的冷却水从冷凝器中流出后,由冷却水泵经冷却水管道送到冷却塔中。冷却水在冷却塔中将热量传递给风流,致使自身温度降低,再经冷却水管道流回冷凝器中,继续吸收制冷剂的热量,达到排除冷凝热的目的。

3. 高地温隧道制冷降温设计

大瑞铁路高黎贡山隧道斜井工区和 1 号竖井工区为地热工区,夏季气温较高的时段,采用通风降温不足以将洞内施工环境温度降低至 28 ℃,需设置机械制冷降温措施。其制冷降温设计情况如下:

(1)斜井工区制冷降温

本工区以岩温为主,平导仅通过 1 条导热水断层,正洞通过 2 条导热水断层,地勘预测本工区导热水断裂最高温度为 43 ℃。结合隧道内热害分布情况,斜井工区正洞和平导掌子面适宜采用冷风机组进行局部降温,即在每个正洞或平导掌子面附近的风筒中安装冷风机组,直接冷却风筒内即将流入开挖面的风流,并于斜井洞口地面采用冷却塔排热,冷却水循环使用。

斜井工区局部制冷的需冷量采用该工区最高岩温 39 ℃,并考虑最高水温进行计算确定,根据热力学计算,掌子面 100 m 附近进行局部制冷降温所需的制冷量见表 7-9。

表 7-9　斜井工区需冷量表

项　　目	空冷器前焓(kJ/kg)	空冷器后焓(kJ/kg)	需冷量(kW)
正洞	112. 24	105. 54	138. 23
平导	108. 11	101. 28	119. 56

根据热力学计算结果，斜井工区降温设备配置见表7-10。

表7-10　斜井工区降温设备配置表

项目	掌子面散热量（kW）	降温设备型号	台数	降温设备功率（kW/台）	掌子面风量（m^3/min）	风筒直径（m）	降温方案
正洞	138.23	ZLF-235冷风机组	每个掌子面1台	235	1 200	1.8	局部制冷
平导	119.56	ZLF-235冷风机组	每个掌子面1台	235	1 000	1.7	局部制冷

斜井工区制冷系统平面布置示意如图7-8所示。

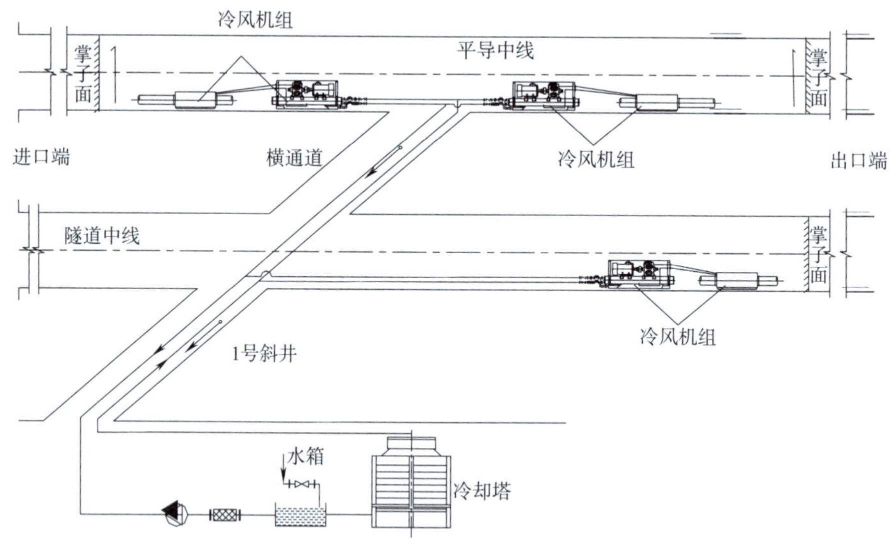

图7-8　斜井工区制冷降温系统平面布置示意图

(2)1号竖井工区降温

高黎贡山隧道1号竖井工区平导通过3条导热水断层，正洞通过2条导热水断层，地勘预测本工区导热水断裂最高温度为50 ℃。结合隧道热害分布情况及竖井井深762 m的实际情况，1号竖井工区正洞和平导掌子面局部制冷降温采用冷水机组进行局部降温，即在每个正洞或平导掌子面附近的风筒中安装空气冷却器，直接冷却风筒内即将流入开挖面的空气，并于1号竖井洞口地面采用冷却塔排热，冷却水循环使用。

1号竖井工区局部制冷的需冷量采用该工区最高围岩温度37 ℃、水温50 ℃进行计算，根据热力学计算，掌子面100 m附近制冷降温所需的制冷量见表7-11。

表7-11　1号竖井工区需冷量表

项　　目	空冷器前焓（kJ/kg）	空冷器后焓（kJ/kg）	需冷量（kW）
正洞	85.88	79.45	123.61
平导	81.41	76.4	105.48

根据热力学计算结果,1 号竖井工区降温设备配置见表 7-12。

表 7-12　1 号竖井工区降温设备配置表

<table>
<tr><th rowspan="2">项目</th><th rowspan="2">掌子面散热量(kW)</th><th colspan="2">降温设备型号</th><th colspan="2">降温设备功率(kW /台)</th><th rowspan="2">掌子面风量(m³/min)</th><th rowspan="2">风筒直径(m)</th><th rowspan="2">降温方案</th></tr>
<tr><th>冷水机组</th><th>空气冷却器</th><th>冷水机组</th><th>空气冷却器</th></tr>
<tr><td>正洞</td><td>123.61</td><td rowspan="2">Xqc;LSLGF-500 型冷水机组正洞和平导共用 1 台</td><td>Xqc;每个掌子面 KLQ-150 型/台</td><td rowspan="2">500</td><td>150</td><td>1 200</td><td>1.7</td><td>局部制冷</td></tr>
<tr><td>平导</td><td>105.48</td><td>Xqc;每个掌子面 KLQ-150 型/台</td><td>150</td><td>1 100</td><td>1.6</td><td>局部制冷</td></tr>
</table>

1 号竖井工区制冷系统平面布置示意如图 7-9 所示。

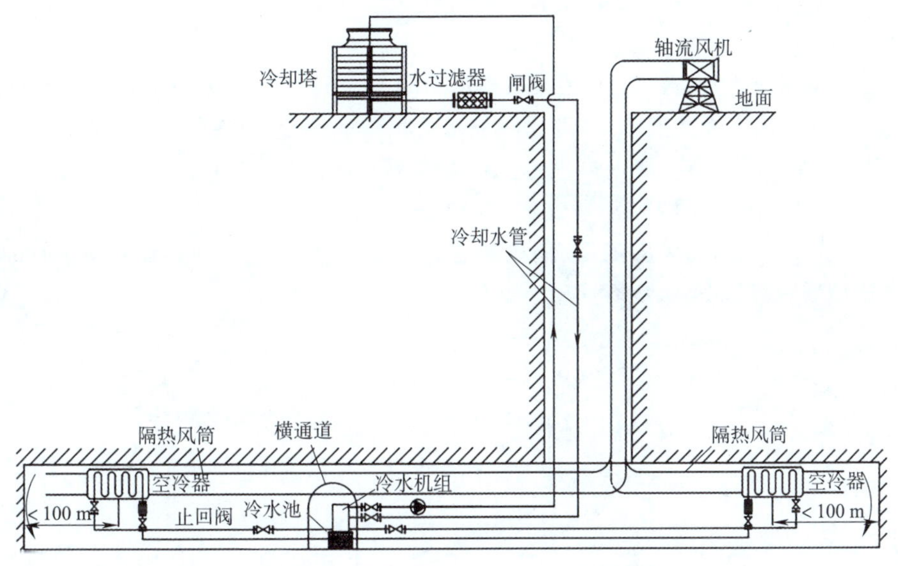

图 7-9　1 号竖井工区地热段制冷降温系统平面布置示意图

7.3.5　高温热水防治措施

高温热水是恶化洞内施工环境的主要热源,对洞内作业环境影响极大。隧道内地下高温热水一旦涌出,将导致洞内气温升高、湿度增大,热水涌突甚至还可能危及作业人员安全。施工期间应加强超前地质预报,探测热水赋存情况,并分析隧道内地下热水与地表水系的水力联系,以便采取针对性的处理措施。

1. 热水封堵方案

超前地质预报探测隧道掌子面前方存在大规模的高温热水、导热断裂,热水(汽)排放会严重恶化洞内作业环境,或地下热水排放易造成隧区地表温泉、热水塘等出现失水风险时,应采取“以堵为主、限量排放”的治水原则。结合超前地质预测,可采取超前帷幕注浆,将热水封堵在洞周以外,尽量控制湿热散逸。隧道开挖后,根据流入隧道的热水情况,必要时进行局部径向补注浆。

如大瑞铁路高黎贡山隧道洞身分布有4条导热水断裂,地勘预测帮迈—邵家寨导热水断裂、帮迈—邵家寨次级导热水断层最高水温为43 ℃,镇安导热水断裂、怒江导热水断裂最高水温为50 ℃。根据热力学计算结果及地热段降温设计原则,施工导热水断裂时,除采取“通风降温+强制制冷”外,尚需采取超前帷幕注浆堵水,以防止地下热水涌出恶化作业环境。导热水断裂地段注浆加固圈半径为8 m,注浆堵水标准为5 $m^3/(m\cdot d)$,同时要求掌子面前方20 m范围内隧道拱墙初期支护的表面淋水面积需控制在55%以内,以减少热水散热面积及蒸汽在洞内散发。

2. 热水引排方案

针对基岩裂隙热水,排放不会造成地表失水,且对洞内环境影响相对较小时,可采取“控制散水,集中引排”的原则。对分散出水点采用径向或局部注浆封堵,控制热水散热面积,将散水封堵为股状水后进行集中引排。对股状集中出水点,应设保温管或保温沟及时将热水引排出洞外。

如玉蒙铁路旧寨隧道,出口工区施工揭示DK120+689~DK121+770段1 081 m为高温热害及影响段,热害段共揭示13处股状或暴雨状热水,热水地段位于活动断裂带,岩性为泥岩夹灰岩块石,岩体破碎,隧道拱顶、边墙、隧底揭示水温在37 ℃~47 ℃之间,局部最高水温达55 ℃,热水出水量最大者为2007年12月揭示的DK121+337处,水温41 ℃,流量为8 000~9 000 m^3/d。通风降温后,洞内热害段气温介于34 ℃~43 ℃之间,局部最高达52 ℃。隧道地质纵断面如图7-10所示。

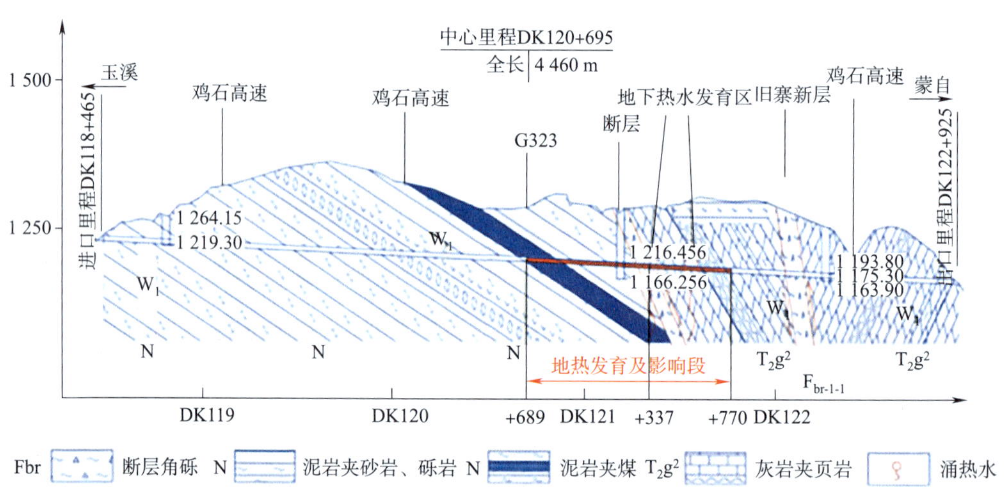

图7-10 玉蒙铁路旧寨隧道热害分布纵断面

根据地勘分析,地热成因是断裂深循环地下热水,隧址区具备补给来源、径流通道、热储来源等地热水形成条件;南西侧高山区接受大气降水入渗,通过断裂带循环、加温后,向临安河运移排泄;隧道轴线与地热水流以大角度相交,开挖后热水涌出产生洞内高温。隧道洞口热水流及洞口处热蒸汽情况如图7-11、图7-12所示。

经现场测试分析结果表明,地热水是洞内气温、湿度居高不下的主要原因,如何有效减少热源,减少热水与空气之间的热交换及热水气化量是降低洞内气温、湿度的关键。根据

图 7-11　洞口热水流

图 7-12　洞内热水流至洞口形成热蒸气现场

该隧道地热水溢出特性,确定“以排为主,以堵为辅”的治水原则,对 3 处全断面热水漫流段共 29 m 采用径向注浆封堵,对 1 处小股涌水、2 处局部散流热水源地段采用局部径向注浆措施予以封堵。同时,并对隧道内股状集中出水点进行临时引排,见表 7-13。

表 7-13　地热股状集中出水点临时引排措施

序　号	出水点	热水现状	处理措施
1	DK121 +530	小股涌水(约 100 m^3/d)	采用排水管统一引排
2	DK121 +520	集中涌水(300 ~400 m^3/d)	
3	DK121 +337	集中涌水(8 000 ~9 000 m^3/d)	出水口预埋带法兰盘铸铁管,并浇筑早强混凝土封堵出水口,然后采用 2 根 T150 排水管统一引排

现场实施该措施后,洞内温度较之前降低 3 ℃ ~5 ℃,湿度基本恢复正常。地热水引排出洞后,仍采用钢塑复合管连接引排至临时蓄水池 10 m(长) ×10 m(宽) ×1 m(深),因出水量较大,难以将热水降至常温,故待池中蓄水涨至一定水位后,通过新建沟渠排水至附近河沟内,与河沟水混合降温。

7.3.6　高地温隧道辅助降温措施

高地温隧道除采用通风降温、制冷降温措施外,还可采用洞内外低温水利用、冰块局部降温、个体防护及劳动保护等辅助措施。

1. 洞内或洞外低温水利用

对于高岩温及局部基岩裂隙热水,可利用洞内低温水或洞外冷水采取喷雾洒水进行冷却降温,并及时封闭围岩,以避免高温围岩或热水伤及施工人员。隧道内喷雾洒水降温如图 7-13 所示。

图 7-13　隧道内喷冷水雾降温图

2. 局部冰块降温

冰块降温主要适用于隧道热害段落较短、通风降温在局部时间段效果不理想的情况,也可作为热害较严重段机械制冷降温设备投入使用前的临时过渡降温措施。结合现场实际情况,可于隧道洞口附近设置制冰房,采用大功率冰柜、冷却制冰机制冰,在洞内施工人员集中作业区局部放置冰块,冰块放置情况如图 7-14、图 7-15 所示。如大瑞铁路高黎贡山隧道斜井热害段,在投入制冷降温设备前,掌子面区域临时放置冰块并通过设置局扇供风引流以增强热交换效应,实测后掌子面局部降温可达 3 ℃ ~5 ℃。

图 7-14　掌子面台架放置冰块降温

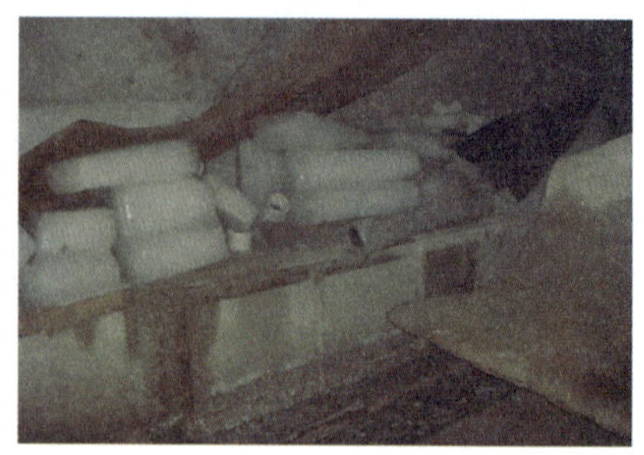
图 7-15　作业面附近放置冰块降温

3. 隔热防护

针对贫水的高岩温隧道,为减少围岩向洞内释放热量,施工中应及时设置初期支护封闭围岩,可于初期支护喷射混凝土中添加引气剂(有工点按 0.05% 添加引气剂),使喷射混凝土内部形成不连续的封闭气泡,降低导热系数。根据现场量测情况,采用添加引气剂的喷混凝土可将洞内环境降低 2 ℃ ~3 ℃。此外,也可在初期支护中采用具导热系数小的喷射陶粒混凝土或稀土作为隔热材料,以降低洞内环境温度。

4. 个体防护

针对距掌子面较远且遭受热害的作业个体,宜采用个体防护措施,可穿干冰、压缩空气、冷水及自冷却作用的冷却服,降低人员体外温度。

5. 劳动保护措施

高地温隧道施工应因地制宜,尽量将地热段安排在气温较低的季节施工。对于通风降温不足以控制洞内环境温度,且未设置机械制冷降温措施时,可在洞内利用避车洞或综合洞室临时增设低温休息室,并提供淡盐水、维生素、凉茶等防暑用品及防暑降温应急救援箱。根据隧道内的环境温度、劳动强度和施工人员劳动效率,合理安排高温作业时间,施工人员每隔一定时间或感觉体温过高时,可进入降温休息室休息,补充水分及盐类,保证施工人员的健康和安全。隧道内降温休息室设置情况如图 7-16 所示。

图 7-16　隧道内降温休息室

此外,作业前应对施工人员进行体检;对于有高血压、心脏病等疾病的人员,以及存在过度疲劳、空腹、睡眠不足或醉酒的人员,应禁止进洞,尤其是应尽量减少人员在高温环境下的劳动作业时间,以确保人员安全作业。

7.4　高地温隧道爆破

高地温隧道对爆破作业安全也产生了一定影响,普通导爆索、导爆管在环境温度超过 40 ℃以上时,性能不稳定,易出现瞎炮、哑炮,可能危及施工安全。施工中可根据炮孔温度选用不同的炸材。

(1)炮孔内温度 <40 ℃时,可采用普通爆破器材,雷管置于孔底反向起爆。

(2)炮孔内温度为 40 ℃ ~80 ℃时,可采用耐 80 ℃及以上高温的导爆管、导爆索,雷管置于孔底反向起爆。

(3)炮孔内温度 >80 ℃时,可采用耐 120 ℃高温的导爆管、导爆索,并改进装药结构,将雷管置于孔口,导爆索与炸药装入炮孔,由雷管在炮孔口激发导爆索,导爆索在孔底反向起爆炸药。

高地温段隧道开挖炮眼布置与普通段炮眼布置基本一致,但适宜采用不耦合装药方式。为解决高地温段出现瞎炮、哑炮造成的光爆效果不理想问题,施工中辅助眼可采用连续装药方式增加装药量,并采用双雷管激发,确保激发正常,提高光爆效果。

此外,高地温隧道爆破时,为确保安全,应对炮孔进行降温,爆破前可预先通过在炮孔中注低温水、冲孔的措施降低炮孔内温度,然后在温度回升前快速完成装药、充填和爆破等工作,保证爆破的安全性。

7.5　高地温隧道结构与建筑材料

7.5.1　高地温隧道衬砌结构设计

在高地温地区修建隧道工程,热害可能引起隧道衬砌结构内外侧温差过大产生附加温度应力,易引起结构出现开裂,从而降低结构承载能力,并影响结构耐久性;甚至还可能引起隧道运营环境温度过高,恶化隧道运营环境。热害隧道地温较高和结构内外侧温差大是导致衬砌结构出现开裂等病害的根本原因,在隧道热害严重地段采取隔热措施降低热传递速率,使隧道衬砌结构基本处于一种相对正常的环境温度之中,或避免结构内外侧温差过大,可有效降低热害对结构和运营环境的影响。

1. 高地温隧道衬砌结构设计原则

由于高地温可能危及隧道结构承载能力,影响结构耐久性,引起建筑材料性能劣化,甚至恶化隧道运营环境,高地温隧道衬砌结构选型应尽可能控制结构内外温差,采取必要的隔热措施减缓高地温的影响,并选择适应高温环境的建筑材料。高地温隧道衬砌结构设计原则如下:

(1)为控制高地温隧道衬砌结构的附加温度应力,确保衬砌结构耐久性,二次衬砌结构内外侧温差不宜大于 15 ℃。

(2)高地温隧道根据需要采用隔热措施降低热传递速率,确保二次衬砌结构本体处于相对较低的温度环境之中,避免衬砌结构内外侧温差过大,且应有利于控制洞内运营环境温度。

(3)高地温隧道结构选型应满足结构承载、安全稳定及耐久性的相关要求,并力求简单、可实施性强、技术经济性合理。

(4)高地温隧道建筑材料选择应满足耐高温性能,并符合耐久性相关要求。

基于以上原则,并结合高地温环境下隧道的传热机理,从技术经济合理性出发,对隧道整体式衬砌、复合式衬砌、双层复合式隔热衬砌和离壁式衬砌等结构形式进行综合分析比选,高地温隧道适宜采用复合式衬砌或双层复合式隔热衬砌。

2. 高地温隧道衬砌结构

高地温隧道复合式衬砌主要包括初期支护和二次衬砌,初期支护一般采用锚网喷支护,与围岩协同变形,充分发挥围岩的自承载能力;二次衬砌主要起到承受部分荷载、防水及内部装饰等作用,宜采用现浇模筑混凝土衬砌或预制管片衬砌。

(1)高地温隧道衬砌结构形式

热害对隧道衬砌结构的影响与地温背景值相关,地温越高,初期支护与二次衬砌结构产生的附加温度应力越大,对结构的危害亦越大。本书采用数值模拟方法,对深埋条件下不同地温等级的隧道衬砌受荷特征进行分析,以探明高地温隧道衬砌结构应力分布状况,并根据分析结果选择合理的衬砌结构。

①隧道热—力耦合分析

本书以时速 160 km 单线隧道衬砌为研究背景,建立地层与隧道结构的热—力耦合计算模型。计算模型如图 7-17 所示。

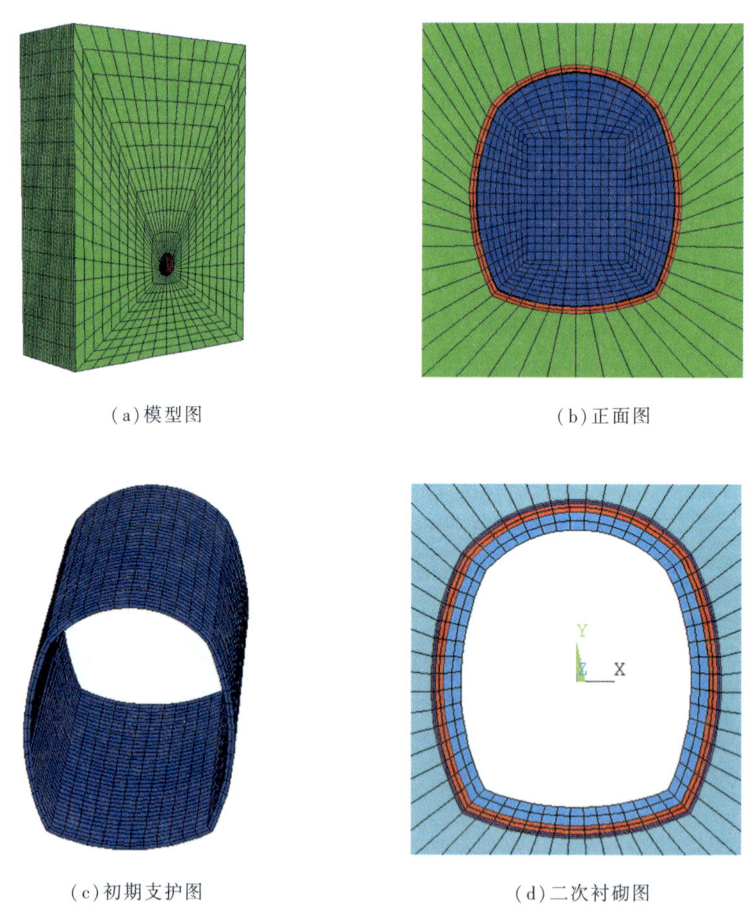

(a)模型图　(b)正面图　(c)初期支护图　(d)二次衬砌图

图 7-17　高地温隧道计算模型图

根据地勘资料、《铁路隧道设计规范》(TB 10003)及《铁路工程设计技术手册(隧道)》,计算模型中围岩和初期支护各项力学参数的取值见表 7-14。

表 7-14　计算力学参数表

名　　称	重度(kN/m³)	弹性模量(GPa)	泊松比	黏聚力(MPa)	内摩擦角(°)
围岩	20	1.5	0.4	0.1	24
初期支护	22	23	0.2	—	—
二次衬砌	23	32.5	0.2	—	—

研究工况为不考虑温度场及地温分别为 40 ℃、45 ℃、50 ℃、60 ℃、80 ℃。

②初期支护受荷特征分析

通过数值模拟计算分析,不同地温条件下隧道初期支护应力结果见表 7-15;初期支护最大拉应力、压应力随围岩温度变化曲线如图 7-18 所示。

表 7-15　不同地温条件下初期支护应力云图统计表

地　　温	不考虑温度场	40 ℃	50 ℃	60 ℃	80 ℃
初支最大拉应力(MPa)	0.5	1.14	1.75	2.5	4
位置	墙脚	墙脚、拱肩	墙脚、拱肩	墙脚、拱肩	墙脚、拱肩、仰拱
初支最大压应力(MPa)	9.82	10.8	12.6	15.7	22.7
位置	边墙	边墙	边墙、拱腰	边墙、拱腰	边墙、拱腰

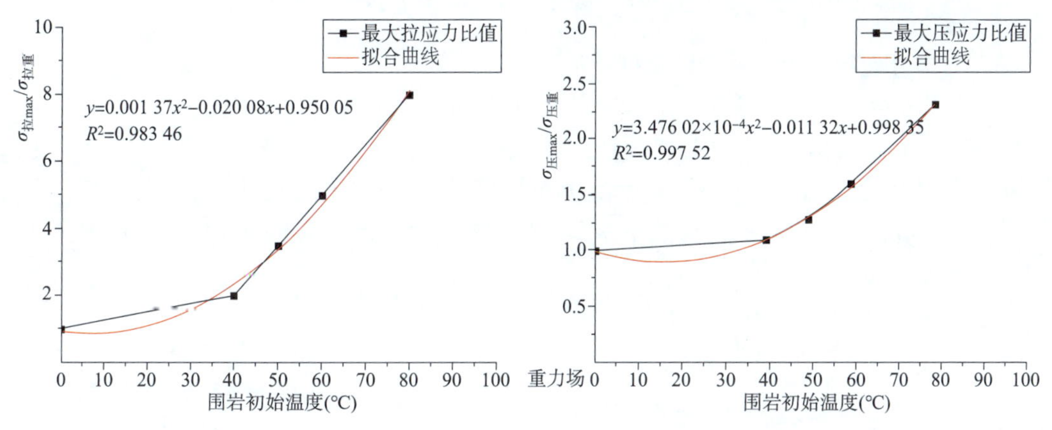

(a)最大拉应力随围岩温度变化曲线　　(b)最大压应力随围岩温度变化曲线

图 7-18　初期支护最大拉、压应力随围岩温度变化曲线

根据模拟研究结果,随着围岩温度的升高,初期支护最大拉应力及最大压应力的分布范围均存在一个扩大趋势。最大压应力范围由边墙扩大到边墙和拱腰,最大拉应力范围由拱脚扩大到拱脚、拱肩和仰拱。围岩初始温度为 40 ℃时,初期支护喷射混凝土拉、压应力均小于抗拉、抗压设计强度,满足承载要求;当围岩初始温度大于 42.8 ℃时,初期支护喷射混凝土拉应力和压应力均已超过 C25 喷射混凝土抗拉、抗压设计强度,不满足承载要求。由此说明,热害等级越高,温度附加应力对初期支护的影响亦越大。

③二次衬砌受荷特征分析

通过数值模拟,对不同地温条件下二次衬砌的受荷特征进行分析,其受力特征如下:

a. 二次衬砌拉压应力变化规律

各工况下,二次衬砌结构在墙脚和边墙处均受压,且在边墙处取得压应力最大值。由边墙向拱顶的过程中,衬砌结构的应力逐渐由受压变成受拉。最大拉应力出现在拱肩处,拱顶处受拉较小。随着围岩初始温度的增加,衬砌内外侧应力均存在增大趋势。隧道高地温段二次衬砌内外侧应力分布如图 7-19 所示。

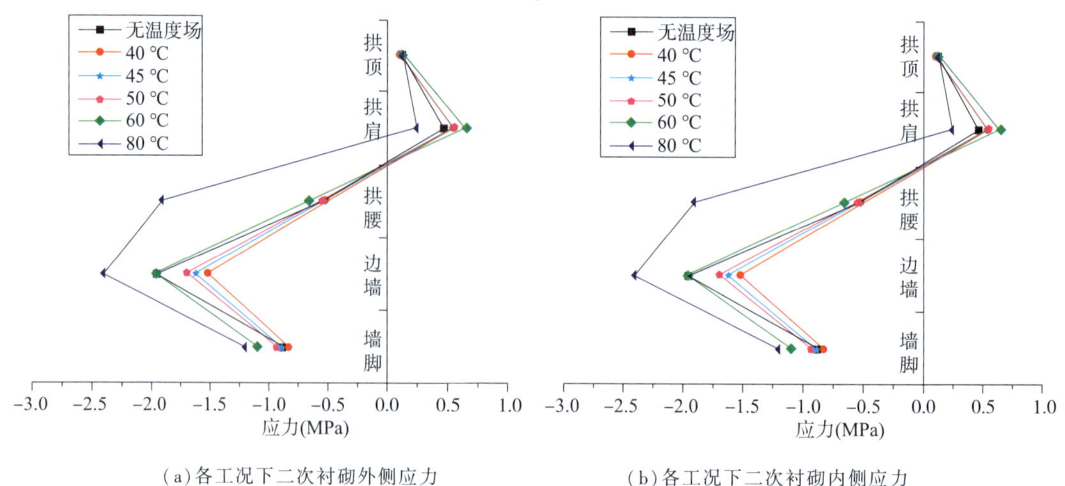

(a)各工况下二次衬砌外侧应力　　(b)各工况下二次衬砌内侧应力

图 7-19　隧道高地温段二次衬砌内外侧应力图

b. 二次衬砌最小安全系数随温度场的变化

围岩温度会对衬砌结构安全系数造成影响,不考虑温度场时的衬砌结构大于存在温度场(大于 40 ℃)时衬砌结构的安全系数。考虑温度场时,最小安全系数随围岩初始温度升高而降低,当围岩初始温度小于 50 ℃时,降低幅度较缓;50 ℃以上的工况,其最小安全系数的降低幅度增大。隧道二次衬砌最小安全系数随围岩初始温度变化曲线如图 7-20 所示。

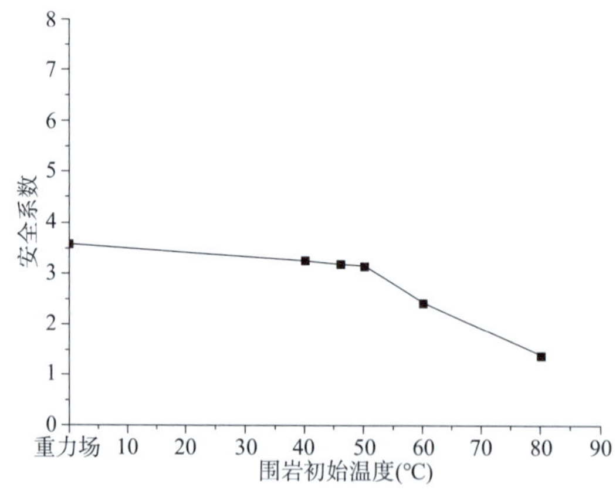

图 7-20　隧道二次衬砌最小安全系数随围岩初始温度变化曲线图

c. 二次衬砌最大裂缝宽度随温度场的变化规律

以Ⅴ级围岩二次衬砌钢筋混凝土为例进行分析,结果表明,随着围岩初始温度的升高,二次衬砌最大裂缝宽度呈现出增大趋势。当初始地温小于 50 ℃时,其裂缝宽度的增幅不明显；当初始地温大于 50 ℃后，其裂缝宽度随温度升高的增幅较为明显。二次衬砌最大裂缝宽度随围岩初始温度的变化曲线如图 7-21 所示。

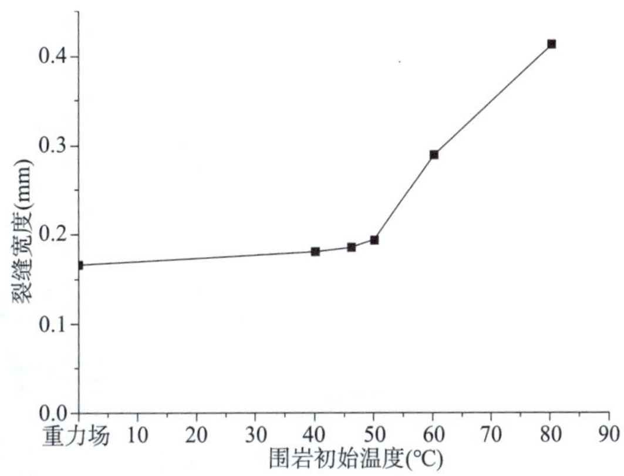

图 7-21　二次衬砌最大裂缝宽度随围岩初始温度的变化曲线图

d. 分析结论

当围岩初始温度小于 50 ℃时，二次衬砌所受的拉、压应力，以及二次衬砌最小安全系数、最大裂缝宽度随温度变化相对较小；围岩温度为 50 ℃及以上时，二次衬砌所受的拉、压应力随温度增加而明显递增，二次衬砌最小安全系数及最大裂缝宽度增幅也较为明显。尤其是当围岩温度大于 50 ℃时，由于受附加温度应力的影响较大，二次衬砌的安全系数及衬砌裂缝宽度均不满足现行规范的要求，需设置隔热措施，减小热传递速率，控制衬砌内外侧温差。

④衬砌结构形式选择

根据高地温隧道结构热—力耦合分析，对于地温小于 50 ℃地段，地温对隧道二次衬砌的影响相对较小，均可采用复合式衬砌。鉴于地温小于 40 ℃的地段，地温对隧道衬砌结构承载性能影响较小，而地温为 40 ℃及以上的地段，热害会影响初期支护承载性能；为偏于安全设计，并结合热害等级划分，建议地温≤37 ℃的地段采用常规复合式衬砌，对于地温大于 37 ℃的地段采用耐热型复合式衬砌，即初期支护采用具有耐热性能的喷射混凝土，二次衬砌采用耐热性能较好的混凝土并掺加纤维或设置钢筋网防裂。

对于地温为 50 ℃及以上的地段，二次衬砌附加温度应力较大，对衬砌结构承载及耐久性构成了危害。从有利于结构承载，并确保结构耐久性，地温 50 ℃及以上的地段应设置隔热措施，隔热层设置于初期支护与二次衬砌之间，一般可采用硬质隔热层，结合隔热层施作工艺，适宜采用双层复合式隔热衬砌形式。

(2)隔热层设计厚度

双层复合式隔热衬砌的隔热层厚度，应有利于控制衬砌结构内外温差，并有利于改善洞内环境温度。采用数值模拟计算方法，获得隔热层的合理厚度。

①分析工况

根据隔热层厚度的不同进行划分，分别对隔热层厚度为 0、3 cm、5 cm、9 cm、12 cm 和 15 cm 等工况进行分析。分析工况断面示意如图 7-22 所示。

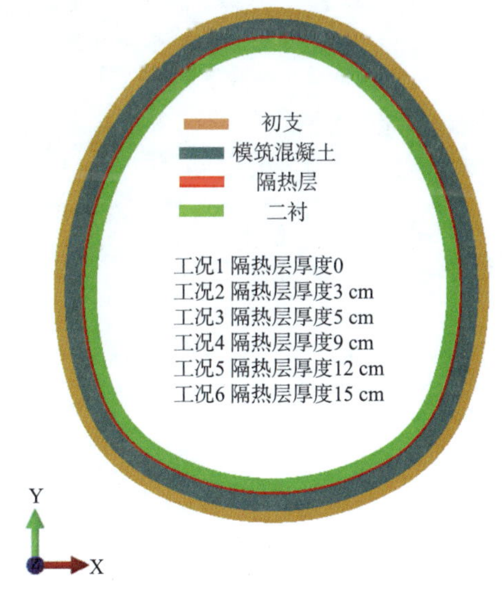

图 7-22　分析工况断面示意图

②二次衬砌热流通量

通过分析，不同隔热层厚度二次衬砌热流通量曲线如图 7-23 所示。

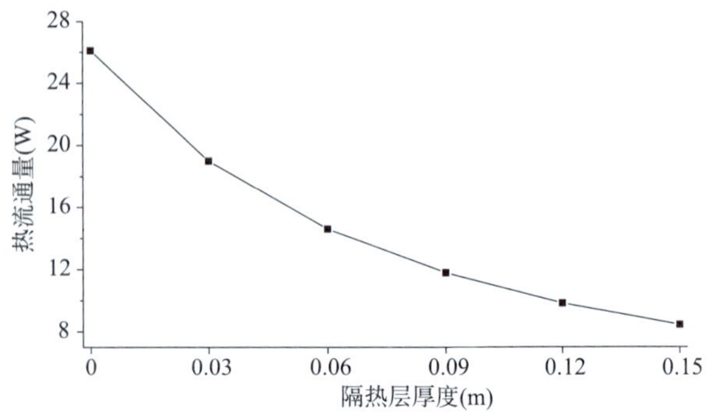

图 7-23　不同隔热层厚度工况的最大热流通量变化曲线

当隔热层厚度为 0 时，即不设置隔热层时，二次衬砌内侧的热流通量最大，此时通过二次衬砌向隧道内传递的热量最多。当设置 3 cm 厚隔热层时，二次衬砌的热流通量显著减小，有利于隧道内环境温度的控制。当隧道隔热层厚度逐渐增加时，二次衬砌的热流通量继续呈减小趋势，但热流通量随隔热层厚度增加减小速率明显降低。

③二次衬砌温度分析

不同隔热层厚度工况的二次衬砌温度如图 7-24 所示。

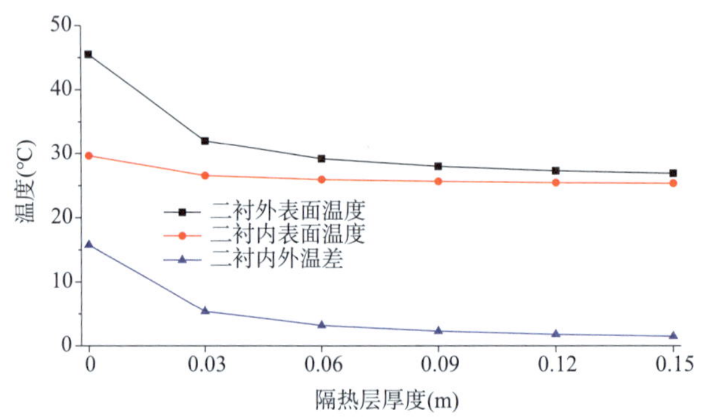

图 7-24　不同隔热层厚度工况的二次衬砌温度

由图 7-24 看出，随着隔热层厚度增加，二衬内、外表面温度和内外表面温差逐渐降低，且随着隔热层厚度的增加，温度降低速率逐渐减小。

④二次衬砌最大拉应力

不同隔热层厚度工况的二次衬砌最大拉应力如图 7-25 所示。

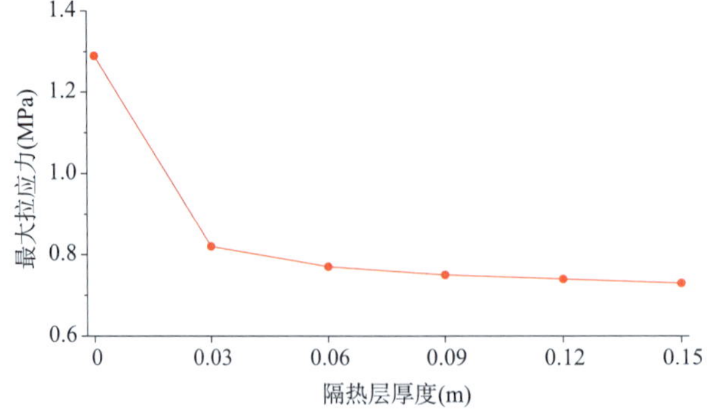

图 7-25　不同隔热层厚度工况二次衬砌最大拉应力

由图 7-25 看出，随着隔热层厚度增加，最大拉应力逐渐降低，最大拉应力变化规律与二次衬砌温差变化规律相同。

⑤隔热层合理厚度

随着隔热层厚度的增加，二次衬砌的热流通量呈减小趋势，但其减小速率逐渐降低。综合考虑隔热效果和经济性，推荐隔热衬砌保温层的最优厚度采用 5 cm。

3. 高地温隧道衬砌结构设计案例

拉林铁路桑珠岭隧道全长 16.449 km，最大埋深约 1 347 m。本隧道位于高海拔地区，海拔高度位于 3 600 m 左右；隧址区年平均气温 8.2 ℃ ~ 9.3 ℃，最热月平均气温 15.9 ℃ ~ 16.6 ℃。隧道施工揭示正洞掌子面最高岩面温度达 69.5 ℃，1 号横洞掌子面岩面温度最高达 89.3 ℃，热害以高岩温为主。

由于本隧道海拔高，洞外气温及水温较低，冷空气和江水是隧道热害防治的天然冷源，施工通风及洞外低温江水对围岩冷却降温效果十分明显。当隧道内同时采用风冷及水冷降温时，岩面温度一般能降低 10 ℃ ~ 15 ℃ 不等，实施喷射混凝土之时，正洞内岩温实际不超过 56 ℃。结合本隧道热害特征及实施降温后地温分布，衬砌结构设计情况如下：

(1) 初始岩温 <55 ℃ 地段

隧道内初始岩温小于 55 ℃ 地段，实施初期支护时，实际岩温不大于 45 ℃，采用普通复合式衬砌，喷射混凝土尽量采用低水化热水泥。

通过对不同岩温二次衬砌表观质量进行观测分析，发现初始地温 45 ℃ 以上的地段二次衬砌素混凝土细微裂纹明显增多，现场开展了二次衬砌素混凝土内增设防裂钢筋网片的试验，试验采用 ϕ12 单层钢筋网，网格间距为 30 cm × 30 cm，钢筋网片设置于二次衬砌靠内净空侧，净保护层厚度不小于 5 cm，素混凝土增设单层防裂钢筋网片后，二次衬砌的细微裂纹明显减少。

(2) 初始岩温 ≥55 ℃ 地段

正洞岩温 ≥55 ℃ 的高地温地段，采用双层复合式隔热衬砌：初期支护 + 二次衬砌 + 5 cm 厚建筑绝热用硬质聚氨酯泡沫塑料隔热层 + 30 cm 厚钢筋混凝土套衬。高地温段隔热衬砌如图 7-26 所示。

图 7-26　拉林铁路桑珠岭隧道高地温段隔热层复合式衬砌

7.5.2 隧道高地温段建筑材料

为确保高地温隧道衬砌结构的耐久性,隧道高地温段需采用具有耐热性能的建筑材料。根据大瑞铁路高黎贡山隧道的研究成果,高地温隧道热害段的建筑材料选择如下:

1. 喷射混凝土

在高温环境下,喷射混凝土早期强度有所提高,而后期的黏结强度及抗压强度等有所降低,尤其是高岩温环境条件下喷射混凝土的水分蒸发过快,易导致水泥不能正常水化,造成喷混凝土与围岩之间的黏结强度太低,达不到初期支护的承载要求。

大瑞铁路高黎贡山隧道课题组通过室内模型试验开展了喷射混凝土热性能试验,试验温度为 70 ℃,喷射混凝土与岩石黏结性能试验结果见表 7-16。

表 7-16 热环境条件下 7 d 喷射混凝土与岩石黏结性能试验结果

环 境	劈拉强度最大值(MPa)	劈拉强度最小值(MPa)	劈拉强度平均值(MPa)
高温干燥(岩石润湿)	0.64	0.28	0.42
高温干燥	0.42	0.11	0.22
高温湿热	1.21	0.52	0.96
常温	0.83	0.32	0.66

根据试验研究结果,在高温环境下,其湿润程度越高,喷混凝土的黏结强度越大,特别是高温湿热环境下的试验工况,其喷混凝土的黏结强度比常温环境下的黏结强度高出约45%。而高温干燥环境下的试验工况,仅为常温下黏结强度的1/3。通过向干燥岩面喷水加湿后,其喷混凝土黏结强度又可以在原有的基础上提高近1倍。由此说明,通过向高温干燥岩面喷水增湿,可提高其喷混凝土的黏结强度。

为解决高温环境下喷射混凝土早期强度较高、后期强度倒缩的问题,开展了喷射混凝土胶凝材料中掺加矿粉的试验研究,其热环境条件下抗压强度测试情况见表 7-17。

表 7-17 不同热环境条件下喷射混凝土抗压强度试验结果对比表

养护时间(d)	3	28	90
强度(MPa)	抗压强度	抗压强度	抗压强度
标准养护室	24.1	48.3	53.1
35 ℃恒温水箱	32.7	46.5	50.4
50 ℃恒温水箱	33.2	45.8	49.2

通过多种试验工况下的试验研究,高温环境工况条件下 3 d 早期抗压强度远大于标准养护环境工况,而 28 d 和 90 d 的后期抗压强度虽略低于标准环境工况,但通过掺加矿粉和减水剂,仍能满足喷射混凝土后期的抗压性能要求。

2. 锚杆

高地温对系统锚杆的影响主要在于水泥类或砂浆类锚杆的浆液或砂浆,可在浆液或砂浆中掺加矿粉以适应热环境,根据需要也可调整锚杆类型,如采用水胀式锚杆、药卷锚杆等。

3. 防水板

隧道高地温段防水板的防水效果主要取决于其耐热性和高温环境下的防水性能。通过室内试验开展了防水板的耐热性能、高温湿热环境下的透水试验及力学性能试验研究，结果表明，EVA（乙烯—醋酸乙烯共聚物）防水板在 80 ℃热水浸泡后 56 d 后，通过七孔盘的试验方法，在 0.3 MPa 的试验压力下，可达到 30 min 不渗漏，可以满足高温湿热环境下的防水要求；但 50 ℃以上温度对材料的力学性能所降低。根据试验研究结果，地温为 50 ℃及以下的地段，EVA 降水板能够满足设计要求；地温大于 50 ℃时，常规防水材料的力学性能劣化，宜采用耐热型复合防水板。

4. 隔热材料

隔热材料隔热效果的好坏，主要取决于材料的性能、厚度及防潮措施。大瑞铁路高黎贡山隧道课题组通过对硬质聚氨酯板、酚醛泡沫隔热保温板和硅酸盐复合绝热材料等多种隔热材料的吸水率、导热系数及构造体系进行热室内试验测试，试验结果表明，聚氨酯材料在调研选择的 3 种隔热材料中，其隔热性能最优，可满足隧道热害段衬砌结构中隔热材料的性能参数要求。

硬质聚氨酯泡沫保温板的性能及指标：密度 35 kg/m^3，导热系数为 0.020 $W/(m^2 \cdot K)$，抗压强度≥250 kPa，抗弯强度 200 kPa，断裂伸长率 5%，长度 1 000 mm，宽度 500 mm，厚度 50 mm。

5. 混凝土

高地温隧道围岩温度较高，即使衬砌厚度较薄，混凝土水化热也不易逸出。高温养护条件会使混凝土的早期强度增加，而使其后期强度降低，影响结构的承载能力。尤其是当衬砌内外侧温差较大时，可能导致混凝土在早龄期出现裂缝，影响混凝土的耐久性。大瑞铁路高黎贡山隧道课题组通过试验研发了耐热衬砌混凝土材料，即采用高炉矿渣水泥（分离粉碎型水泥）或采用矿粉、粉煤灰代替部分水泥，可满足高地温环境下的混凝土力学性能要求。

7.6　高地温隧道运营环境温度控制

7.6.1　高地温隧道运营环境温度评估方法

铁路隧道内运营环境温度控制标准，按《铁路隧道运营通风设计规范》（TB 10068）的相关规定，隧道运维作业的气温应低于 28 ℃。

1. 高地温隧道运营环境温度预测方法

本节根据大瑞铁路《高地温深埋特长隧道修建关键技术研究》（高黎贡山隧道）的科研成果，提出了高地温隧道运营环境温度预测的计算方法。具体如下：

1）隧道横断面热力学计算模型

假定隧道横断面开挖范围的原始地温为恒温，将隧道断面近似为圆形，建立轴对称计算模型如图 7-27 所示。

为便于隧道传热分析，并作如下假定：

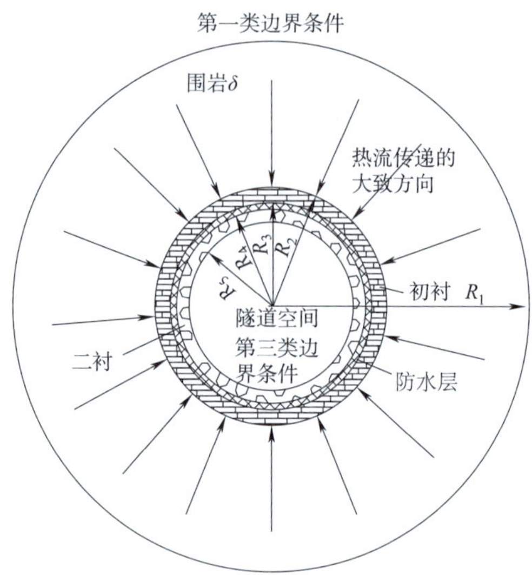

图 7-27　计算模型及边界条件图

(1)隧道断面沿纵向为圆形,其半径采用等效水利半径。

(2)对于围岩和每一种衬砌而言,都为独立的为各向同性、均匀的连续介质。

(3)在通风零时刻,衬砌温度等于围岩原温,围岩原温沿径向不变。

(4)隧道内气流温度不受衬砌与围岩间对流换热量的影响,即隧道内气流温度恒定。

根据傅里叶导热定律、能量守恒定律,得出导热偏微分方程,如式(7-23)。转化成柱坐标形式为

$$\frac{\partial t}{\partial \tau}=\frac{k}{\rho c_{\mathrm{p}}}\left(\frac{\partial^2 t}{\partial r^2}+\frac{1}{r}\frac{\partial t}{\partial r}\right) \tag{7-23}$$

为便于求解,建立围岩传热的差分格式,对隧道围岩区域进行网格划分。由于靠近壁面区域内的温度梯度比远离壁面处区域的温度梯度大,为了计算精确且节省时间,在靠近壁面处区域内步长取小,远离区域则适当放大步长。其差分节点划分如图 7-28 所示。

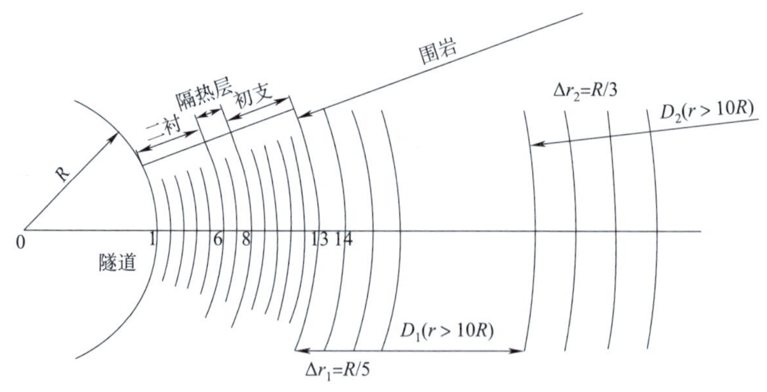

图 7-28　差分节点划分示意图

通过推导,建立内部网格各节点、对流边界节点、复合材料交点处节点的温度近似差分表达式分别如下:

$$t_{j,n+1}=\frac{F_o}{2}\left[\left(2+\frac{\Delta r_i}{r_j}\right)t_{j-1,n}+\left(\frac{2}{F_o}-4\right)t_{j,n}+\left(2-\frac{\Delta r_i}{r_j}\right)t_{j+1,n}\right] \tag{7-24}$$

$$t_{1,n+1}=2F_o\left[\left(1+\frac{\Delta r}{2R}\right)t_{2,n}+B_i t_f+\left(\frac{1}{2F_o}-1-B_i-\frac{\Delta r}{2R}\right)t_{1,n}\right] \tag{7-25}$$

$$t_{j,n+1}=(Q_{a-j}+Q_{b-j})\cdot\Delta\tau\bigg/\left[(\rho c_p)_{节点j}\cdot\frac{\Delta r_a+\Delta r_b}{2}\cdot\theta\cdot\left(r_j+\frac{\Delta r_a-\Delta r_b}{4}\right)\right]+t_{j,n} \tag{7-26}$$

式中 F_o——傅里叶准数,$F_o=\dfrac{k\cdot\Delta\tau}{\rho c_p(\Delta r)^2}$;

B_i——毕奥数,$B_i=\dfrac{h\cdot\Delta r}{k}$。

为使有限差分格式方程稳定,$t_{j,n}$项的系数不能为负值,即

$$F_o\leqslant\frac{1}{2\left(1+B_i+\dfrac{\Delta r}{2R}\right)}$$

利用以上三式建立隧道横断面内异步长无外边界的显示差分格式。利用差分格式稳定性判据确定时间步长 $\Delta\tau$,编制程序进行计算。

隧道开挖后,外界空气的进入将引起围岩中温度场的变化。通俗地讲,隧道调热圈就是指隧壁周围温度变化较为显著的区域。不妨定义隧壁周围温度满足下式的区域为调热圈,即

$$\frac{|t-t_g|}{t_g}\geqslant 0.01 \tag{7-27}$$

式中 t_g——原始岩温;

t——围岩中任一点的温度。

隧道横断面的热力学求解按式(7-27)的判定条件进行迭代求解,并将其值代入隧道纵向长度方向进行计算。

2)隧道纵向热力学计算模型

取隧道内气流微元进行分析,假定隧道进口送风速度为 v,风温为 t_0,可求出风流通过高地温段后的气温;隧道内风流传热计算模型如图 7-29 所示。

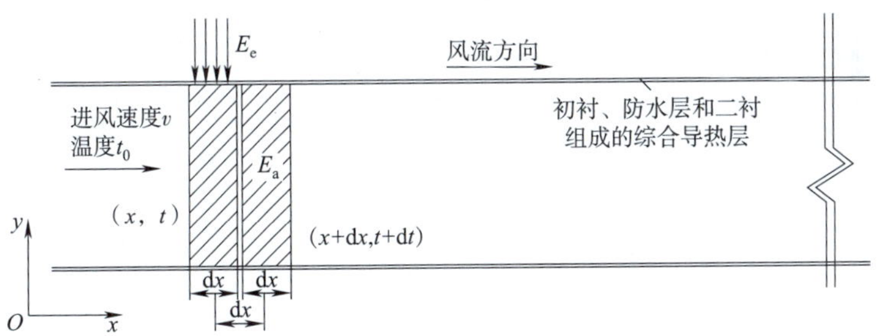

图 7-29 气流微元传热计算模型

推导出若围岩温度高于气流温度，即 $t_g > t$，围岩向气流传热，风流的温度理论解为

$$t = T_g - e^{B-Ux} \tag{7-28}$$

若气流温度高于围岩温度，即 $t > t_g$，气流向围岩传热，风流的温度理论解为

$$t = T_g + e^{B-Ux} \tag{7-29}$$

式中 $U = \dfrac{1}{\dfrac{1}{2\pi}\left(\dfrac{1}{hR_5} + \dfrac{1}{\lambda_1}\ln\dfrac{R_1}{R_2} + \dfrac{1}{\lambda_2}\ln\dfrac{R_2}{R_3} + \dfrac{1}{\lambda_3}\ln\dfrac{R_3}{R_4} + \dfrac{1}{\lambda_4}\ln\dfrac{R_4}{R_5}\right)A\rho_a C_a v}$；

B——积分常数；

x——隧道纵向坐标值，m；

T_g——围岩温度。

根据围岩温度、导热系数、衬砌厚度等参数的变化情况，沿隧道纵向划分区段，并认为在一个区段内，T_g 和 U 是不变的。即在不同的区段，T_g、U 不同；在同一区段内，T_g、U 是一定值，此时若气流的入口温度和速度已知，则气流的温度 t 仅为隧道纵向长度 x 的函数。

2. 高地温隧道运营环境温度预测分析

同样以大瑞铁路高黎贡山隧道为例，结合隧道热害分布及洞口气象条件，预测分析隧道开通后自然通风条件下的洞内环境温度分布。

1）隧区气象条件

高黎贡山隧道进口位于保山市境内，出口位于龙陵县境内。隧址区地表气候的区域差异和垂直变化十分明显，根据本隧道附近保山、龙陵气象站近十年的气象观测资料进行统计整理。其气象站大气基础参数见表 7-18、表 7-19。

表 7-18　保山地区大气基础参数

项目	一月	二月	三月	四月	五月	六月	七月	八月	九月	十月	十一月	十二月	年平均值
温度（℃）	9.73	11.76	14.71	17.57	19.58	21.68	21.46	21.34	20.14	18.04	13.44	10.13	16.65
大气压力（kPa）	83.55	83.53	83.41	83.38	83.22	83.03	83.02	83.13	83.41	83.66	83.73	83.72	83.40
相对湿度（%）	66.09	62.09	58.73	63.09	71.18	75.36	80.91	82.27	81.27	79.55	75.18	72.73	72.36
含湿量（kg/kg 干）	0.006	0.006 4	0.007 4	0.009 6	0.012 4	0.015	0.015 9	0.016	0.014 6	0.012 5	0.008 7	0.006 8	0.010 4

注：保山三维坐标：东经 99°10′北纬 25°07′海拔 1 653.3 m。

表 7-19　龙陵地区大气基础参数

项目	一月	二月	三月	四月	五月	六月	七月	八月	九月	十月	十一月	十二月	年平均值
温度（℃）	7.72	9.52	12.44	15.77	18.34	20.08	20.12	20.33	19.50	17.25	12.43	9.11	15.25
大气压力（kPa）	84.84	84.82	84.69	84.65	84.46	84.30	84.27	84.35	84.62	84.88	84.97	84.97	84.65
相对湿度（%）	83.09	79.55	76.64	78.91	85.82	91.18	93.09	91.91	89.82	89.18	86.00	85.18	85.91
含湿量（kg/kg 干）	0.006 5	0.007	0.008 2	0.010 6	0.013 6	0.016 2	0.016 6	0.016 6	0.015 3	0.013 1	0.009 2	0.007 3	0.011 1

注：龙陵三维坐标：东经 98°41′北纬 24°36′海拔 1 527.8 m。

2）隧道自然通风条件下运营环境温度预测与评价

根据前述的热害隧道运营环境温度计算方法，分别模拟计算高黎贡山隧道开通后在自然通风、列车活塞风工况条件下的洞内环境温度。

（1）自然风条件下的运营环境温度分布

1.5 m/s 条件下第 1～10 年的洞内环境温度，其风向假定为由隧道进口低端吹向隧道出口高端，其洞身运营环境温度计算结果如图 7-30 所示。

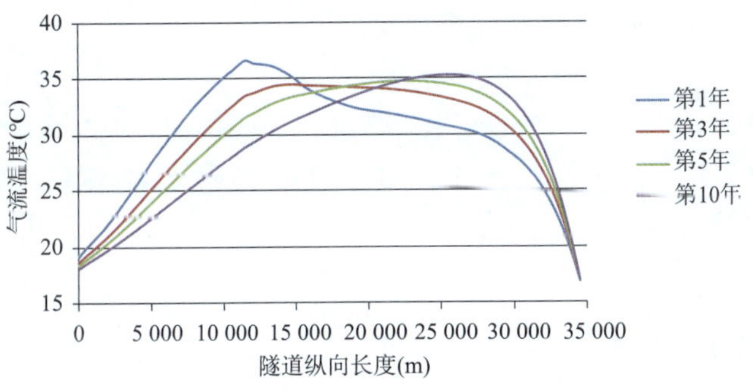

图 7-30　全纵向式通风方案洞内气流温度

根据上图中的计算结果，隧道开通后 1 年在自然通风的作用下，洞内气流温度最大值为 36.6 ℃，高于 28 ℃的长度高达 24.73 km；通风 5 年，洞内气流温度最大值为 34.77 ℃，高于 28 ℃的长度高达 23.47 km；通风 10 年，洞内气流温度最大值为 35.29 ℃，高于 28 ℃的长度高达 21.55 km。

随着通风时间的增长，隧道进口至隧道中部风流的温度降低，在隧道中部至龙陵出口，风流的温度则随着通风时间的增大而升高，即使通风 10 年后，隧道出口段的最高温度仍然大于 35 ℃。

(2)列车活塞风作用下的洞内温度分布

高黎贡山隧道设计日通行 17 对列车,列车通行时间间隔平均为 46 min。活塞风在列车进入隧道后 1 min 内迅速增至较大值 7.24 m/s,在列车通过隧道的 14 min 内,活塞风速一致稳定在 7.0 ~ 8.5 m/s 之间,列车驶出隧道后 2 min 内,由于壁面摩擦等因素,隧道内风速迅速降至 2 m/s 以下。

假定列车从进口驶入,在 8.5 m/s 的活塞风作用下,模拟计算隧道内气流温度分布如图 7-31 所示。

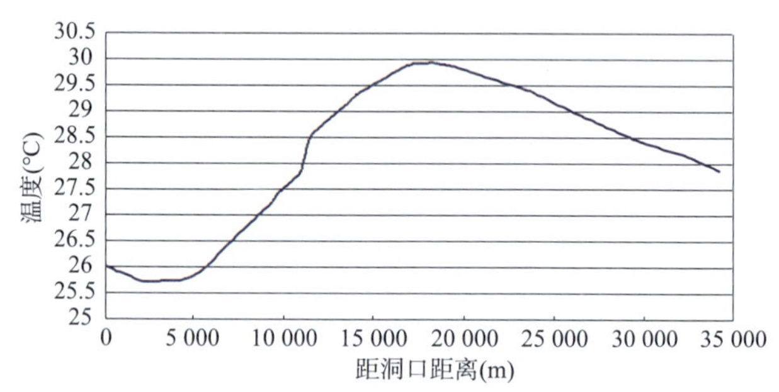

图 7-31 活塞风作用下隧道纵向温度分布

根据计算结果可以看出,因列车活塞风与衬砌壁面的热交换,其洞内环境温度确有降低,能使其洞内环境温度不超过 30 ℃,由此充分说明,列车活塞风有利于适当降低洞内的环境温度。虽然列车在洞内产生的活塞风速虽然较大,最大可达到 7.0 ~ 8.5 m/s 之间,但毕竟活塞风所形成的时间很短,是非持续、非恒定的通风,要想完全依靠活塞通风将洞内环境温度降低到规范所要求的 28 ℃仍是无法实现的。

(3)小结

高黎贡山隧道在自然通风 1.5 m/s 作用下,由于风速较小,难以将洞内运营环境温度控制在 28 ℃;列车活塞风作用下虽风速较大,但由于活塞风持续时间短,也难以将隧道内运营环境温度控制 28 ℃,由此说明本隧道需采取机械通风措施通过增大风速降低洞内环境温度。

7.6.2 高地温隧道运营环境温度控制

本小节仍以大瑞铁路高黎贡山隧道为例,经分析,自然通风及列车活塞风难以将洞内环境温度控制在 28 ℃以内,为改善高黎贡山隧道的运营环境条件,运营期间于洞内设置机械通风以起到降温的目的。

1. 机械换气通风条件下运营环境温度控制

高黎贡山隧道全长 34.538 km,为客货共线电气化铁路隧道,运营期间需采用机械通风进行换气,以排除隧道内的有害气体,同时可兼顾降低隧道内的温湿度。结合辅助坑道设置条件,充分利用竖井作通风井,实现分段纵向通风。其通风方案采用“1 号竖井送风 + 2 号竖井排风”的分段纵向通风方案。其换气通风方案平面示意如图 7-32 所示。

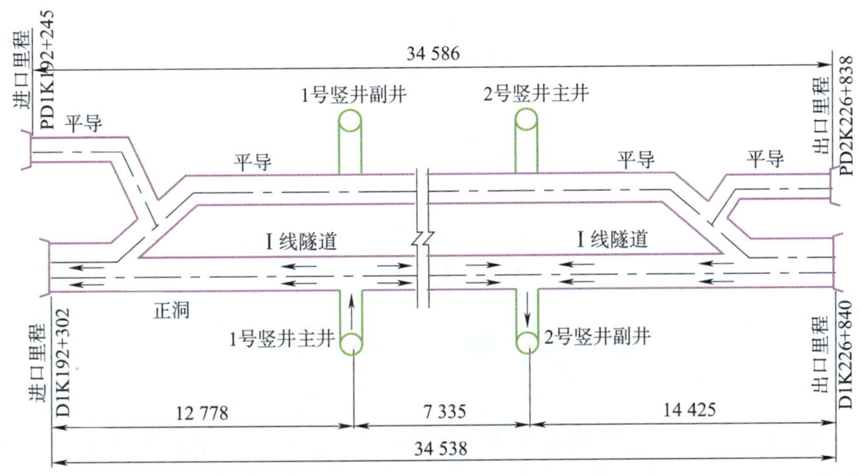

图 7-32　高黎贡山隧道分段纵向式通风方案示意图

运营期间机械换气通风利用“天窗”维护时间进行，一次通风时间按 90 min 计，其自然风速按 1.5 m/s 考虑，本隧道各区段的风量及风速见表 7-20。

表 7-20　高黎贡山隧道机械换气通风计算分风结果

项　　目	风量(m^3/s)	风速(m/s)
隧道进口～1 号竖井区段	76	2.4
1 号竖井～2 号竖井区段	45	1.4
2 号竖井～隧道出口区段	86	2.7
1 号竖井主井	121	4.3
2 号竖井副井	131	6.7

结合本隧外部气候条件，基于地勘资料预测的洞内岩温、4 条导热水断裂的水温分布情况，在隧道贯通并施作二次衬砌，同时于 4 条导热水断裂地段 870 m 设置隔热措施时，将洞外新鲜风送入洞内进行换气通风，本隧道洞内环境温度分布预测情况如图 7-33 所示。

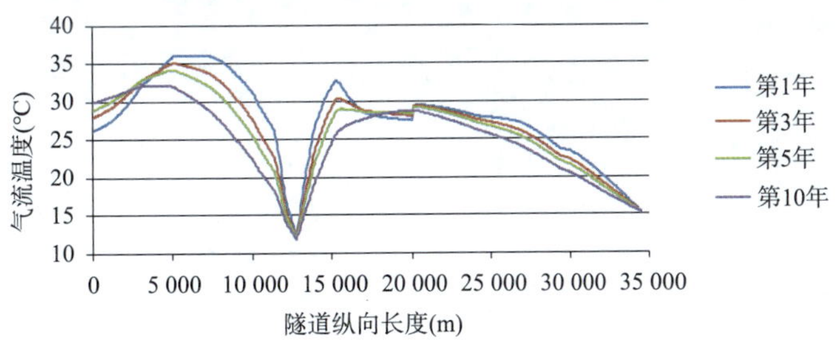

图 7-33　高黎贡山隧道机械换气通风条件下洞内气流温度分布

根据模拟计算结果，采用 1 号竖井与 2 号竖井组合的分段纵向通风方案，隧道内高温主要集中在隧道进口至 1 号竖井之间。随着通风年限的推移，洞内运营环境温度逐年降低，其最高温度由第 1 年的 36.12 ℃降低至第 10 年的 32.25 ℃，洞内平均温度由第 1 年的

33.41 ℃降低至第 10 年的 31.05 ℃。机械换气通风条件下隧道内最高温度及高温范围统计见表 7-21。

表 7-21　隧道内气流高于 28 ℃的长度统计表(单位:℃)

方案	年限	保山～1 号竖井			1 号竖井～2 号竖井			2 号竖井～龙陵			长度合计(m)
		长度(m)	平均温度(℃)	最高温度(℃)	长度(m)	平均温度(℃)	最高温度(℃)	长度(m)	平均温度(℃)	最高温度(℃)	
1 号送风、2 号排风方案	1 年	9.42	33.41	36.12	3.87	30.2	—	4.13	28.94	—	17.33
	5 年	9.12	31.87	34.21	4.98	28.65	—	2.81	28.52	—	16.91
	10 年	—	31.05	32.25	2.64	28.52	—	1.49	28.42	—	11.87

由此说明,本隧道采用换气通风不能将洞内环境温度控制在 28 ℃以内,尚需进一步加强通风降温。

2. 加强通风条件下运营环境温度控制

由于机械换气通风不足以将洞内运营环境温度控制在规范所要求的 28 ℃内,尚需在机械换气通风的基础上适当加强通风进行降温。

经模拟分析,隧道进口～1 号竖井主井区段的洞内风速需由换气风速 2.4 m/s 增大至 4.1 m/s,1 号竖井主井～2 号竖井副井区段的洞内风速需由 1.4 m/s 增大至 2.8 m/s。降温通风模式下洞内温度场分布如图 7-34 所示。

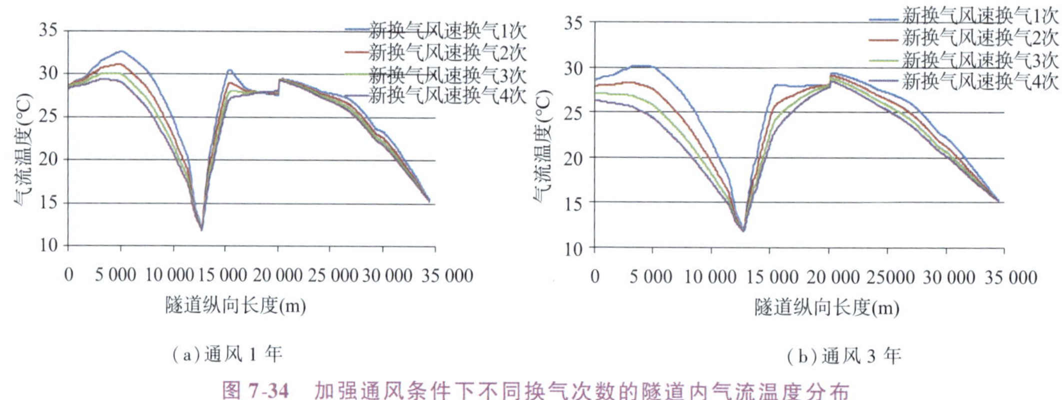

(a)通风 1 年　　(b)通风 3 年

图 7-34　加强通风条件下不同换气次数的隧道内气流温度分布

根据计算结果,将隧道进口至 1 号竖井区段的洞内风流速度由 2.7 m/s 增大为 4.1 m/s 时,在相同的通风时间下其降温效果较明显,不同通风年限条件下隧道内的风流最高温度可降低 4 ℃以上。若按每天通风 1 次考虑,则通风 1 年隧道内最高温度降到 33 ℃以下,通风 3 年达到 30 ℃以下,通风 5 年隧道内温度可达到 28 ℃以下;若按每天通风 2 次,则通风 3 年隧道内最高温基本能降到 28 ℃以下;若按每天通风 3 次,通风 2 年隧道内最高温可降到 28 ℃以下。

因此,结合隧道运营环境温度模拟计算结果,高黎贡山隧道降温通风频率建议按开通运营前 2 年每天通风 3 次,第 3 年每天通风 2 次,3 年后每天通风 1 次,通风时间选择在隧道内无车通行时。每天通风 1 次,选择在天窗时间。每天通风 2 次和 3 次,1 次选择在天窗时间，其余选择在行车间隔时间，累计时间能达到通风次数即可，尽可能间隔均匀。

此外，为动态监测隧道运营环境温度，于洞身地温异常段设置温度监测仪，主要设置于地温较高的隧道 4 条导热水断裂和预测最高岩温 37 ~ 39 ℃处，共计设置 5 处。运营期间可根据洞内温度监测情况，确定机械通风降温的启动时机，以满足隧道正常运营环境要求。

7.7 小　　结

高地温对隧道施工热害治理、施工建造、质量控制及运营环境控制影响大，给隧道施工和运营带来极大挑战。通过工程实践探索和科学研究，形成了高地温隧道通风降温、局部冰块降温、机械制冷降温、高温热水防治、高地温隧道结构体系、运营环境控制等热害综合防治的成套关键技术，取得了高地温隧道综合降温、高地温隧道支护结构设计和运营环境保障等创新性成果。但由于隧道高地温成因复杂，高地温类型往往呈现多样化，且受隧址区域微气候特征影响较大，后续需进一步结合隧道高地温特点，开展深入研究和技术总结，进一步丰富和完善高地温隧道建造技术。

第 8 章　活动断裂带隧道

活动断裂会对隧道结构及铁路运营安全带来非常大的影响。如何降低断层在隧道施工期和运营期可能发生的蠕动(滑移)以及强震错动对工程的影响是隧道工程面临的难题之一。现行规范中并无针对临近或穿越活动断裂带隧道抗震及抗错动的相关设计方法,本章根据国内外隧道穿越活动断裂的建设经验,并结合频繁穿越活动断裂带的成兰铁路的科研、试验成果及工程经验,对活动断裂带隧道设计原则、方法和工程对策进行简要介绍。

8.1　活动断裂带的特性及工程危害

8.1.1　活动断裂类型

活动断裂又称活断层,一般理解为目前还在持续活动的断层,或在历史时期或近期地质时期活动过、极可能在不远的将来重新活动的断层。按构造应力状态及两盘相对位移的性质,活断层分为:走向滑动或平移断层,逆断层和正断层。

1. 断层的基本要素

断层的基本要素包括:断层面、断层线和断盘,如图 8-1 所示。

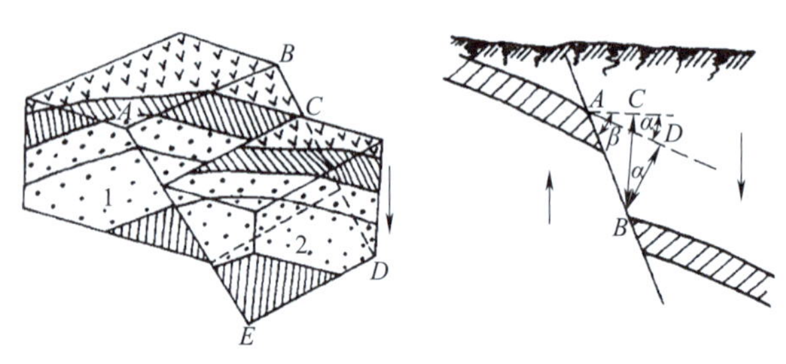

(a)断层要素　　　　(b)断层断距

图 8-1　断层的基本要素

1—下盘,2—上盘,图 8-1(a)中的 *ABCDE* 面为断层面、*AB* 线为断层线、*AE* 线为断层倾向线,图 8-1(b)中的 *AB* 线为总断距、*CB* 线为垂直断距、*AC* 线为水平断距

(1)断层面是断层相邻两部分岩块沿其相对滑动的破裂面,如图 8-1(a)所示中的 *ABCDE* 面。

(2)断层线是断层面与地面的交线,它反映断层在地表的延伸情况,其曲直与断层面的形状、产状及地形起伏有关,断层线的长短可表明断层的规模,如图 8-1(a)所示中的 *AB* 线。

(3)断盘是指断层面两侧相对移动的地块。当断层面倾斜时,位于断层面之上的地块叫上盘,如图 8-1(a)所示中的 2;位于断层面之下的地块叫下盘,如图 8-1(a)所示中的 1,按照断层两盘的相对升降关系,可将沿断层面相对上升的一盘称为上升盘,相对下降一盘称为下降盘。

(4)断距是指断层两盘沿断层相对移动距离的泛称,可分为总断距、垂直断距和水平断距,分别如图 8-1(b)所示中的 AB、CB 和 AC。

2. 活断层的分类

(1)走向滑动或平移断层

走向滑动断层(平移断层),是断盘沿断层面走向作相对水平移动的断层。其最大、最小主应力近于水平,所以两者之间的最大剪应力面即断层面近于直立,其地表出露线平直,常表现为极窄的直线形断崖。主要是断层面两侧相对的水平运动,相对的垂直升降很小。断层示意如图 4-4(c)所示。

河流最易沿这种断层发育,水工建筑物也易受到这种活断层的威胁。如断层与水坝轴线小角度斜交,由于断层错动而造成水坝的心墙拉开宽度可以相当大。

世界上有名的走向滑动型活断层有美国加州的圣安德烈斯断层系,土耳其安纳托利亚断层系,新西兰的阿尔卑斯断层系等。我国的活断层也以走滑型最多,特别是西南和西北,有些走滑型活动断层规模非常巨大,塔里木断块南的阿尔金山断裂,青藏断块内部的鲜水河断裂,川滇断块西界的红河断裂都是我国西部长达数百到上千公里的走滑活动断裂。这些断层的水平错动往往在地形上留下明显迹象,尤以对水系的错动改造最为明显,常见水系的扭曲变形和错断现象。由于长短不同的河谷形成时代新老不同,老河谷经受错断次数多,故累积错断距大,而新河谷经受错断次数少因而累积错距小,显示出不同错断距离的现象。

(2)逆断层

逆断层由于最大主应力近于水平,最小主应力近于垂直,走向垂直于最大主应力的断层面与水平面夹角一般小于 45°,往往为 20°~40°。由于位移是水平挤压形成的,所以断层面两侧的点之间的距离总是由于位移而缩短。上盘除上升外还产生地面变形,往往伴以多个分支或次级断层的错动。逆断层的断层线往往是波状弯曲的,断层带也较平移断层宽得多,由于上升盘形成了断层崖易产生滑坡或崩塌,逆断层的确切位置最难确定。断层示意如图 4-4(b)所示。

世界上很多大的山系以逆断层为其边界,如喜马拉雅山、安第斯山等,很多大的地震都是伴随板块俯冲带或大陆碰撞带的逆断层的错动产生的。我国逆冲型活断层主要发育于西部地区。受印度板块年速率约 6 cm 的 NNE 向俯冲的推挤,自南而北有喜马拉雅山南麓逆冲推覆断层,天山南侧,天山北侧逆冲推覆断层等几个长达数百公里走向近东西的逆冲型活断层。青藏断块东界的北段,则有走向北东的龙门山逆掩推覆断层。所有这些断层都是活动性强烈的发震断层。

(3)正断层

由于最大主应力近于垂直、最小主应力近于水平,所以,走向垂直最小主应力且与最大主应力呈锐角的断层面与水平面夹角大于 45°,一般为 60°~80°。在错动过程中,垂直断面走向的水平方向有所伸长。伴随这类断层活动的变形(下沉)和分支断层错动,主要集中于下降盘。一般来说这类断层的可识别程度介于走滑断层和逆断层之间,其影响宽度和工程危害程度也介于二者之间。断层示意如图 4-4(a)所示。

实际应力场往往是复杂的，三个主应力方向既不完全水平也不完全垂直，而是由不同的水平和垂直分量所合成。因此，断层的位移矢量也多由不同的倾滑、走滑分量所合成。而活断层的类型也就可以是左（或右）旋走滑逆冲断层或左（或右）旋走滑正断层等多种形式。断层活动受区域构造应力场所支配。内陆活断层是地块间相互运动调整的枢纽。由于地块结构及受力状况不均一，地块间的相对挤压、拉张和剪切错动就构成了这些大小地块和断块之间的断层活动，呈现出相当复杂的格局与过程。空间上呈复杂而又有规律的网络状，各断层的活动相互牵制、相互调整和相互转换。单条断裂的不同段落有不同的活动方式。

8.1.2 活动断裂的长度和断距

活断层的长度和断距是表征活断层规模的重要数据，通常用强震导致的地面破裂（地震断层或地表错断）的长度和伴随地震产生的一次突然错断的最大位移值表示，如成兰铁路，都汶高速公路通过的龙门山地震带的映秀——北川断裂。该断裂是“5·12”汶川8.0级地震的主干发震断裂，震后地表破裂带的线性影像清晰，贯通性较好，南西起于汶川县映秀镇附近，向北东延伸经虹口、龙门山镇（白水河）、东林寺、红白镇北、清平、茶坪、擂鼓、北川、陈家坝、桂溪凤凰村、平通，止于平武县南坝东的石坎子附近，全长约220 km，地表最大错动量位于北川县擂鼓镇，最大垂直错断为（6.2 ±0.1）m，最大水平错断为（6.8 ±0.2）m，如图8-2所示。

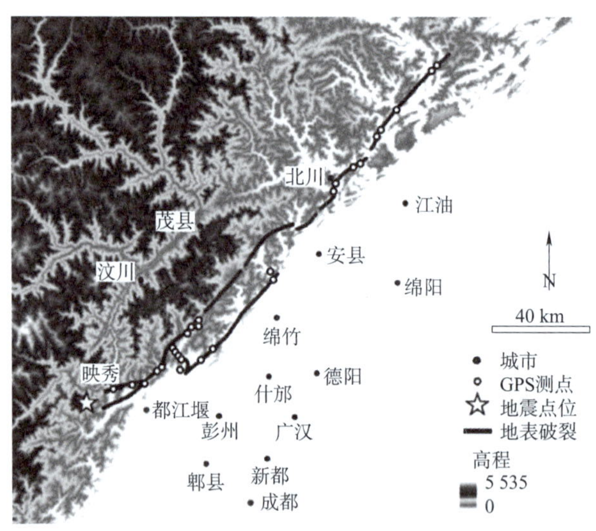

图8-2 “5·12”汶川地震的地表破裂分布图

地震地表错断长度自小于1 km至数百千米，最大位移自几十厘米至十余米。一般来说地震震级愈大，震源深度愈浅，则地表错断就愈长。大于7.5级的浅源地震均伴有地表错断，而小于5.5级的地震则除个别特例外均无地表错断。同样震级的地震由于震源深度不同或锁固段岩体强度不同而地层断裂的长度各不相同。一般认为，地面上产生的最长地震地表断裂，可以代表地震震源断层的长度。而地震震源断层长度与震级大小是正相关的。

8.1.3　活动断裂的错动速率和重复错动周期

活断层的错动速率是反映活断层活动强弱、断层所在地区应变速率大小的重要数据。错动速率和地震重现周期是长期地震预报的重要数据。活断层以黏滑式间断性地产生突然错断,错动速率以平均错动速率表示。断层的错动速率愈大,其重复周期(地震重现周期)也就愈短。突然错动事件总是伴有地震,所以重复错动周期也就是地震重现周期。

活断层的错动速率很小,一般为每年不足 1 mm 到几毫米,最强的也仅有每年几十毫米。板块边缘断层活动最强,一般错动速率为几厘米每年。

活断层的错动速率多以地质地貌分析法和沿(跨)断层重复测量或仪器监测来测定。对蠕滑段,可采用跨断层精密测量或伸缩仪定点仪器观测确定其错动速率。而对于黏滑段,这样测得的年错动速率仅是平均年错动速率的一小部分。平均错动速率的主要部分则来自间断发生的突然错动事件,即古地震事件。通过地质地貌分析其留下地质或地貌的证据,判定古地震的次数、累积错动距、各事件的绝对年龄,就可求出平均错动速率和重复错动周期。

古地震事件的地貌证据有断错冲沟、溪沟、阶地、冲积扇和山脊。如以倾滑为主或有较大的倾滑分量,则形成断层陡坎和断层三角面。沿陡峻断层陡崖往往形成滑坡群。溪沟错断或正断层下陷,往往形成断塞塘或下陷塘。

地震重复周期 R_X 与断裂平均错动速度 S 成反比,而与一次强震产生的位错量 D 成正比,即

$$R_X = D/S \tag{8-1}$$

式(8-1)适用于构造应变仅由突发性弹性位错所释放,即断层错动仅为黏滑形式。

如果构造应变的释放是黏滑、蠕滑兼而有之,则大地震事件的重现周期为

$$R_X = D/(S - C) \tag{8-2}$$

式中　C——平均年蠕滑速率。

8.1.4　活动断裂带错动纵向变形特征

活动断裂都具备一定宽度,宽度在几十米到数百米之间,且宽度变化很大,因此针对断层的设防还需要研究在活动断裂宽度范围以及其两侧发生的位错量空间展布形态,为确定抗位错结构措施和设防范围提供依据。图 8-3 ~ 图 8-8 所示为“5 · 12”汶川地震白鹿中学、沙坝、干休所地表错动实景图及地形测线剖面。

根据“5 · 12”汶川地震现场原位调查结果,“5 · 12”汶川地震断层破碎带地表强影响带宽度为 18 ~ 36 m。

图 8-3　“5 · 12”汶川地震白鹿中学测点断层通过处倒塌的建筑物

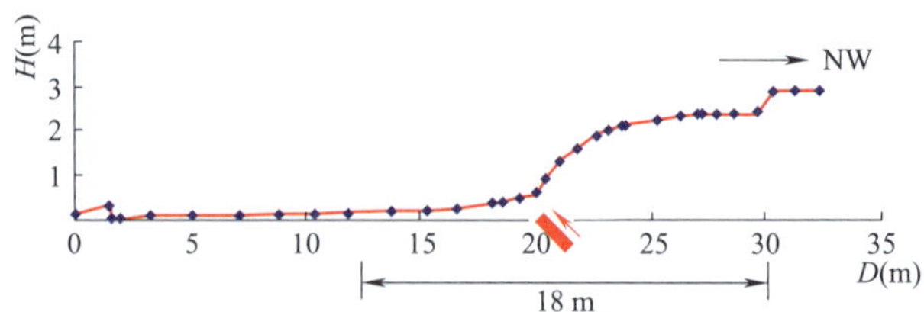

图 8-4 “5·12”汶川地震白鹿中学测点地形测线剖面

图 8-5 “5·12”汶川地震沙坝测点断层通过处倒塌的建筑物(镜向:SW)

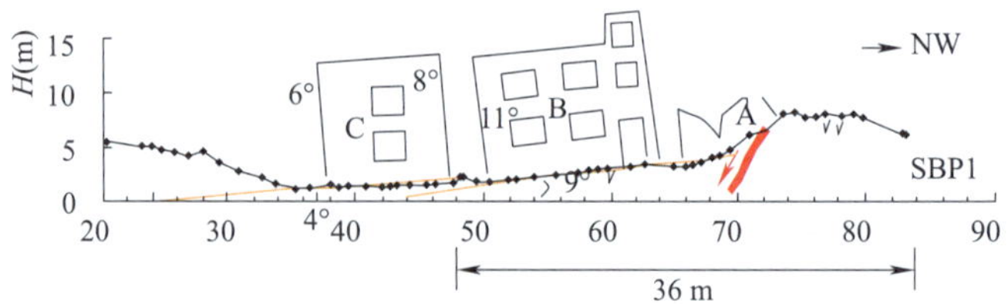

图 8-6 “5·12”汶川地震沙坝测点地形测线剖面

图 8-7 “5·12”汶川地震干休所测点断层通过处坍塌的建筑物全景(镜向:W)

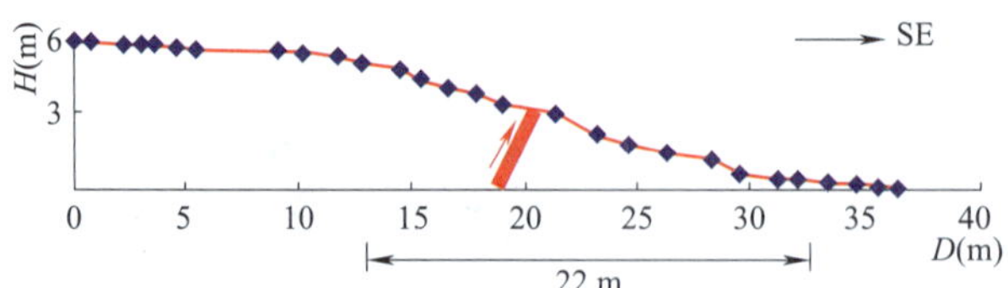

图 8-8 “5·12”汶川地震干休所测点地形测线剖面

8.1.5　活动断裂带对隧道工程的危害

活动断层由于近期活动过，因此地层往往受挤压严重，围岩软弱破碎，原始地应力高，有的活动断裂地下水含量还十分丰富。当隧道穿过活动断裂时，不仅施工进度慢，而且支护变形大，极容易出现塌方，发生涌水、突泥事故，给隧道工程带来很大的安全风险。

1. 岩体软弱破碎，稳定性差，易坍方

由于活动断裂两盘发生相对挤压，断层面附近岩石破碎成碎石或粉末状，形成断层角砾或断层泥，岩体软弱破碎。如成兰铁路茂县隧道穿越的龙门山后山活动断裂（茂汶断裂），开挖揭示活动断裂核部受到构造的严重影响，围岩极其破碎，强度极低，岩石单轴抗压强度小于 1 MPa，开挖后掌子面存在明显的向净空方向挤出的现象，容易发生坍方，照片如图 8-9 所示。

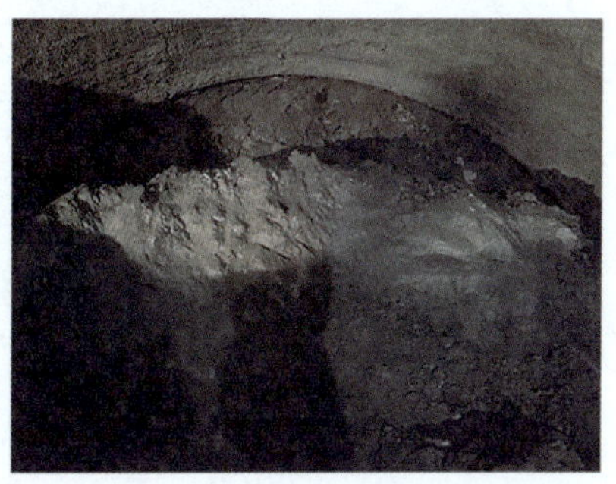

图 8-9　成兰铁路茂县隧道穿越茂汶活动断裂带掌子面围岩情况

2. 构造地应力高，易发生隧道支护大变形

活动断裂带由于上、下盘发生相对错动，常使其核部或影响带出现高地应力，且通常以构造应力为主，加之围岩软弱破碎，极易发生高地应力软岩大变形。如成兰铁路茂县隧道穿越茂汶活动断裂带，根据茂县 1 号斜井工区地应力测量结果显示，测区以构造水平应力为主；最大水平主应力为 27.51 MPa，最大主应力方向为 N19.3°W，与洞轴线交角为 36.7°，最小水平主应力为 16.35 MPa，中间应力为 19.29 MPa，属于高地应力区。开挖揭示围岩以绢云母炭质千枚岩为主，受活动断裂影响，岩体软弱、破碎，在高地应力条件下，活动断裂核部及影响带，施工期间发生了不同程度的大变形。

3. 围岩破碎富水，易涌水、突泥

由于破碎的活动断裂带易形成导水通道，当有地下水来源时，常形成富水破碎带，隧道施工时易发生涌水突泥等风险。如：成兰铁路跃龙门隧道穿越龙门山中央断裂带——高川坪活动断裂带，断层破碎带宽度 50 ~ 100 m，断层活动方式为逆断兼右旋走滑，活动速率水平方向 0.82 ~ 1.3 mm/年，垂直方向 0.54 mm/年；未来百年最大位错量水平方向（2.08 ± 0.54）m，垂直方向（1.93 ± 0.66）m。断层上盘为泥盆系中统观雾山组白云质灰岩，下盘为二叠系下统灰岩，掌子面揭示如图 8-10 所示，受构造影响，岩体节理裂隙发育，岩体富水、导水性极好，活动断裂核部地下水极为发育，以构造裂隙水为主，岩溶弱 ~ 中等发育，局部可见溶蚀裂隙，隧道涌水多呈淋雨状流出，局部汇集至较宽大裂隙中呈股状流出（图 8-11），该段涌水量为 $(1.5 \sim 2) \times 10^4\ m^3/d$。

图 8-10　成兰铁路跃龙门隧道穿越高川坪活动断裂带掌子面围岩

图 8-11　成兰铁路跃龙门隧道穿越高川坪活动断裂带掌子面地下水情况

4. 地震波引起隧道结构破坏

地震时的地震波包括 P 波、S 波、表面波(Rayleigh 波和 Love 波),不同类型地震波引起振动示意如图 8-12 所示。隧道遭受地震波作用时,将可能发生轴向变形、横断面压缩变形、轴向弯曲变形及椭圆形的变形。轴向变形主要是由沿隧道纵向之 P 波所致。若 P 波入射方向与隧道轴线成正交,即 P 波沿隧道横断面方向行进时,将造成隧道横断面的压缩变形。轴向弯曲变形主要由沿隧道纵向的 S 波及表面波(如 Love 波)所造成。当 S 波沿隧道横向行进时,则可能产生椭圆形变形。由地震波引起隧道本身出现的剧烈振动,产生的是循环交替的压应变和张应变,这是由于隧道的轴向变形和弯曲变形引起的。对于无衬砌或柔性衬砌的岩石隧道,在出现正弯曲时,衬砌顶板承受张应变,底部承受压应变;如果隧道衬砌的刚度比围岩大,则正好相反。这些应变叠加在隧道衬砌和围岩原有的压应变之上。当叠加压应变时,导致原有压应变进一步增大,衬砌即可能局部弯曲,出现剥落;如果叠加张应变且大于原有压应变,则由此产生的张应变状态可能导致某个部位的衬砌开裂。

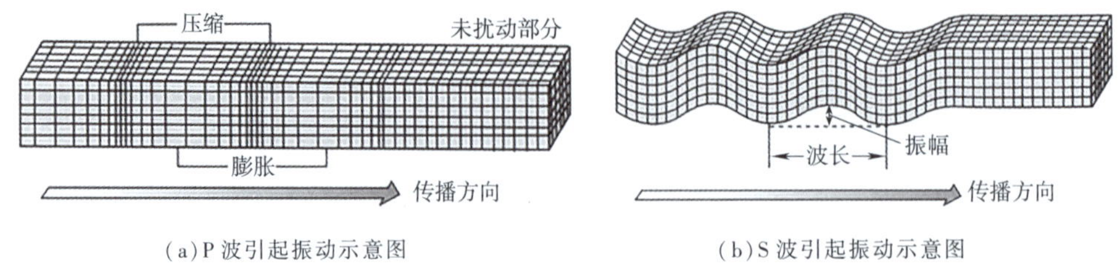

(a)P 波引起振动示意图　　(b)S 波引起振动示意图

图　8-12

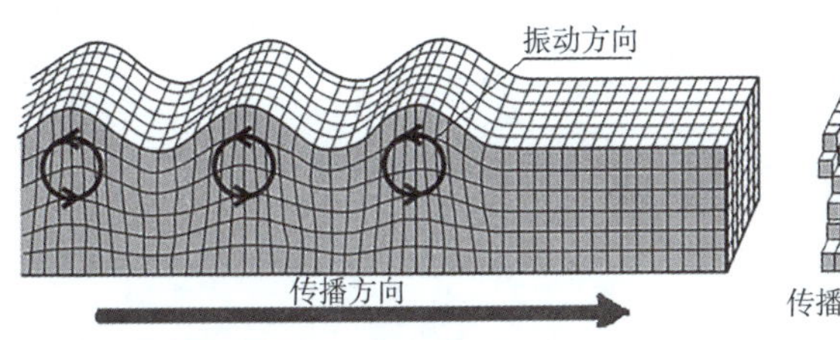

(c) Rayleigh 波引起振动示意图

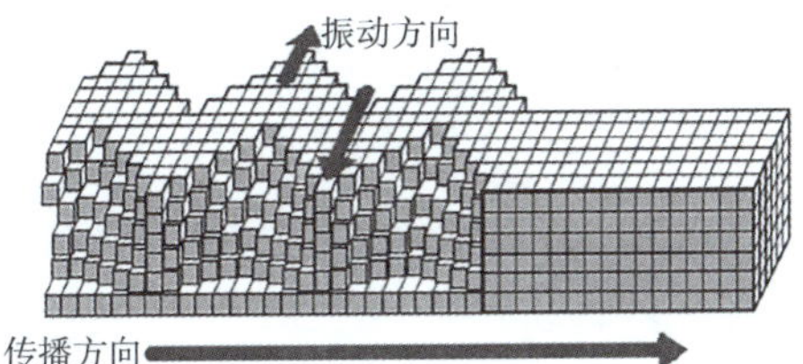

(d) Love 波引起振动示意图

图 8-12　不同类型地震波引起振动示意图

隧道的震动变形方式和震害受地震波入射方向的影响较大。一般而言，地震波平行于隧道轴线或是斜交于隧道轴线传播引起隧道轴向拉伸、压缩变形和弯曲变形；垂直或是近于垂直隧道洞轴线传播的地震波会引起隧道环形变形（呈椭圆形）。

地震波引起结构振动或摆动，对隧道的破坏主要表现在隧道洞口破坏、衬砌开裂、错断。图 8-13 ~ 图 8-23 所示为“5 · 12”汶川地震龙门山活动断裂附近部分公路、铁路隧道灾害实景。

图 8-13　落石引起隧道洞口端墙破碎

图 8-14　隧道洞口被掩埋

图 8-15　衬砌与端墙间开裂

图 8-16　落石上道

(1) 隧道洞口破坏

隧道洞口段的破坏主要是由于地震惯性力作用和地震次生灾害引起。隧道洞口处或接近于洞口部位的震害非常普遍，这个部位的震害可以细分为：落石引起洞口端墙破坏；地震引发滑坡掩埋洞口；衬砌与端墙间开裂；地震引发危岩落石上道。

(2) 衬砌开裂

隧道结构的衬砌在地震中出现裂缝、破碎和变位等是最为常见的震害。衬砌上的地震裂缝可以分为纵向裂缝、横向裂缝和斜向裂缝。其中，以横向、斜向和环向裂缝为主，纵向裂缝相对较少。

①纵向裂缝

沿隧道轴线的纵向地震裂缝通常是由于围岩产生较大变形引起，裂缝延伸较长的距离，甚至经常超过隧道的直径而在整条隧道结构中延伸，如图 8-17 所示。

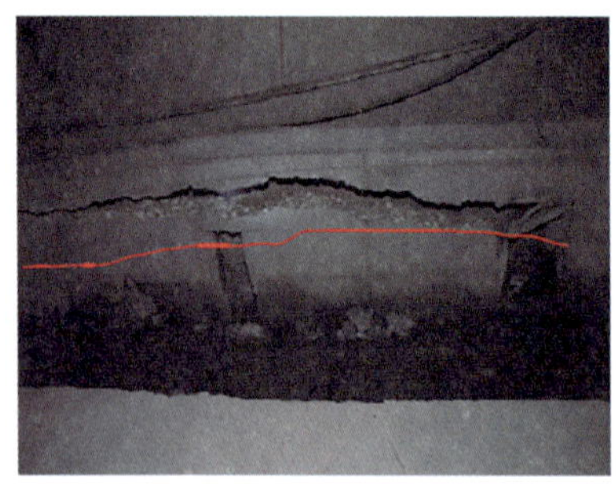
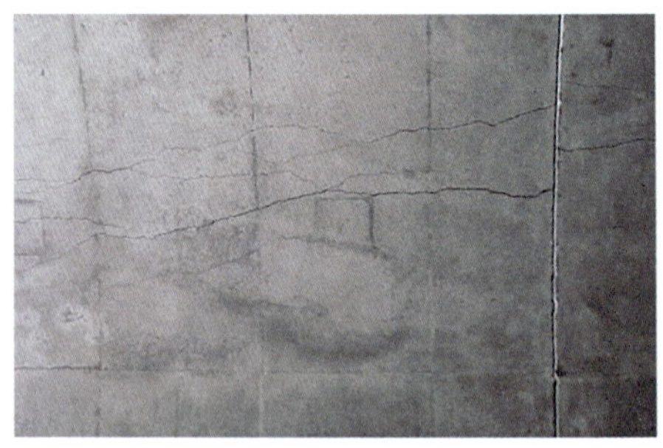

图 8-17　龙溪隧道边墙纵向裂缝

②横向裂缝

横向地震裂缝是指衬砌上沿与隧道结构轴线垂直方向发展的裂缝，通常出现在路面以上的衬砌表面，也可能是衬砌结构的施工缝或伸缩缝等接缝附近，如图 8-18 和图 8-19 所示。

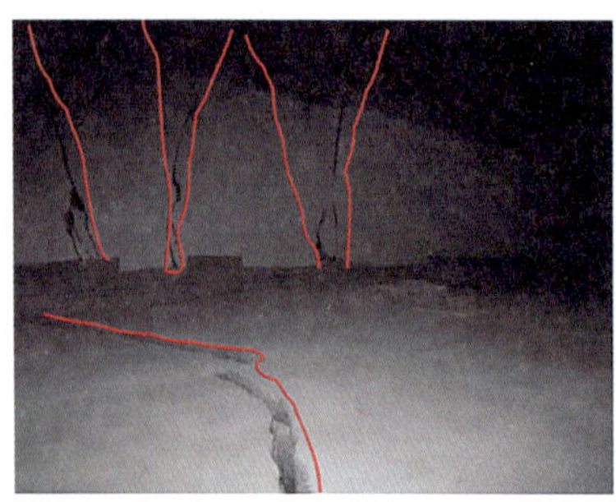

图 8-18　龙洞子隧道横向裂缝

图 8-19　隧道横向裂缝

③斜向裂缝

斜向地震裂缝常以单条形式出现在隧道衬砌结构一侧的拱脚或边墙，以剪切和剪张裂缝为主。与水平面呈 30°～60°发展，最后终结于衬砌接缝处或拱顶，如图 8-20 所示。

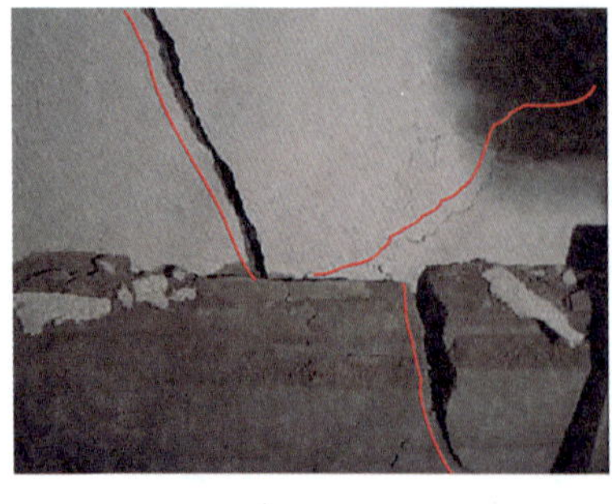

图 8-20　隧道衬砌斜向裂缝

④衬砌掉块

衬砌结构的混凝土剥落在距离震中较近且遭受严重震害的隧道中比较普遍，一般伴随网状衬砌开裂或衬砌压溃、剪溃的产生。剥落的部位大都为衬砌结构的薄弱区段，衬砌上出现可见的拉剪形态破坏，而地震时的高频振动则加剧了这一现象的出现。衬砌混凝土剥落的同时还可能伴有隧道横断面的整体塌方。这是在隧道内部所能观测到的最严重的震害形态，将直接导致隧道结构丧失功能，如图 8-21 和图 8-22 所示。

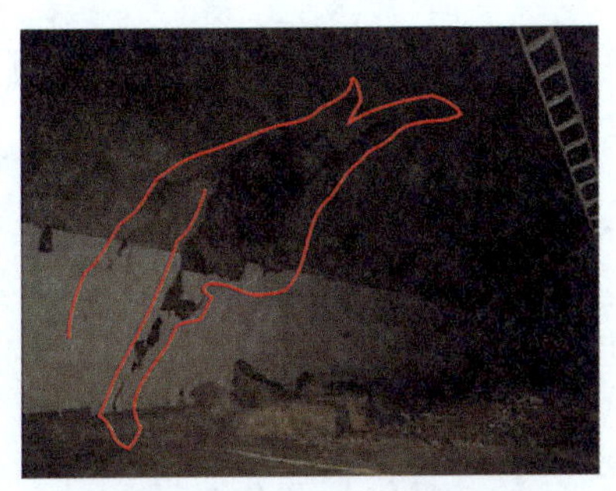

图 8-21 龙洞子隧道衬砌掉块

图 8-22 隧道衬砌掉块

5. 断层错动引起隧道结构破坏

活动断层的特殊性在于断层的活动性，发震时因断层破碎带产生黏滑或其锁固点、端点破裂而发生错动，断层错动使围岩直接产生剪切位移，它可以穿过覆盖层直达地表，这种剪切变形通常被限制在活动断层周围一个狭小的范围内，如图 8-23 所示。但这种突然的变位方式会引起铁路轨道扭曲变形，隧道结构错台，净空侵入限界，不再适合列车通行，这种破坏往往是灾难性的地震发生后隧道需要较大范围的拆除重建，甚至改线。

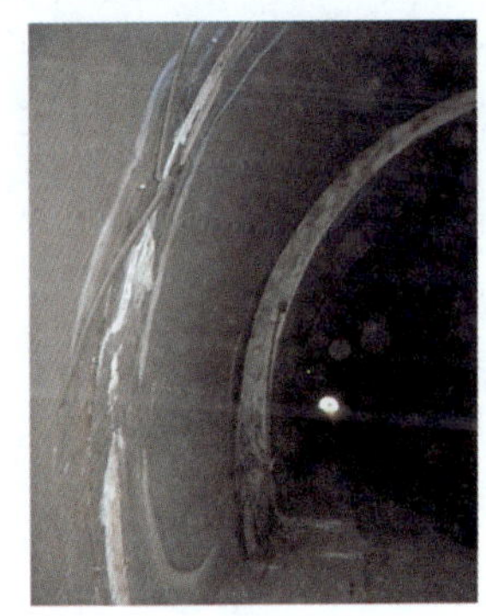

图 8-23 龙溪隧道衬砌错台

8.2 活动断裂带隧道结构设计

本节主要结合铁道部“艰险困难山区高速铁路隧道关键技术研究——艰险困难山区高速铁路复杂地质隧道修建技术”课题及工程应用成果，介绍穿越活动断裂带抗错动（蠕动）的隧道结构设计方法。

8.2.1 活动断裂带隧道设计理念

活动断裂带是隧道抗震的薄弱环节,特别是遇到发震断裂时,断层带出现一定幅度的位错,将造成衬砌破坏垮塌,影响线路运营,造成生命财产损失。

成兰铁路在隧道通过活动断裂带设计方面,提出了“主动适应、经济合理、易于修复”的设计理念,以及采用“大刚度环形衬砌 + 预留变形及补强空间 + 组合宽变形缝”的结构体系。根据活动断裂带的错动特征、断层物质成分等因素,采取优化结构形状、留设变形补强空间、结构节段设计、组合宽变形缝、运营期间活动断裂的位错监测等措施,以达到结构可靠、运营安全的目标。

主动适应:活动断裂错动时,释放的能量巨大、破坏极强,如果期望通过加强衬砌结构的方法,使隧道在发生较大错动时而不受破坏,不仅工程代价极大,而且几乎难以实现。因此,活动断裂段隧道应通过适当措施主动适应活动断裂的错动,保证在设防错动量的范围内,隧道衬砌不发生严重破坏。

经济合理:在隧道设计年限内,活动断裂发生错动,具有一定概率,且错动量越大,发生概率越低,若设防错动量过大,将导致工程建设成本提高、施工难度增大、工期增加,因此确定设防错动量时,应考虑现有经济水平,在满足设防需要的同时,做到经济合理。

易于修复:活动断裂发生相当于或超过设防错动量时,隧道衬砌将可能发生一定程度的破坏,轨道会因为发生突变而中断行车。因此,应设计易于修复的隧道和轨道结构形式,保证能在较短的时间内完成衬砌的排险、加固以及轨道的快速修复,保障震后列车的限速通行,尽快开通生命救援通道。

8.2.2 抗错动设防标准

活动断层的地层错动属于不可抗力。像“5·12”汶川大地震发生地表位错达数米的位错量这种情况,即便隧道衬砌不发生破坏,也无法满足线路平面和纵断面的设置要求,且工程上无法实现。因此,确定合理的设防目标至关重要,设防过高将导致建设成本提高、施工难度增大、工期增加等后果,设防过低则可能造成隧道结构损坏严重,威胁旅客生命、财产安全。

抗错动设防标准与现行国家工程抗震设计规范一致,遵循“小震不坏、中震可修、大震不塌”的指导思想,并结合该地区的抗震设防烈度、活动断裂发震等级、设计年限内可能的位错量,合理确定活动断裂带设防错动量。

8.2.3 设防错动量计算公式

目前,国内外对于活动断裂处隧道的错动量研究不多,可供参考的工程经验较少。根据收集整理的中国西部地区 68 个地震的发震断裂(段)的活动参数和破裂参数以及震级等资料,研究得到最大位错 D 和震级 M_s 之间的关系。位错量计算公式如下:

$$D = 10^{\frac{M_s - 7.12}{1.276}} \tag{8-3}$$

式中 D——活动断裂处隧道的位错量,m;

M_s——活动断裂的发震震级。

8.2.4　活动断裂设防范围

隧道穿越活动断裂带,设防范围目前暂无相关规范规定,具体工程设计应结合工程类比、数值分析以及线路限坡等因素综合确定。

1. 工程震害调研的断层影响范围

通过“5·12”汶川地震断层破碎带段隧道震害统计分析,获得了部分隧道断层破碎带段和断层破碎带影响段的长度,见表 8-1。

除了龙溪断层两端的影响段长度达到 95 m,其余断层的影响段在 10.5 m 至 33.5 m,设防范围取破碎带两侧 100 m 可满足表 8-1 所列所有断层,设防范围取破碎带两侧 50 m 可满足表 8-1 所列 83% 的断层。在确定通过活动断层的隧道设防范围时,上述工程震害调研成果可以作为参考。

表 8-1　“5·12”汶川地震部分隧道断层破碎带和断层破碎带影响段长度

断层名称	地震烈度（度）	破碎带宽度（m）	隧道埋深（m）	断层倾角（°）	围岩级别（级）	破坏长度（m）
酒家垭 F_1	9	64	141	57	Ⅳ（破碎带）、Ⅳ（上下盘）	85
酒家垭 F_4	9	10	226	47	Ⅳ（破碎带）、Ⅳ（上下盘）	60
友谊 F_1	10	0.5	54	66	Ⅴ（破碎带）、Ⅴ（上下盘）	50
紫坪铺 F_{10}	11	3	242	—	Ⅴ（破碎带）、Ⅴ（上下盘）	70
龙洞子 F_5	11	10	15	—	Ⅴ（破碎带）、Ⅴ（上下盘）	68
龙溪 F_8	11	10	230	82	Ⅴ（破碎带）、Ⅴ（上下盘）	200

2. 线路限制坡度确定的范围

隧道通过活动断裂的设防范围还与铁路线路的限制坡度有关。活动断裂段的隧道设计需满足地震引起隧道错动后易于修复的要求,当出现一定错动后,结构主体在简单修复或加固后可以正常使用的情况下,线路能够通过简单调整实现与断层两端的平面和纵断面的顺接,在尽可能短的时间内开通生命救援列车。设计时要充分利用预留的隧道断面净空富余量,预测活动断裂上、下盘竖向错动量 D,结合线路规范要求或技术条件限制的最大纵坡,合理确定纵坡调节长度。断裂错动前后线路的纵断面示意如图 8-24 所示,纵坡调节长度的计算方法见式(8-4)及式(8-5)。活动断裂隧道设防范围不宜小于根据线路限制坡度确定的长度。

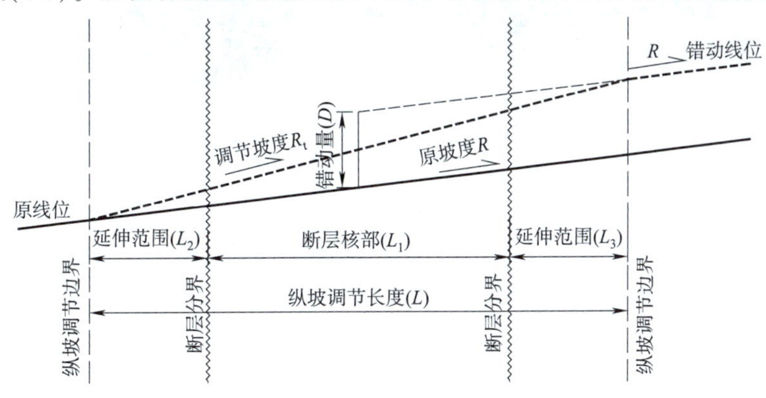

图 8-24　隧道垂直位错前后示意图

为实现错动前后纵向坡度顺接，应满足：

$$D/L + R = R_t \leqslant [R_t] \tag{8-4}$$

式中 D——活动断裂上、下盘竖向错动量；

L——实现纵坡顺接，需要调节的范围；

R——错动前线路纵坡；

R_t——错动后线路纵坡；

$[R_t]$——目前线路规范要求或技术条件限制的最大纵坡。

纵坡调节长度 L 的表达式为

$$L = \frac{D}{R_t - R} \tag{8-5}$$

式中各符号含义同式(8-4)。

8.2.5 活动断裂带隧道内轮廓

活动断裂段隧道拟定内轮廓时，在满足与设计时速相匹配的建筑限界的基础上，还应考虑隧道在水平和垂直方向均能适应一定设防错动量的需求，并预留一定的补强空间。

考虑活动断裂错动在方向上的不确定性，同时有利于改善衬砌结构受力状态，单线隧道衬砌内轮廓宜采用圆形，双线隧道衬砌内轮廓采用近圆形。

8.2.6 活动断裂带隧道结构支护结构设计

根据断层错动时隧道的变形特征，成兰铁路采用了“大刚度环形衬砌 + 预留变形及补强空间 + 组合宽变形缝”的结构体系，即尽量减小隧道节段长度，使断层带及其两侧一定范围内的节段保持相对独立，各刚性隧道节段间采用刚度相对较小的柔性连接。在断层错动时，破坏集中在连接部位或结构的局部，而不会导致结构整体性破坏。该设计方法已在国内部分穿越活动断裂带的隧道得到推广运用(图 8-25)。

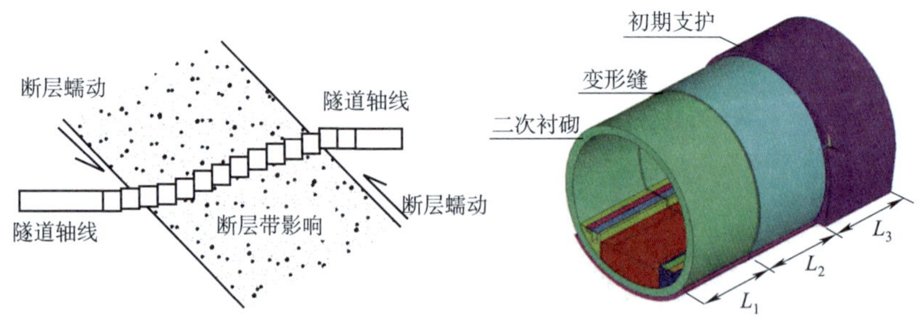

图 8-25 节段设计示意图

关于活动断裂带隧道错动荷载，现阶段大多采用数值分析结合工程类比确定。

8.2.7 宽变形缝设计

活动断裂带隧道通过在二衬设置一定宽度的宽变形缝实现隧道分节段及柔性连接，变形缝的设置宽度和间距根据活动断裂的宽度、设防位错量等参数确定。

1. 变形缝间距及宽度对结构的影响分析

(1)变形缝间距

数值计算表明:断层发生错动之后,在断裂破碎带内会出现大面积的塑性损伤破坏区域;但由于设置了连续变形缝,塑性损伤的变化趋势被变形缝截断,结构损伤的程度大幅度减轻。在 5 m 变形缝间距工况下,隧道的拉伸损伤较为分散,而在 10 m 变形缝间距和 15 m 变形缝间距工况下,隧道拉伸损伤则较为集中,但这三种工况的隧道拉伸损伤都主要发生在断层破碎带和隧道交界处的环上,损伤痕迹与断层破碎带发生错动的趋势大致一致。总体来说,变形缝间距越小,隧道结构受到的地震影响越小。

(2)变形缝宽度

关于变形缝宽度问题,数值计算表明变形缝宽度越大,越有利于隧道结构受力。但是过小的变形缝间距设计和过大的变形缝宽度在结构设计上将带来其他问题,如变形缝防排水、节段施工等。因此本书提出了组合变形缝间距及宽度的设计方法。

2. 变形缝间距和宽度设计

为了保证隧道不被破坏,隧道有较大的安全储备,在计算前进行如下假设(图 8-26,图 8-27):

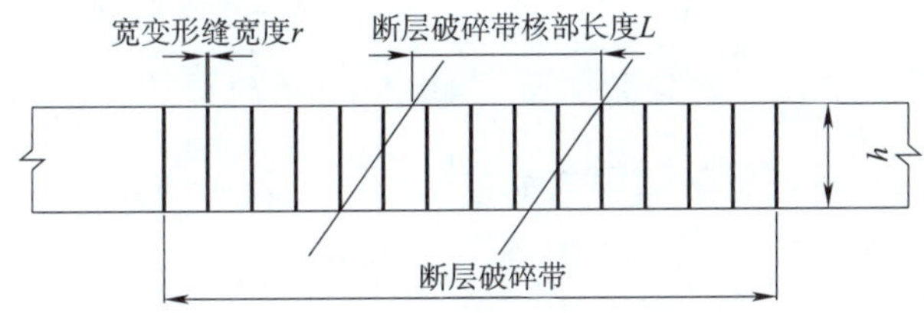

图 8-26　隧道错动前示意图

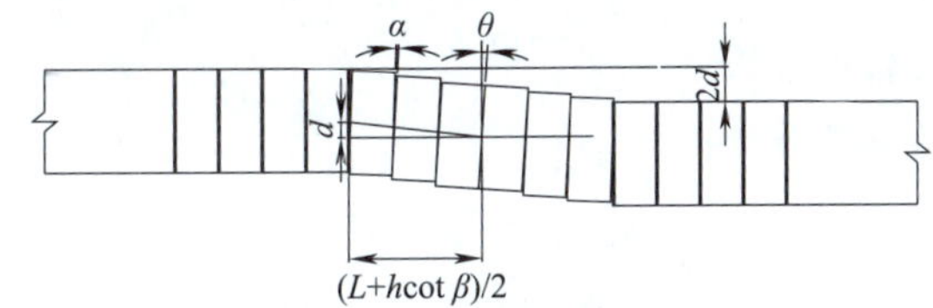

图 8-27　隧道错动后示意图

(1)隧道在断层破碎带核心段产生错动,断层破碎带部分隧道节段间共产生的错动量为总错动量的 10%。

(2)其余位错量完全依靠相邻两环衬砌产生相对转角来实现。

(3)假设隧道在断层破碎带核心部分以外,各段隧道衬砌水平之间不产生相对转角。

(4)由于相对转动所产生的转角从相对转动产生最大的夹角到相对转角为 0 的隧道衬砌上,且转角在数值上都很小,故假设抗震缝处所产生的转角由最大线性均匀减小到 0。

隧道纵向中央没有产生相对转角的变形缝由于位错产生的相对于整体坐标系的转角 θ 为

$$\theta = \frac{d}{\frac{L + h\cot\beta}{2}} = \frac{2d}{L + h\cot\beta} \tag{8-6}$$

式中 d——由衬砌转动实现的错动量的一半；

L——断层破碎带在隧道纵向分布宽度；

h——隧道衬砌高度；

β——断层倾角。

产生的最大相对转角即变形缝一端张开，而另一端填充的可压缩材料全部压缩，即相邻两段衬砌产生了接触，每处变形缝产生的最大相对转角 α 为

$$\alpha = \frac{r}{h} \tag{8-7}$$

式中 r——宽变形缝的宽度；

h——隧道衬砌高度。

由假设(3)，位错产生的总转角量 θ 全总部由相邻两段衬砌产生的相对转角承担，联合假设(4)，即相对转角是由最大相对转角 α 线性均匀变化为 0，由等差数列求和可得

$$\theta = \frac{n}{2}(0 + \alpha) \tag{8-8}$$

由此可得

$$n = \frac{2\theta}{\alpha} = \frac{2\dfrac{2d}{L + h\cot\beta}}{\dfrac{r}{h}} = \frac{4dh}{r(L + h\cot\beta)} \tag{8-9}$$

式中 n——断层破碎带核心部分边缘到隧道纵向中心轴所需要的最少环数，其余参数同式(8-6)、式(8-7)。

由以上各式可知

$$N = 2n = \frac{8dh}{r(L + h\cot\beta)} \tag{8-10}$$

N 若不是整数，向上取正整数。

因此，隧道最大变形缝间距为

$$l_{max} = \frac{L + h\cot\beta}{N} \tag{8-11}$$

通过计算可知，当实际情况下，只要隧道二衬上变形缝间距小于以上计算出的 l_{max}，隧道在位错条件下的受力有所改善的，且隧道不受挤压损伤。

隧道在正常使用时，如果断层破碎带过长，致使隧道变形缝的位置和围岩与断层交界线在空间上相差过远时，即位移的突变点没有出现在变形缝处，而是出现在衬砌环的某个位置上，式(8-11)不再合理，现对 N 进行修正。

当出现上述情况时，将 N 在原基础上加 2，以保证隧道的安全储备，即在隧道穿越断层破碎带核心部分两侧各增加一环，修正为

$$N' = N + 2 \tag{8-12}$$

在极端情况下，例如断层破碎带核心部分长度过短，可以通过适当加宽变形缝宽度 r，以保证两相邻隧道衬砌环的相对转角，从而提高隧道沿纵向的相对转动能力。

3. 宽变形缝构造设计

为实现“大刚度衬砌环加组合变形缝”的设计，在活动断裂衬砌范围内采用宽变形缝。

宽变形缝的宽度是常规变形缝宽度的 2 ~ 5 倍，因此，需要根据宽变形缝的特点进行特殊的防排水设计，主要有以下原则：

(1)加强结构，防止异物掉落。拱墙以上的变形缝处倒角设计。

(2)加强断裂带及变形缝间防排水，每个衬砌节段均设置纵环向盲管排水系统。变形缝增加一道排水型防排水板，并增设变形缝缝内排水。

根据宽变形缝处于不同位置，将其分为如下四类：

Ⅰ型宽缝：适用于内轨顶面以上衬砌，构造如图 8-28 所示。

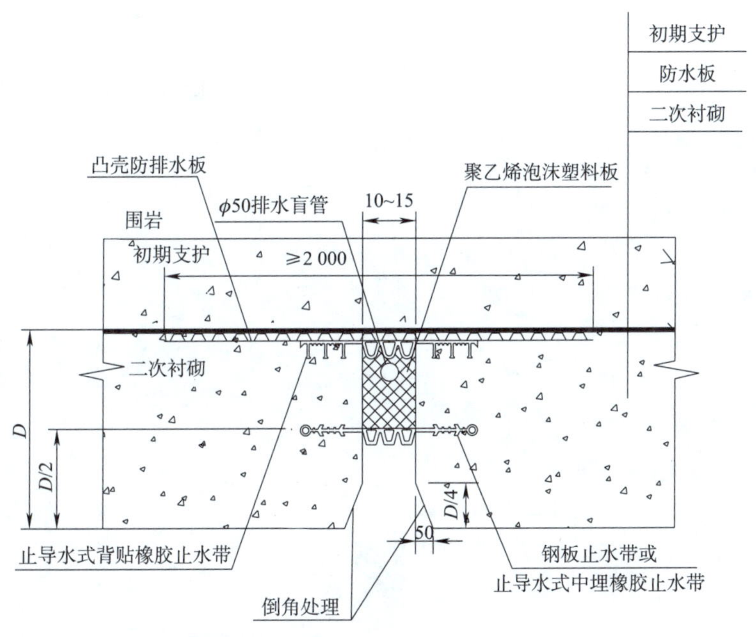

图 8-28　Ⅰ型宽缝构造示意图(单位：cm)

Ⅱ型宽缝：适用于内轨顶面以下至水沟底面以上 30 cm 范围内的衬砌，构造如图 8-29 所示。

Ⅲ型宽缝：适用于水沟底面以上 30 cm 至侧沟壁范围内的衬砌，构造如图 8-30 所示。

Ⅳ型宽缝：适用于除Ⅰ、Ⅱ、Ⅲ型宽缝适用范围外的衬砌，构造如图 8-31 所示。

4. 导水型橡胶止水带

为适应发震时活动断裂带地层变形大的特点，同时兼顾隧道防排水及耐久性，活动断裂带采用导水型橡胶止水带，如图 8-32 所示。

(1)变形能力强

为避免变形缝位移引起止水带拉坏，施作时或不发生地震时，止水带存在折叠区，地震发生时，折叠区展开，但止水带不会发生断裂，保护止水带的止水能力。同时根据变形缝的拉伸适应要求，可设置不同的折叠区域，匹配设计拉伸能力。

(2)导水能力强

考虑部分活动断裂带地下水发育，止水带不仅应能满足地震时变形要求，同时应当具有良好的防水和排水能力。为此，在止水带中部设置大 V 形槽和小 V 形槽。大 V 形槽顶部的迎水面变形区设置了橡胶保护层，可防止在安装时杂物落入大 V 形槽内。保护层设置小

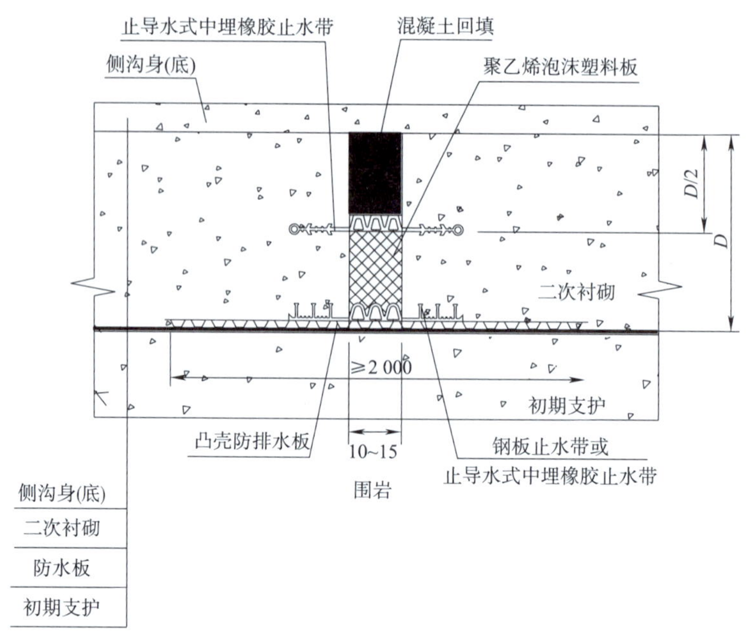

图 8-29 Ⅱ型宽缝构造示意图(单位:cm)

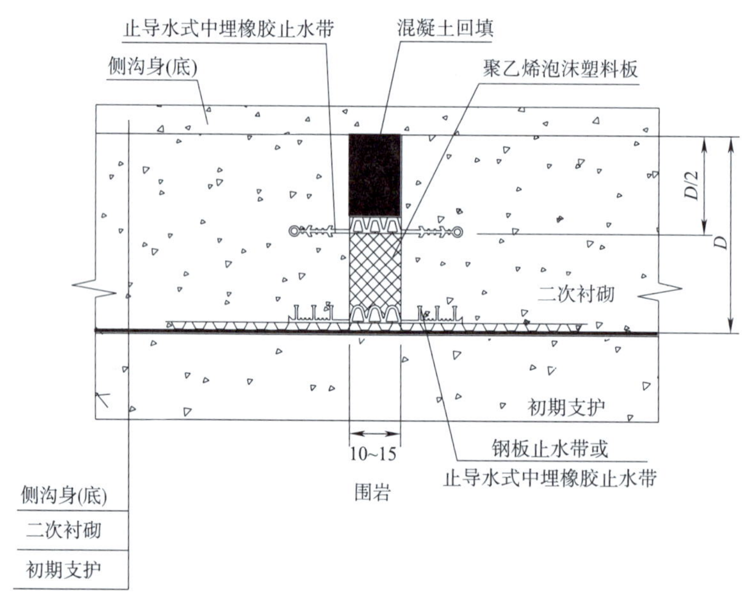

图 8-30 Ⅲ型宽缝构造示意图(单位:cm)

V 槽,同时 V 槽间隔设置透水孔,保证背后积水进入后沿大 V 槽排放。导水橡胶止水带,导水构造如图 8-32 所示。

5. 宽变形缝施工

变形缝止水带施工与普通施工缝止水带基本一致,现场施工能按既有技术要求进行施工,同时也满足了变形缝大变形的能力。导水型橡胶止水带施工后如图 8-33 所示。

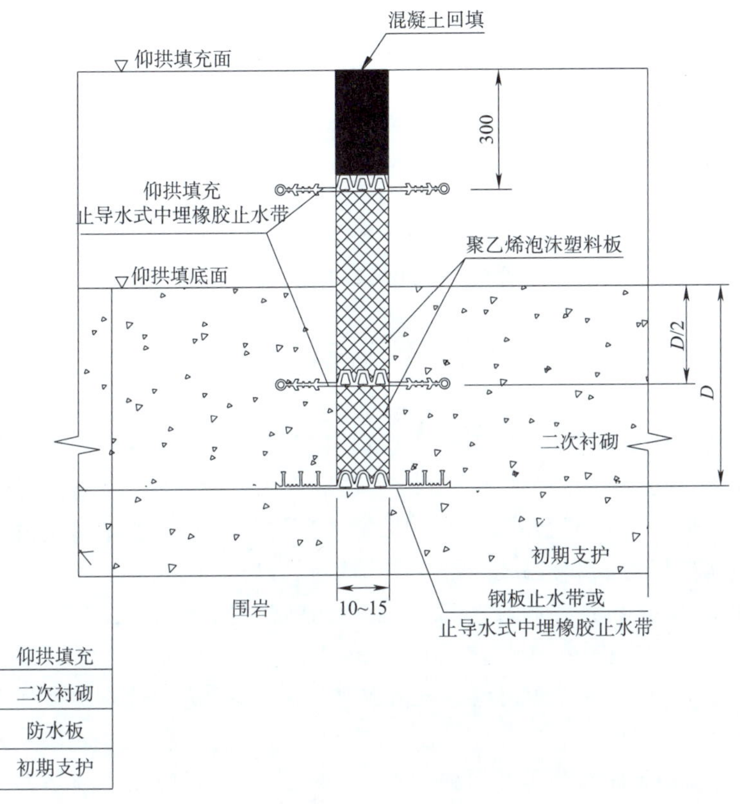

图 8-31　Ⅳ型宽缝构造示意图(单位:cm)

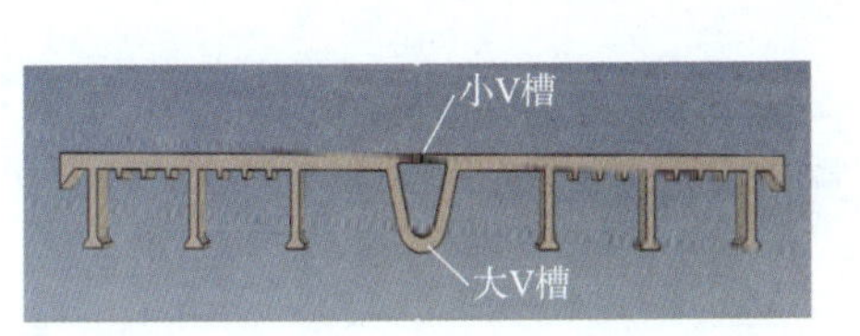

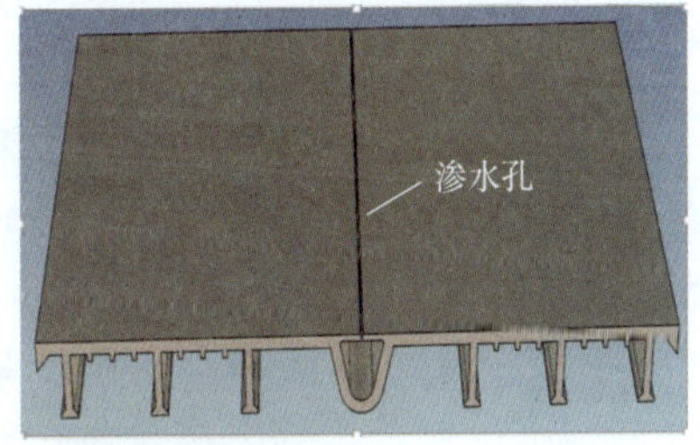

图 8-32　导水型橡胶止水带示意图

图 8-33　完成宽变形缝施工的隧道

8.3 轨道结构的适应性设计

8.3.1 轨道结构类型选择

活动断裂每年可能以几毫米至数十毫米的速率不断错动(蠕动),地震时可能突发较大量值的错动。为保证铁路线路通行,轨道结构应满足可以快速修复、结构调整量大等的要求。

铁路轨道结构分为两种类型:无砟轨道和有砟轨道结构,各自具有不同的适用条件和优势。

无砟轨道为整体结构,对下部基础的变形比较敏感,断层发生较大错动变形时,无砟轨道会发生混凝土损伤等病害。现场修复时受隧道空间限制,作业环境差,修复时间长且成本高,对于预制轨道结构,难以在现场修复,需全部更换。有砟道床属于散粒体结构,因断层错动发生结构破坏的风险相对较低,且维修简单、方便。

断层错动时,上层轨道结构发生跟随性变形造成线路不平顺,需要对线路几何形态进行调整,无砟轨道只能通过扣件调整,调整量较小,对线下基础变形适应性差,而有砟轨道由于采用散体道砟,轨道不平顺可以通过抬道或落道、捣固枕下道砟加以找平,轨道水平错动可以通过拨道予以调整,调整量相对较大,能充分适应活动断裂的变形。

养护维修方面,无砟轨道若出现基础变形、混凝土损伤等病害,维修难度大;而有砟轨道可采用大机作业的方式,维修相对简单且方便。

通过活动断裂带的隧道,应采用有砟轨道。

8.3.2 轨道接口适应性设计

《铁路隧道设计规范》(TB 10003—2016)规定长度1 000 m及以上的隧道宜采用无砟轨道,隧道长距离穿越活动断裂带不宜采用无砟轨道。穿越活动断裂带的隧道多为长大隧道,采用无砟轨道,而活动断裂段及其影响段采用有砟轨道,通常隧道有砟衬砌断面和无砟衬砌断面隧道水沟深度不同。因此,隧道中同时存在有轨轨道和无砟轨道两种结构形式时,需解决两种衬砌水沟顺接的问题和轨道过渡的问题。

隧道无砟衬砌和有砟衬砌水沟的顺接,可通过在无砟衬砌中设置一定范围的加深水沟实现两种衬砌间水沟的顺接。

结合运营部门对有砟轨道应成段铺设的要求,隧道穿越活动断裂带地段有砟轨道按照活动断裂带起止点前后各200 m范围设置,并在该200 m范围外按规范设置有砟和无砟过渡段,根据现行《铁路轨道设计规范》(TB 10082—2017),过渡段长度一般为25 m。

8.4 活动断裂带运营期监测

由于活动断裂的运动在时间上具有不确定性和长期性,因此,在铁路隧道运营期间进行长期监测至关重要。

8.4.1　监测目的

对活动断裂带运营期间的监测主要目的是掌握隧道衬砌结构、隧道内轨道结构的变形和内力变化情况，并对监测结果进行分析，必要时采取针对性的工程措施进行处置，让隧道结构和轨道结构处于稳定的状态，确保铁路运输的安全。

8.4.2　监测项目

活动断裂段隧道运营期间的安全监测项目主要有三项：衬砌变形、结构受力和组合变形缝三向变形监测等项目。其他监测项目，如地下水、围岩变形、地表变形、地震等监测也可以根据工程需要开展。

1. 活动断裂段隧道衬砌变形监测

隧道衬砌变形监测的重点是纵向变形监测，通过开展隧道洞内活动断裂带的跨断层纵向变形监测，可以获得活动断裂沿线路纵向分布的变形和位错特征，测点可以布置在隧道边墙脚位置，沿线路纵向间距 2 ~ 20 m，横断面的测点布置如图 8-34 所示。

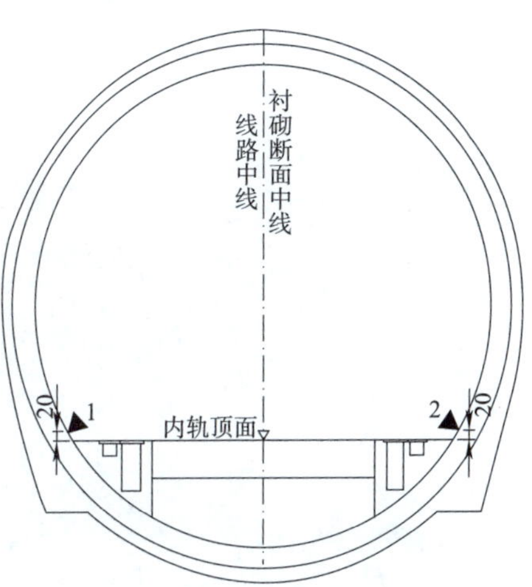

图 8-34　活动断裂衬砌变形监测洞内测点布置图（单位：cm）

2. 活动断裂隧道衬砌受力监测

通过设置监测点，对可能的断层蠕动、突发性位错及地震震动引起的衬砌结构受力状态变化开展监测，掌握活动断裂及近场区衬砌结构的内力状态，实时验证衬砌结构的安全性能。

（1）监测项目

活动断裂隧道衬砌受力监测项目主要有初支与二衬接触压力、二衬钢筋应力、二衬混凝土应变等项目，具体项目及监测仪器见表 8-2。

表 8-2　活动断裂隧道衬砌受力监测项目

序　　号	测试项目	采用仪器名称
1	初支二衬接触压力	压力盒
2	二衬钢筋受力	钢筋计
3	二衬混凝土受力	混凝土应变仪

（2）监测断面布置

正常二衬结构位移微小，但受力变化相对敏感，因此对二衬结构进行受力测试也是必要的。监测横断面位置布置如图 8-35 所示，在隧道纵向上选取活动断裂核部中心、2 个分界断面、两侧影响带各一个断面，以及 1 个普通段断面，共 6 个断面。监测点位在横断面上布置如图 8-36 所示。图 8-37 所示为成兰线柿子园隧道穿越龙门山前山活动断裂衬砌受力测试元件布置图。

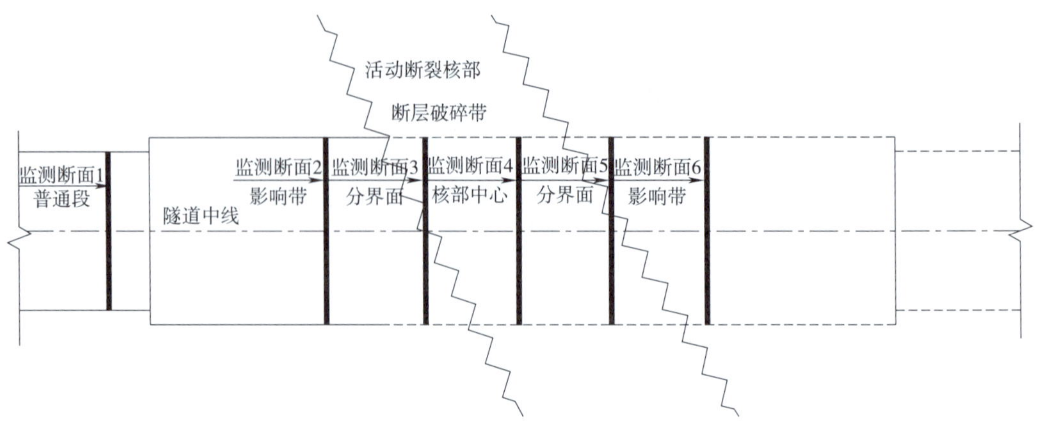

图 8-35　活动断裂隧道衬砌受力监测断面布置

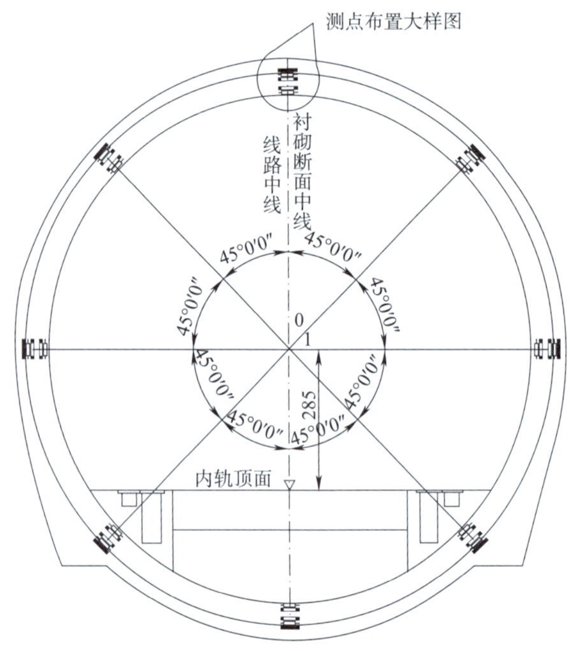

图 8-36　活动断裂隧道衬砌受力监测横断面布置

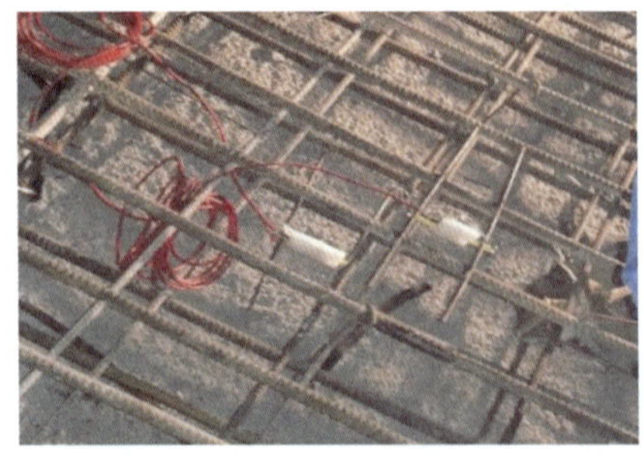

图 8-37　活动断裂隧道衬砌受力监测现场布置图

(3)组合变形缝的三向变形监测

通过对组合变形缝进行空间三向变形监测,了解断层蠕动、突发性位错以及地震动引起的组合变形缝变形情况。对穿越活动断裂的大刚度衬砌圆环组合变形缝的抗减震效果进行验证。组合变形缝的三向变形监测测点一般布置在变形缝两侧的衬砌表面,高度位于轨面高程附近。图 8-38 所示为利用传感器测定变形缝三维变形示意图。

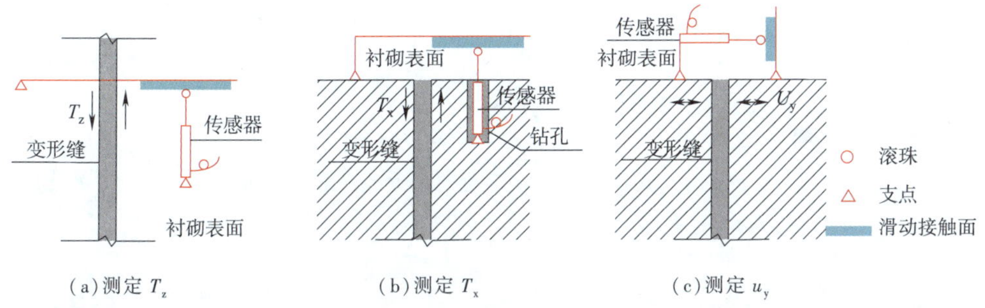

图 8-38　衬砌表面布置传感器测定变形缝三维变形图

2016 年 5 月 29 日,成兰线柿子园隧道隧址附近(四川绵阳安县)发生 4.3 级地震,地震信息如图 8-39 所示。

发震时刻:2016-05-29 10:14:37
纬度:31.49°
经度:104.29°
深度:13 km
震级:4.3
参考位置:四川绵阳市安县

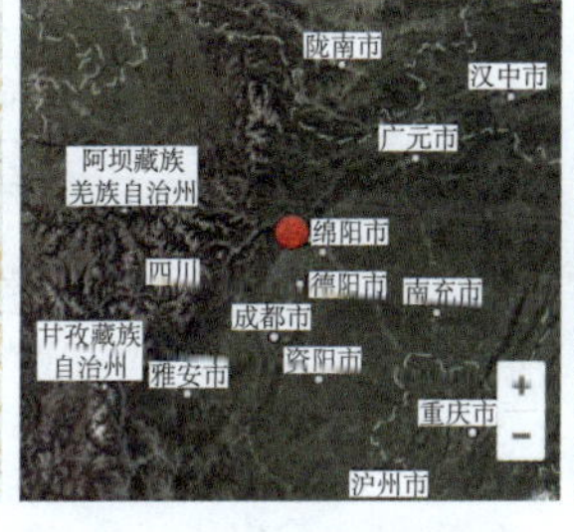

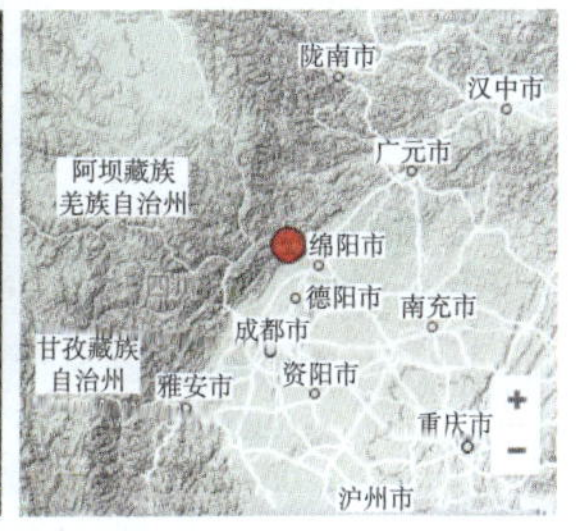

图 8-39　地震台网数据图

发震断层为北川—映秀活动断裂,成兰铁路柿子园隧道穿越该断层,施工期间建立了衬砌结构长期受力监测断面(点)。地震发生后及时对现场监测点的钢筋内力进行了数据收集,发现各组数据均存在一定轻微波动现象,但在后期出现回落,如图 8-40 所示。推测这些现象与现场地震有直接关系,由于数据的波动范围较小,未对结构安全造成影响。虽然成兰铁路尚未开通运营,但这次监测捕捉到了地震引起的隧道衬砌内力变化,为评价衬砌的安全性提供了充分的依据。

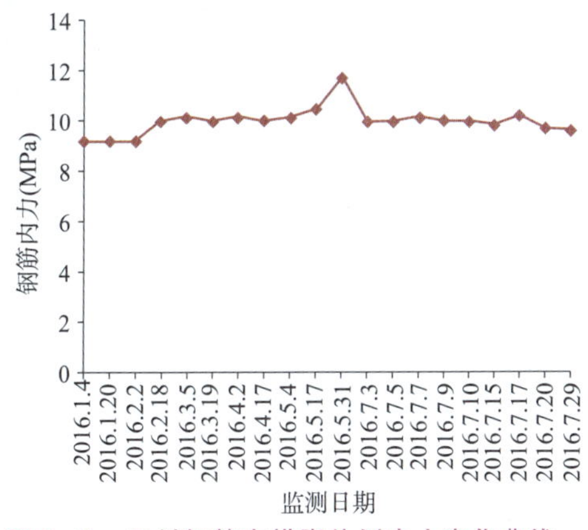

图 8-40　二衬钢筋右拱脚外侧内力变化曲线

8.5 工程案例

本节结合成兰铁路隧道穿越高川坪活动断裂和岷江活动断裂段,隧道设计概况和实施效果情况,进一步阐述隧道穿越活动断裂带工程对策。

8.5.1 跃龙门隧道穿越高川坪活动断裂段

1. 工程概况

成兰铁路跃龙门隧道为双洞分修隧道,设计时速 200 km,为单面上坡,最大埋深 1 445 m。隧道左线全长 19 981 m,右线全长 20 042 m。辅助坑道采用了横洞 + 斜井 + 平导的组合方案。左线纵断面示意如图 8-41 所示。

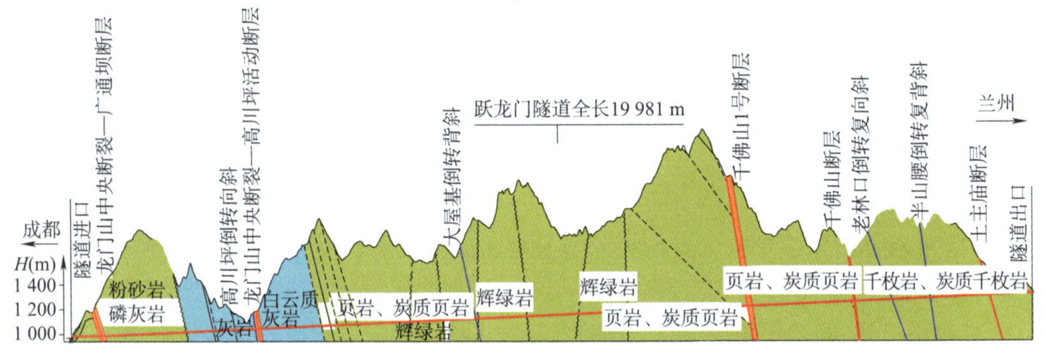

图 8-41 跃龙门隧道左线纵断面示意图

跃龙门隧道穿越北东走向的龙门山山脉,为中山地貌、高山地貌。洞身主要穿越了二叠系下统(P_1)灰岩;石炭系下统总长沟群(C_1zn)灰岩;泥盆系上统唐王寨群(D_3tn)白云岩,中统观雾山组(D_2gn)白云质灰岩;志留系中上统茂县群第一亚组($S_{2-3m}x^1$)千枚岩、炭质千枚岩夹灰岩,下统龙马溪群(S_1ln)炭质板岩与硅质岩互层;奥陶系中统宝塔组(O_2b)泥灰岩、灰岩;寒武系下统清平组($\in_1c$)粉砂岩、磷灰岩;震旦系下统邱家河组(Zbq)硅质岩、页岩、炭质页岩夹灰岩、白云岩,晋宁期侵入岩(βμ)辉绿岩以及断层角砾(Fbr)、压碎岩(Crr)。

隧道共穿越 5 条断层,1 条向斜,2 条背斜,其中进口端穿越龙门山中央断裂带—高川坪活动断裂。地震动峰值加速度为 0.20g,地震动反应谱特征周期为 0.40 s。

隧道地表水主要为山间沟水,本隧地下水主要有孔隙水、基岩裂隙水、构造裂隙水、岩溶水。

2. 施工图对活动断裂带的预判

高川坪活动断层属于映秀—北川活动断裂的 NW 向分支,同属于龙门山中央断裂带,走向 N50°W,倾向 NE,倾角约 80°,属于逆冲兼右旋走滑断层。成兰铁路在安县高川附近穿越了北川—映秀断裂。

隧道距进口约 4 km 处穿越断裂破碎带,交角约 65°,破碎带宽为 50 ~ 100 m。

依据《成兰铁路活动断裂专题研究报告》(四川省地震局),龙门山中央活动断裂(映秀—北川断裂),为全新世活动断裂,平均水平滑动速率 0.82 ~ 1.3 mm/年,垂直 0.54 mm/年。预测未来发震能力为 8 级,未来百年最大位错量评估水平(2.08 ± 0.54) m,垂直(1.93 ± 0.66) m。

3. 施工期间开挖揭示情况

施工至临近活动断裂段落时,利用泄水平导超前揭示并结合超前地质预报对活动断裂的位置、岩性、产状等进行预判。正洞开挖揭示,地层岩性、地质构造与泄水洞揭示、分析预判相吻合,活动断裂小里程端附近地下水极其发育,活动断裂及影响带,岩体破碎,夹有泥质(图 8-42 ~ 图 8-44)。

图 8-42　断裂下盘为二叠系(P_1)灰岩

图 8-43　断裂上盘为泥盆系(D_{2gn})灰岩

图 8-44　活动断裂小里程端地下水极其发育

4. 工程处理措施

本着“主动适应、经济合理、易于修复”的设计理念,采用“大刚度环形衬砌 + 预留变形及补强空间 + 组合宽变形缝”的结构体系,主要工程处理措施如下:

(1)衬砌轮廓

高川坪活动断裂具有 8 级地震的发震能力,而设防位错量的计算公式计算隧道位错为 4.9 m,尚无可靠的结构及措施能抵御或减轻震害。同时该区域近期已发生过大地震,未来百年发生 8 级地震概率较小。因此,按发生 7 级地震预留错动量,对应错动量为 0.8 m。

考虑活动断裂错动方向的不确定性,为改善衬砌结构受力状态,内轮廓采用圆形,在满足设计时速对应建筑限界的基础上,且考虑隧道在水平和垂直方向均能适应 0.8 m 位错量,并预留 30 cm 的补强空间,内轮廓如图 8-45 所示。

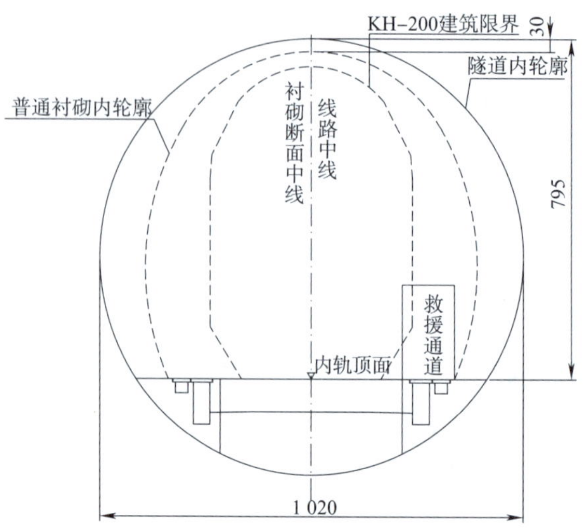

图 8-45　高川坪活动断裂带隧道内轮廓(单位:cm)

(2)支护措施

根据现场揭示地质条件,现场围岩级别为Ⅴ级围岩。初期支护主要是保证施工安全,活动断裂衬砌开挖断面宽度介于单线与双线断面之间,其初期支护参数类比Ⅴ级围岩抗震衬砌,主要支护参数如下:

拱墙设置 10 ~ 15 cm 预留变形量,全环喷 27 cm 厚 C30 喷射混凝土,全环设置工 20b 型钢钢架,钢架间距 0.8 m,全环设置 ϕ42 系统锚管,拱部设置 ϕ42 小导管超前支护。二次衬砌采用 55 cm 厚钢筋混凝土结构。

(3)变形缝

为实现"大刚度衬砌环加组合变形缝"的设计,在活动断裂衬砌范围内采用宽变形缝,活动断裂核部与普通围岩交界 40 m 范围内变形缝间距 8 m,核部中部和延伸段变形缝间距适当加大,缝宽 10 ~ 15 cm,跃龙门隧道左线穿越高川坪活动断裂带变形缝设置如图 8-46 所示。

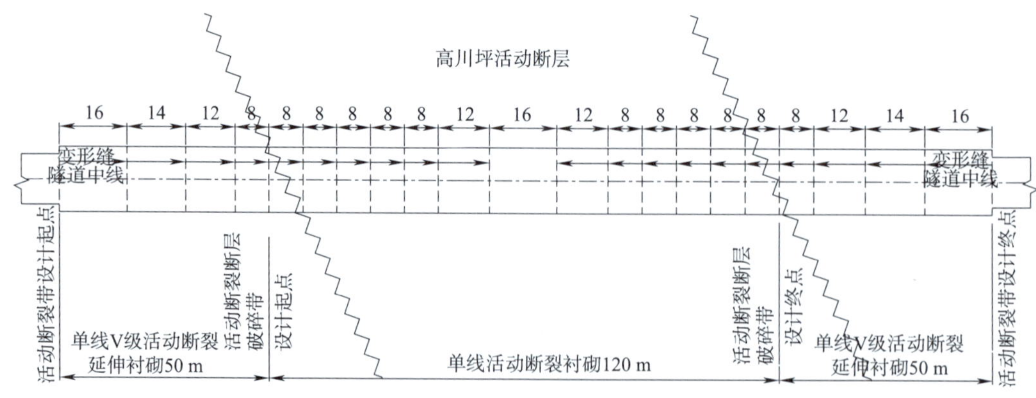

图 8-46　跃龙门隧道左线穿越高川坪活动断裂带变形缝设置示意图(单位:m)

8.5.2　红桥关隧道穿越岷江活动断裂

1. 工程概况

红桥关隧道为单洞双线合修隧道，设计时速 200 km，全长 3 169.33 m。线路设计除进口端 170 m 为平坡外，其余为 9.7‰~17‰单面上坡，隧道最大埋深约 410 m，纵断面示意如图 8-47 所示。

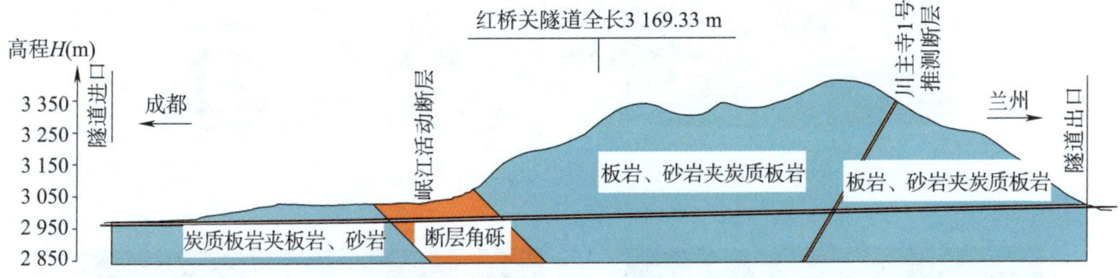

图 8-47　红桥关隧道纵断面示意图

隧道位于青藏高原东部边缘，属高中山剥蚀地貌，穿越主要岩性为三叠系上统新都桥组（T_3x）炭质板岩夹板岩、砂岩，侏倭组（T_3zh）板岩、砂岩夹炭质板岩及断层角砾岩（F_{br}）。

隧道穿越的构造为岷江活动断裂及川主寺 1 号推测断层，地震动峰值加速度为 0.20g，地震动反应谱特征周期为 0.40 s。地表水主要为沟谷流水、岷江江水，地下水以第四系孔隙水、基岩裂隙水为主。

2. 施工图对活动断裂带的预判

岷江活动断裂是岷江逆冲推覆构造带的东缘边界断裂，构成松潘—甘孜造山带与摩天岭地块的分界，显示由西向东的冲断兼走滑运动性质。断裂总体走向近 NS，倾向 NW，倾角 40°~70°，长约 180 km，破碎带宽度 50~100 m。目前，还没有确切证据表明该断裂在“5·12”汶川 8.0 级地震中发生了明显的地表破裂。

施工图预测距进口 910~1 292 m 处穿越岷江活动断裂，断层破碎带宽约 382 m。断裂未来百年的最大突发位错量为水平位错量（2.95 ± 0.88）m，垂直位错量（3.58 ± 1.20）m。具备发生 7 级以上强震的能力。

3. 施工期间开挖揭示情况

揭示距进口 840~1 280 m 段为岷江活动断裂带，总体走向近 NS，倾向 NW，倾角 40°~70°，活动断裂地表形态及与隧道关系如图 8-48 所示。

开挖揭示掌子面以全风化炭质板岩为主，挤压破碎极严重，节理裂隙极发育，围岩极破碎，呈角砾状，局部手可捏碎，呈碎块~碎屑状。掌子面局部渗水，可见串珠状水流出，角砾土遇水呈泥浆，断层破碎带遇水软化严重，局部段落呈稀泥状，围岩稳定性极差，开挖时易造成局部失稳溜坍，围岩级别以Ⅴ级为主（图 8-49，图 8-50）。

4. 工程处理措施

（1）衬砌内轮廓

按发生 7 级地震预留错动量，对应错动量为 0.8 m。考虑活动断裂错动方向的不确定性，为改善衬砌结构受力状态，内轮廓采用近圆形，在满足设计时速对应建筑限界的基础

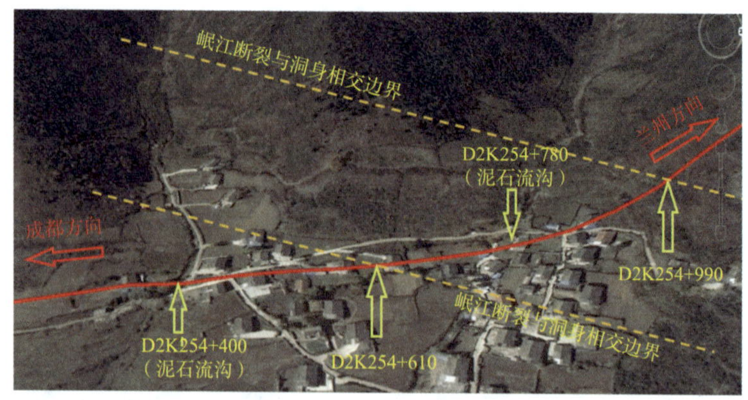

图 8-48　岷江活动断裂地表形态及与隧道关系

图 8-49　掌子面典型照片一

图 8-50　掌子面典型照片二

上，且考虑隧道在水平和垂直方向均能适应 0.8 m 位错量，并预留 30 cm 的补强空间，内轮廓如图 8-51 所示。

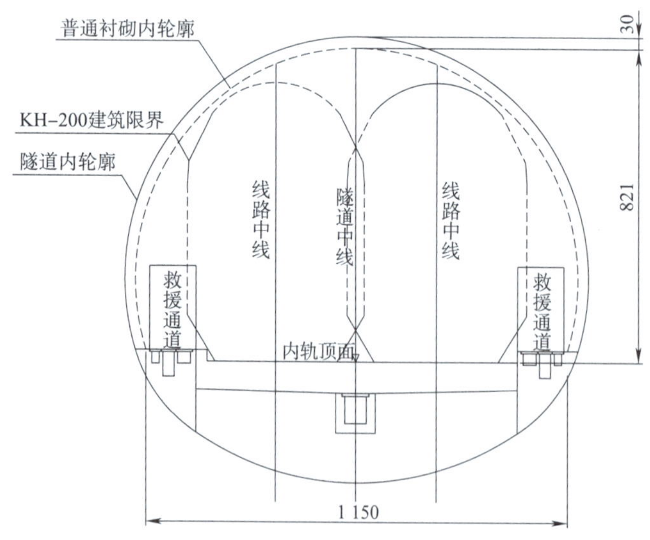

图 8-51　红桥关隧道穿越岷江活动断裂带双线隧道内轮廓（单位：cm）

（2）支护措施

红桥关隧道穿越岷江活动断裂段，根据开挖揭示情况，结合科研、试验成果和已有处理经验，主要采取了以下处理措施：

拱墙预留变形量调整为 25 cm，初支喷射混凝土拱墙 27 cm 厚，仰 25 cm 厚；全环设 HW175 型钢钢架，纵向 0.6 m/榀；拱部设 4 m 长 $\phi22$ 组合中空锚杆，边墙设 4 m 长 $\phi22$ 全长黏结型砂浆锚杆，拱部设 $\phi42$ 注浆小导管超前支护，二次衬砌采用全环 60 cm 厚钢筋混凝土。

（3）变形缝

为实现"大刚度衬砌环加组合变形缝"的设计，在活动断裂衬砌范围内采用宽变形缝，红桥关隧道穿越岷江活动断裂带变形缝设置如图 8-52 所示。

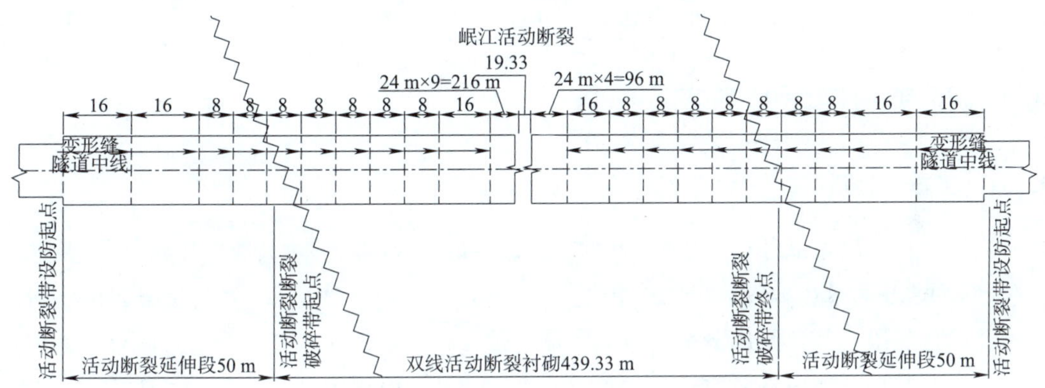

图 8-52　红桥关隧道穿越岷江活动断裂变形缝设置示意图（单位：m）

8.6 小　　结

活动断裂是影响铁路线路方案选择的重要因素，当线路不得不以隧道形式穿过活动断裂时，应尽量让活动断裂与隧道大角度相交，以减小其影响范围；同时，隧道需要采取必要的抗震减震技术措施。

（1）结合活动断裂发震等级确定位错量，位错量根据式（8-3）计算。

（2）活动断裂设防范围为活动断裂的宽度加上两端各延伸 50 m。

（3）活动断裂段隧道拟定内轮廓时，单线隧道宜采用圆形，双线隧道宜采用近圆形。

（4）节段长度和变形缝间距，根据活动断裂设防错动量、活动断裂在线路分布宽度、倾角、隧道衬砌高度、变形缝宽度等确定，可按式（8-6）~式（8-11）计算。

（5）穿越活动断裂带的隧道运营期间结构及变形监测主要内容包括隧道跨活动断裂的纵向变形、隧道结构内力和变形缝的三维变形等。

第9章 瓦斯隧道

瓦斯是隧道工程建设的重大风险源。瓦斯隧道建设过程中,一旦防控不当,可能引起瓦斯燃烧、爆炸或突出等事故,危及铁路工程的建设和运营安全。本章结合瓦斯的性质和工程特点,从瓦斯隧道分类、超前地质预报、瓦斯设防、防突揭煤、施工通风与瓦斯监测、运营通风及检测等方面,系统地对瓦斯防治技术进行介绍,并列举了部分代表性瓦斯隧道工程案例。

9.1 瓦斯的性质及危害

9.1.1 瓦斯的性质

瓦斯是在地层中赋存或逸出的以甲烷(CH_4)为主的有害气体,其成分比较复杂,常见组分包括:甲烷及同系烃类气体(乙烷、丙烷、丁烷、戊烷等)、二氧化碳、一氧化碳、氮气、二氧化硫及硫化氢等。其主要成分甲烷(CH_4)是一种无色、无味、无嗅的气体,但瓦斯气体中往往由于含有其他气体而具有特殊的气味。在标准状态(温度为 0 ℃、大气压为 101.3 kPa)下,瓦斯密度为 0.716 kg/m^3,与空气比较,其相对密度为 0.554(空气密度为 1.29 kg/m^3),比空气轻。

9.1.2 瓦斯的主要危害

1. 瓦斯窒息

甲烷本身虽然无毒,但空气中的甲烷浓度较高时,就会相对降低空气中的氧气浓度。当空气中甲烷浓度升高,氧气量降到 17% 以下时,人会感到呼吸困难;氧含量降到 12% 以下时,人将出现窒息,甚至引起死亡。

2. 瓦斯燃烧和爆炸

当隧道内空气中的瓦斯含量达到一定浓度时,遇明火就会燃烧或爆炸。瓦斯爆炸浓度界限值为 5%~16%。瓦斯爆炸时能产生 1 850 ℃以上的高温和强大冲击波,从而造成人员伤亡、设备和设施的损坏。如果爆炸源附近的沉积煤尘被扬起,还可能导致煤尘爆炸。瓦斯爆炸将消耗大量的氧气,同时产生大量的一氧化碳、二氧化碳等有毒有害气体引起人员中毒。

3. 瓦斯突出

隧道在煤层中掘进或揭煤施工时,在地应力和瓦斯的共同作用下,破碎的煤和瓦斯由煤体内突然向开挖形成的空间抛出,这种异常的动力现象称为煤与瓦斯突出。

瓦斯爆炸及瓦斯突出往往具有突发性、毁灭性、连锁性的特点,是对隧道施工人员生命安全的主要危害,隧道建设过程中应高度重视。

9.2 瓦斯隧道分类及工程特点

9.2.1 瓦斯隧道分类及分级

瓦斯隧道一般可以分为煤层瓦斯隧道和非煤瓦斯隧道两类,其分级的方法及判定标准如下。

1. 煤层瓦斯隧道分级

目前,我国铁路、公路瓦斯隧道均按照绝对瓦斯涌出量划分等级,瓦斯是否突出的判定主要依据煤与瓦斯的动力现象。我国铁路行业和公路行业将瓦斯隧道分为微瓦斯隧道、低瓦斯隧道、高瓦斯隧道及瓦斯突出隧道四种类型。瓦斯隧道的类型应按隧道内瓦斯工区(由一座隧道洞口(或辅助坑道口)开辟工作面施工的隧道范围)的最高等级确定。现行规范将瓦斯隧道工区按照从低到高的顺序分为五级:非瓦斯工区、微瓦斯工区、低瓦斯工区、高瓦斯工区、瓦斯突出工区。

(1)微瓦斯、低瓦斯及高瓦斯工区

微、低、高瓦斯工区可根据全工区绝对瓦斯涌出量 $Q_{绝}$ 进行确定。我国铁路行业规范《铁路隧道设计规范》(TB 10003—2016)及《铁路瓦斯隧道技术规范》(TB 10120—2019)中,根据隧道开挖断面大小,按照绝对瓦斯涌出量指标对瓦斯工区进行了分类,微、低、高瓦斯工区绝对瓦斯涌出量判定指标见表9-1。

表9-1 铁路隧道瓦斯工区绝对瓦斯涌出量判定指标表

项目	分类	判定指标	
		中等、大、特大跨度	小跨度
瓦斯工区	微瓦斯工区	$Q_{绝}<0.5\ m^3/min$	$Q_{绝}<0.3\ m^3/min$
	低瓦斯工区	$1.5\ m^3/min>Q_{绝}\geq0.5\ m^3/min$	$1.0\ m^3/min>Q_{绝}\geq0.3\ m^3/min$
	高瓦斯工区	$Q_{绝}\geq1.5\ m^3/min$	$Q_{绝}\geq1.0\ m^3/min$

注:小跨度为5 m以上至8.5 m;中等跨度为8.5 m以上至12 m;大跨度为12 m以上至14 m;特大跨度为14 m以上。

四川省地方行业标准《公路瓦斯隧道技术规程》(DB51/T 2246—2016)及《贵州省高速公路瓦斯隧道设计技术指南》(试行)同样按照绝对瓦斯涌出量指标对瓦斯工区进行了分类,判定指标见表9-2。

表9-2 部分公路技术规程或指南瓦斯等级划分表

瓦斯地层或瓦斯工区类别	绝对瓦斯涌出量 $Q_{绝}$(m^3/min)
微瓦斯	$Q_{绝}<0.5$
低瓦斯	$1.5>Q_{绝}\geq0.5$
高瓦斯	$Q_{绝}\geq1.5$

从表9-1及表9-2可以看出,公路隧道瓦斯等级的划分标准与铁路隧道的中等、大、特大跨度隧道一致,铁路隧道增加了小跨度(单线)隧道瓦斯等级划分标准。

(2)瓦斯突出工区

煤与瓦斯突出危险性预测可以借鉴隧址区矿井瓦斯的相关资料进行预测;若无矿井瓦斯资料,可根据相关瓦斯实测参数进行判定。《铁路隧道设计规范》(TB 10003—2016)及《铁路瓦斯隧道技术规范》(TB 10120—2019)中,提出按照煤层最大瓦斯压力 P、煤的瓦斯放散初速度 Δp、煤的坚固性系数 f、煤的破坏类型 4 个指标进行判定,当 4 个指标均达到或超过表 9-3 所列的临界值时,应判定为突出煤层,瓦斯隧道只要有一处突出危险,其所在的工区即为瓦斯突出工区。

表 9-3　判定煤层突出危险性单项指标临界值

判定指标	煤的破坏类型	瓦斯放散初速度 Δp	煤的坚固性系数 f	煤层瓦斯压力 P(MPa)
临界值	Ⅲ、Ⅳ、Ⅴ	≥10	≤0.5	≥0.74

注:煤的破坏类型参见《铁路瓦斯隧道技术规范》(TB 10120—2019)附录 A。

(3)按瓦斯含量、瓦斯压力指标划分瓦斯工区

在前期勘察阶段,隧道瓦斯绝对涌出量指标获取是比较困难的,可以根据调查的煤层瓦斯含量或瓦斯压力划分工区等级,并确定瓦斯隧道类别,判定指标详见表 9-4。当按瓦斯含量或瓦斯压力确定的工区等级不一致时,应取两者中较高者。后续施工阶段应按工区瓦斯绝对涌出量指标进行核查、修正。

表 9-4　瓦斯工区瓦斯含量、瓦斯压力判定指标表

工区等级	非瓦斯	微瓦斯	低瓦斯	高瓦斯	瓦斯突出
吨煤瓦斯含量 W_0(m^3/t)	0	<0.5	$0.5 \leq W_0 < 1.0$	$1.0 \leq W_0 < 8$	≥8.0
瓦斯压力 P(MPa)	0	<0.1	<0.1	$0.1 \leq P < 0.74$	≥0.74

2. 非煤瓦斯隧道分级

非煤瓦斯类型较多,运移模式复杂,赋存条件各异,瓦斯含量及压力等参数难以准确测定。非煤瓦斯隧道划分等级可以参照煤层瓦斯执行。

目前尚无统一的标准判定非煤瓦斯地层的岩石与瓦斯突出,是否突出与瓦斯压力、储量、岩体强度和完整性、地层构造和地应力环境有密切的关系。工程中可参照矿山行业岩石与二氧化碳突出的相关经验进行判定。

9.2.2　瓦斯隧道的工程特点

瓦斯隧道的设计、施工与非瓦斯隧道相比有着自身的特点和特殊的要求。从设计、施工的角度来看,主要表现在以下方面。

1. 施工风险高

隧道是密闭空间,瓦斯从地层中逸出进入隧道后,如果不及时监测,并采取通风等防治措施,可能发生窒息、燃烧或爆炸等安全事故,造成人员伤亡、机械设备损坏、工期延误等,后果往往比较严重,施工安全风险高。

2. 瓦斯设防要求严格

为确保运营安全,避免瓦斯溢出造成灾害事故,瓦斯隧道对衬砌结构的气密性、水气引

排等方面有严格的要求。

(1)瓦斯封闭系统：瓦斯设防段隧道封闭体系由二次衬砌、初期支护、瓦斯隔离层、围岩封堵圈等构成。初期支护、二次衬砌的气密性和最小厚度也需满足瓦斯封闭的相关要求。

(2)瓦斯引排系统：为封闭瓦斯，同时降低衬砌背后水压力，针对瓦斯隧道衬砌背后的瓦斯、地下水混合体，需设置水气分离装置，将地下水和瓦斯气体分离开来，分别通过排水系统和排气系统将水、气排出洞外。

3. 运营维护工作量大、运营成本高

运营期间需根据瓦斯等级对瓦斯隧道进行定期或不定期的检测和必要的机械通风，检查维护项目多，管理难度大，运营成本高。

9.3　超前预测预报

9.3.1　超前地质预报的目的

超前地质预报的目的是探明煤层分布位置、煤层厚度，测定瓦斯含量、瓦斯压力、涌出量、瓦斯放散初速度、煤的坚固性系数等，判定煤的破坏类型，分析判断煤的自燃及煤尘爆炸性、煤与瓦斯突出危险性，评价隧道瓦斯严重程度及对工程的影响，为瓦斯隧道分级、工程措施和管理等级的确定提供依据。

9.3.2　超前地质预报的方法

瓦斯隧道应按照《铁路隧道超前地质预测预报技术指南》的要求，以地质调查法为基础，采用超前钻探、物探、超前导坑相结合的综合超前地质预报方法，用宏观预报指导微观预报、长距离预报指导中短距离预报，微观预报验证宏观预报、中短距离预报验证长距离预报的工作思路，开展超前地质预报工作。使用的主要预报方法有地质调查法、物探法、超前钻探法、超前平导预报法。

1. 煤层瓦斯隧道

煤层瓦斯隧道的超前地质预报应以探明煤层瓦斯基本特征(参数)为重点，并做好以下工作。

(1)收集瓦斯隧道近邻煤矿的区域性地质、矿产地质、有害气体等资料；查明隧道通过的地层层序、岩层种类、含煤地层的分布；推测隧道穿煤里程、长度、煤层位置、层数、层厚等。

(2)针对设计文件反映的地质构造、岩层接触带、地表物探异常区、推测含煤地段信息，采用洞内物探的方式进行探测、预报。实施中应根据物探方法的特点和煤系地层的反应特征，选用合适的方法进行长、中、短距离的探测预报。在接近煤层 100 m 时，采用弹性波反射法(TSP)或类似方法进行长距离预报；在施工进一步接近煤层或长距离预报的异常点距离约 30 m 时，采用时域瞬变电磁法、地质雷达、红外探测等方法进行中距离预测预报。

(3)在上述超前预报的基础上，对煤层段进行超前钻探，可采用加深炮孔和超前钻孔进行定量化探查。

①加深炮孔探测：利用风钻或凿岩台车等在隧道开挖工作面钻小孔径浅孔获取煤层地

质信息。加深炮孔长度不小于 5 m。

②超前钻孔探测:利用钻机在隧道开挖工作面进行钻探获取煤层地质信息。一般探测孔 25 m 一个循环,单孔长度为 30 m 左右,相邻探测孔之间的搭接长度为 5 m。当有异常情况时,可加密钻孔或加深部分炮孔。

(4)超前平导

对设置平导的瓦斯隧道,可利用在平导中开展常规地质调查、物探、超前钻孔等方法获取的煤层地质信息及开挖揭示并证实的地质条件,对正洞相关段进行地质条件的推测、评判。

(5)洞周探测

在隧道开挖完成后,对隧道穿越的煤层段应进行洞周采空区探测,并根据探测结果采取合理的处理措施。

2. 非煤瓦斯隧道

非煤瓦斯地层的超前地质预报工作,可参照煤层瓦斯隧道的方法开展,并重点调查收集隧道近邻油气田、气井资料。查明气田范围、气井分布;查明天然气的生成、运移、储集、封闭条件及影响因素;推测隧道穿越气田区的长度。并在地质调绘的基础上,开展加深炮孔或超前钻探工作,进行定量化探查。

(1)加深炮孔探测

当加深炮眼探测到有瓦斯、天然气等有害气体后,应在瓦斯涌出孔附近施作超前探孔予以验证。

(2)超前钻孔探测

在超前探测孔处设置瓦斯检测点,以检测是否有天然气涌出。若有天然气涌出,应记录具体的天然气涌出位置并测定天然气浓度、压力等基本参数。当有异常情况时,可加密钻孔或加深部分炮孔。

9.4 瓦斯隧道设防体系

9.4.1 瓦斯隧道设防等级

我国现行《铁路瓦斯隧道技术规范》(TB 10120—2019),按照吨煤瓦斯含量和瓦斯压力指标将瓦斯隧道设防等级划分为三级,见表 9-5。

表 9-5 现行《铁路瓦斯隧道技术规范》设防等级划分

设防等级	吨煤瓦斯含量 W_0(m^3/t)	瓦斯压力 P(MPa)
三	$W_0 < 2.0$	$P < 0.15$
二	$W_0 \geq 2.0$	$0.15 \leq P < 0.74$
一	—	$P \geq 0.74$

注:当按吨煤瓦斯含量及瓦斯压力确定的设防等级不一致时,应取较高者。

瓦斯压力小于 0.15 MPa 时,二衬结构混凝土本体的密闭性能满足控制瓦斯逸出量的要求,可按三级设防。瓦斯压力 >0.15 MPa 时,仅靠二衬结构难以控制瓦斯逸出,需增加如瓦斯隔离层等措施，则属二级或一级。一级结构设防地段有煤与瓦斯突出危险，需采用最严密的防瓦斯结构措施，其瓦斯压力下限为 0.74 MPa。当瓦斯压力不能确定时，可以参考瓦斯风化带的吨煤瓦斯含量指标作为二、三级设防等级划分的界限值。

9.4.2　瓦斯隧道设防综合体系

为保证运营期间瓦斯隧道的安全，需要尽量减少地层中瓦斯向洞内的逸出量，这就要求结构应具有一定的封闭瓦斯功能。当单一的瓦斯封闭功能无法满足安全要求时，如瓦斯压力较大、瓦斯补给丰富的情况下，则需额外增加瓦斯引排措施。

瓦斯设防综合体系由瓦斯封闭系统和瓦斯引排系统组成。

1. 瓦斯封闭系统

封闭瓦斯系统一般由初期支护、二次衬砌、瓦斯隔离层、围岩封堵圈等措施组成，如图 9-1 所示。

(1) 初期支护

初期支护除了具有控制围岩变形、降低作用在二次衬砌的荷载的功能外，同时还对瓦斯渗透通道的发展起到约束作用。初期支护中的喷射混凝土材料本身具有较高的抗气渗能力，可有效抑制地层内瓦斯向洞内的逸出。现行《铁路瓦斯隧道技术规范》(TB 10120—2019) 规定含瓦斯地层的喷射混凝土最小厚度为 10 cm。

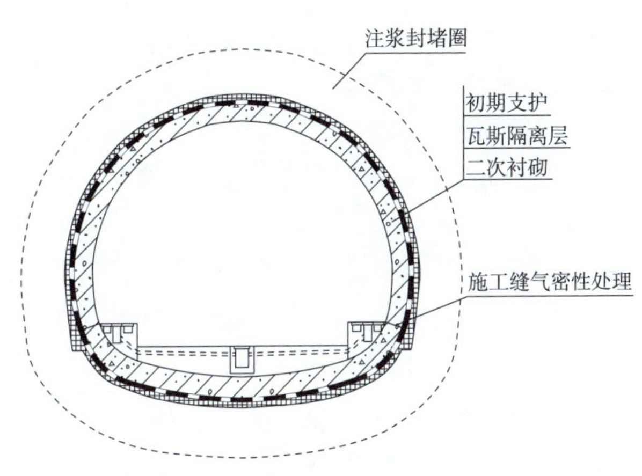

图 9-1　瓦斯隧道设防综合结构体系示意图

(2) 二次衬砌

二次衬砌封闭瓦斯的标准是运营环境下“6 小时后瓦斯浓度不超过 0.3%（无需启动风机的安全浓度）”。当瓦斯压力不大于 0.15 MPa 时，要满足上述标准，衬砌厚度需不小于 40 cm，混凝土透气系数不大于 1×10^{-11} cm/s。

二次衬砌施工缝、变形缝是瓦斯结构设防的薄弱环节，从工程实践经验来看，采用综合防渗措施后，如外贴式止水带、中埋式（钢边）止水带、嵌缝材料等，其封闭瓦斯性能效果可达到不小于衬砌本体的标准。

(3) 瓦斯隔离层

设置瓦斯隔离层后，在正常二次衬砌厚度情况下，隧道封闭瓦斯能力会得到进一步提高。根据西南交大等单位的相关试验研究结果，作为隧道防水板 EVA、ECB、PE 材料均可作为瓦斯隔离层，其厚度通常不宜小于 1.5 mm。

(4) 注浆封闭圈

一级设防地段一般瓦斯压力较高，尤其在断层带、褶皱带、裂隙密集带等地段，由于瓦斯的大量逸出，洞内瓦斯更易于积聚，造成通风压力加大、施工安全风险增高。通过对破碎地层进行注浆、封闭裂隙可减少瓦斯逸出，降低安全风险。

2. 瓦斯引排系统

瓦斯引排系统主要包括衬砌背后纵、环向盲管、水气分离装置、瓦斯排放管和引排瓦斯用的辅助坑道。设置瓦斯引排系统的目的主要是,防止因为地下水无法引排、水压或瓦斯压力过大导致衬砌开裂。

(1)水气分离装置

设置全封闭瓦斯隔离层地段需考虑地下水及瓦斯气体的出路。工程中最常用的措施是在衬砌背后设置水气收集管路。收集的水气混合体需进行分离,分离后的气体由专用排放管直接引出洞外,地下水则排入侧沟。水气分离装置间距一般不超过 400 m,当地下水量较大,其间距可加密至 50 ~ 100 m,甚至更密,水气分离装置布置示意如图 9-2 所示。

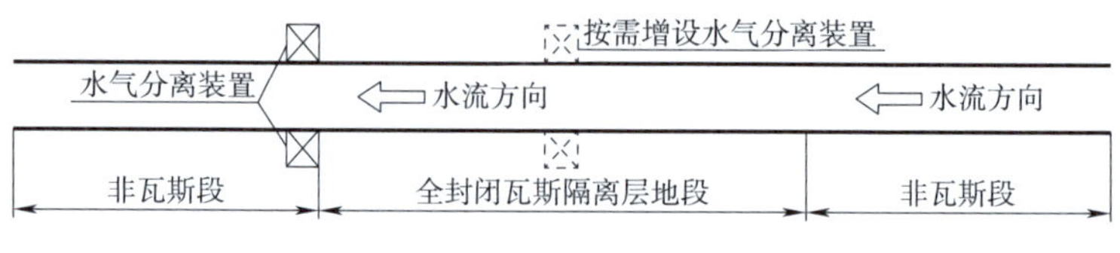

图 9-2　水气分离装置布置示意图

目前铁路瓦斯隧道采用的水气分离装置主要有两种,一种是专门的水气分离洞室,如图 9-3 所示;另一种是水气分离管路装置,不用单独开挖洞室,可以现场加工,也可以采用定型产品,如图 9-4 所示。

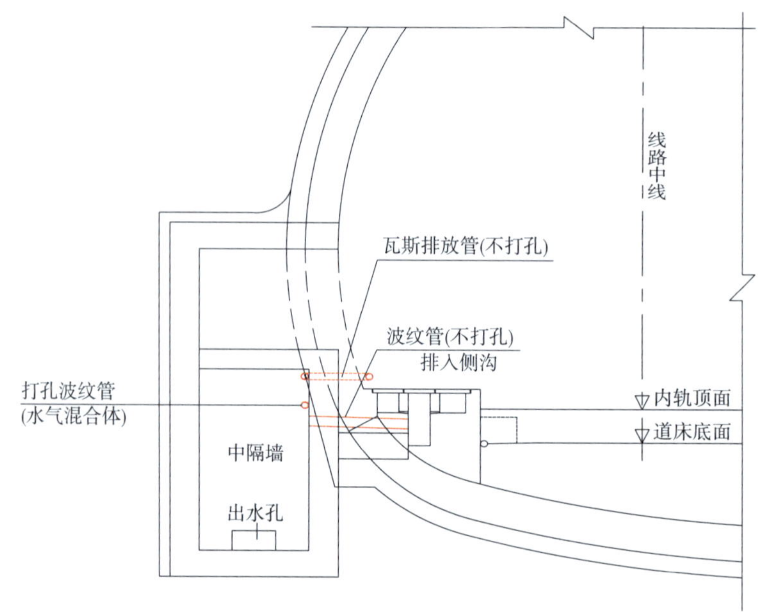

图 9-3　水气分离洞室装置示意图

(2)辅助坑道引排瓦斯

当辅助坑道具有自然排放瓦斯条件时(如斜井、竖井等),可利用辅助坑道向正洞钻孔泄压将瓦斯自然排放出洞外,可减少衬砌背后的瓦斯补给源以降低瓦斯压力;无自然排放条件时,可在孔内设置排放管道,将瓦斯引出辅助坑道洞外排放。

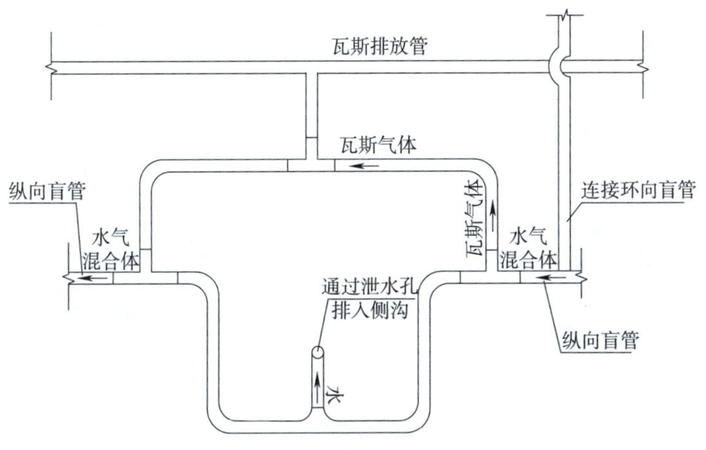

图 9-4　水气分离管路装置示意图

9.5　防突揭煤

隧道一旦发生瓦斯突出，瞬间从煤层深处排出大量的煤和瓦斯，将产生很大的冲击能量，破坏工作面，摧毁隧道结构及机具设备，造成人员伤亡。

因此，对于具有煤与瓦斯突出危险性煤层的隧道，需开展防突揭煤专项设计工作。现行《铁路瓦斯隧道技术规范》(TB 10120)规定：隧道通过平均厚度为 0.3 m 及以上的煤层应进行突出危险性评估，评估为无突出危险时，施工中还应进行超前突出危险性预测，经最终验证无突出危险方可开挖。

9.5.1　防突揭煤的原则

对煤与瓦斯突出危险区，《防治煤与瓦斯突出规定》(2009 年版)提出了“防突工作坚持区域综合防突措施先行、局部综合防突措施补充”的原则。该规定强调首先依靠区域防突措施来提前、大范围、大幅度降低或消除突出危险。对于实施区域措施后的个别仍未完全消除突出危险的局部煤层，实施局部综合防突措施。由于实施了区域防突后，即使个别区域没有完全消除突出危险，但其突出危险性也已大幅度降低，将可避免在实施局部综合防突措施的作业期间诱发突出伤人事故，能够更好地保证生产人员的安全。同时，《煤矿安全规程》(2016 年版)第 191 条也进行了类似的规定。

根据上述煤矿行业相关的规定，结合铁路隧道的特点，以及渝黔铁路、成贵铁路等相关工程的成功案例，现行《铁路瓦斯隧道技术规范》(TB 10120)规定隧道穿越突出煤层应严格按照“超前综合防突措施先行、工作面综合防突措施补充”的原则开展设计与施工。

9.5.2　防突揭煤的流程

根据上述原则，防突揭煤应按超前综合防突和工作面综合防突两步实施。超前综合防突应严格按照超前突出危险性预测、防突措施、效果检测和验证的(区域“四位一体”)工作要求进行。工作面综合防突严格按照工作面突出危险性预测、防突措施、效果检测和安全防护措施的(局部“四位一体”)工作要求进行。铁路瓦斯隧道防突揭煤工作一般按图 9-5 的流程开展。

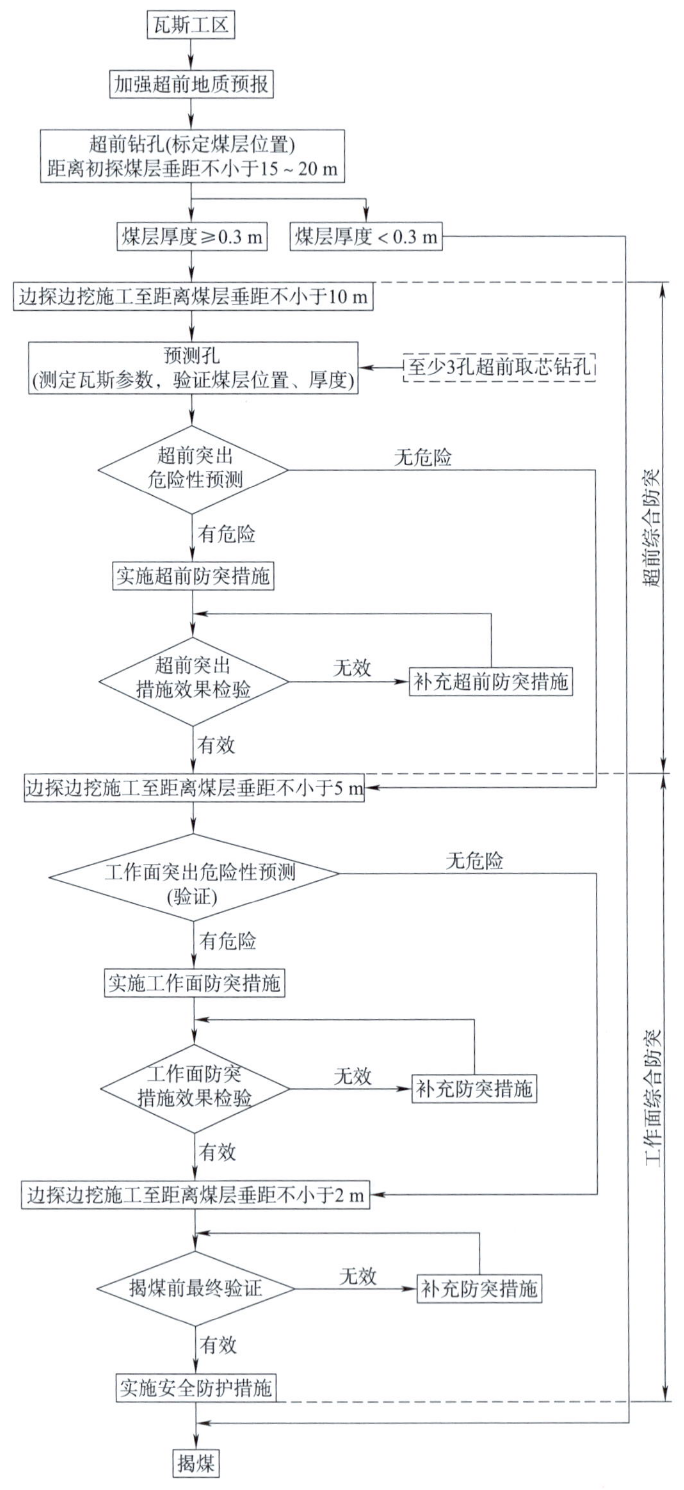

图 9-5　防突揭煤流程图

9.5.3 防突揭煤的措施

1. 超前综合防突

(1)超前突出危险性预测

在距初探煤层位置10 m(垂距)前开展超前突出危险性预测,并测定瓦斯压力、吨煤瓦斯含量等参数进行突出危险性预测。

危险性预测的临界值宜根据试验确定,并由具有煤与瓦斯突出鉴定资质的机构进行试验。当无试验确定的临界值时,可按表9-6的要求进行突出危险性预测。

表9-6 超前突出危险性预测临界值

临界指标	临 界 值	突出预测
瓦斯压力 P 吨煤瓦斯含量 W_0	$P<0.74$ MPa 且 $W_0<8$ m^3/t	无突出危险
	$P\geq0.74$ MPa 或 $W_0\geq8$ m^3/t	突出危险

注:在地质构造带的煤层,W_0 按6 m^3/t控制。

煤与瓦斯超前突出危险性预测应施作不少于3个预测孔(取芯),钻孔直径不宜小于76 mm。探孔要确保穿透煤层全厚且进入底板不小于0.5 m。施钻过程中需详细记录各煤层的见煤点深度、煤层厚度、有无喷孔现象等,以初步掌握隧道掌子面与煤层之间的距离。

(2)超前防突措施

若预测为具有突出危险的煤层,则在距煤层位置10 m(垂距)前实施超前防突措施。超前防突措施以预抽煤层瓦斯法为主。我国多数煤层属低透气性煤层,瓦斯抽排困难,效率低下。为提高煤层透气性,进而提高煤层瓦斯抽排效率,缩短抽采时间,降低因瓦斯突出煤层防突揭煤引起的工期风险,在抽采钻孔施工前,可采用水力压裂增透技术。现场瓦斯抽放管路设备、水压增透设备及压裂曲线如图9-6、图9-7所示。

图9-6 瓦斯抽放泵

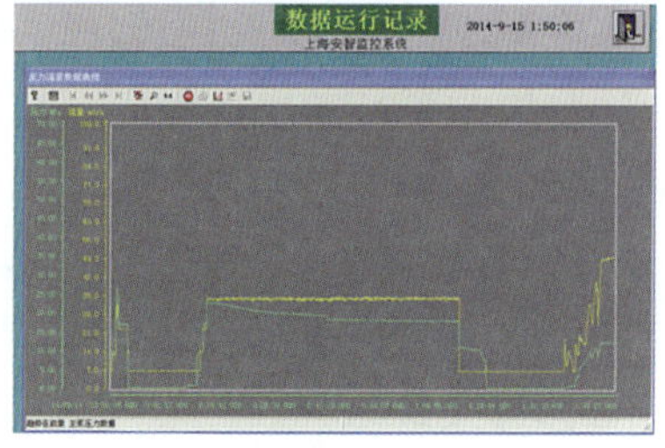

图9-7 水力压裂现场施工及压裂曲线

(3)超前防突措施效果检测及验证

对突出煤层,超前综合防突措施施作完成后应进行防突措施效果检验,在超前防突措施施作位置,通过检验孔直接测定预抽区域的煤层残余瓦斯含量或残余瓦斯压力等指标进行评定,检验指标宜优先采用残余瓦斯含量指标。

在进行瓦斯压力和含量测定期间,必须停止工作面所有钻孔抽放,经过一周的测试后,可按表9-6进行判定,若仍为突出危险区,则必须继续对该区域进行瓦斯抽放,直到措施经效果检验有效。

实施超前综合防突措施并经效果检验后,方可继续掘进,掘进至距煤层5 m(垂距)前应停止掘进,进行突出危险性验证,即工作面突出危险性预测。

2. 工作面综合防突

(1)工作面突出危险性预测

工作面突出危险性预测应选用两种方法相互验证。岩墙揭煤可采用钻屑瓦斯解吸指标法或者其他经试验证实有效的方法进行,煤层中掘进可采用钻屑指标法、复合指标法、"R"值指标法,也可采用其他经试验验证有效的方法。

工作面突出危险性预测指标临界值应根据实测数据确定,当无实测数据时,可通过预测孔按表9-7确定,预测孔可采用ϕ76钻孔,钻孔需穿透煤层全厚且进入顶(底)板不小于0.5 m或见煤深度不小于10 m。无论采用何种方法,只要有一项指标超过临界值,即应判定为突出危险工作面。

表9-7　工作面突出危险性预测指标临界值

序号	预测类型	预测方法	预测指标	突出危险性临界值
1	岩墙揭煤突出危险性预测	钻屑瓦斯解吸指标法	Δh_2(Pa)	160(湿煤)、200(干煤)
			K_1[mL/(g·min$^{1/2}$)]	0.4(湿煤)、0.5(干煤)
2	煤层中掘进突出危险性预测	复合指标法	钻孔瓦斯涌出初速度q(L/min)	5
			钻屑量S(kg/m)	6
		"R"指标法	R_m	6
		钻屑指标法	Δh_2(Pa)	160(湿煤)、200(干煤)
			K_1[mL/(g·min$^{1/2}$)]	0.4(湿煤)、0.5(干煤)
			钻屑量S(kg/m)	6

(2)工作面防突措施

工作面预测确定煤层具瓦斯突出性危险时,应开展煤层工作面防突,可选用钻孔预抽瓦斯、钻孔排放瓦斯、水力冲孔、超前管棚及注浆加固煤体等防突措施。一般情况下应优先选用钻孔排放措施,当部分透气性差的煤层自然排放困难时,可采用抽放加速瓦斯排放;当围岩破碎时,也可选用超前管棚和注浆加固煤体等措施。

(3)工作面防突措施效果检测

防突效果检验应通过检验孔按表9-7中的方法开展。检验结果超标或发生施钻瓦斯动力现象时,应补充防突措施。

(4)安全防护措施

施工中尚应采用安全防护措施,以避免突出预测失误或防突措施失效时出现伤亡事故。主要的安全防护技术措施如下:

①瓦斯突出工区长度大于 500 m 时,应在距离突出煤层不小于 300 m 处设置一处避难所。避难所可结合隧道横通道和洞室进行设置。

②利用施工用高压风管设置压风自救装置,并应在开挖面与二次衬砌之间的段落每隔 25 ~ 40 m 安装 1 组。

③进入隧道的所有人员必须随身携带隔离式自救器。

④加强隧道内所有电气设备、照明电路及灯具管理,随时专人检查维护。

3. 揭煤及煤层开挖

煤与瓦斯突出工区揭煤,应编制揭煤专项方案,主要内容包括揭开岩墙、半煤半岩等各阶段的施工方法、支护手段、组织指挥、抢险救灾方案及安全措施等。

9.6 施工通风

对于通过含瓦斯的地层,施工中采取的注浆等封闭措施或抽排放等措施,只能起到减少瓦斯溢出的作用,瓦斯渗入隧道是不可避免的,要保证隧道工程的安全,还需要进行必要的通风,将渗入隧道内的瓦斯稀释到安全浓度以下。

瓦斯隧道施工中,应建立通风管理制度,针对性制定各工区通风方式,避免出现通风盲区,同时施工通风还应随施工组织变化及时动态调整。

9.6.1 施工通风方式及选择

1. 主要施工通风方式

瓦斯隧道施工通风方式应根据辅助坑道设置情况、施工组织、通风距离、绝对瓦斯涌出量等因素综合确定。瓦斯工区施工通风常用方式有压入式通风、巷道式通风和分段式通风,通风方式示意如图 9-8 ~ 图 9-10 所示。

(1)压入式通风

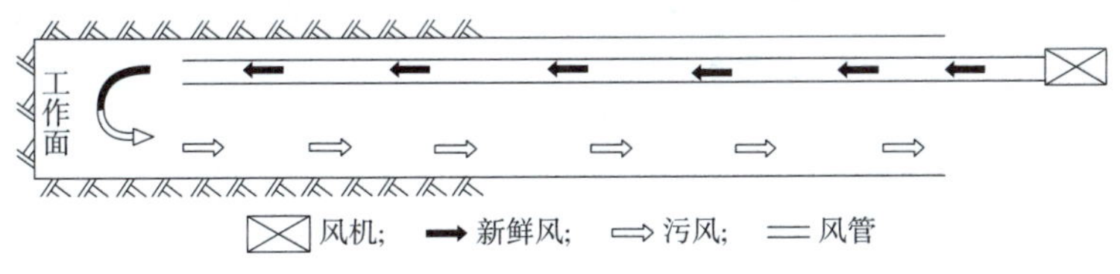

图 9-8　压入式通风示意图

(2)巷道式通风

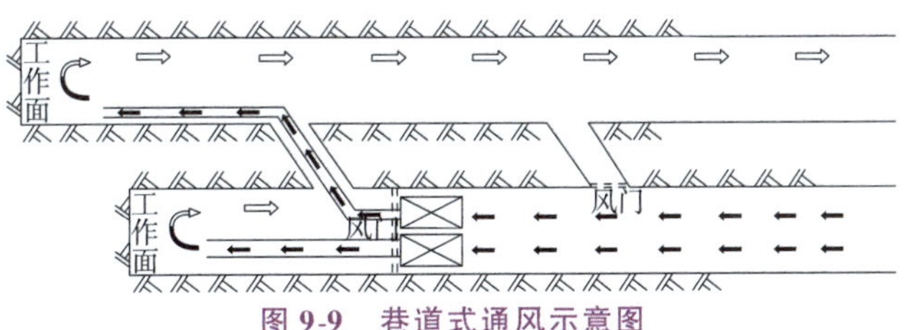

图 9-9　巷道式通风示意图

(3)分段式通风

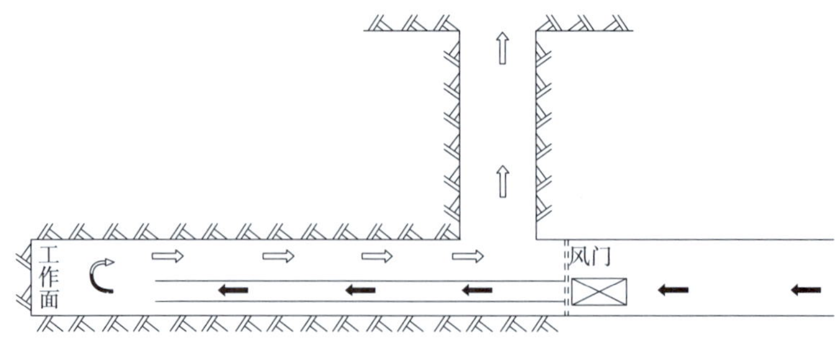

图 9-10 分段式通风(利用竖井作为排风坑道)示意图

2. 瓦斯隧道通风方式选择

瓦斯工区施工通风方式应根据瓦斯工区等级、隧道断面和通风长度等因素综合确定。

独头压入通风风流组织简单,但当通风长度比较长的时候,由于风管漏风及沿程风量损失等不利因素的影响,难以保证开挖掌子面通风效果。

巷道式通风,其主风机安装在洞内,独头压入段的距离较短,有利于保证通风效果。

对于高瓦斯工区和瓦斯突出工区,从稀释瓦斯的角度来讲,相比低瓦斯和微瓦斯工区,其需风量更大,对通风效果的要求更高。

综上,通风方式可按照如下原则进行选择:

(1)微瓦斯、低瓦斯工区的施工通风方式宜采用压入式,也可采用巷道式。

(2)高瓦斯、煤与瓦斯突出工区可采用压入式或巷道式。当高瓦斯或煤与瓦斯突出区段距洞口大于 2 000 m 时,宜采用巷道式通风。

(3)当隧道埋深较小时,可结合通风距离、地形地质条件等设置通风竖井实现分段式通风。

9.6.2 通风系统

瓦斯隧道应根据各工区通风方式合理布置通风系统,根据需风量要求合理选择风机及风管等通风设备。

1. 设计流程

通风系统设计,需要根据施工组织及辅助坑道布置等,初步确定通风模式,再根据通风模式,对风量及风压进行计算,根据计算结果对风机及风管进行选型,具体流程如图 9-11 所示。

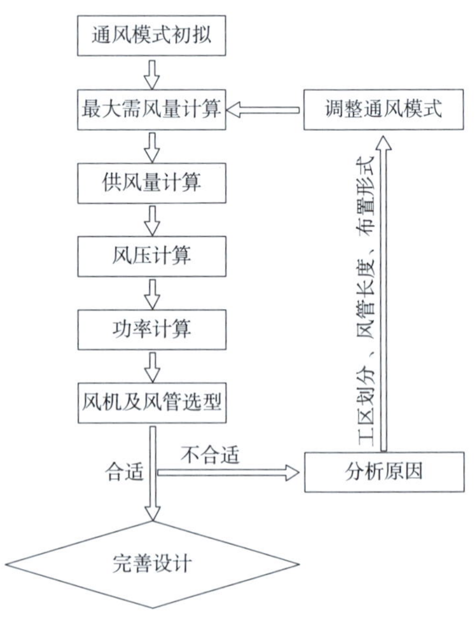

图 9-11 瓦斯隧道通风系统设计流程图

2. 风量计算

通风计算主要解决隧道工作面通风的需求量问题。其需风量确定应按同时工作最多人数、最小风速、爆破排烟、洞内作业机械及瓦斯绝对涌出量分别计算后,取其最大值。

（1）按洞内同时工作的最多人数计算需风量 Q（m^3/min），可按式（9-1）计算。

$$Q = q \cdot k \cdot m \tag{9-1}$$

式中 q——每人每分钟需要的新鲜空气量，m^3/min，瓦斯隧道 $q \geq 4\ m^3/min$；

k——风量备用系数，取 1.1～1.25；

m——洞内同时工作的最多人数。

（2）按最小风速要求计算需风量 Q（m^3/min），可按式（9-2）计算。

$$Q = V \cdot S \times 60 \tag{9-2}$$

式中 V——洞内允许最小风速，m/s；

S——巷道断面面积，m^2，对正洞可取仰拱填充顶面（或底板顶面）之上初期支护内净空面积，对平导、横洞及斜井可取坑底面之上锚喷支护内净空面积，对竖井可取模筑衬砌内净空面积。

（3）按爆破排烟计算需风量 Q（m^3/min），可参照式（9-3）计算。

$$Q = \frac{2.25}{t}\sqrt[3]{\frac{A(SL)^2Kb}{P^2}} \tag{9-3}$$

式中 t——通风时间，min；

A——每循环爆破的炸药用量，kg；

b——1 kg 炸药爆破时有害气体生成量，L，岩层中取 40，煤层中取 100；

S——巷道断面面积，m^2；

L——巷道长度或临界长度，m；

P——巷道计算长度范围内漏风系数；

K——淋水系数，根据隧道渗水情况，可参考表 9-8 采用。

表 9-8 淋水系数（K 值）

级　别	淋水特征	系数 K
1	干燥巷道	0.80
2	潮湿巷道	0.60
3	岩层含水或使用水幕	0.30

$$L = 12.5\frac{Ab\beta}{SP^2} \tag{9-4}$$

式中 β——紊流扩散系数，可参考表 9-9 采用。

表 9-9 紊流扩散系数（β 值）

$l/2d$	6.35	7.72	9.60	12.10	15.80	21.85
β	0.40	0.46	0.53	0.60	0.67	0.74

注：l 为出风口至掌子面距离（m），d 为风管直径（m）。

（4）按稀释和排除内燃作业机械废气计算需风量 Q（m^3/min），可按式（9-5）计算。

$$Q = q \times \sum N_i T_i \tag{9-5}$$

式中 q——内燃机每分钟每千瓦所要求的供风量，$m^3/(min \cdot kW)$，应不小于 4 $m^3/(min \cdot kW)$；

N_i——各内燃机功率,kW;

T_i——同时工作柴油机设备利用系数。挖掘机、装载机 0.65,运渣车 0.65,混凝土罐车 0.5。例如西南线刘家山双线隧道的利用率系数为:装载机 0.5,出渣车 0.45,混凝土罐车 0.5。

(5)按瓦斯绝对量计算需风量 Q (m^3/min),可参照式(9-6)计算。

$$Q = \frac{100qK}{n - n_0} \tag{9-6}$$

式中 q——瓦斯绝对涌出量,m^3/min,通过地质勘探或隧道内实测获得;

n——隧道内瓦斯最大容许含量的百分数;

n_0——进风中瓦斯含量的百分数;

K——瓦斯涌出不均衡系数,$K = 1.5 \sim 2.0$,抚顺煤炭研究所建议取 1.6。

对位于高海拔地区瓦斯隧道,由于高海拔地区的大气压力降低,故对总需风量进行修正。

$$Q_{高} = \frac{760}{P_{高}}Q \tag{9-7}$$

式中 $Q_{高}$——高海拔地区需风量,m^3/min;

Q——正常条件下计算的需风量,m^3/min;

$P_{高}$——高海拔地区大气压力,mmHg。

高海拔地区大气压力 $P_{高}$ 值可参考表 9-10 采用。

表 9-10　海拔高度与大气压力关系表

海拔高度(m)	500	1 000	1 600	2 000	2 600	3 000	3 200	3 400	3 600	3 800	4 000	4 400	5 000
大气压力(mmHg)	716	674	620	592	550	523	510	497	484	471	459	436	403

3. 风压计算

通风机的风压主要用来克服沿途各种阻力,包括摩擦阻力和局部阻力等。

$$h = h_f + h_z \tag{9-8}$$

式中 h_f——摩擦阻力;

h_z——局部阻力。

(1)摩擦阻力计算

通风中摩擦阻力的计算公式由流体力学的圆形管道摩擦阻力公式(达西公式)转换而来。

$$h_f = aLU/A^3 \cdot Q^2 \tag{9-9}$$

式中 a——摩擦阻力系数;

L——管道长度;

U——隧道断面周长;

A——隧道断面面积;

Q——风量。

(2)局部阻力计算

风道的局部阻力损失是由于影响风流的各种局部原因(如风道的缩小、扩大、转弯)引起的。

$$h_z = \sum \xi \cdot \rho Q^2/2\ A^2 \qquad (9\text{-}10)$$

式中 ξ——局部阻力系数;

ρ——流体密度。

4. 施工通风设备

(1)瓦斯工区洞内风机应采用防爆型。

(2)瓦斯工区洞内风管应采用抗静电、阻燃的风管,百米漏风率不宜大于 1%。

(3)通风机应设两路电源,保证通风系统在 10 min 内可靠启动和运行,且保证有一套备用设备。

(4)高瓦斯及瓦斯突出工区在煤层出露段,瓦斯逸出段,掘进工作面附近和衬砌台车附近等瓦斯易聚集空间设置的局部通风机,应满足“三专两闭锁”的要求(专业变压器、开关、线路和风电闭锁、瓦电闭锁供电)。

9.6.3 施工通风管理

(1)供风机必须安装在洞外或洞内新鲜风流中,避免污风循环。

(2)各开挖工作面独立通风,不间断通风,严禁两工作面之间串联通风。

(3)瓦斯工区施工中,对瓦斯易于积聚的空间和区域,应设置局扇,消除瓦斯积聚,风速不小于 1 m/s。

(4)从爆破作业的角度来讲,风管口离开挖工作面距离越远越好;但风管口离开挖工作面距离太远,新鲜风流就不能到达工作面。结合铁路施工实践经验,瓦斯隧道洞内风管出风口距开挖面距离建议不宜大于 15 m。

(5)瓦斯工区停风时,应撤出所有人员,切断电源,设置警示标志,禁止人员、车辆进入。恢复通风前,须由瓦检员检测瓦斯浓度。

(6)瓦斯隧道应加强通风管理,健全安全管理制度,设置专门机构,负责通风设备、管道和监测设备的日常使用、检查、维修、保养等工作,并做好通风效果检测、试验与记录等工作。

9.7 瓦斯监测及检测

为保证施工安全,防止洞内瓦斯等有害气体超标,瓦斯隧道施工应建立瓦斯检查管理机构及管理制度,加强瓦斯监测及检测。

9.7.1 瓦斯检测及监测方式

目前,铁路瓦斯隧道微瓦斯工区一般采用人工检测,其他瓦斯工区除采用人工检测外,尚建立瓦斯自动监测报警系统进行瓦斯监测、检测。

9.7.2 人工瓦斯检测

1. 检测仪器配置

人工检测应配备专职瓦检员，专职瓦检员需带便携式甲烷检测报警仪或便携式光学甲烷检测仪，若地层中含 H_2S、CO、N_2 等有害气体时，则还需配备相应的气体测定器。其他进洞技术及管理人员需配备便携式甲烷检测报警仪。

2. 人工巡检地点

隧道内瓦斯浓度检测，是确保施工人员安全的重要措施。瓦斯隧道施工中，应对以下地点进行重点检测。

(1)开挖工作面风流、回风流中，爆破地点附近 20 m 的风流中及局部塌方处；

(2)坑道总回风流中；

(3)局扇及电气开关前后 10 m 内的风流中；

(4)各种作业机械附近 20 m 范围内的风流中；

(5)电动机及其开关附近 20 m 内的风流中；

(6)隧道洞室、开挖凹陷等易于瓦斯聚集处；

(7)煤层(线)及岩体破碎易于瓦斯溢出段。

3. 检查频次要求

(1)微瓦斯工区每班至少 2 次。

(2)低瓦斯、高瓦斯工区每班至少 3 次。

(3)有煤与瓦斯突出危险的地段，瓦斯涌出量较大、变化异常的地段，应设专人经常检查。

(4)停工后重新复工的工作面、发生隧道塌方的工作面，作业前应全面检查瓦斯浓度。

9.7.3 瓦斯自动监测

1. 瓦斯自动监测报警系统的构成

瓦斯自动监测报警系统可由主控计算机监控中心、洞内分站、传感器、远程断电仪、报警器、设备电源和备用电源、电缆、防雷设施等组成。

2. 瓦斯自动监测报警系统的主要功能

瓦斯自动监测报警系统应具备故障闭锁、瓦电闭锁和风电闭锁功能，断电状态、馈电状态监测和报警功能，实时监测瓦斯浓度、上传监控数据的功能。

3. 瓦斯探头布设

瓦斯自动监测报警系统可设置甲烷、一氧化碳、硫化氢、温度、风速、设备开停等传感器，通过隧道内关键位置检测探头，对隧道内瓦斯进行实时监控，并且监控系统与风机进行联动。

自动监测传感器应在开挖面附近、作业台车附近、局扇及电气开关附近、回风流中以及其他瓦斯易于积聚的区域设置，各监测断面处自动监测传感器悬挂位置应能反应风流中瓦斯的最高浓度。

9.7.4　瓦斯检测管理

(1)瓦斯隧道施工中应建立专职瓦斯等有害气体的安检机构，对瓦斯等有害气体进行巡回监测。每个检测地点应设置明显的瓦斯记录牌，每次检测结果应及时填写在瓦斯记录本和记录牌上，并逐级上报。

(2)瓦斯隧道施工期间开展全程实时瓦斯监测，人工检测时检测频率应满足相关规范要求，人工检测数据与自动监测数据应定期对照，以便分析。

(3)安全监控设备、瓦斯检测设备及仪器、仪表须按要求定期进行调试、校正，调校、维护工作须由专职人员负责。安全监控设备发生故障时，应及时处理，在故障处理期间采用人工检测等安全措施，并填写故障记录。

(4)隧道内非瓦斯工区和微瓦斯工区的电气设备可使用非防爆型，低瓦斯工区、高瓦斯工区及瓦斯突出工区的电气设备须采用防爆型；微瓦斯工区和低瓦斯工区作业机械可使用非防爆型，高瓦斯工区及瓦斯突出工区的作业机械需采用防爆型，高瓦斯工区和瓦斯突出工区供电应配备两回路电源。

(5)隧道竣工后，应继续对隧道内瓦斯渗入及含量进行检测，当封堵等措施仍无法完全隔绝时，应考虑设置运营期间机械通风。

9.8　运营通风及监测

(1)运营期间高瓦斯隧道和瓦斯突出隧道的自动检测系统应具有瓦斯超限报警、通风机自动控制等功能，系统可采用洞口或远程计算机集中控制。

(2)瓦斯隧道在运营中，瓦斯浓度在任何时间、任何地点都不得大于 0.5%。

(3)瓦斯隧道运营期间当隧道内瓦斯浓度达到 0.4% 时，必须启动风机进行通风；当瓦斯浓度降到 0.3% 以下时，可停止通风。

(4)瓦斯隧道的机械通风方式，可采用壁龛式射流风机纵向通风、洞口风道式纵向通风或竖(斜)井分段式纵向通风，具体通风方式应在技术经济比较后确定。高速铁路瓦斯隧道采用机械通风时，不宜采用壁龛式射流风机纵向通风。

(5)设置机械通风的瓦斯隧道的通风量，应在稀释隧道内瓦斯、防止瓦斯积聚最小风速以及隧道正常换气通风需风量中取大者确定。计算风压时需计入适量自然反风。

9.9　工程案例

9.9.1　南昆铁路家竹箐隧道

1. 工程概况

(1)隧道概况

家竹箐隧道(图 9-12)位于南昆铁路威舍至红果段的北段贵州省境内。隧道全长 4 990 m，为单线隧道，设计时速 120 km，隧道最大埋深约 404 m。家竹箐隧

图 9-12　南昆铁路家竹箐隧道

道是我国铁路隧道建设史上第一座存在煤与瓦斯突出危险的隧道，其隧道洞身横穿盘江矿务局金佳煤田，具有穿煤地层长、煤层厚、瓦斯压力高的特点。家竹箐隧道开通运营至今已经20余年，本案例反映的是20世纪90年代瓦斯隧道施工建造技术，与当前的技术标准存在一定的差异，例如瓦斯监控方法等。读者阅读时需要注意。

为加快施工进度，解决施工期间瓦斯通风问题，并兼顾运营通风的功能，家竹箐隧道设置了“1平导+2横洞+4斜井”的辅助坑道系统(图9-13)。其中，平导、1号斜井和2号斜井是考虑其高瓦斯特点而进行的针对性设置。家竹箐隧道采用高位平导以防止瓦斯滞留在正洞拱部，如图9-14所示。1号和2号斜井则作为主副斜井，用于形成巷道式通风，减少通风距离，提升隧道通风效果，增强洞内瓦斯稀释效果。

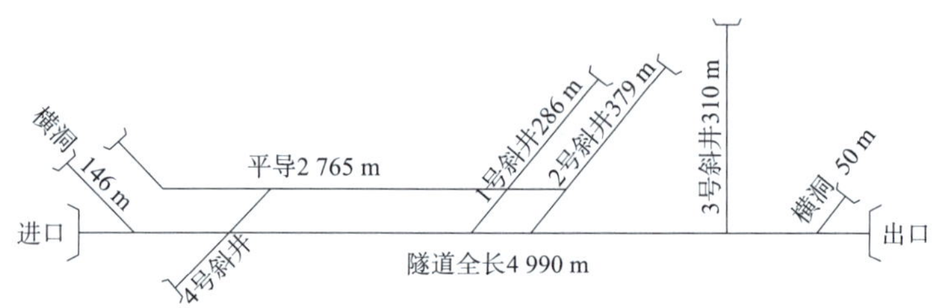

图9-13　家竹箐隧道辅助坑道设置情况

(2)地质概况

①地层岩性

隧道洞身自进口向出口方向依次穿越二叠系上统峨眉山组玄武岩和凝灰岩局部夹薄层页岩及煤层(1 143 m)、二叠系上统大隆、长兴、龙潭组煤系地层(1 157 m)、三叠系下统飞仙关组砂岩夹泥岩(1 450 m)、穿越三叠系下统永宁镇组(1 240 m)灰岩夹砂岩。地质纵断面如图9-15所示。

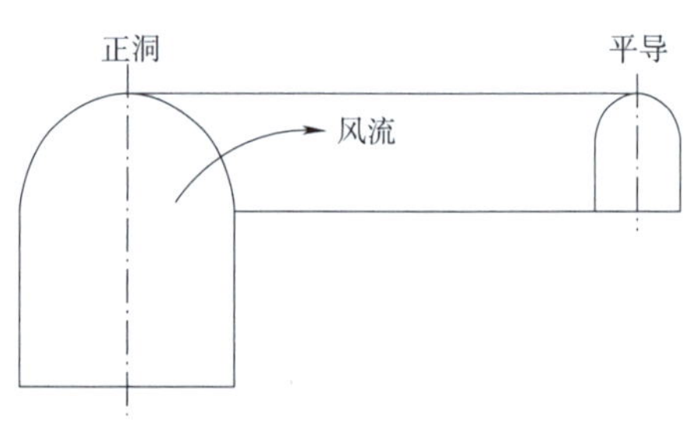

图9-14　家竹箐隧道高位平导示意图

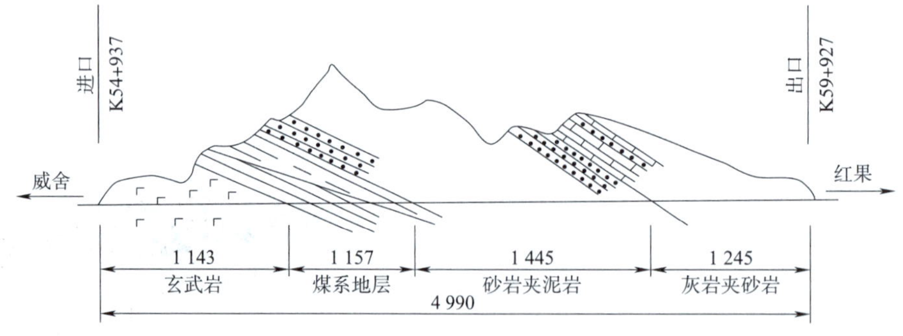

图9-15　家竹箐隧道地质纵断面图(单位:m)

②地质构造及地震烈度

家竹箐隧道位于盘县向斜南段东翼，盘县向斜轴部呈弧形，家竹箐隧道轴向与向斜南段轴向大致平行，为北西向。隧道范围内地层呈单斜构造，岩层产状N20°~35°E/18~30°NW，岩层倾角缓，10°~20°。受构造影响，隧道范围发育 3 条张性断层，层间揉皱较发育。其中 $F_{家-1}$ 断层，产状 N65°E/13°NW，断层破碎带宽约 25 m，将 10 号、11 号煤层错断，断距 2 m，另外两条断层规模较小。此外，煤系地层中还发育有多条次级小断层。

根据《地震烈度区划图》(1976 年)(1/300 万)，隧道所处地区地震基本烈度为Ⅵ度。

③煤层与瓦斯概况

家竹箐隧道洞身穿越煤系地层长 1 157 m，其中煤巷和半煤巷 907 m。现场开挖揭示情况显示，施工揭示煤层至完全通过煤层段总长约 981 m，其中共穿越厚度大于 0.5 m 的煤层共 26 层，煤层总厚度 52 m，最厚的煤层真厚度达 10.7 m。煤层走向和倾向均与线路斜交，真倾角小于 22°，视倾角约 14°，走向与线路呈 49°~60°交角。

家竹箐隧道受煤层及瓦斯不良地质影响大，其穿越煤层及瓦斯段具有以下特点：

穿越煤层长度大，煤层强度低。隧道正洞穿越煤层长度约 300 m，其中仅穿越第 17 层煤的长度便达 48.99 m。隧道穿越的煤层由暗煤、镜煤和亮煤组成，含丝碳透镜体，多呈粉状和碎块状，巷道稳定性差。

瓦斯压力大。煤层实测瓦斯压力范围为 0.59~1.58 MPa。

瓦斯含量高。煤层实测瓦斯含量基本均大于 7 m^3/s，最大瓦斯含量为 20.17 m^3/s。

穿煤层数多，存在瓦斯突出及煤尘爆炸危险。家竹箐隧道穿越的 26 层煤中，有 5 层煤存在煤与瓦斯突出的危险性，另有 2 层存在煤尘爆炸危险。

瓦斯逸出量大。煤层施工过程中最大绝对瓦斯涌出量约 10.56 m^3/min，单层煤施工期间的瓦斯逸出总量达 100×10^4 m^3。

家竹箐隧道煤层瓦斯段的上述特点给设计施工带来了极大困难，也使得家竹箐隧道被称为“天下第一险洞”。

2. 设计与施工

(1)超前地质预报

家竹箐隧道穿越煤层段落长，煤层倾角较缓，煤层位置稍有出入就会对施工产生较大影响，施工中采用超前地质钻孔进行超前地质预报，以确切预测煤层情况。

(2)结构设防设计

为尽量避免施工及运营过程中地层内的瓦斯向隧道泄漏，家竹箐隧道瓦斯地层采用了全封闭衬砌。全封闭衬砌设置范围超出瓦斯地层 50~100 m，具体长度根据煤层厚度、瓦斯压力以及煤层倾角确定。

家竹箐隧道穿越煤系地层段全封闭衬砌根据围岩级别、大变形影响情况等共分为 $A_{甲}$ 型、$A_{乙}$ 型、B 型、C 型、D 型 5 种类型，各型衬砌的适用情况见表 9-11，图 9-16 为 B 型及 C 型典型衬砌断面图。

表 9-11　家竹箐隧道全封闭衬砌类型及适用范围

序　号	衬砌类型	适　用　情　况
1	A 甲型衬砌	适用于煤系地层原支护因大变形侵限需扩挖地段
2	A 乙型衬砌	适用于煤系地层已按普通曲墙式衬砌开挖但又发生大变形的地段
3	B 型衬砌	适用于煤系地层有大变形的新开挖地段

续上表

序　号	衬砌类型	适　用　情　况
4	C 型衬砌	适用于无大变形不良地质的一般Ⅱ类围岩煤系地层
5	D 型衬砌	适用于无大变形不良地质的一般Ⅲ类围岩煤系地层

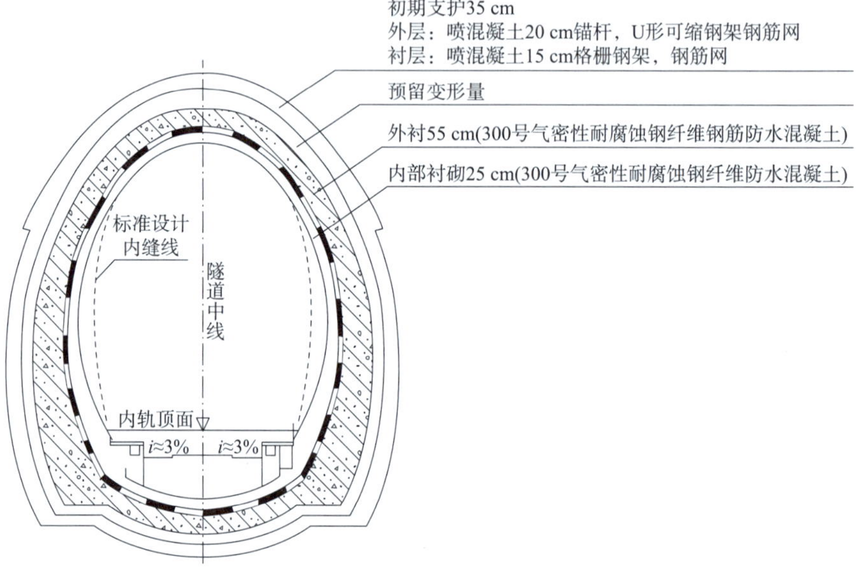

(a) B 型衬砌

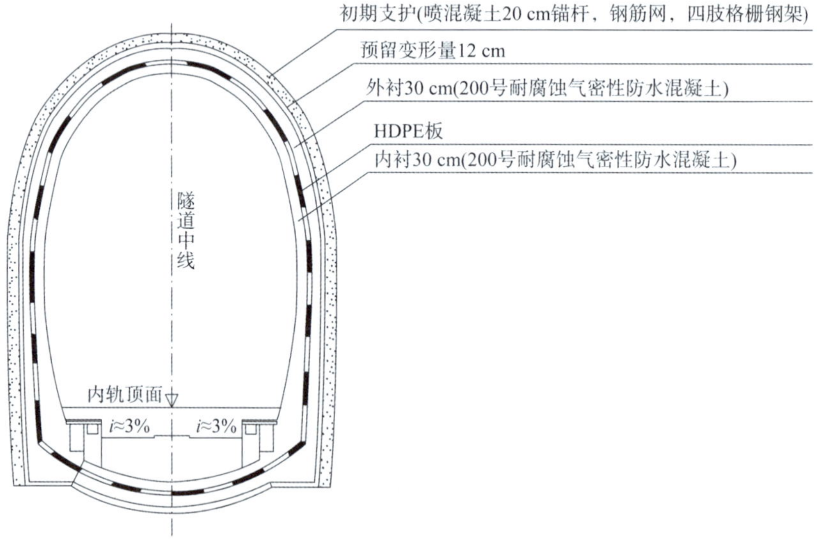

(b) C 型衬砌

图 9-16　家竹箐隧道煤系地层瓦斯全封闭衬砌图

上述 5 种全封闭瓦斯衬砌具有如下特点：

①初期支护均采用气密性混凝土,透气系数不大于 10^{-10} cm/s。

②二衬模筑混凝土设置内外两层,外层作为主要的受力结构,并作为瓦斯隔离层的铺设基面,内层为瓦斯隔离层的保护层,并提供富余的承载力。二衬内外层混凝土均采用气密性混凝土,且透气系数不大于 10^{-11} cm/s。

③二衬外衬提供了相当平整的表面,可有效防止塑料薄膜被基面刺破刺伤,取消了普通地段衬砌为避免喷混凝土刺破塑料薄膜设置的无纺布层,防止瓦斯在无纺布与薄膜间窜流问题。

④二衬内外层衬砌中间设置防瓦斯隔离层,采用高密度聚乙烯 HDPE,厚 0.65 mm,采用无钉铺设工艺,全断面铺设。

⑤所有施工缝要求涂刷界面剂,防止施工缝瓦斯泄漏。

(3)瓦斯监测与检测

瓦斯检测及监测是防止隧道发生瓦斯事故至关重要的措施。隧道施工期间,采用了人工就地巡回方式检测隧道瓦斯逸出情况,一旦瓦斯超限,立即采取处理措施。

(4)施工通风

①巷道式通风系统

家竹箐隧道利用平导及 1 号、2 号斜井使进口瓦斯工区及斜井瓦斯工区施工煤层瓦斯段时均能形成巷道式通风系统,利用主扇供给洞内足够的新鲜空气,稀释洞内瓦斯。进口及斜井工区巷道式通风系统如图 9-17 所示。

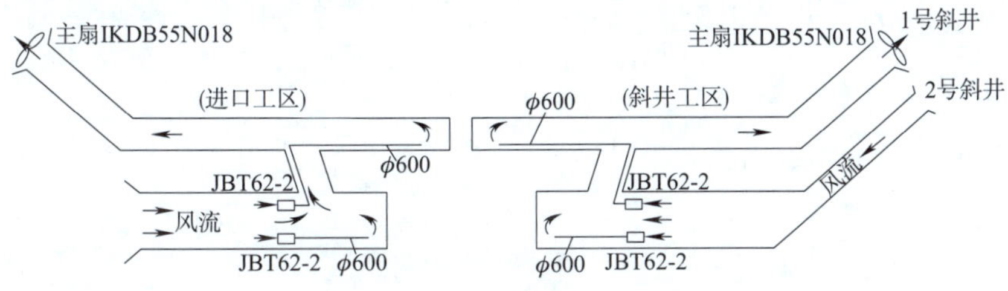

图 9-17　家竹箐隧道巷道式通风系统示意图

②施工通风要求

a. 通风主扇能力应满足全工区的通风需要;局扇的能力应满足该局扇的独头巷道通风需要。

b. 施工通风风量应满足洞内工作人员每人每分钟有 4 m^3 新鲜空气供应,且洞内任何部位瓦斯浓度不超标。

c. 施工通风系统应保持不间断地持续运转。

d. 主扇应配备同等通风能力的备用风机。

e. 局扇应安装风电闭锁装置,并配备一定数量备用风机。

f. 通风管应具备阻燃和抗静电性能。

③瓦斯隧道通风计算

a. 瓦斯浓度允许值

工作面风流瓦斯允许浓度为 1.0%;工作面回风流瓦斯允许浓度 1.0%;总回风巷瓦斯允

许浓度 0.75%；局扇进风口附近瓦斯允许浓度 0.5%。

b. 洞内最低风速

家竹箐隧道瓦斯逸出点附近，拱顶往往会形成一片长 10 ~ 15 m、宽 2 ~ 3 m、厚 20 cm 左右的瓦斯层，利用通风来吹散拱顶积聚的瓦斯层需不小于 1 m/s 的风速，因此，瓦斯隧道最小风速按 1 m/s 控制。

(5) 防突揭煤

为防止施工过程中发生煤与瓦斯突出事故，家竹箐隧道在通过煤层前 10 m 至通过煤层后 2 m 的范围采取防突揭煤措施。主要包括：

①探煤：掌子面掘进至距煤层 10 m 处，布置 3 孔 $\phi75$ 超前探孔穿越煤层，进入岩层 0.5 m，确定煤层具体位置，防止误穿煤层，引发事故。

②预测：采用二步测试法，在垂距 10 m 处利用湿煤粉测定解析指标 K_1 值，并结合钻孔时的喷水、喷气等现象，初步确定煤层是否有突出可能，进行第一次预测；在垂距 5 m 处，测定湿煤粉 K_1 值、瞬间解析压力和瓦斯涌出初速度，并观察钻孔时的动力现象，再次判定煤层的突出危险性。

③防突措施：若判定有突出危险，必须立即采取防突技术措施，消除其危险性后，方可继续施工。主要防突措施包括钻孔排放、真空抽放、水力冲孔、金属骨架等。

家竹箐隧道采用了"钻孔排放"为主的防突措施，降低煤层中瓦斯压力，减少瓦斯含量。对于预测有突出危险的煤层，采取先钻孔排放，后掘进、再检验、再排放后掘进的方法分段施工，正洞下半断面也采用钻孔排放方法防突。针对部分瓦斯含量较高、压力较大的煤层，为确保瓦斯防突效果，采取抽放瓦斯施工。在平导及横通道内设 12 个钻场，预先抽放平导前方及前方正洞上半断面煤层瓦斯（图 9-18）。

④效果检验：检验防突措施效果，评价是否能达到防止煤层瓦斯突出的要求。

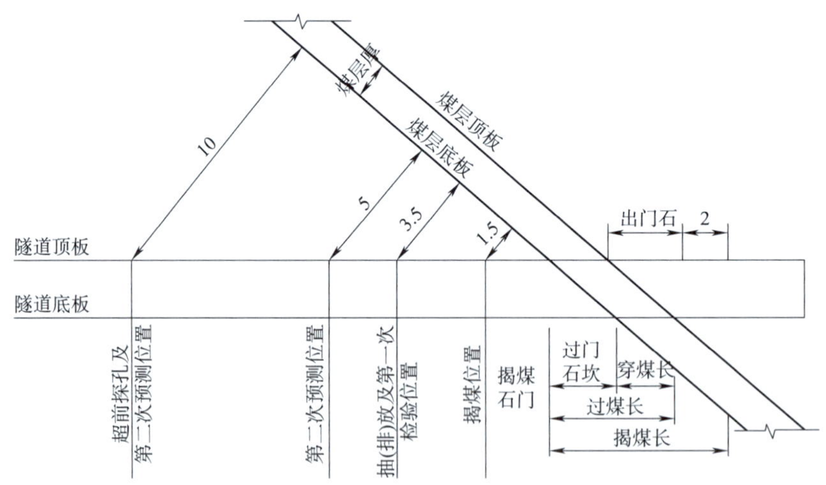

图 9-18 家竹箐隧道防突揭煤工序示意图（单位：m）

3. 运营维护及管理

家竹箐隧道通过煤系地层段落在施工过程中已经采用了全封闭衬砌结构形式，但建成后仍有微量瓦斯进入隧道内，为防止在运营期间渗入隧道的微量瓦斯聚集，危及行车安全，家竹箐隧道设置了运营期间瓦斯的监测控制系统和运营通风系统。

(1)运营通风要求

①运营期间按高瓦斯隧道对家竹箐隧道进行管理，设立专门的瓦斯检测机构，配备必要的人员和检测设备，经常进行瓦斯检测。

②运营期间隧道内瓦斯浓度不得大于 0.3%，当大于此浓度时，进行机械通风，必要时对瓦斯逸出地段采取工程措施进行封闭处理。当浓度大于 0.5% 时应封锁隧道，中断行车。

③运营期间采用定时通风或超限通风。

(2)运营通风方式

隧道运营通风采用斜井吸出式通风方案，隧道建成后将 2 号斜井稍加改造，作为运营期间的通风道，在斜井洞口设 ASN－2643/1120 型防爆风机一台，采用吸出式通风，新鲜空气分别由隧道进出口进入，污风由斜井吸出。计算表明，通风 15 min，即可将洞内瓦斯浓度降为小于 0.3%，恢复通车；通风 25 min，即可将洞内瓦斯全部排出。现场实践表明，该运营通风系统为列车的运营安全提高了有力的保障(图 9-19)。

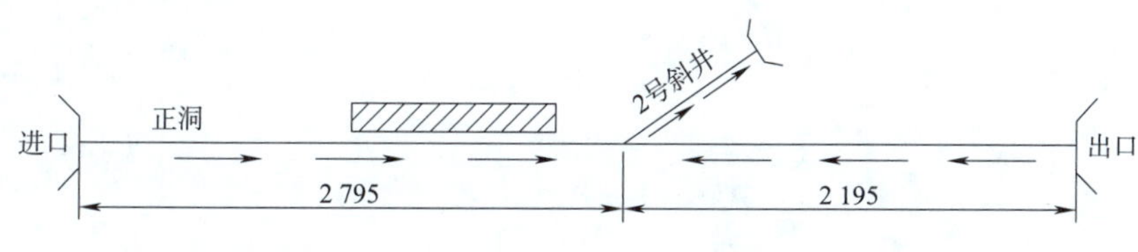

图 9-19　家竹箐隧道运营通风系统示意图(单位：m)

(3)瓦斯监测报警系统

①系统功能

a. 运营期间，利用运营通风设施进行定时通风或超限通风。当隧道内瓦斯浓度大于 0.3%，即启动风机定时抽风。

b. 监测系统能对隧道内各分站的瓦斯浓度、风速等有关参数及分站设备的工作状态、馈电状态等进行连续自动监测。当出现瓦斯浓度超限或其他异常情况时，在控制室中心站能自动报警，并送出风机启动信号，启动风机对隧道进行通风，以排出隧道内瓦斯。

c. 系统具备抗干扰能力。

d. 系统供电采用隧道内 380 V 电源，停电时，利用隔爆电源箱内的电池给分站和传感器供电，但不应超过 4 h。

②系统组成

采用以 INTEL586 工业控制计算机为中心的树状计算机监测报警控制系统。由隧道外控制室中心站、监控软件、调制解调器、打印机、隧道内分站、电源箱、瓦斯传感器、风速传感器、开停传感器等组成。

③瓦斯传感器设置

煤炭部的安全规程规定瓦斯传感器应设置于拱顶下端 30 cm 处，但考虑家竹箐隧道拱顶半径约 2.9 m，比煤矿巷道的拱顶半径 1.8 m 大，因此将家竹箐隧道瓦斯传感器安装在拱顶以下 25 cm 处。

9.9.2 成贵铁路玉京山隧道

1. 工程概况

(1)隧道概况

玉京山隧道位于云南省昭通市威信县境内,全长 6 306 m,单洞双线隧道,设计时速 250 km,铺设无砟轨道。全隧位于 30‰单面上坡,隧道最大埋深约 340 m,属极高风险的瓦斯突出隧道,是全线控制性工程。成贵铁路于 2019 年 12 月通车运营。

隧道靠进口段 505 m(距进口 1 130 ~1 635 m)穿越二叠系上统长兴组、龙潭组(P_2c+l) 煤系地层,岩层与线路大角度相交,倾向小里程端。该段设计正洞揭煤 10 层,其中 C5、C6 煤层为瓦斯突出煤层,煤层段埋深约 200 m,距进口约 1 200 m,隧道纵断面如图 9-20 所示。

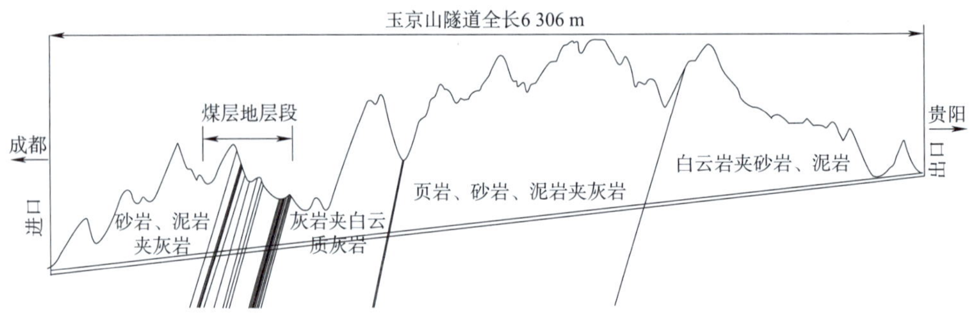

图 9-20 玉京山隧道纵断面示意图

为加快施工进度,兼顾施工通风等,结合地形、地质条件,隧道设置了“进口平导 + 中部横洞”的辅助坑道系统。辅助坑道平面布置示意如图 9-21 所示。平导是考虑隧道瓦斯突出煤层而进行的针对性设置,以形成巷道式通风。

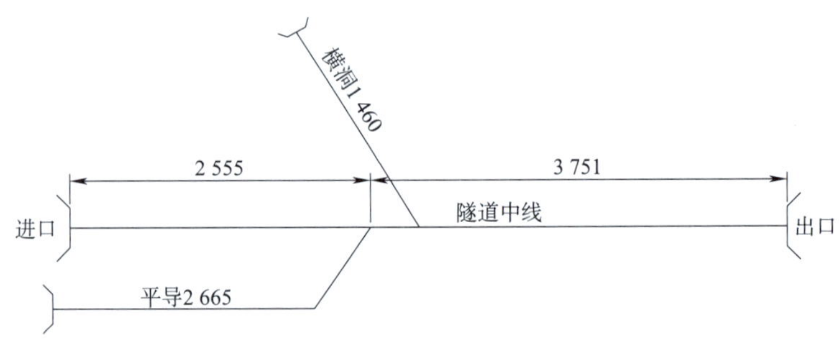

图 9-21 玉京山隧道辅助坑道设置示意图(单位:m)

(2)地质概况

隧区属娄山和八面山断褶带,总体呈单斜岩层,岩层和隧道大角度相交,中陡倾角,倾向小里程端,断裂较发育。

隧道揭示地层从寒武系(∈)至新生界均有分布,岩性主要为砂岩、泥岩、灰岩、白云岩、页岩、铝土岩夹煤层、火山碎屑岩、炭质泥灰岩,断层角砾岩。主要工程地质问题为煤层瓦斯、煤矿采空区、顺层、膨胀岩、岩溶、盐溶角砾岩及石膏等。

其中,隧道穿越二叠系上统长兴组(P_2c)、二叠系上统龙潭组(P_2l)、二叠系下统梁山组(P_1l)三套含煤地层,合计总长约 535 m。勘探揭示长兴组(P_2c)含煤 2 层,煤层厚度为 0.3 m 和 0.5 m,隧道穿越该地层长度 71 m;龙潭组(P_2l)含煤 12 层,其中 C5 煤层厚 4 ~ 14 m 不等,C6 煤层厚 3 ~ 5 m,其余均为薄煤线,隧道穿越该地层长度 439 m;梁山组(P_1l)主要含多层煤线,一般厚 0.05 ~ 0.2 m 不等,隧道穿越该地层长度 71 m。煤层段纵断面示意如图 9-22 所示。

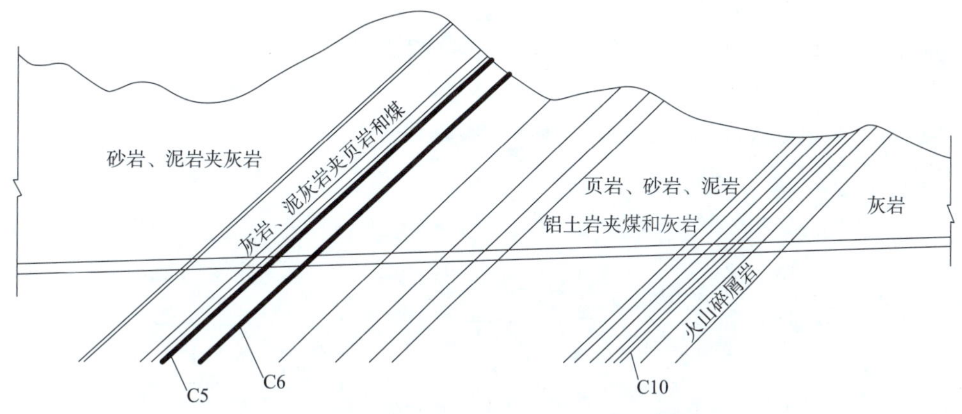

图 9-22 煤层段纵断面示意图

C5、C6—勘探揭露煤层,C10—勘探揭露煤线

经现场钻孔实测,深孔揭露煤层概况见表 9-12。C5、C6 煤层的瓦斯压力、瓦斯放散初速度、煤的坚固性系数、煤的破坏类型均超过煤与瓦斯突出判定的阈值,且分布于隧道两侧矿井的 C5、C6 煤层均为突出煤层,因此综合判定 C5、C6 煤层均为瓦斯突出煤层,隧道为煤与瓦斯突出隧道,按煤与瓦斯突出设防。

表 9-12 深孔揭露煤层概况表

钻孔编号	揭露煤层数	揭露煤层总厚度(m)	单层煤层最大厚度(m)	隧道洞身揭露煤层数
DZ-27 玉京山-深-01	3	8.38	4.58	大多数深孔并未揭穿 P_2l 煤系地层,但根据区域报告及煤矿勘察报告,隧道穿越 P_2l 含煤地层可能遇到 11 ~ 31 层煤及煤线
DZ-27 玉京山-深-01-1	4	21.6	13.46	
D2Z-27 玉京山-深-02	4		煤线	
D2Z-27 玉京山-深-03	6		煤线	

2. 设计与施工

(1)超前地质预报

隧道进口工区穿越二叠系上统长兴组、龙潭组(P_2c+l)煤系地层段,属于瓦斯突出工区。为避免误揭、误穿煤层,利用超前地质预报及平导超前正洞施工开挖揭示的地质结果,综合判识前方地质条件,确定煤层位置、性质及与隧道相互关系。

①平导超前探测

平导穿越煤系地层段,开展地质调查、物探(TSP)、超前钻探(加深炮孔及超前钻孔)等综合超前地质预报,以探明煤层分布位置、煤层厚度。

②正洞掌子面超前探测

正洞施工时,利用平导开挖揭示的地质条件对正洞掌子面前方地质条件推测、评判,并采用以超前钻孔为主,物探为辅的超前预测预报手段,进一步验证掌子面前方地质情况。超前钻孔长 30 m,每 25 m 一循环施作,超前钻孔布设如图 9-23 所示,现场施作如图 9-24 所示。

③煤层突出危险性预测

当探测煤层厚度大于 0.3 m 时,进行瓦斯突出性预测,测定瓦斯含量、瓦斯压力、涌出量、瓦斯放散初速度、煤的坚固性系数等,判定煤的破坏类型,预测煤与瓦斯突出危险性。预测结果为无突出危险性时,按正常工序开挖揭煤。

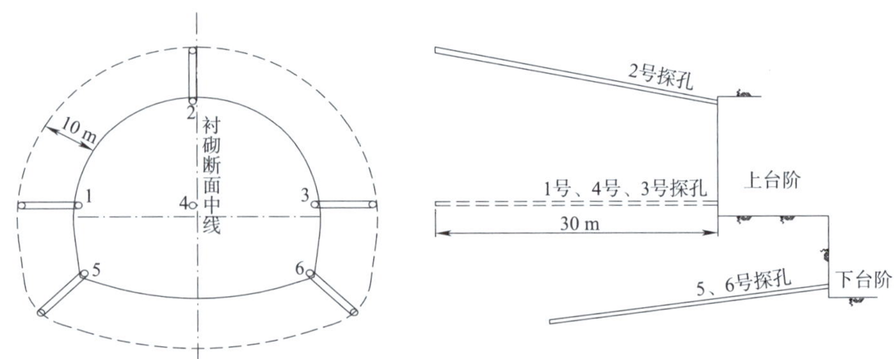

图 9-23　超前钻孔布设示意图

图 9-24　超前钻孔现场施作照片

(2)结构设防设计

根据《铁路瓦斯隧道技术规范》(TB 10120—2002),隧道穿越煤系地层段设防等级为一级,衬砌结构采用全封闭衬砌,设置范围向煤系地层两端延伸 50 m。

隧道全封衬砌结构如图 9-25 所示,喷射混凝土及二衬结构均考虑气密性要求,喷射混凝土厚 28 cm,二次衬砌采用钢筋混凝土,厚 55 cm。设置全环瓦斯隔离层(EVA 防水板 + 闭孔泡沫塑料垫层),两侧边墙各设置一根 ϕ100 纵向不透水盲管 + 水气分离室 + 出口平导内 ϕ80PVC 管瓦斯排放管。

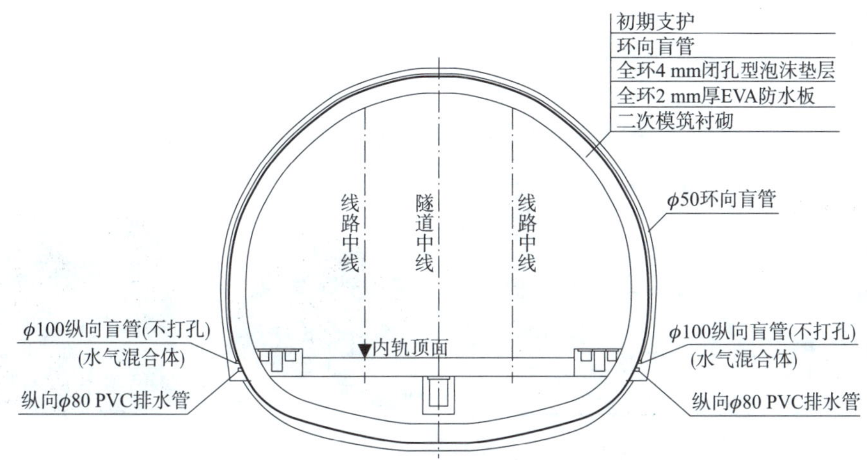

图 9-25　玉京山隧道全封衬砌结构示意图

(3)瓦斯监测与检测

隧道瓦斯突出段瓦斯压力高,瓦斯含量大,施工安全风险高,为实时了解掌握洞内各处瓦斯状况,施工期间采用了瓦斯自动监控系统与人工检测相结合的监测方式。

①自动监控

瓦斯自动监控系统采用煤矿安全监控系统,主要由监控软件、监控主机、打印机、传输接口、避雷器、监控分站、各种矿用传感器及控制执行器组成,如图 9-26 所示。

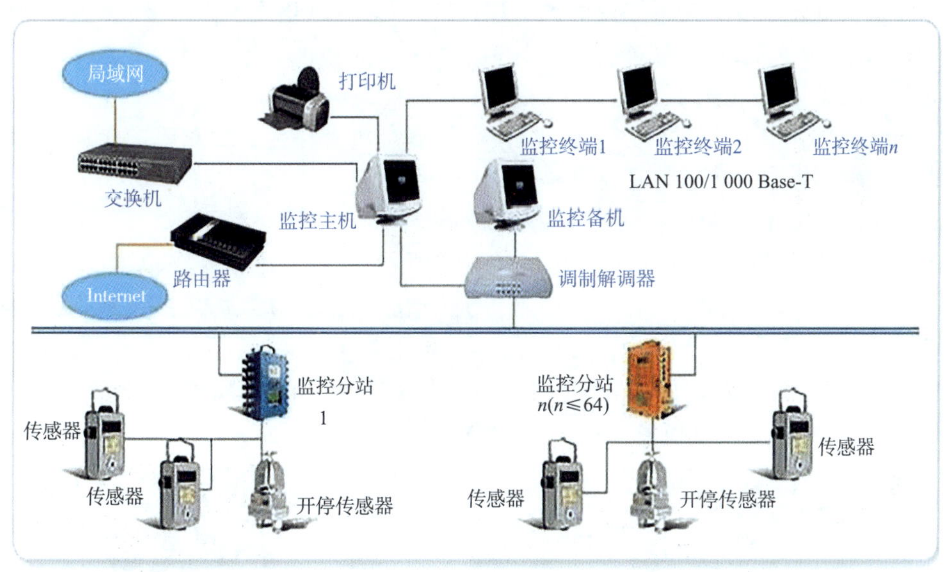

图 9-26　瓦斯自动监测系统

隧道安全监控系统布置示意如图 9-27 所示,在掌子面、防水板安装台车、二衬台车、掌子面回风巷分别安装高低浓度甲烷传感器。当任何一个传感器监测瓦斯浓度≥0.5% 时,能自动切断掘进巷道内及回风流中全部电气设备电源。

②人工检测

人工检测的工作主要由现场专业瓦检人员携带便携式瓦检仪在规定的测点进行瓦斯浓度的测量，并将相关数据记录到检测台账。由于掌子面加深炮孔、设备角落等不便于布设传感器，容易形成瓦斯积聚，是对自动监测系统数据的一种补充措施。

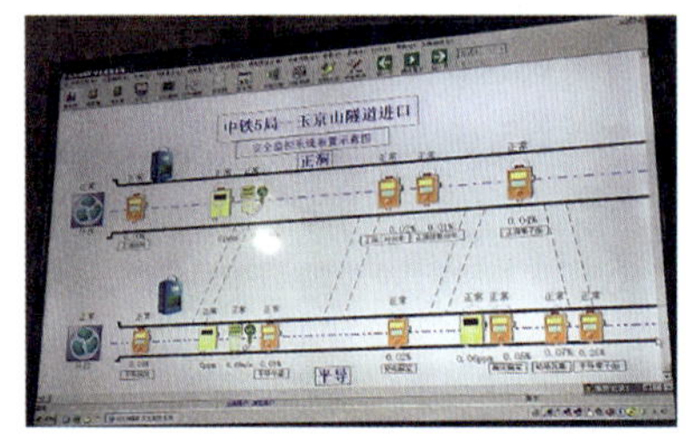

图 9-27　玉京山隧道安全监控系统布置示意图

图 9-28　瓦斯人工检测

(4)施工通风

瓦斯隧道应及时采取通风措施稀释、降低瓦斯浓度，避免瓦斯事故，施工中应采取合理可靠的通风措施确保施工安全。

①通风方式选择

隧道进口工区结合平导工程布置，设计采用巷道式施工通风方式，但在正洞与平导之间的第一个横通道贯通以前，正洞与平导均采用压入式通风。

根据现场的试验、实际通风效果情况及瓦斯检测情况，在满足隧道最大需风量要求，保证隧道内瓦斯浓度处于安全范围内前提下，独头压入式通风长度不大于 2 km 时，通风效果良好，能确保施工安全，洞外风机布设如图 9-29 所示。

②改善施工通风的辅助措施

影响现场施工通风效果的主要因素有两个，一是风管穿作业台车时的布局，二是施工通风盲区及薄弱环节。

a. 风管穿作业台车时的布局

风管穿作业台车时，受作业台车结构、空间等影响，一般情况下在该范围内受空间条件限制，往往出现施工风管被压缩、反复弯曲、风管损伤等情况，导致通风损耗加剧，影响了通风效果。

现场施工中，为有效解决该问题，在衬砌台车区域，结合台车富裕空间，设置了风管钢护筒保护措施，减少了风量损失，保证了通风效果。如图 9-30 所示。

图 9-29　现场压入式通风洞外风机布设

图 9-30　台车处增设钢护筒措施

b. 施工通风盲区及薄弱环节

隧道的局部超挖,在开挖轮廓线外易形成空洞,尤其是拱部的掉块、坍塌等形成的较大空腔,均属于通风盲区或薄弱环节。由于瓦斯的逸出或涌出,风流流动速度低,会造成局部瓦斯积聚超限。如果不及时处理改善通风效果或空腔的封闭条件,发生瓦斯事故的风险较大,甚至产生灾难性的事故。

对于一般性超挖,直接采用喷混凝土封闭、填平,保证开挖面的平顺;发生掉块形成坍腔较大时,先在顶部铺设一定厚度的模板,在木板上面喷满或灌满混凝土,将可能积聚瓦斯的地方充填,从而消除超挖处的瓦斯积聚,如图 9-31 所示。

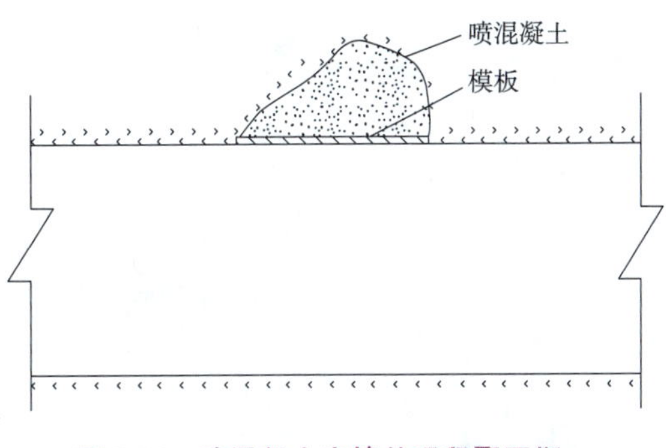

图 9-31　喷混凝土充填处理积聚瓦斯

对于较大型的空腔,也可采用风管分支排放法(图 9-32)、压风排除法(图 9-33)等方法排除空洞积聚的瓦斯,最后对空腔进行回填。

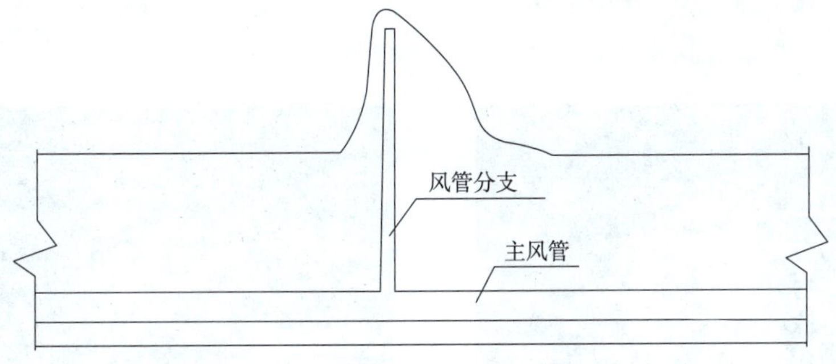

图 9-32　风管分支排放法处理积聚瓦斯

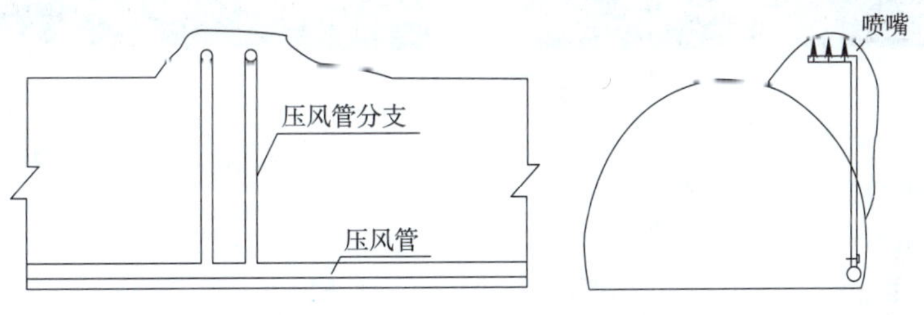

图 9-33　压风排除法处理积聚瓦斯

(5)施工工法

正洞开挖面积超过 140 m^2,为减小一次暴露的煤及煤壁面积,以减少瓦斯溢出量,过煤层段采用三台阶法施工,如图 9-34 所示。平导断面相对较小,仅 23 m^2,设计采用两台阶法开挖。

瓦斯突出工区爆破炸药采用安全等级不低于三级的煤矿许用含水炸药。

(6)电器设备及作业机械

①电器设备

瓦斯突出工区电气设备均采用防爆型,并配备两路电源。

②作业机械

隧道采用无轨运输，并对施工机械设备进行被动式防爆改装。值得注意的是由于对车辆动力、电气系统进行改装，车辆的功效降低较大，据现场调研，降效达30%左右。

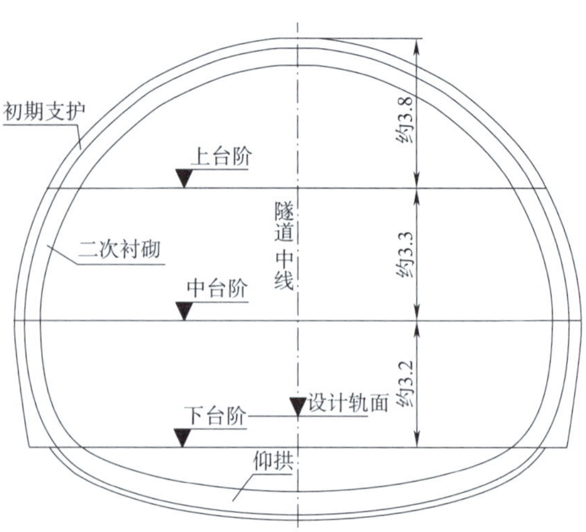

图 9-34　正洞三台阶施工示意图(单位：m)

(7)防突揭煤

煤与瓦斯突出是玉京山隧道需重点解决的难题，按照本章防突揭煤原则和方法实施，本隧道取得了良好的效果，保证了施工安全。下面以隧道C5煤层为例，介绍防突揭煤作业流程及措施。

①超前探测

距初探C5煤层15～20 m(垂距)处，实施超前探孔，多个超前探孔均出现顶钻现象，开始有气雾状杂质喷出，随后孔内用水夹杂煤屑不规律涌出，具有瓦斯突出的征兆，如图9-35所示。

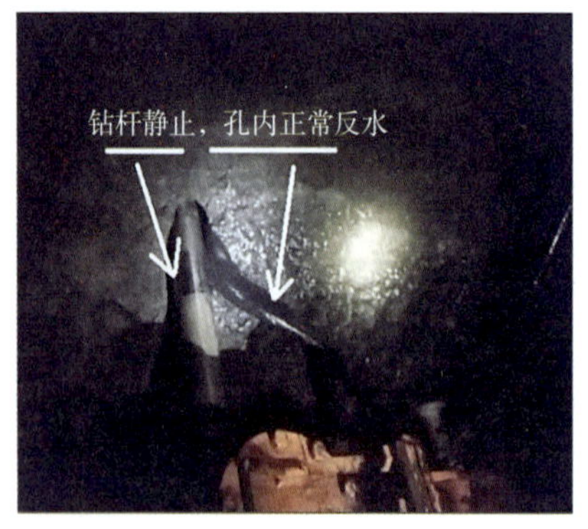

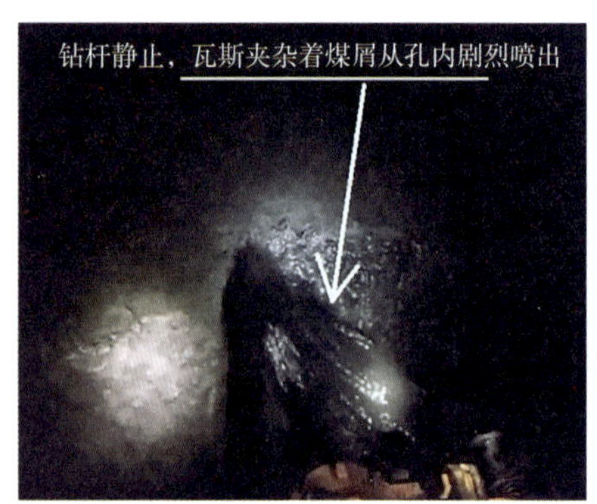

图 9-35　喷孔现象

②瓦斯突出性预测

采用取芯钻杆收集C5煤样，并进行煤的工业分析及瓦斯放散初速度(Δp)、煤的坚固性系数(f)、真相对密度、视相对密度、孔隙率、瓦斯吸附常数(a、b)等参数进行测定，测定结果见表9-13。测定结果表明隧道C5煤层具有煤与瓦斯突出危险。

表 9-13　玉京山隧道进口工区C5煤层瓦斯基本参数

序号	测试指标	单　位	测定结果
1	煤层瓦斯含量	m^3/t	8.88～10.81
2	残存瓦斯含量	m^3/t	2.363 8
3	煤层瓦斯压力(反算)	MPa	1.2～2.42
4	水分	%	0.74

续上表

序号	测试指标	单　位	测定结果
5	灰分	%	28.39
6	挥发分	%	15.61
7	真密度	t/m^3	1.82
8	视密度	t/m^3	1.72
9	孔隙率	%	5.49
10	瓦斯吸附常数 a	m^3/t	18.771 9
11	瓦斯吸附常数 b	MPa^{-1}	1.811 7
12	瓦斯放散初速度 Δp	mmHg	27
13	煤的坚固性系数		0.3
14	钻孔瓦斯流量衰减系数	d^{-1}	0.126
15	煤层透气性系数	$m^2/(MPa^2 \cdot d)$	0.001 02

③瓦斯抽放

a. 抽放方案

现场施工中，通过研究建立了穿层网格法瓦斯抽放技术，提出“平导、正洞同时进行瓦斯抽放，同时揭 C5 煤层”的方案。即在平导设置钻场，钻场尺寸为 12 m×6.2 m×6 m（长×高×深）；在钻场附近设置连接平导与正洞间的横通道，断面尺寸为 6.2 m×4 m×30 m（高×宽×长）。通过平导钻场及横通道钻孔抽放瓦斯，平面布置分别如图 9-36、图 9-37 所示。

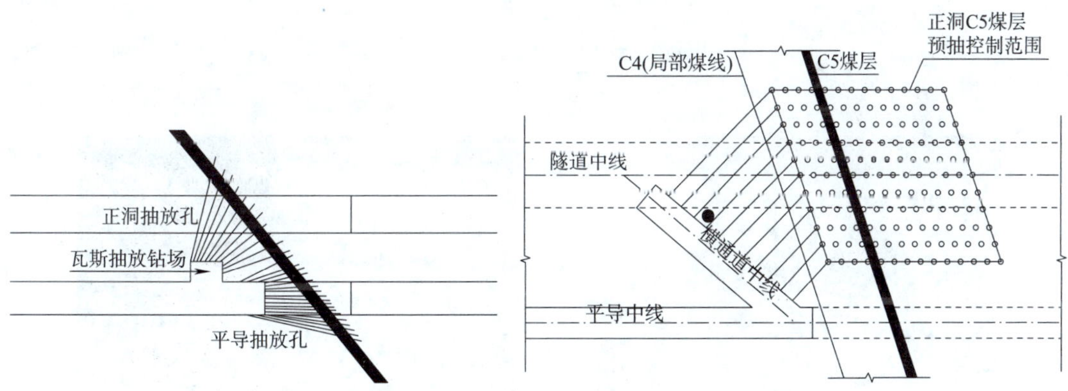

图 9-36　平导钻场抽放瓦斯示意图　　图 9-37　横通道内向主洞钻孔抽放瓦斯示意图

b. 抽放范围

根据《防治煤与瓦斯突出规定》，要求石门揭煤区域防突措施控制巷道轮廓线外 12 m。考虑到隧道揭煤断面较大，现场地质构造复杂，煤层突出危险性大，平导揭煤区域为隧道轮廓线外上、左、右帮 15 m，下帮 12 m。正洞通过钻场施工预抽钻孔，揭煤区域为轮廓线外上、左 15 m，右帮 13 m，下帮 12 m。钻孔直径 76 mm，终孔间距设计为 1.5 m×1.5 m，现场瓦斯抽放如图 9-38、图 9-39 所示。

图 9-38　抽放孔眼位及钻机施工

图 9-39　平导钻场瓦斯抽放管

④消突效果检验

距 C5 煤层 7 m(垂距)时,测定可解吸瓦斯含量(图 9-40),结合不可解吸瓦斯含量,两者之和相加小于界限值 8 m^3/t,说明区域防突措施有效,可以进入下一循环施工。

图 9-40　瓦斯含量测定

距 C5 煤层 5 m 和 2 m(垂距)时,采用 WTC 瓦斯突出参数测试仪,测定钻屑瓦斯解吸指标 K_1 值。钻屑瓦斯解吸指标法临界值见表 9-14。

表 9-14　钻屑瓦斯解吸指标法临界值

煤　　样	Δh_2 指标临界值(Pa)	K_1 指标临界值[$mL/(g \cdot min)^{0.5}$]
干煤样	200	0.5
湿煤样	160	0.4

针对钻孔抽采效果差的区域,在钻孔施工结束后首先采用常压水进行钻孔洗孔,经常压水洗孔后抽采效果依旧没有明显改善的区域适当采用水力冲孔,水力冲孔系统布置示意如图 9-41 所示。

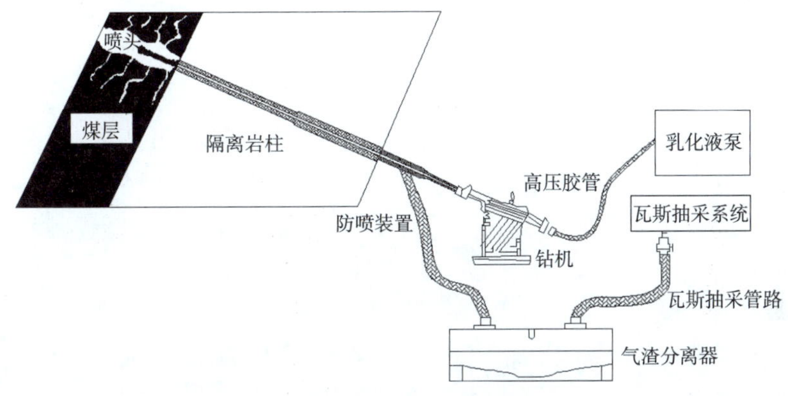

图 9-41　水力冲孔系统布置示意图

⑤安全防护措施

揭煤施工中采取的安全防护措施主要有洞外远距离放炮和设置避难洞室。

⑥效果评价

通过平导钻场及横通道钻孔抽放瓦斯,确保平导、正洞揭 C5 煤层工作面无突出危险性。

2016 年 3 月 8 日,由平导掌子面向 C5 煤层区域施工 8 个效果检验钻孔,除 1 个钻孔因施工到裂隙区无法取得煤样外,7 个钻孔成功取到煤样,根据区域验证钻孔测定结果,平导前方揭煤区域内 C5 煤层 K_1 值为 0.06 ~ 0.33 $mL/(g \cdot min^{0.5})$,小于临界值[0.5 $mL/(g \cdot min^{0.5})$]。可见,经过瓦斯抽放后,平导揭 C5 煤层工作面无突出危险性。

2016 年 4 月 8 日,正洞施工至 C5 煤层 7 m(垂距),进行第一次瓦斯抽排效果检验,检测隧道左侧和上台阶下部 K_1 值超标,现场延长瓦斯抽排时间,测定合格后继续掘进至煤层 5 m(垂距),进行第二次瓦斯抽排效果检验,测得上台阶上部 K_1 值仍然超标,补充施工 116 孔瓦斯排放孔继续排放瓦斯,测定合格后继续掘进至煤层 2 m(垂距),进行第三次瓦斯抽排效果检验,测得上台阶中上部钻孔 K_1 值超标,最大值为 2.01 $mL/(g \cdot min^{0.5})$,上台阶下部钻孔 K_1 值未超标,最大值为 0.42 $mL/(g \cdot min^{0.5})$,补充施工 275 孔瓦斯排放孔继续排放瓦斯,施工完之后,进行瓦斯参数检验,测得 K_1 值均小于临界值[0.5 $mL/(g \cdot min^{0.5})$]。区域验证结果显示,正洞揭 C5 煤层工作面无突出危险性。

通过采取上述防突措施及安全防护措施后,玉京山隧道安全穿越了 C5 煤层。

(8)其他

①施工缝、辅助洞室、锚段关节衬砌变化处为工程薄弱处,进行了必要的工程补强,如施工缝设置了钢边式止水带,辅助洞室和锚段关节衬砌变化处加强瓦斯隔离层铺设,加强气密性衬砌结构等措施,降低瓦斯渗入风险。

②对与正洞连接的横通道,不再利用的均采用混凝土回填密实,同时辅助坑道采取加强衬砌,并设置排水、排气措施。

隧道竣工后,对隧道内瓦斯开展人工检测,运营以来,未发现瓦斯逸出现象。

9.9.3 成贵铁路兴隆坪隧道

1. 工程概况

(1)隧道概况

隧道位于四川南部宜宾市长宁县老翁镇境内,全长 2 803 m,为设计行车速度 250 km/h 的客运专线双线隧道。隧道最大埋深约 60 m。全隧为单面上坡,纵坡为 14.5‰。隧道属极高风险的非煤地层高瓦斯隧道,2014 年 5 月开工建设,2016 年 1 月全隧贯通。

(2)地质概况

隧址区属川南红层丘陵地貌。上覆第四系全新统坡洪积(Q_4^{dl+pl})软粉质黏土、粉质黏土;坡残积(Q_4^{dl+el})粉质黏土;下伏侏罗系中统沙溪庙组(J_2s)砂岩夹泥岩。

兴隆坪隧道地处盆地南部气田区,线路右侧 1 200 m 位置为老翁场六号气井,其沿路可看到天然气管道四处延伸。根据老乡反映在线路左侧大约 3 km 的农田里挖开淤泥能点火燃烧,进一步验证了天然气已运移至地表。隧道整体穿越老翁场气田,老翁场构造为北东向短轴丘状背斜,轴部出露下沙溪庙组地层,圈闭完整,储集有嘉陵江组和阳性组气藏。

现场钻孔中(设计孔深 70.99 m)进行了测气试验,四次测试均有天然气显示,天然气浓度最大达到 18 720 ppm,瓦斯涌出量大于 0.5 m^3/min,综合判定兴隆平隧道为高瓦斯隧道。

2. 设计与施工

(1)结构设防

根据《铁路瓦斯隧道技术规范》(TB 10120—2002),全隧按瓦斯地段二级标准设防。除明洞段外均采用全封闭复合式衬砌,设置全环瓦斯隔离板。

隧道初期支护喷射混凝土透气系数不大于 10^{-10} cm/s;二次衬砌(含洞室混凝土)采用 C35 气密性混凝土或 C40 气密性钢筋混凝土,混凝土抗渗等级为 P12,气密剂透气系数不大于 10^{-11} cm/s。

全隧地下水经水气分离后通过边墙泄水管引入洞内侧沟排出,分离出的瓦斯气体经环向 ϕ80PVC 排气管引入边墙底部 ϕ80PVC 纵向排气管从隧道进口引出在高处排放,ϕ80PVC 排气管置于瓦斯隔离板背后,自瓦斯溢出起点里程一直延伸到隧道洞外,水气分离装置纵向间距 50 m 一处。水气分离装置现场安装照片如图 9-42 所示。

(2)工区划分及辅助坑道配置

兴隆坪隧道最大埋深仅 60 m,具备设置竖井工程条件。结合现场施工组织,全隧设置 3 座通风竖井。

①辅助坑道设置

结合隧道埋深及施工通风需要，分别在D2K185+930线路右侧16 m设置深约39 m的1号竖井，在DK186+910线路右侧16 m设置深约67 m的2号竖井，在DK187+400线路右侧16 m设置深约22 m的3号竖井。

竖井内径180 cm，通风竖井采用机械钻机正钻反扩方式成井，在钻孔过程中采用泥浆护壁。为防止竖井回潮、风化，采用钢套筒防护竖井壁，钢套筒壁厚0.5 cm。竖井与正洞连通段内净空尺寸2.0 m(宽)×2.5 m(高)，并设置25 cm厚的C25混凝土衬砌。图9-43所示，为兴隆坪隧道3号竖井设计图。

图9-42 现场安装水气分离装置

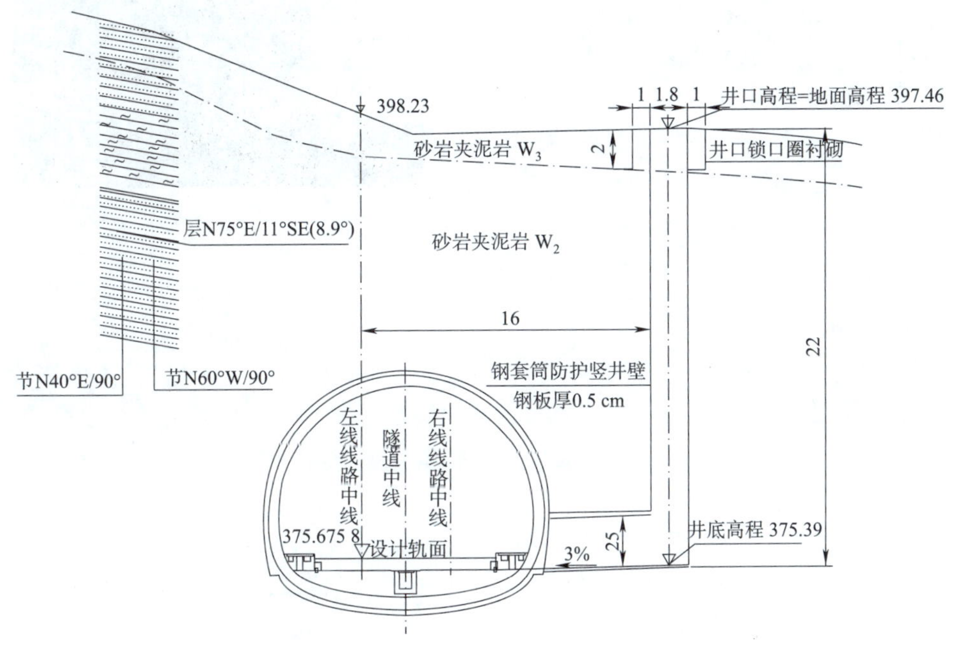

图9-43 兴隆坪隧道3号竖井(单位:m)

②工区划分

兴隆坪隧道设置进口工区、出口工区共2个工区，其中进口工区承担1 330 m正洞施工，出口工区承担1 473 m正洞施工。

施工单位根据设计指导性施工组织编制实施性施工组织，按照“三通风竖井”“两高瓦斯工区”的指导施组组织现场施工。

(3)超前地质预报

天然气瓦斯隧道内瓦斯运移模式复杂、赋存条件各异，勘察期间难以准备确定瓦斯的赋存段落、瓦斯含量及压力、瓦斯溢出方式，其不确定性对隧道施工安全的危害程度较大。

隧道为典型的气田区隧道，隧道埋深浅、隧区构造不发育，超前探测的目的主要是掌握掌子面前方的不规律气囊、节理密集带等瓦斯逸出区。

全隧超前地质预报主要采用地质调查法＋超前钻探法（加深炮孔5孔及必要的超前钻孔）。其中超前钻探法主要以加深炮孔为主，以超前钻探为辅。首先开展加深炮孔，每个断面布置5孔，加深炮孔深度不小于5 m；若探测有瓦斯则在炮眼附近采用超前 $\phi76$ 钻孔，长度不小于30 m，并在逸出孔附近设置瓦斯检测点，以定量检测瓦斯参数，必要时根据瓦斯检测结果调整瓦斯处理措施。超前加深炮孔设计如图9-44所示。

超前钻孔施作过程中，对钻孔孔内及孔口的瓦斯进行人工检测，并根据瓦斯浓度调整工程措施。现场超前钻孔处瓦斯探测如图9-45所示。

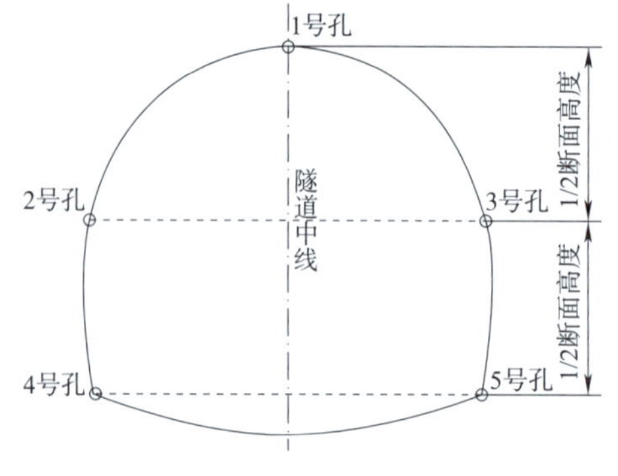

图9-44　超前加深炮孔设计图

图9-45　超前钻孔处瓦斯探测

（4）瓦斯监测与检测

①设置原则

瓦斯检测、监测是防止瓦斯事故的基本手段。由于天然气瓦斯的逸出、涌出位置及强度难以预测，从安全需要，瓦斯工区无论其预测等级如何，均需配置瓦斯自动实时监测报警系统，并与人工监测检测相结合，构成瓦斯监测报警系统，全程监测瓦斯和通风状况。

②自动监测

隧道瓦斯自动监测配置采用的是KJ70N－J井下监控系统。KJ70N－J煤矿安全生产监控系统布置如图9-46所示，该系统由监控主机、监控软件、传输接口及传输通道、UPS电源、打印机、分站及电源、各种传感器及断电器、执行器、电缆和接线盒等组成。

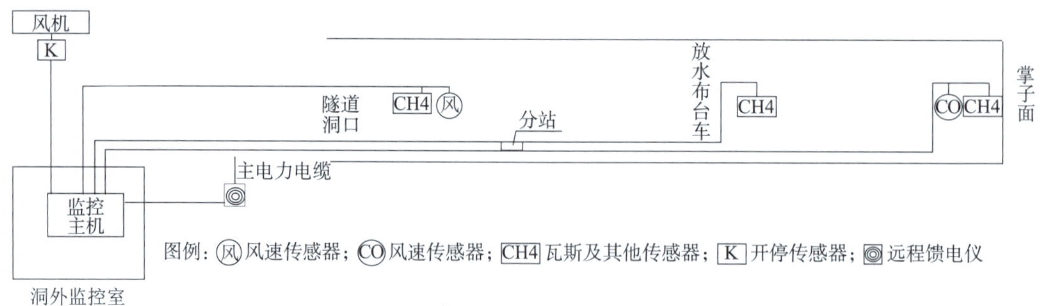

图9-46　KJ70 N-J监控系统布置图

兴隆坪隧道现场监控室及监控系统照片如图9-47所示，现场设置的瓦斯监测探头如图9-48所示。根据洞身岩性及瓦斯来源，主要监控隧道洞内的甲烷、一氧化碳、二氧化碳、硫化氢和风速等。

图9-47 KJ70N－J监控系统

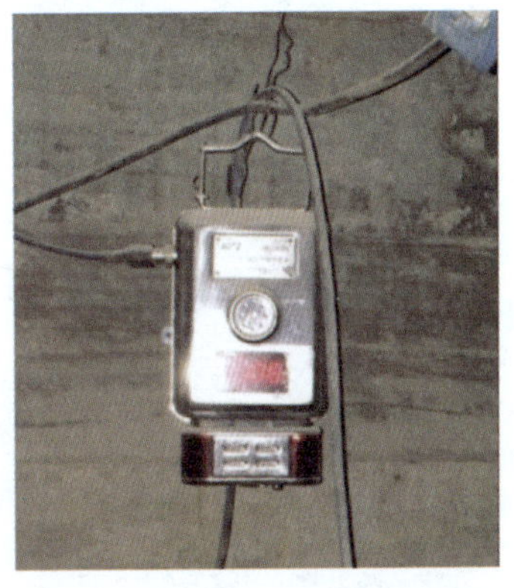

图9-48 洞室内瓦斯监控探头

③人工检测

每个瓦斯工区配置3～4名专职瓦检员，每名瓦检员配备1台光干涉式甲烷测定器和1台便携式自动报警仪，现场瓦斯检测设备如图9-49、图9-50所示。另尚需配备1名专职技术人员，每天对瓦斯检测记录、监控系统数据进行数理统计和分析，提前掌握洞内瓦斯溢出的发展动态，一旦发现异常现象，应及时处置。

图9-49 光干涉式甲烷测定器

图9-50 JCB4(A)便携式自动报警仪

(5)施工通风

施工通风是防止瓦斯积聚造成灾害的有效手段，对于兴隆坪天然气瓦斯隧道需开展24 h不间断通风，对洞内瓦斯进行稀释。

①通风方式

全隧设置三个通风竖井进行通风，并配合局部局扇。其中，进口工区在进口至洞身明洞段施工采用压入式通风，明洞段开挖后采用正洞进风，竖井排风的分段通风方式，出口工区在3号竖井贯通前采用压入式通风，3号竖井贯通后采用正洞进风，竖井排风的分段通风方式通风。分阶段施工通风分别如图9-51～图9-53所示。

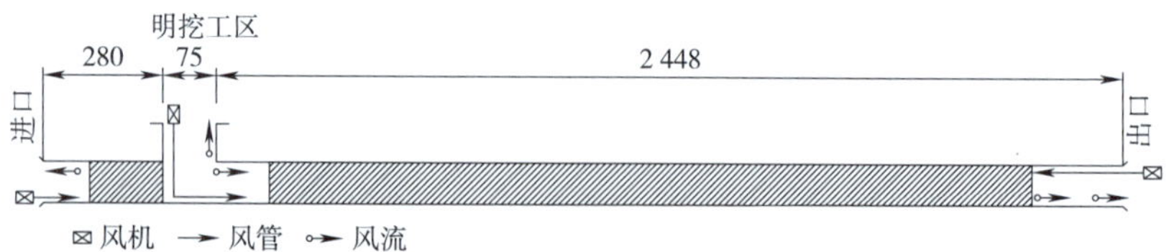

图 9-51　施工通风第一阶段(单位:m)

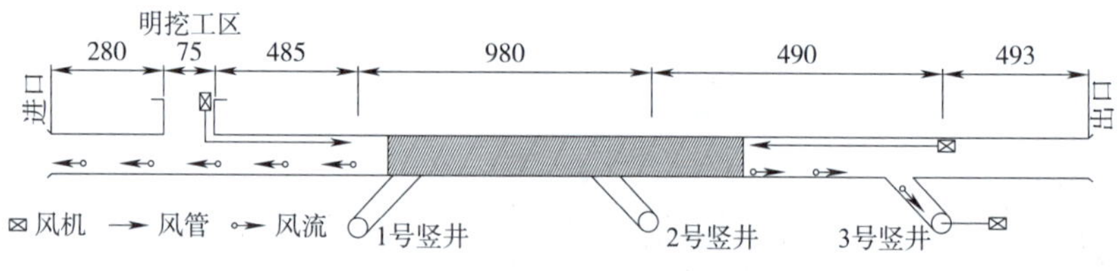

图 9-52　施工通风第二阶段(单位:m)

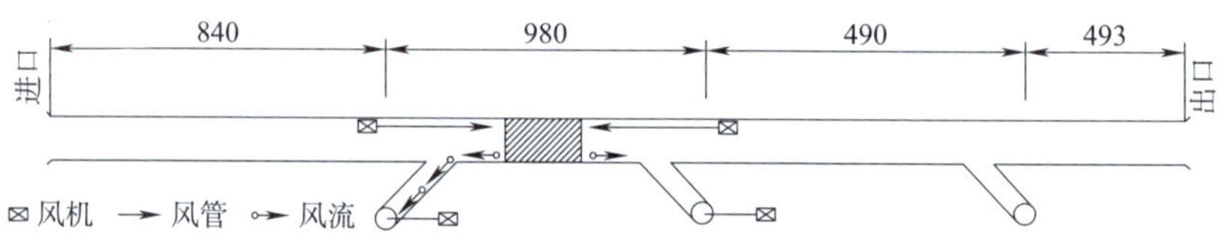

图 9-53　施工通风第三阶段(单位:m)

②通风设备配置

每个工区各配置 3 台 220 kW(其中 1 台作为备用风机)和 2 套风管。在进、出口工区，分别于掌子面、初支、仰拱、二衬等处瓦斯易积聚区域共设置 8 台 2×2.2 kW 的局扇，用于稀释瓦斯浓度。洞口风机布置如图 9-54 所示。

③通风管理

在洞内采用煤矿用机械风速表 CFJ10(图 9-55)进行风速人工检测，定期与不定期的检测洞内风速情况；在瓦斯安全监控系统中增设洞口顶风速探头，实时监测隧道洞口处的风速。通过风速的人工检测和系统实时监测，动态了解和掌握隧道的风速情况，检查洞内风速是否满足施工要求。煤矿用机械风速表参数见表 9-15。

图 9-54　洞口风机

图 9-55　煤矿用机械风速表 CFJ10

表 9-15　煤矿用机械风速表参数一览表

项　目	技　术　指　标		
	CFJ5 型	CFJ10 型	CFJ25 型
测量范围(m/s)	0.3 ~ 5	0.5 ~ 10	0.8 ~ 25
启动风速(m/s)	0.2	0.4	0.6
风速偏差(m/s)	0.15	0.15	0.26
外形尺寸	$\phi70 \times 39$ mm		

(6)施工工法

天然气瓦斯隧道施工,在坚持瓦斯监测及持续施工通风等安全措施保障下,施工工法主要根据围岩情况、隧道埋深等情况确定。

全隧明洞段采用明挖法施工,暗洞段采用钻爆法开挖、锚喷构筑法支护,并对支护结构体系变形进行监控量测,并分析评判其稳定性。V 级围岩地段采用台阶法带临时仰拱工法施工;Ⅲ、Ⅳ级围岩地段采用台阶法施工。

(7)电器设备及作业机械

①电气设备

全隧均为高瓦斯工区,所有机电及通风设备均采用防爆型。高瓦斯段施工时设置单回路供电电源,另外配备一台专用发电机,备用电源的容量必须保证通风机在 10 min 内启动运行。

瓦斯隧道洞内供电必须做到“三专、两闭锁”:专用变压器,专用开关,专用供电线路,风电闭锁、瓦电闭锁装置。现场设备如图 9-56 ~ 图 9-59 所示。

图 9-56　现场 I 类防爆开关

图 9-57　现场防爆照明

图 9-58　现场瓦电闭锁装置

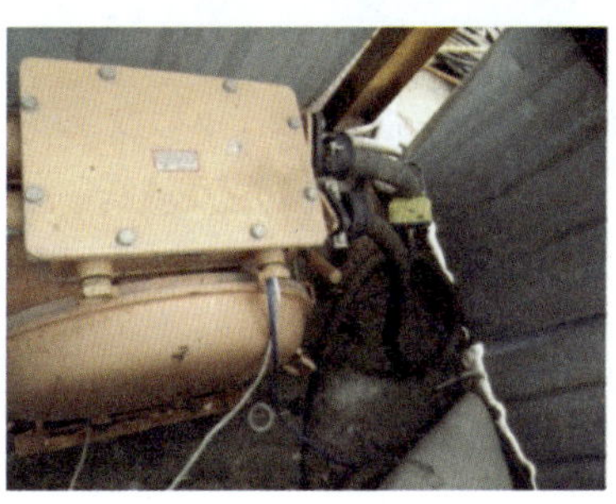

图 9-59　现场风电闭锁装置

②机械设备

现场通过对设备改装,满足防爆要求后,现场运输方式采用无轨运输。改装设备主要分运输车、装载机、挖掘机三大类。现场改装运输作业车辆照片如图 9-60、图 9-61 所示。

图 9-60　混凝土罐车防爆改装

图 9-61　出渣车防爆改装

9.10　小　　结

我国煤系地层、天然气地层分布广泛,建设在复杂艰险山区的瓦斯隧道规模大。瓦斯隧道施工风险高、运营维护难度大。瓦斯隧道的安全问题在隧道建设至运营全寿命周期内都应高度重视。

瓦斯隧道建设应从勘察设计源头降低风险,在确定线路方案时,尽量避免隧道穿越高瓦斯地层;在施工过程中,严格遵循超前预报先行、施工通风为主、瓦斯监测并重、结构设防为本、综合措施配套、应急预案落实的基本原则。

瓦斯隧道运营应以瓦斯监测系统为基础,建立监测报警和运行控制联动体系,建立并健全设备的检查、检修和维护机制,建立专项管理制度,保证瓦斯检测、监控、通风系统的有效运行,维护运营隧道瓦斯安全环境。

第 10 章 高海拔寒区隧道

由于高海拔地区特殊的地理条件,环境呈现出气压低、氧含量低、气温低等特点,在高海拔隧道建设和运营过程中,主要面临着污染物排放量增加、污染物控制标准提高、风机效率下降带来的通风问题,机械降效和施工供氧问题,低温寒冷带来的冻害问题。近年来,我国在高海拔地区的隧道工程越来越多,已经积累了不少高海拔隧道建设的经验。本章主要介绍高海拔隧道施工通风、机械化配套、施工供氧及结构抗防冻设计等关键技术内容,以期为高海拔隧道工程建设提供参考。

10.1 高海拔对隧道工程的主要影响

我国地势整体呈现出西高东低的走势,高海拔寒区主要集中在青藏高原为主的西部地区,其纬度低但地势高,海拔大多在 3 000 m 以上,全年温度较低,冬季寒冷,夏季较凉。高海拔隧道除了处于低压、缺氧和寒冷的特殊环境中,往往还伴随着恶劣的气候条件、脆弱的生态环境和复杂的工程地质等问题,使得高海拔隧道的设计与施工面临着诸多的工程技术问题。高海拔对隧道工程的影响主要体现在以下几个方面:

1. 隧道通风

高海拔隧道施工通风,自然条件下的新鲜风源不达标,其氧气含量偏低、温度偏低。空气温度、压力和密度会随海拔升高发生变化,风机在高原环境下工作,转速固定,其风量不变,但风机风压与空气密度成正比,会随海拔的升高而降低,即风机性能降低。在高海拔缺氧的隧道内,内燃机械油料燃烧不充分,排放尾气中有害气体含量增高,加重对作业环境的污染,从而要求更高的需风量来满足作业的需求。

2. 施工降效

施工降效主要体现在内燃机械和人员劳动效率下降两方面。内燃机在高海拔环境条件下工作,由于气压低、温度低、空气密度低、氧气含量低,进入内燃机的新鲜空气量明显下降,使得燃烧不充分,着火延迟,后燃现象严重,导致内燃机功率下降,动力性能变差。有关研究表明,大气压力越低,机械效率越低,平均大气压力每降低 20 kPa,机械效率下降 3% ~ 5%;大气温度降低,机械效率会略微降低,平均温度每降低 5 ℃(相当于海拔升高 1 km),有效功率降低 2 ~ 4 kW;大气氧气含量越低,机械效率越低,平均氧气含量每下降 3%,机械效率下降 3% ~ 5%。

高海拔地区,大气中氧气分压力降低,导致人体吸入气管和肺泡内的气体中氧气分压力降低,血红蛋白不能充分与氧气结合,动脉中氧气分压力降低,血氧饱和度下降,人体生理机能受到影响。由于隧道内施工人员和机械设备的耗氧,随着隧道进尺的增加,隧道内的氧含量会逐渐降低,缺氧会导致施工人员的身体不适、昏厥,对施工人员劳动能力造成明显的不良影响。研究结果表明,与平原相比,人的劳动能力在海拔 3 000 m 处下降 29.2%,在海拔 4 000 m 处下降 39.7%。

此外,高海拔寒区极端天气多、常见冰雪、大雾及大风等不利天气,海拔在 1 800 m 以上的地区往往存在着不同程度的季节性积雪冰冻影响,严重影响施工保障、缩短有效施工时间。

3. 隧道冻害

高海拔隧道其环境温度较低,与一般地区隧道工程相比,最显著的区别是隧道所处的环境温度随季节变化而周期性出现 0 ℃以上下降至 0 ℃以下的变化过程。虽然长大隧道洞身围岩处于恒温带,但隧道开挖后会在一定范围内形成新的冻土层。隧道穿越多年冻土层时,原围岩表层会转变为季节性融化层,也可能发展成新的多年冻土层;隧道穿越季节冻土层时,隧道开挖贯通后围岩一般要形成新的季节冻土层,季节融化层或季节冻土层都会随着季节更替而处于冻融循环的不稳定状态,对隧道结构产生不利影响。周期性的温度变化,反复的冻融作用,不仅隧道结构受到温度应力和冻胀作用的周期性叠加作用,防排水和保温系统也会受到较大的影响。

国内外高海拔寒区隧道运营实践表明,冬季常常会发生冻害,对工程影响大。冻害类型主要为衬砌漏水和挂冰、隧底冒水和结冰、排水系统冻结等,部分隧道衬砌和洞门端墙因冻胀作用而产生结构开裂损伤,严重的情况下出现结构酥碎和剥落,如图 10-1 ~ 图 10-3 所示。过去修建的部分隧道,由于对寒冷地区隧道工程特性认识不足,在建设过程中,出现了夏季刚竣工,冬季就发生冻害的问题,影响隧道正常使用,威胁行车安全,花费大量人力、物力、财力养护维修。

图 10-1 衬砌开裂结冰

图 10-2 道床结冰

图 10-3 水沟冻结

10.2　高海拔隧道施工通风

施工期间,向隧道内各施工作业面提供足够的新鲜空气,并排出污染气体,保证隧道内良好的作业环境是通风的主要目的。高海拔隧道施工通风需考虑低气压、缺氧、寒冷等恶劣气候条件的影响,进行需风量及风机选型的高海拔修正。在满足设计标准的前提条件下,尽量节省工程投资和通风能耗,并做到方便管理。

10.2.1　施工环境卫生标准

施工环境卫生标准控制指标包括 CO 浓度、NO_2 浓度、CO_2 浓度、粉尘、温度及噪声等。温度和噪声标准可参考平原区现行规范,CO 浓度、NO_2 浓度、CO_2 浓度标准较平原地区更加严格。

根据《客货共线铁路隧道工程施工技术规程》(Q/CR 9653—2017)及《工作场所有害因素职业接触限值　第 1 部分:化学有害因素》(GBZ 2.1—2019)规定,海拔 2 000 ~ 3 000 m 地区 CO 最高容许浓度为20 mg/m^3,海拔 3 000 m 以上地区 CO 最高容许浓度为 15 mg/m^3,高海拔隧道施工环境 CO 浓度建议采用海拔 3 000 m 以上的控制标准。NO_2、CO_2 可以按照质量浓度与体积浓度换算的方式,以平原控制标准反算高原控制标准,海拔 3 500 m 时 NO_2 浓度控制标准宜为 3.5 mg/m^3、CO 浓度控制标准宜为 6 000 mg/m^3。粉尘浓度按《工作场所有害因素职业接触限值　第 1 部分:化学有害因素》中规定,含有 10% 以上、50% 以下游离 SiO_2 的粉尘时间加权平均容许浓度(PC-TWA)为 1 mg/m^3(表 10-1)。

表 10-1　高海拔隧道建议施工环境卫生控制标准

项　　目	单　　位	平原标准	高海拔建议标准	备　　注
CO 浓度	mg/m^3	30	15	国家标准
NO_2 浓度	mg/m^3	5	3.5	换算
CO_2 浓度	mg/m^3	9 000	6 000	换算
粉尘	mg/m^3	2	1	国家标准
温度	℃	28	28	
噪声	dB	90	90	

10.2.2　高海拔隧道适宜的通风方式

隧道施工通风的基本方式主要有压入式、排风式、送排混合式和巷道式等。其中,压入式通风的优点是有效射程比较大,冲淡和排出炮烟作用很强;污浊气体回流时不通过风机,对风机设备污染小,当处在有瓦斯涌出的工作面时,采用压入式通风比较安全。此通风方式可以使用柔性风管,风管延长容易。这种通风方式的缺点是洞内的污浊空气沿着隧道流出,隧道全程被污染,中途作业环境恶化。排风式通风的优点是浑浊空气直接经过风筒流出,被污染的回风气流不会污染整条隧道,排烟效果较好,需风量小。排风式通风的缺点是由于隧道外空气必须流经整个隧道到达工作区域,所以需经过较长的时间新鲜空气才能被送达掌子面,作业人员需等到新鲜空气到达此区域后才能开始施工,隧道内存在移动风机噪声污染,延长风管较为繁琐等问题。该供风方式风筒内通常为负压,所以不能用软管,只有使用硬质风管,其成本较高。送排混合式通风综合了压入式与排风式两种通风方式的优点,适合于距离长、断面较大的隧道通风,在盾构施工作业时通风效果更加有效。巷道式通风利用整个隧道断面作为风道,断面大、阻力小,可供应较大的风量,通风距离长,减少了隧道内污风循环的污染,适用于有平导、主坑道、副坑道或分修的隧道。采用爆破法施工的隧道,炮烟和粉尘浓度较高,长隧道使用混合式通风,降尘排烟效果更好。

我国部分高海拔隧道施工通风主要情况见表 10-2。

表 10-2　部分高海拔隧道施工通风情况表

序号	隧道名称	类别	海拔(m)	隧道长度(m)	通风方式	最长通风距离(m)	开挖方式	运输方式
1	风火山隧道	铁路	4 905	1 338	压入式	605	钻爆法	有轨
2	昆仑山隧道	铁路	4 665	1 686	压入式	922	钻爆法	有轨
3	色麦村隧道	铁路	3 900	6 693	压入式	1 736	钻爆法	无轨
4	帕当山隧道	铁路	3 898	2 836	压入式	1 436	钻爆法	无轨
5	米拉山隧道	公路	4 700	5 727	压入式	2 105	钻爆法	无轨
6	长拉山隧道	公路	4 500	2 400	压入式	1 300	钻爆法	无轨
7	知亥代隧道	公路	4 468	4 570	压入式	1 688	钻爆法	无轨
8	祁连山隧道	铁路	4 345	9 490	压入式 巷道式	3 000 2 250	钻爆法	无轨
9	雀儿山隧道	公路	4 372	7 079	巷道式	4 500	钻爆法	无轨
10	雪山梁隧道	公路	3 413	7 957	压入式 巷道式	1 300 3 984	钻爆法	无轨
11	鹧鸪山隧道	公路	3 400	4 448	压入式 巷道式	800 2 200	钻爆法	无轨
12	斜拉山隧道	公路	4 430	4 088	压入式 巷道式	1 000 2 100	钻爆法	无轨
13	新关角隧道(斜井)	铁路	3 497	32 690	斜井隔板(风渠)	3 272	钻爆法	无轨、皮带机

注:调研以高海拔通风为主,且目前风渠式通风案例较少。

表 10-2 调研结果表明,高海拔地区钻爆法施工的隧道,其通风长度相对较短。已调研的案例中,钻爆法施工海拔高度 3 000 m 以上时,独头压入式通风距离基本未超过 3 km;当独头通风长度超过 3 km 时,部分隧道采用了巷道式或风渠式通风,以缩短独头通风的距离,其中,巷道式通风距离基本未超过 4.5 km。

高海拔隧道施工通风方式应根据现场条件来确定。从压入式与排风式通风隧道内风流的静压来看:压入式通风的风流在隧道内的压力大于隧道外自然环境,相当于将隧道高程下降了一定的海拔高度;排风式通风的风流在隧道内的压力小于隧道外自然环境,相当于将隧道高程上升了一定的海拔高度。因此,高原隧道施工通风中应首先选用压入式的通风方式。当通风距离较长或施工掌子面较多时,压入式通风难以满足长距离通风要求,应结合施工条件、地质情况等因素选用巷道式和风渠式通风。高原地表气温低,自然风压较大，在选择通风机安装位置及进出风口的位置时，应将通风机或进风口布置在背阴处，通风机的风流方向与自然风流方向在全年绝大多数时间内应一致，增大自然风压也等于下降了海拔高度。

10.2.3　高海拔隧道提高通风效果的措施

风机在运转时总是存在一些能效的损失，从而造成风机的机械效率不能达到100%。一般认为，风机的损失主要包括流动、容积、轮阻和机械损失等。在高海拔地区，由于空气密度的降低，使得风机效率降低，以巴朗山隧道（海拔 3 850 m）为例，风机效率仅为标准工况下风机效率的43%。对于高海拔隧道，为了保证高海拔地区风机满足通风要求，可采取如下措施。

（1）选取功率较小的射流风机。在高海拔地区，随着海拔的不断升高，空气密度越来越小，此时射流风机推力及功率均减小，功率较小的射流风机功率减小值相对较低，可适当选取功率较小的射流风机。

（2）增加叶片角度，提高射流风机出口风速。随着海拔的上升，密度下降不可避免，为了满足射流风机所需推力及功率，只能改进风机本身性能。通过增加射流风机叶片角度，提高射流风机出口风速，达到风机在标准大气压密度下的推力及功率。但叶片角度不能无限制的增大，角度增大到一定程度时，风机效率反而会下降。

此外，可采用其他措施增加高海拔隧道施工通风距离，提高通风效果：

（1）选择大直径高性能风机，提高风机风量。

（2）多级风机对旋运转，提高风压。

（3）隧道内设风仓，风机串联接力运转，提高风压。

（4）选择大直径、摩擦阻力系数小的风筒，减小摩擦阻力。

（5）风管铺设尽可能顺直，降低局部阻力。

（6）选择漏风率低的风筒，并加强管理，降低漏风。

（7）采用隔板的斜井或平导风道密封分隔，尽可能减小隔板漏风。

10.3　高海拔隧道钻爆法施工机械化配套

高海拔地区的低温、低压、低氧环境特征是影响隧道钻爆法施工的重要因素，人工、机械功效均会不同程度降低。实施机械化配套技术可以减少隧道施工作业人员，减轻作业人员劳动强度，提高隧道施工安全性。

10.3.1　高海拔隧道机械化配套原则

1. 影响施工进度的主要因素分析及对策

控制施工进度的主要工序有钻孔、装药、出渣、支护等工序，影响这些工序的主要因素分析及对策如下：

（1）钻孔作业

目前钻孔作业一般采用作业台架 + 人工风钻的钻孔方式，作业效率低，安全风险大，施工功效受高原影响较大。高海拔隧道可采用凿岩台车代替人工钻孔达到减人提效的目的。

(2)装药爆破

目前大多采用人工装填炸药,由于高原人员降效明显,需要人数较多且施工速度较慢;采用三臂凿岩台车施工,台车仅有2个操作筐,作业面较少,装药速度较慢,不能最大限度发挥机械化配套施工功效。有条件时,协调相关部门制定可行的管理办法,采用现场混装炸药工艺以减少装药人数,提高功效。此外,采用吸尘设备,在爆破后快速吸尘排烟,减轻高海拔长距离通风排烟压力,改善洞内施工环境。

(3)出渣运输

目前出渣工序中主要存在两个问题:装渣设备需多次重复铲、举、倒动作,造成装渣时间延长;单线隧道内受制于断面影响,各车辆的会车、掉头等组织管理不到位,也延长了出渣工序时间。高海拔隧道宜采用能力相匹配的装渣设备和出渣车辆设备,且两者宜与施工断面相匹配。长大斜井可采用皮带运输出渣系统。对于长距离独头掘进工区,出渣能力难以满足掌子面出渣需要,可采用集装箱出渣系统及正洞移动破碎机+皮带运输出渣系统以提高出渣效率。

(4)初支作业

目前主要采用多功能台架人工立架、挂网,存在劳动强度大,效率低,钢架作业时间长等问题。采用拱架安装机可降低劳动强度,提高效率;也可采用高强度支护体系(如高性能喷射混凝土或钢纤维喷混凝土),以减少或取消钢架。喷混凝土目前普遍采用小型湿喷机人工喷射混凝土,采用大型机械化配套的隧道一般采用单臂湿喷机械手,效率有待进一步提升。采用两臂湿喷机械手喷混凝土,喷混效率可提高至1.5倍。

2. 机械化配套原则

(1)分级配置原则

设备配套方案根据地质条件、海拔高度、工区长度和施工工期等因素,分为高度、中度、基本机械化三种配套模式。

(2)少人化原则

实施机械化配套以减少隧道施工作业人员,减少日益紧张的人力需求,目前,我国人口逐渐显现老龄化,建筑行业用人形势逐渐紧张,作业人员成本也随之提高。只有通过机械化施工才能减轻人力需求压力,保证隧道的正常施工。针对高海拔地区隧道工程的特点及具体施工工期要求,体现以人为本的原则,尽量实现机械施工代替人工施工。

(3)少内燃多电力原则

高海拔地区低压缺氧,气候环境恶劣。多配置电力设备,少采用内燃设备,洞内外配备增氧加强通风的设备。

(4)有利平行作业原则

针对不同的施工工序按专业化组织流水作业,以性能好、效率高、机况良好满足高原施工环境的大型设备装配挖装运、锚喷、衬砌、辅助作业等主要作业线,实现各机械化作业线的有机配合,确保隧道施工的安全、环保、节能、稳产、高产。

(5)设备备用原则

凿岩台车、锚杆钻注一体机、湿喷机、拱架安装机、挖装运出渣设备等应考虑一定的备用。

10.3.2　高海拔隧道机械化配套方案

大型机械化配套的目的是提高隧道施工工效，保证施工质量，改善作业条件，减少作业人员，有效探测和控制隧道施工风险，减小工期压力。结合高海拔地区钻爆法隧道工区地质条件、施工长度、海拔高度等因素，钻爆法机械化快速施工可按单线、双线不同断面形式及不同施工需求进行分类，采用高度机械化配套、中度机械化配套、基本机械化配套三种配套模式，设备见表 10-3，表 10-4，具体应用中可根据实际情况进行调整。

表 10-3　单线隧道配置表

作业工序	高度机械化配置	中度机械化配套	基本机械化配套
超前地质预报作业线	超长距离取芯钻机	全断面多功能钻机	工程钻机
开挖作业线	三臂凿岩台车	两臂凿岩台车	电动空压机
	混装炸药设备	混装炸药设备	手持钻机
	—	—	多功能台架
装运作业线	装载机	装载机	装载机
	自卸汽车	自卸汽车	自卸汽车
	皮带运输系统	—	—
支护作业线	两臂湿喷机械手	单臂湿喷机械手	单臂湿喷机械手
	混凝土搅拌输送车	混凝土搅拌输送车	混凝土搅拌输送车
	混凝土拌和站	混凝土拌和站	混凝土拌和站
	钢拱架拼装机	钢拱架拼装机	—
	锚杆钻注一体机	锚杆钻注一体机	锚杆钻注一体机
	高压注浆泵	高压注浆泵	高压注浆泵
检铺底作业线	自行式仰拱栈桥	自行式仰拱栈桥	简易仰拱栈桥
	挖掘机	挖掘机	挖掘机
	自卸汽车	自卸汽车	自卸汽车
	混凝土搅拌输送车	混凝土搅拌输送车	混凝土搅拌输送车
防排水作业线	防水板自动铺设台车	防水板自动铺设台车	防水板铺设台架
混凝土衬砌作业线	智能化模板台车	智能化模板台车	智能化模板台车
	混凝土输送泵	混凝土输送泵	混凝土输送泵
	混凝土搅拌输送车	混凝土搅拌输送车	混凝土搅拌输送车
	混凝土拌和站	混凝土拌和站	混凝土拌和站
	发电机	发电机	发电机
养护作业线	养护作业台车	养护作业台车	养护作业台车
沟槽作业线	沟槽台车	沟槽台车	沟槽台车
施工通风	除尘净化设备	除尘净化设备	除尘净化设备
	轴流风机	轴流风机	轴流风机
	射流风机	射流风机	射流风机

表 10-4　双线隧道配置表

作业工序	高度机械化配置	中度机械化配套	基本机械化配套
超前地质预报作业线	超长距离取芯钻机	全断面多功能钻机	工程钻机
开挖作业线	三臂凿岩台车	三臂凿岩台车	电动空压机
	混装炸药设备	混装炸药设备	手持钻机
	—	—	多功能台架
装运作业线	装载机	装载机	装载机
	自卸汽车	自卸汽车	自卸汽车
	集装箱式出渣系统	—	—
	皮带运输(长大斜井)	—	—
支护作业线	两臂湿喷机械手	单臂湿喷机械手	单臂湿喷机械手
	混凝土搅拌输送车	混凝土搅拌输送车	混凝土搅拌输送车
	混凝土拌和站	混凝土拌和站	混凝土拌和站
	钢拱架拼装机	钢拱架拼装机	—
	锚杆钻注一体机	锚杆钻注一体机	锚杆钻注一体机
	高压注浆泵	高压注浆泵	高压注浆泵
检铺底作业线	自行式仰拱栈桥	自行式仰拱栈桥	简易仰拱栈桥
	挖掘机	挖掘机	挖掘机
	自卸车	自卸车	自卸汽车
	混凝土搅拌输送车	混凝土搅拌输送车	混凝土搅拌输送车
防排水作业线	防水板自动铺设台车	防水板自动铺设台车	防水板铺设台架
混凝土衬砌作业线	智能化模板台车	智能化模板台车	智能化模板台车
	混凝土输送泵	混凝土输送泵	混凝土输送泵
	混凝土搅拌输送车	混凝土搅拌输送车	混凝土搅拌输送车
	混凝土拌和站	混凝土拌和站	混凝土拌和站
	发电机	发电机	发电机
养护作业线	养护作业台车	养护作业台车	养护作业台车
沟槽作业线	沟槽台车	沟槽台车	沟槽台车
施工通风	除尘净化设备	除尘净化设备	除尘净化设备
	轴流风机	轴流风机	轴流风机
	射流风机	射流风机	射流风机

10.4　高海拔隧道施工劳卫保障

高海拔隧道劳卫保障主要包含施工供氧、人员健康管理、劳动制度管理及洞内环境检测等方面的内容。高海拔地区空气密度减小、体积膨胀,各气体成分体积含量保持不变,但是氧气质量含量和分压力降低了,导致对人体最直接的影响就是缺氧。缺氧会对人体产生一系列不良影响,极严重的缺氧可使人体呼吸减弱,甚至停滞。高海拔地区应加强人员健康筛选,建立习服基地,定期检查人员健康;合理制定劳动作息制度,实行轮岗制度,控制连续工作时间;检测洞内粉尘、有害气体和氧气含量等,保障洞内环境;定期发放劳保用品和药品,建立突发事件处理预案,并定期进行应急演练。

10.4.1　施工供氧

1. 供氧控制标准

目前规范尚无明确的多少海拔高度应进行增氧设计的规定,《客货共线铁路隧道工程施工技术规程》(Q/CR 9653—2017)规定:平原地区空气中氧气含量,按体积浓度不低于20%,高原地区应符合相关规定。不同学者进行了相关的研究,谢文强对巴朗山隧道展开研究,基于安全性和舒适性提出了供氧临界海拔高度标准分别为 4 500 m 和 2 500 m;辛嵩、崔延红等提出要将高海拔的施工环境降低到 2 700 m 等目标高度环境。

人体吸入的氧量直接受到空气中氧浓度的影响,当空气中的氧浓度降低(或氧分压减小)时,人体的呼吸也会受到影响,氧浓度降低越多呼吸将越困难。氧浓度降低到一定程度时,人体将处于缺氧状态,工作效率降低,出现各种不适症状,严重缺氧会直接威胁人员生命安全。氧气浓度与人体影响的关系见表 10-5,含氧量与海拔的关系见表 10-6。

表 10-5　氧气浓度对人体的影响

氧气浓度(%)	氧气分压(mmHg)	动脉中氧分压(mmHg)	动脉中氧气饱和度(%)	症　状
16 ~ 17	120 ~ 90	60 ~ 45	89 ~ 85	脉搏、呼吸次数增加、努力集中精神、无法做细微的肌肉活动、头痛
14 ~ 9	105 ~ 60	55 ~ 40	87 ~ 74	判断力失常、兴奋状态、不安定的精神状态、无刺痛感、酩酊状态、丧失当时记忆、体温上升、发白
10 ~ 6	70 ~ 45	40 ~ 20	74 ~ 33	意识不清楚、中枢神经障碍、痉挛、发白
维持在 10 ~ 6 或以下	45 以下	20 以下	33 以下	昏睡→呼吸缓慢→呼吸停止→6 ~ 8 min 后心脏停止

表 10-6　含氧量与海拔的关系

海拔高度(m)	大气压力(kPa)	气管气氧分压(kPa)	相当于海平面吸氧浓度(%)
0	101.32	19.92	20.9
1 000	89.87	17.51	18.4
2 000	79.48	16.34	16.2
2 500	74.68	14.33	15.1
3 000	70.11	13.37	14.1
3 500	65.76	12.46	13.1
4 000	61.64	11.6	12.2
4 500	57.73	10.78	11.4
5 000	54.02	10	10.5

由表10-6可知,当氧气浓度低于14%时,人体开始出现判断力失常、体温上升等不良反应,该氧气浓度对应海拔高度约3 000 m。

同时根据《高原地区室内弥散供氧(氧调)要求》(GB/T 35414—2017),规定3 000 m以上为高海拔地区,并对不同人员不同劳动强度的供氧浓度进行了要求,见表10-7。

表10-7　不同级别高原弥散供氧空间的氧气浓度要求

海拔高度(m)	大气压力		A级		B级		C级	
	mmHg	kPa	氧气浓度(%)	生理等效高度(m)	氧气浓度(%)	生理等效高度(m)	氧气浓度(%)	生理等效高度(m)
3 000	525.8	70.1	>24.3	<1 800	23.2~24.3	1 800~2 200	22.3~23.2	2 200~2 500
3 500	493.2	65.8	>24.7	<2 200	23.4~24.7	2 200~2 600	22.3~23.4	2 600~3 000
4 000	462.2	61.6	>25.0	<2 600	23.6~25.0	2 600~3 100	22.3~23.6	3 100~3 500
4 500	432.9	57.7	>25.3	<3 000	23.8~25.3	3 000~3 500	22.4~23.8	3 500~4 000
5 000	405.2	54.0	>25.5	<3 500	23.9~25.5	3 500~4 000	22.4~23.9	4 000~4 500
5 500	378.7	50.5	>27.3	<3 500	25.5~27.3	3 500~4 000	23.9~25.5	4 000~4 500

注:对于急进高原的人员,高原弥散供氧空间氧调宜采用A级;对于短居高原的人员,高原弥散氧空间氧调宜采用A级或者B级;对于久居高原的人员,高原弥散氧空间氧调的级别可按照下列要求确定:
宿舍等休息及恢复环境,宜采用B级;办公等共工作环境,宜采用B级,难以实现时,可采用C级;进行体育活动等较大劳动强度的环境(短时间),宜采用A级;难以实现时,可采用B级。

因此,遵循以人为本的原则,建议海拔2 800~3 000 m及以上隧道进行施工增氧,保障作业人员身体健康。

2. 制氧方式

现在主要的制氧方法有深冷法、变压吸附法、化学法、水电解法、薄膜法等,各类制氧方法的优缺点见表10-8。

表10-8　各类制氧方法特点

制氧方法	主　要　特　点
变压吸附法	技术成熟,浓度适中(93%),规模灵活(0.1~4 000 m^3/h),能耗低(0.4~0.5 kWh/m^3),投资约为深冷法的1/2,可直接制造医用氧
深冷法	技术成熟,浓度高(99%),大规模、高投资、大厂房,单位产品能耗高,不能直接获得医用氧,规模<150 m^3/h机组要淘汰
液氧	液氧购置、运输成本高。液氧罐(槽)、汽化器及其控制设备等硬件的投资与变压吸附供氧系统的投资基本相当
薄膜法	技术在发展之中,浓度较低(小于45%),规模小
水电解法	浓度高、能耗高(7 kWh/m^3)、产量低,耗水多
化学法	浓度高、消耗化学试剂,成本高、产量微小、不能连续供氧

(1)变压吸附法

各类制氧方法利用氮分子大于氧分子的特性,使用特制的分子筛把空气中的氧分离出来。首先,用压缩机迫使干燥的空气通过分子筛进入抽成真空的吸附器中,空气中的氮分子即被分子筛所吸附,氧气进入吸附器内,当吸附器内氧气达到一定量(压力达到一定程度)时,即可打开出氧阀门放出氧气。经过一段时间,分子筛吸附的氮逐渐增多,吸附能力减弱,产出的氧气纯度下降,需要用真空泵抽出吸附在分子筛上面的氮,然后重复上述过程。这种制取氧的方法亦称吸附法。

(2)深冷法

空气中的主要成分是氧气和氮气。利用氧气和氮气的沸点不同,从空气中制备氧气称空气分离法。首先把空气预冷、净化(去除空气中的少量水分、二氧化碳、乙炔、碳氢化合物等气体和灰尘等杂质)、然后进行压缩、冷却,使之成为液态空气。然后,利用氧和氮的沸点的不同,在精馏塔中把液态空气多次蒸发和冷凝,将氧气和氮气分离开来,得到纯氧(可以达到 99.6% 的纯度)和纯氮(可以达到 99.9% 的纯度)。如果增加一些附加装置,还可以提取出氩、氖、氦、氪、氙等在空气中含量极少的稀有惰性气体。由空气分离装置产出的氧气,经过压缩机的压缩,最后将压缩氧气装入高压钢瓶储存,或通过管道直接输送到工厂、车间使用。使用这种方法生产氧气,虽然需要大型的成套设备和严格的安全操作技术,但是产量高,每小时可以产出数千至上万立方米的氧气,而且所耗用的原料仅仅是空气,这种制氧方法广泛应用。

(3)水电解法

把水放入电解槽中,加入氢氧化钠或氢氧化钾以提高水的电解度,然后通入直流电,水就分解为氧气和氢气。每制取 1 m^3 氧,同时获得 2 m^3 氢。用电解法制取 1 m^3 氧气要耗电 12 ~ 15 kW · h,与上述两种方法的耗电量(0.55 ~ 0.60 kW · h)相比,是很不经济的。所以,电解法不适用于大规模制氧。另外同时产生的氢气如果没有妥善的方法收集,在空气中聚集起来,如与氧气混合,容易发生极其剧烈的爆炸。

(4)化学法

工业和医用氧气均来自制氧厂。工厂制氧的原料是空气,故价格非常便宜。但是,氧气的储存(高压氧气用钢瓶、液氧要用特殊储罐)、运输、使用不太方便。因此远离氧气厂的偏远山区运输困难,另外有些特殊环境如病人家中、高空飞行、水下航行的潜艇、潜水作业、矿井抢救等携带巨大笨重的钢瓶极为不便,小型钢瓶储氧量小,使用时间短,因此就出现化学制氧法,在化合物中以无机过氧化物含氧量最多且易释放,目前化学制氧多采用过氧化物来制氧。

各种制氧方法的对比分析及高海拔隧道制氧方法的统计见表 10-9,高海拔隧道采用变压吸附法制氧较多,其主要优势为:

①制氧规模灵活,适合于高原特殊环境条件下使用。

②生产出的氧气产品符合医疗用氧的标准,无需作进一步的处理,减少了设备投资和运行成本。

③制氧系统简单可靠。与深冷法相比,运转部件少,故障率低,易于维修,操作简单,运行可靠灵活。

④制氧过程以电能为动力、空气为原料,无化学反应,对环境不造成污染,绿色环保(图 10-4)。

表 10-9　常用制氧、供氧方案对比表

隧道名称	长度(m)	海拔(m)	制氧方案	供氧方案	效　　果
风火山	1 338	4 890	变压吸附式制氧系统	掌子面弥散式供氧＋氧吧车供氧	保障施工人员的生命健康；提高了工效；技术得以推广
关角	32 605	3 400～4 000	变压吸附式制氧系统	压氧系统及隧道氧吧车供氧	满足了施工人员的用氧量；提高了工效
羊八井一号	3 345	4 200～4 300	变压吸附式制氧系统	前期用输氧管，后期将氧气与风机供风混合供氧＋氧气袋	检测洞内环境，结果达到了劳动卫生要求，确保了施工人员的健康
雀儿山	6 830	4 200～4 600	变压吸附式制氧系统	掌子面弥散式供氧＋氧吧车＋个人氧气瓶供氧	保障了施工人员的生命健康；提高了工作效率
昆仑山	1 686	4 650	货车运输高压氧气瓶	个人背负式氧气瓶＋洞口氧吧＋宿舍弥漫式供氧	保障了施工人员的生命健康，提高了工作效率
鹧鸪山	4 428	3 250	无	加强通风＋特殊工种携带便携式补氧仪	定期检查身体，达到了补氧安全、经济的目的
祁连山	9 490	3 600～4 300	洞口施工区设置吸附式制氧站	掌子面弥散式供氧＋氧气瓶＋洞口吸氧室	使隧道内含氧量达到内地的80%，有效缓解高原带来的不适

3. 增氧通风布置方式

增氧布置方式主要分为两种：通风管路供氧方式(集中式置换空气增氧)和专用管路供氧方式(弥散式增氧)。

(1)通风管路供氧方式

制氧系统将成品氧气输送到供氧系统储备，供氧系统有一条氧气输送管，上面安设流量计和减压阀，可将高浓度氧气定量输送到风机尾部进风口处被风机吸入，再与风机同时吸入并压送到风管内的新风充分混合，形成满足含氧量控制标准的风流，最后被送到开挖工作面。

图 10-4　制氧站设备图

通风管路供氧方式具有如下特点：

①从送风源头供氧，保证送入隧道内的所有新风都满足含氧量控制标准。

②送风沿程漏入隧道内的风量也为富氧风量。当然，必须控制风管漏风率，以保证终端供氧风量，实现高效节能增氧通风。

③供氧系统与通风系统合为一体，材料投入较少，且便于管理维护。

④供氧风量较大，能耗较高。

(2)专用输氧管道供氧

制氧和供氧系统与通风管路供氧方式相同，所不同的是其单独在隧道内设置了送氧管路，将高浓度氧气送到开挖工作面风管出风口处，在开挖工作面内与新风充分混合，使开挖工作面形成满足含氧量控制标准的工作环境,属弥散式增氧。

专用管路供氧具有以下特点:

①在送风末端的开挖工作面供氧,只保证开挖工作面局部环境内满足含氧量控制标准。

②风管内风流为洞外自然环境的新风,供氧风量固定不变,不受其他因素影响。

③供氧系统和通风系统是两套相互独立的系统,可靠性强,但是增加了材料投入和管理维护费用。

④供氧风量较小,能耗较低。

这两种方式的制氧和供氧设备均设置在洞外固定位置,主要区别是供氧点位置不同,前者供氧点在洞外,后者供氧点在洞内,可结合隧道施工条件和设备投入及能耗等进行综合比选。

4. 其他供氧措施

在高海拔隧道施工过程中,除了采用增氧通风外,也可采用氧气瓶(袋)和氧吧供氧等措施。

(1)氧气瓶(袋)

施工人员一般将氧气瓶(袋)背在背上,用鼻吸管吸氧。

(2)氧吧

氧吧是大型供氧设备,可固定设置在某处,也可设置成移动氧吧车。在高海拔隧道施工中,移动氧吧车较灵活,其规格尺寸可根据需要定制。氧气来源可由制氧系统提供,在具体实施时可以与隧道增氧通风共用一套制氧系统(图 10-5)。

图 10-5　固定式(左、中)和移动式(右)氧吧

5. 供氧方案

高海拔隧道施工供氧方案主要有个人携氧供氧、弥散式供氧和综合供氧。

(1)个人携氧供氧。该方法的优点是设备简单,并且施工人员呼吸到的氧气体积分数较高,耗费的氧气量小,在短时间内或某些紧急情况下,该方法比较适用。在高海拔地区施工隧道的特殊环境下,采用个人携氧来补充施工人员所需的氧气是一种常见的、简便的供氧方式。

(2)弥散式供氧。通过高压橡胶软管及快装接头,与掌子面作业台架上弥散供氧管口连接,作业台架上布置供氧管道及喷头,现场跟班安全员配置气体检测仪器,实时掌握掌子面施工环境含氧量情况,及时通过阀门控制供氧量及供氧时间,使掌子面一定范围内充满含氧量较高的空气,实现局部富氧,保障掌子面空气中氧气体积分数满足正常人体的呼吸需要。掌子面区域弥散式供氧主要是在掌子面打钻装药、立钢拱架和喷射混凝土期间开启供氧(图 10-6)。

(3)综合供氧是采用隧道掌子面弥散供氧和氧吧供氧相结合的供氧方式,可以较好地解决高海拔地区隧道施工的缺氧环境。

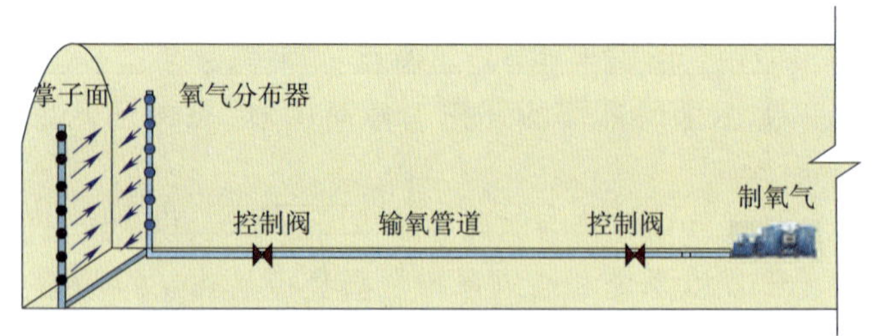

图 10-6 隧道弥散式供氧工作原理示意图

10.4.2 高原适应人群健康筛检

高海拔地区低气压、低氧分压、寒区、干燥、大风、强紫外线辐射特点明显,对施工人员生命健康带来巨大挑战。据资料统计,高原 4 000 m 以上高原反应发病率为 60% ~ 90%,高原肺水肿患者患病率 0.57% ~ 9.9%,脑水肿患病率为 0.5% ~ 2%。而在高原从事重体力劳动将加重机体缺氧程度,诱发重症高原反应,导致脑水肿和脑昏迷。根据测算,在海拔 4 000 m 以上从事重度体力劳动,急性高原反应将增加 30%,高原肺水肿和高原脑水肿发病率增加约 5 倍,高原心脏病约增加 10 倍。遵循以人为本的原则,将职业安全健康纳入工程建设的重要目标,突出高原病防治重点,从科学决策、综合防控、及时救治三方面,着重解决高海拔低氧、恶劣气候、综合防控、生活保障、卫生资源匮乏等问题。

建立工前、适应期、工中、工后人群体检鉴定模式,制定高原禁忌证标准,高原病早期诊断标准,工后恢复指征。工前体检筛检剔除高原禁忌证,选拔健康个体。参照青藏铁路经验,在海拔 3 000 m 以下建立适应基地,习服 3 ~ 7 日进行习服体检,确定高原适应个体进入工地。施工现场每 3 个月进行一次定期体检,监控生理指标变化预防慢性高原病。每年下山进行工后体检,确定康复治疗和提前离岗个体。血常规、心电图、血压、肝功能 4 项指标最能体现高原环境对施工人员身体健康的影响,应作为筛检不适宜高原施工人员的重要指标。

10.4.3 劳动作息制度管理

制定高海拔隧道施工工时和轮岗制度,通过增加施工机械化水平和严格执行每日施工工时制度降低工作强度。应用高原体力劳动强度分级监测技术对海拔 4 000 m 以上隧道作业人员进行劳动强度实测,实时监控劳动强度。结合高原体力劳动强度测算,制定高原体力劳动强度分析标准。此外,在高海拔地区建立高压氧舱可有效抢救急性高原病患者,为高原病的现场救治提供了重要技术手段。

10.4.4 其他保障措施

建立隧道施工粉尘、有害气体和氧分压检测制度,保证粉尘、有害气体浓度不超过国家标准。生活区宿舍采用集中式和个体供氧相结合的形式,坚持工人每日吸氧。工人宿舍保证全年取暖,保持室内温度不低于 15 ℃。发放个人劳保用品和抗缺氧药品,提高机体对缺氧的耐受性。同时预防高原理化性损伤,包括冻伤、日光性皮炎和皮肤皲裂。高原施工劳动力使用还应遵循一些基本原则:初到高原勿做超负荷劳动,久居高原勿做持久强体力劳动,勿做长途行走,避免长途乘车和精神刺激,做好定期体检和轮岗休假。建立应急救援预案,由项目部成立应急小组,前期做好预防准备,建立突发事件预案,进行应急演练。

10.5　高海拔寒区隧道抗防冻

低温和水对隧道危害作用大,隧道应选择合适的标高通过,减少穿越地下水位高、构造裂隙发育等水文地质复杂的地段。隧道抗防冻设计结合局部气候条件、水文地质条件和施工条件等因素制定有针对性的抗冻保温、防水和排水方案。寒区隧道洞口段受环境温度影响大,洞口应设置抗冻设防段,抗冻设防段需考虑冻胀作用及温度应力的影响。防排水设计遵循“防、排、截、堵相结合,因地制宜,综合治理,保护环境”的原则,采取切实可靠的设计、施工措施,妥善处理地表水、地下水,使洞内外形成完善的防排水系统,防止结构渗水、积水以及排水系统冻结,避免引起隧道衬砌及洞口冻害。

10.5.1　隧道位置及洞口工程

1. 隧道纵断面选择

(1)隧道洞口宜选择在背风向阳、不易积雪、便于排水的位置,降雪量较大的地区,洞口不宜设置在边坡和仰坡较为陡峻位置,避免遭受雪崩。

(2)洞口位置宜不破坏和少破坏原有地表植被,可采用紧贴地面不刷坡的进洞方式;洞外为路堑的洞口,条件许可时宜接长明洞。

(3)隧道位置宜减少洞口长段落浅埋及洞身以浅埋方式穿越大型沟谷;隧道洞身宜减少穿越长段落的黏性土等地层,宜减少穿越断层、节理密集带等富水地层,减少因渗漏水导致隧道冻害的威胁。

(4)长大隧道优先采用人字坡,宜适当加大纵坡。根据水工经验,高海拔寒区隧道纵坡不宜小于 5‰。

2. 洞口工程

(1)隧道洞门及位于地下水位以下的洞口段应考虑冻融环境对结构耐久性的影响,应按冻融破坏环境设计。

(2)洞门墙基础底面应埋置于冻结线以下 0.25 m 处,且应符合基础最小埋置深度要求;当冻结线较深时,为避免基础埋置过深,圬工过大及施工困难,采取非冻结性的砂石材料换填,并做好隔水处理,或用桩基及其他加固措施解决。一般岩石地基和碎石土层地基,不考虑冻结深度的影响,但要清除表面风化层。

(3)隧道位于强冻胀性及以上围岩时,洞口浅埋段应优先采用明挖法施工,并采用非冻胀性材料回填。

(4)边仰坡开挖坡率宜根据降水、土质及冰冻条件适当放缓;洞顶回填坡率一般根据回填高度、填料或当地土质的物理力学性质、施工方法等因素,并结合自然稳定山坡形式及力学分析方法综合确定;回填料应采用非冻胀性或弱冻胀性砂性土或砂砾土等粗颗粒土。

10.5.2 隧道结构抗冻保温设计

1. 隧道结构抗冻

隧道结构抗冻主要的目标是初期支护和二次衬砌的混凝土,其在隧道施工和运营期间均可能发生受冻破坏。混凝土的抗冻性与内部孔结构、水饱和程度、受冻龄期、混凝土的强度等因素有关,而混凝土的孔结构及强度又主要取决于其水灰比、有无外加剂及养护方法等。

(1)抗冻设防长度

高海拔寒区隧道受冻害影响地段应设置抗冻设防段,设防段长度可根据隧道长度、当地最冷月平均气温、地下水水量、隧道内外气温、风速风向、行车速度和密度等影响因素综合确定。一般情况下可参考当地最冷月平均气温和邻近隧道的设防条件类比综合确定。

对短隧道,一般埋深浅,洞身地温相对较低,且洞口与洞外环境空气对流换热充分,冻融区沿隧道周边从洞口一直发展到洞内,长度可达数百米,因此短隧道需要采取保温措施时一般按隧道全长设置。对中长隧道和特长隧道,一般埋深大,洞身地温相对较高,洞外环境气温对洞内气温的影响长度有限,冻融区发展往往局限于洞口一定长度范围内,对洞身影响很小,这种情况保温措施若按隧道全长设置,不仅浪费,而且没有必要。缺少实测资料时设防段长度可参考《铁路隧道设计规范》(TB 10003—2016)确定,见表 10-10。

表 10-10 洞口保温段长度

洞口海拔高度(m)	一月平均气温(℃)	保温段长度(m)
3 300	-10	680
3 600	-10.5	690
3 800	-11	710
4 000	-12	750
4 200	-13	830
4 400	-14	860
4 600	-15	900
4 800	-16	930

(2)初期支护

喷射混凝土结构承载了隧道的大部分或全部荷载,而二次衬砌结构往往是作为安全储备,承担小部分或不承担荷载。在寒区,喷射混凝土在反复的冻融循环作用下,其结构会产生损伤劣化,一旦初期支护丧失承载能力,二次衬砌结构可能会产生开裂、甚至失稳,威胁隧道结构的安全。

抗冻设防段初期支护结构应满足下列要求:

①喷射混凝土宜保证一定的厚度,强度等级一般不小于 C25。

②锚杆长度宜伸出冻融圈外不小于 1.5 m。

③对富水地段,应采用围岩注浆等措施提前加固改良地层,减少地下水的入渗,确保初期支护基本干燥无渗水。

④初期支护与围岩间、初期支护内部不可存在空隙。

(3)二次衬砌

抗冻设防段二次衬砌结构应满足下列要求:

①二次衬砌采用曲墙带仰拱复合式衬砌,考虑冻胀作用采用钢筋混凝土,其厚度不小于 40 cm;混凝土抗渗等级不低于 P10、抗冻性能指标不低于 F300。

②抗冻设防段土层及全风化层拱墙初支背后宜采用径向注浆堵水。二次衬砌与初期支护间、二次衬砌内部不可存在空隙,防冻设防段应进行衬砌背后注浆。

③隧道抗冻设防段结构应设置温度伸缩缝,设置位置应避开集中出水点。由于隧道冬季沿纵向温度场的分布一般呈“两端低、中间高”的抛物线形规律,隧道抗冻设防段二次衬砌结构纵向需设置温度伸缩缝消除温差引起的温度应力。隧道抗冻设防段的拱墙、仰拱、仰拱填充及侧沟的施工缝、温度伸缩缝、沉降缝上下应贯通对齐,避免隧道结构上下部位变形不一致而导致开裂。

提高衬砌混凝土抗冻性能的主要措施有:

①掺用引气剂

掺入引气剂可以引入大量稳定而封闭的微小气泡,切断毛细孔、增加孔隙的曲折度、阻断混凝土中的毛细孔通道,削弱混凝土中微裂缝端部的应力集中,抑制裂缝延伸和发展,因而掺入适量的引气剂可以提高混凝土的密实性以及抗渗性,同时引气剂引入的均匀微小的气泡可缓解结冰产生的膨胀压力,缓解渗透压力,可使混凝土抗冻性得到提高。

②严格控制水灰比

减水剂可以在不改变混凝土工作性的情况下减少用水量,降低水灰比;高效减水剂对水泥颗粒有很高的分散作用,可以改善混凝土的工作性,减少单位用水量,降低水灰比,使混凝土更密实,从而提高了混凝土的抗渗、抗冻和抗碳化性能。

③掺加矿物掺合料

掺加矿物掺合料主要是发挥其火山灰效应和微集料效应,改变混凝土化学成分、孔隙率和孔结构、渗透性、界面特征等方面性质。混凝土中掺入矿物混合材后,可降低混凝土的碱含量,提高混凝土的密实性和抗渗性,从而有效地提高混凝土的抗冻性能。

④加强早期养护或掺入防冻剂防止混凝土早期受冻

早强剂、防冻剂的加入对在负温条件下能使混凝土具有较强的抗冻害能力,从而保证冬季正常施工。明洞、洞门等现场露天浇捣混凝土更应加强早期养护,混凝土振捣要充分、密实、不漏振,推迟拆模时间或加热水拌制,当平均气温小于 −5 ℃时应停止浇筑。

2. 保温层

保温层设计内容包括结构构造、保温材料、防冻保温层厚度和防冻保温层设置长度。保温层设计应将保温层、保护层和固定材料(胶黏剂、锚固件等)作为系统构造综合设计,其功能要满足防冻、防潮、牢固可靠的工程基本要求。保温层一般在隧道洞口抗冻设防段、地下水发育的断层带等地段设置,减少围岩与隧道内空气的热交换,降低衬砌或围岩的温度变化幅度,保障防排水系统的通畅和防止结构冻胀,减小冻害的发生。对于多年冻土隧道,保温层主要是减小隧道周边的冻融圈范围和防止隧道周边围岩冻融。

(1)保温层的设置方式

隧道中保温层的敷设方式一般有 4 种,分别是夹心式、贴壁式、双层式和离壁式。4 种敷设方式各有特点，其优缺点见表 10-11。目前铁路隧道采用较多的方式为夹心式。

表 10-11　不同保温层敷设方式的对比

项目	夹心式	贴壁式	双层式	离壁式
定义	初期支护和二次衬砌之间敷设保温层	二次衬砌内表面即隧道内侧敷设保温层	初期支护与二次衬砌之间及二次衬砌内表面均敷设保温层	二次衬砌内表面与保温层之间设置空气层来增强保温效果
优点	材料无燃烧性能要求；无需另设防火、保温层；阻断热量，保护二衬	保温层更易维修和更换；保温材料抗压性能要求较低	保温效果更佳，且更有保障；更加适用于地温很高的隧道	安装耗时少，效率高；撤换和维修方便；造价相对较低；结构受力简单
缺点	材料有抗压能力要求；保温层很难维修和更换；相对更容易吸水变潮湿	材料阻燃、环保性要求高；需设置防火层和保护层；热量传向二衬，二衬安全性降低；易遭破坏，掉落影响行车安全；影响观察二衬健康状态	工艺复杂，不利于现场施工；不经济，成本高；不利于二衬的维修与养护；保温层难以维修和更换；抗压和阻燃性要求较高	安装精度较严格；一般只在单层衬砌中使用；衬套有固定锚杆，易破坏防水层和保温层的整体性

(2)保温材料的选择

用于隧道防冻保温层的保温材料一般选用质轻、疏松、多孔、导热系数小的材料，且具有较好的保冷抗冻性、防火性、防水及耐腐蚀性。

隧道常用保温材料分为无机保温材料和有机保温材料。无机保温材料主要包括矿渣棉、岩棉、玻璃棉、硅酸铝纤维板等；有机保温材料主要包括聚氨酯、聚苯乙烯、聚乙烯、酚醛泡沫板等，其中，聚酚醛泡沫、硬质聚氨酯泡沫和干法硅酸铝纤维应用较多。我国部分寒区隧道保温层敷设方式及材料选择情况见表 10-12。

表 10-12　部分应用保温材料的隧道

	隧道名称	材料类型	敷设方式	厚度(cm)
寒区隧道	风火山隧道	硬质聚氨酯泡沫塑料	夹心式	5
	昆仑山隧道	硬质聚氨酯泡沫塑料	夹心式	5
	大阪山隧道	硬质聚氨酯泡沫塑料	贴壁式	5
	青沙山隧道	硬质聚氨酯泡沫塑料	贴壁式	—
	鹧鸪山隧道	主洞：聚酚醛泡沫材料 平导：硬质聚氨酯泡沫塑料	贴壁式	4 —
	雀儿山隧道	聚酚醛泡沫材料	贴壁式	—
	姜路岭隧道	硬质聚氨酯泡沫塑料	双层式	—
	鄂拉山隧道	硬质聚氨酯泡沫塑料	夹心式	—

(3)保温层厚度的确定

①隧道采用表面保温层进行防冻时，保温层厚度可按式(10-1)计算：

$$\frac{1}{\lambda_{\mathrm{p}}}\ln\frac{r+Z_{\mathrm{s}}(x)}{r}=\frac{1}{\lambda}\ln\frac{r+\delta}{r} \tag{10-1}$$

式中　λ_p——围岩导热系数，W/(m·K)，宜根据现场情况进行实测；

r——衬砌结构的曲率半径，m；

$Z_s(x)$——围岩的冻结深度，m；

λ——防冻保温材料导热系数，W/(m·K)，取材料实测值；

δ——保温层的厚度，m，当计算值小于 0.05 m 时，$\delta=0.05$ m。

②铁路隧道大多采用初期支护与二次衬砌之间设置夹心式保温层进行防冻，保温层厚度可按下式计算：

$$\frac{1}{\lambda_p}\ln\frac{r+Z_s(x)}{r}=\frac{1}{\lambda}\ln\frac{r+\delta_2+\delta}{r+\delta_2}+\frac{1}{\lambda_2}\ln\frac{r+\delta_2}{r} \tag{10-2}$$

式中　λ_2——二次衬砌混凝土的导热系数，W/(m·K)；

δ_2——二次衬砌混凝土的厚度，m。

10.5.3　隧道防排水系统

寒区隧道防排水的处理至关重要，水是隧道发生病害的基础，隧道大多数冻害都是由于防排水系统问题引起的。寒区隧道隧底深埋水沟、盲管等外部排水系统不通畅时，衬砌背后易形成积水，冬季发生冻胀结冰，地下水容易通过衬砌缝隙向隧道内部渗漏，形成挂冰等冻害，多发生在拱墙、仰拱、纵向施工缝以及由于施工质量不过关而造成的衬砌结构薄弱环节处。地下水具有一定的承压性，寒区隧道侧沟、中心沟等洞内排水系统不通畅的情况下，水可能会从隧道底部逐渐渗漏到仰拱填充之上，在低温的作用下逐渐冻结，若地下水量较为丰富，源源不断补给的地下水会在隧道底部冻结，造成道床积冰等冻害。低温造成材料的性能劣化也可能带来隧道冻害问题。

1. 防水设计

寒区隧道防水采取的措施主要有围岩注浆堵水，喷射混凝土防渗，设置防水层，施工缝、变形缝防水，二衬混凝土自防水，衬砌背后回填注浆等。

(1)围岩防渗、注浆堵水

当隧道穿越围岩较为密实、构造不发育的地段时，围岩自身具有一定的抗渗能力，一般无需改善围岩抗渗能力。当隧道洞口抗冻设防段地层松散、透水性较强时，或洞口位置位于汇水地段时，或洞身穿越构造发育、节理裂隙密集的富水地段时，冬季隧道内形成冻害的可能性较大，宜采用以“堵水防寒”为主要目标的径向注浆或超前注浆。围岩注浆可以提高隧道外一定范围内围岩体的密实度，构建一个封闭的防渗圈，降低地下水渗透作用，从而降低隧道冻害风险。

①注浆方式

永久性冻土区、季节性冻土洞口抗冻设防段宜采用开挖后径向注浆方式，开挖后注浆在隧道初期支护完成后施作。

穿越富水围岩段宜采用深孔预注浆方式，注浆前应施作止浆墙。根据地质情况，注浆方式分为前进式注浆、后退式注浆和一次全孔注浆，见表 10-13。岩石破碎、裂隙发育宜采用前进式注浆，即钻孔一段注浆一段，清孔钻进后再注浆，钻、注交替作业至设计终孔处；裂隙不够发育、岩层稍好时宜采用后退式注浆，即注浆孔一次钻进成孔，利用止浆塞分段止浆,从孔底分段注浆后退至孔口;在岩层裂隙不发育时可全孔一次注浆,即注浆孔一次钻进成孔,安装孔口管一次完成全孔注浆。

表 10-13　注浆方式表

围岩裂隙发育程度	注浆方式
发育	前进式
一般	后退式
不发育	一次

②注浆参数及范围

永久性冻土区、季节性冻土洞口抗冻设防段可采用低压注浆,注浆范围可按承受外部静水压力设计,有承压水的地层注浆压力可适当提高,一般裂隙地段防渗圈的范围按 0.2 ~ 0.5 倍隧道开挖跨度考虑。

穿越富水围岩段宜采用高压注浆,注浆设计压力应根据围岩水文地质条件合理确定。经验表明:注浆压力宜比静水压力大 1.0 ~ 1.5 MPa;注浆范围宜为开挖范围以外 5 m 并宜大于隧道围岩冻融圈 0.5 m。

注浆设备的技术性能应与所搅拌浆液的类型、密度相适应,其额定工作压力应大于最大灌浆压力的 1.5 倍,排浆量能满足灌浆最大注入率的要求。

③注浆材料

隧道防寒注浆止水材料应具有一定的抗压、抗拉强度,抗渗性、抗冲刷及耐老化性能好,浆液固化时无收缩现象。隧道防寒注浆材料宜以水泥类为主,可采用快凝早强水泥,根据注浆材料不同的性能、特点,常常选用的有纯水泥浆、水泥水玻璃将和水玻璃类等。

④注浆效果检查

一般岩质地层防寒注浆防渗标准可采用钻孔压水试验成果表示,压水试验成果一般要求透水率 $q \leqslant 5$ Lu(Lu 为透水率单位);土质地层防寒注浆防渗标准一般采用渗透系数 K(cm/s)表示,要求 K 降低到 10^{-5} cm/s 的量级。

(2)初期支护防渗

初期支护由锚杆、喷射混凝土、钢筋网和钢架等组成,作为隧道暗洞段防水系统的第一道防线,应重点考虑系统锚杆施作、初期支护与围岩间的密贴对隧道防水系统的影响。初期支护设计应满足下列要求:

①系统锚杆往往在径向钻孔后布置,而钻孔施作后易成为集中的渗水通道。为了保证系统锚杆孔的防渗要求,确保各锚杆封孔注浆饱满且孔内无空隙积水,要求隧道最大跨以上部位宜采用中空注浆锚杆,最大跨以下部位可采用砂浆锚杆亦可采用中空注浆锚杆。

②保证初期支护与围岩间、初期支护内部无空洞、不积水,一方面应严格控制隧道的超欠挖,另一方面则要求钢筋网片施工时实现对孔搭接,从而避免网眼错开后导致喷射混凝土不密实。

③喷射混凝土最小厚度宜不小于 10 cm,宜选用中低温抗冻快凝混凝土,强度等级一般不小于 C25。

(3) 防水层防水

完整无损、性能良好的防水层不仅起到了良好的防水作用，而且很好的润滑了初支与二衬的接触面，降低了两者间的约束应力，降低了二衬混凝土产生裂缝的可能性。防水层一般由两部分组成，防水板和缓冲垫层。缓冲垫层可以防止静力穿刺基层。但工程经验表明，由于防水层基面的不平顺，局部突出易造成防水层在衬砌施工过程中发生损伤，从而形成隧道在运营期的渗漏水，冬季则容易出现挂冰等病害。防水材料不仅需满足规定的性能要求，避免施工阶段防水层的损伤是保障防水层防水性能的关键。

(4) 二次衬砌防水

二次衬砌采用曲墙带仰拱复合式衬砌，混凝土抗渗等级不低于 P10，当地下水发育或对混凝土具有侵蚀性时，抗渗等级不低于 P12。结合多年冻土区年平均地温为负温不利的场地及施工环境因素，各级围岩隧道衬砌均采用曲墙带仰拱的封闭结构，并适当加大边墙曲率，混凝土强度耐久性及抗渗性较一般地区予以提高。

(5) 接缝防水

施工缝是施工中产生的冷接缝，是隧道中最易发生渗漏的地方。在衬砌施工时如果处理不好，会引起衬砌裂缝及漏水，造成隧道挂冰等冻害。为防止不均沉降以及温度或混凝土收缩引起裂缝，隧道中会设置沉降缝和伸缩缝，接缝漏水采取的措施主要为止水条或止水带，工程实例表明，在高海拔寒区隧道采用止水条或者止水带亦能满足耐低温要求。

接缝防水设计应结合寒区温差大的气候特点按以下两种情况进行考虑：

①当隧道所在地区年平均气温较高，气温年较差较大时，隧道的沉降变形缝及温度伸缩缝应结合所在地区的气温年较差考虑设置，并保持一定的缝宽。

②当隧道所在地区年平均气温不高，气温年较差较大时，隧道沉降变形缝可考虑一定的缝宽，但由于隧道施工期间的环境温度要求在 5 ℃以上，且开通运营后冬季隧道内的温度低，隧道结构应考虑混凝土结构自身收缩变形影响和由于“负温差”引起的纵向收缩变形。

2. 排水设计

为保证寒区隧道排水通畅，防止排水系统发生冻害，必须结合气候条件和地下水发育程度制定针对性的防寒措施，防寒保温排水系统的设防长度，应充分考虑当地气温、水量大小、风向风速、岩温、隧道长度等对隧道内空气和围岩温度场的影响，无具体资料时可参考《铁路隧道设计规范》(TB 10003—2016)确定保温排水措施，见表 10-14。

表 10-14　保温排水措施设置表

最冷月平均气温 t_1 (℃)	极端最低温度 t_2 (℃)	隧道长度(m)	低端洞口排水保温措施			高端洞口排水保温措施		
			洞口 500 m	距洞口 500～1 000 m	距洞口 1 000～1 500 m	洞口 500 m	距洞口 500～1 000 m	距洞口 1 000～1 500 m
$-8<t_1\leqslant-3$	$-20<t_2\leqslant-10$	<500	双侧保温水沟			双侧保温水沟		
		500～3 000	双侧保温水沟	双侧保温水沟		双侧保温水沟	双侧保温水沟	
		>3 000	双侧保温水沟	双侧保温水沟		双侧保温水沟	双侧保温水沟	

续上表

最冷月平均气温 t_1（℃）	极端最低温度 t_2（℃）	隧道长度（m）	低端洞口排水保温措施			高端洞口排水保温措施		
			洞口 500 m	距洞口 500～1 000 m	距洞口 1 000～1 500 m	洞口 500 m	距洞口 500～1 000 m	距洞口 1 000～1 500 m
$-15 < t_1 \leqslant -8$	$-35 < t_2 \leqslant -20$	<500	中心浅埋水沟			双侧保温水沟		
		500～3 000	中心浅埋水沟	中心浅埋水沟	双侧保温水沟	双侧保温水沟	双侧保温水沟	双侧保温水沟
		>3 000	中心浅埋水沟	中心浅埋水沟	双侧保温水沟	双侧保温水沟	双侧保温水沟	双侧保温水沟
$t_1 \leqslant -15$	$t_2 \leqslant -35$	<500	中心深埋水沟或防寒泄水洞			双侧保温水沟		
		500～3 000	中心深埋水沟或防寒泄水洞	中心深埋水沟或防寒泄水洞	中心浅埋水沟	中心深埋水沟或防寒泄水洞	中心深埋水沟或防寒泄水洞	中心浅埋水沟
		>3 000	中心深埋水沟或防寒泄水洞	中心深埋水沟或防寒泄水洞	中心浅埋水沟	中心深埋水沟或防寒泄水洞	中心深埋水沟或防寒泄水洞	中心浅埋水沟

注：1. 中心浅埋水管设置于仰拱内或仰拱下紧贴仰拱位置。
2. 双线隧道若中心浅埋水管设置于仰拱内，则宜全隧贯通设置，设置于仰拱下时可参照本表。
3. 中心深埋水沟及防寒泄水洞均设置于最大冻结深度以下，当黏性土最大冻结深度大于 2 m 时，宜优先采用防寒泄水洞。
4. 高端洞口设置中心深埋水沟或防寒泄水洞时，洞内其他段落设置中心浅埋水管，保温深埋水沟或防寒泄水洞坡度向洞内逐渐减缓，但不小于 3‰，以有效减小保温深埋水沟或防寒泄水洞与浅埋水管连接部位高差。

（1）保温水沟

隧道周边的地下水通过边墙处的泄水孔进入洞内后，在水沟内采用保温措施，以达到冬季水流不冻结的目的。保温水沟分为保温侧沟和保温中心沟（管），其结构形式应与隧道衬砌断面设计相配合，水沟上部应设置双层盖板，两层盖板间应充填保温材料，其厚度不宜小于 35 cm。保温水沟如图 10-7 所示。

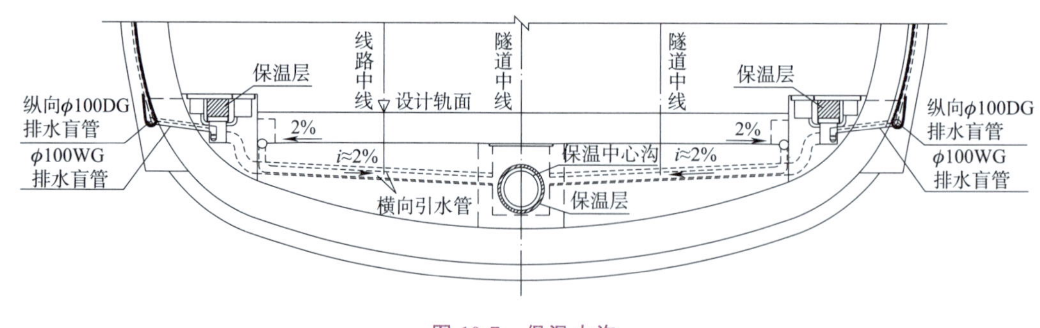

图 10-7　保温水沟

保温水沟应设置检查井，检查井间距宜为 30～50 m，且避开施工缝、沉降缝和变形缝。断面形式可采用方形或圆形，检查井下应设沉淀池，检查井应设双层盖板，两层盖板间应填塞保温材料。保温材料宜采用蛭石混凝土、矿渣、沥青玻璃棉、矿渣棉、泡沫聚氨酯、泡沫塑料等，保温材料应具有阻燃特性，并采取防潮措施以免保温性能受到影响。一般防潮措施可采取：

①设置防潮层，将沥青玻璃棉等保温材料用沥青玻璃布包裹起来。

②将保温材料定期进行翻晒。

③有渗漏水地段将水沟盖板用水泥砂浆勾缝或沥青涂抹，以防水渗入保材料。

(2)中心深埋水沟

保温水沟防冻措施是通过借用外部保温材料而达到保温的目的，而中心深埋水沟，是把水沟埋设于隧道内冻结深度以下，利用地温达到保温防冻目的。因隧道内仰拱及仰拱回填材料与洞外天然岩土导热系数的差异，洞内冻结深度往往大于洞外黏性土的最大冻结深度，因此洞内深埋水沟的埋深需在洞外最大冻结深度的基础上适当提高。此种排水方式对季节性冻土隧道适宜，但不适用于多年冻土地区，围岩冻结深度不应大于 2.5 m。

深埋中心水沟的断面形式应根据地质条件选用 U 形、圆形、箱形或拱形等，其断面尺寸应根据水力计算确定。可参照流量确定，矩形断面不宜小于 25 cm × 40 cm(高 × 宽)，圆形断面内径不宜小于 30 cm。水沟埋置深度应结合当地气温、冻结深度和主导风向等条件确定，并宜大于当地黏性土的最大冻结深度，一般可参考下列经验数值选用：

①长度小于 1 km 的隧道，水沟埋深宜按当地砂性土的最大冻结深度考虑。

②长度大于 1 km 的隧道，低侧洞口 300 ~ 500 m 范围内，水沟埋置深度宜按当地砂性土最大冻结深度考虑。高侧洞口和洞身段宜按当地黏性土最大的冻结深度或略小于当地黏性土的冻结深度考虑。

③有实测资料时，根据实测隧道内气温和冻结深度按式(10-3)确定。

$$h_x = Kh_0 \frac{T_x}{T} \tag{10-3}$$

式中　h_x——隧道洞内距离洞口距离 x 处水沟最小埋深，m；

h_0——隧道所在地区的最大冻结深度，m；

T_x——隧道洞内距离洞口距离 x 处最冷月平均气温，℃；

T——隧道所在地区最冷月平均气温，℃；

K——与岩性有关的冻结深度系数，黏性土取 1.0，砂性土取 1.1 ~ 1.3，岩石取 1.3 ~ 2.0。

中心深埋水沟周边的回填直接影响到水沟的使用功能，水沟宜采用素混凝土基座固定，回填材料除需满足保温、渗水性好、方便施工的要求外，还应防止石屑、泥砂渗入水沟引起水沟淤积。实践表明采用在水沟附近以级配骨料分层回填，上面覆盖弃渣，效果较好。深埋中心水沟应设置检查井，检查井间距宜取 30 ~ 50 m，断面形式可采用方形或圆形，检查井下应设沉淀池，以便清淤，检查井应设双层盖板，两层盖板间应填塞泡沫塑料或其他保温材料。中心深埋水沟如图 10-8 所示。

(3)防寒泄水洞

围岩冻结深度大于 2.5 m 时，若采用明挖深埋中央排水沟，此时二衬和仰拱填充未具备施工条件，施工有难度，且可能由于深度开挖而影响隧道围岩及结构的稳定性，存在一定风

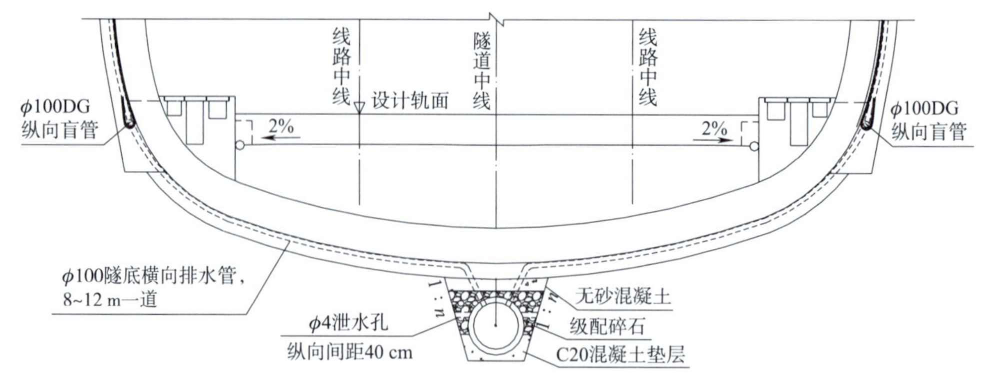

图 10-8　中心深埋水沟

险，在此类隧道施工时，宜在主洞下方一定埋深设置防寒泄水洞。通过布置的隧道墙后排水盲管（沟）和重力下渗作用井将隧道周边的水汇集到防寒泄水洞后引排，利用地温本身的作用达到冬季流水不冻结的目的。当保温水沟和中心深埋水沟排水能力无法满足要求时，也可设置防寒泄水洞进行排水。

防寒泄水洞的埋置深度应低于围岩最大冻结深度，结合泄水洞与正洞施工的相互影响、排水效果等情况综合确定，并应确保隧道底部稳定。埋置深度应合理，埋置过浅，达不到防寒泄水的目的；埋置过深，泄水效果降低，增加施工难度和投资，且不方便检修。防寒泄水洞一般应满足超前正洞施工的要求，并可兼做隧道正洞的超前导洞预报正洞前方的工程地质和水文地质情况，为正洞的安全施工提供适当的参考。

泄水洞可采用钻爆法或掘进机法施工，一般均设置衬砌。钻爆法施工过程中正洞与泄水洞不可避免地存在一定程度的相互干扰，开挖均应采取控制爆破措施，控制爆破震速。防寒泄水洞的结构尺寸、支护参数应根据实际泄水量、施工条件、地质条件和埋置深度等因素综合确定，且断面尺寸不宜小于 2 m×2 m。泄水洞出隧道后宜短距离流出地面，应采用大坡度，最小坡度 5%，提高动能，减少冻结的可能。

防寒泄水洞一般应设铺底，当石质较好时可不设铺底，拱部及边墙应留有足够的泄水孔，其间距不宜小于 1 m。地下水水量较大处应增设泄水竖井或盲沟，并通过横向导洞排入中心泄水洞。若围岩中有细小颗粒可能流失时，衬砌背面应设置反滤层。防寒泄水洞宜每隔 200～250 m 设一检查井，检查井应设双层盖板，盖板之间应填塞保温材料。为防止防寒泄水洞本身冻结，泄水洞衬砌宜铺设保温隔热层，进出口应采用防寒保温措施。防寒泄水洞如图 10-9 所示。

（4）附属保温设施

寒区隧道除设置保温水沟、中心深埋水沟或防寒泄水洞外，还应设置盲管（沟）、横沟、泄水孔、洞外暗沟，保温出水口等配套排水设施，使寒区隧道内外形成一个完整的排水系统，才能有效地防止隧道的冻害问题。

①盲管及横向排水管

为了防止隧道衬砌背后产生积水，顺利疏导渗漏水，进行局部泄水减压，可在衬砌背后设置保温盲管，保证结构安全。横向排水管宜采用聚氨酯泡沫等保温材料进行包裹，保证

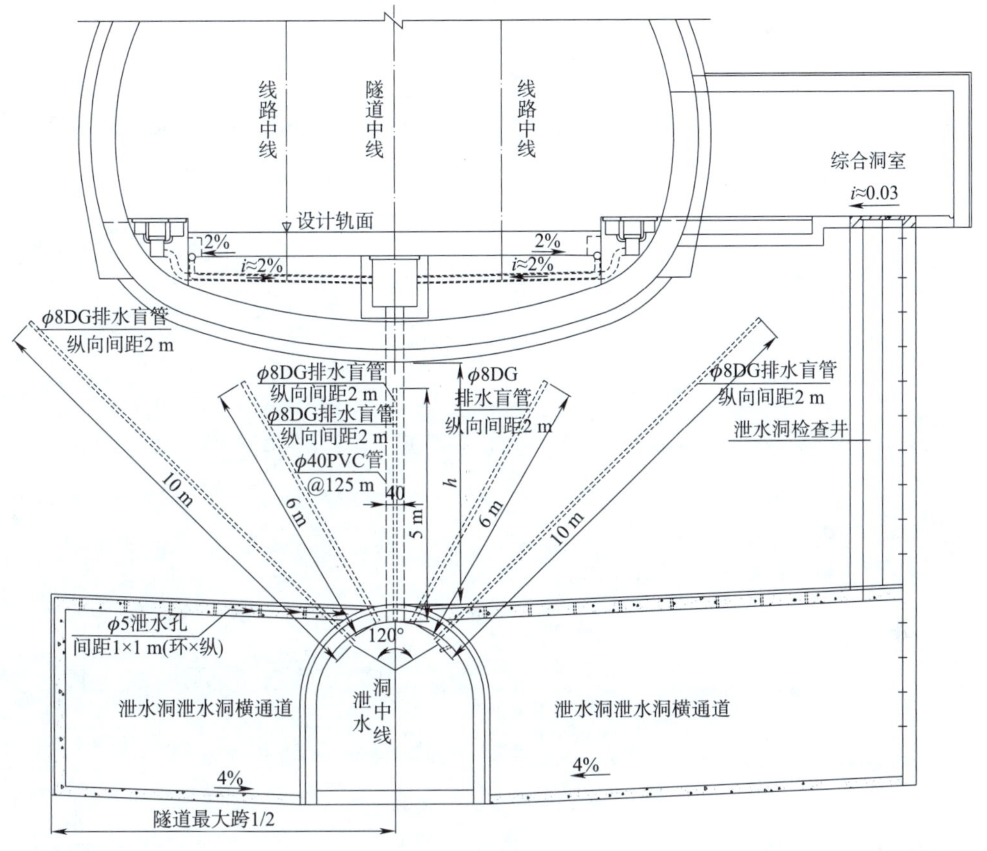

图 10-9　防寒泄水洞

盲管排水通畅。寒区隧道暗洞段地下水水位较高并设置中心深埋水沟时,为减少高水压作用对隧道结构的影响,可设置位于围岩冻结线以外的深埋环向盲管。

环向盲管间距宜为 8 ~ 12 m,当地下水发育时可适当加密至 3 ~ 5 m;纵向盲管宜 8 ~ 12 m 分段;为了避免因盲沟局部堵塞影响隧道安全,寒冷地区隧道衬砌背后的环、纵向盲管可互不连通,形成独立的排水通道。设置中心深埋水沟段的环、纵向盲管分别通过位于隧底的横向导水管与中心深埋水沟或保温检查井连通。设置保温中心水沟段的环、纵向盲管分别通过位于仰拱填充内的横向导水管与保温中心水沟或保温检查井连通。

②泄水孔

寒区隧道的保温侧沟不宜作为排水通道,因为寒区冬季地温低、低温期长,为避免保温侧沟因防寒能力有限而冻结,寒区设置中心深埋水沟段边墙处侧沟不应设置泄水孔,其余段边墙至侧沟可设置泄水孔。非寒区隧道保温侧沟可作为主要排水通道,并设置泄水孔。

③洞外深埋排水暗沟

保温水沟、中心深埋水沟及防寒泄水洞中的水流出隧道后,应采用暗沟的形式通过路堑地段流入地形低洼的地方。暗沟一般用明挖法施工,其一般结构可使用预制构件。为防止水流冻结,暗沟应埋置于冻结深度以下,其坡度不宜 < 5‰。一般每隔 50 m 设置一处保温检查井以便运营期间维修养护。洞外深埋排水暗沟一般采用钢筋混凝土预制管分节拼装

而成，排水管沟内径通常不小于洞内中心深埋水沟的管径。

④保温出水口

保温出水口的形式主要有端墙式、圆包式、三排管式及阳光房式。出水口处地形较陡、洞外排水条件较好时，宜采用端墙式、阳光房式保温出水口；地形较为平坦、洞外排水条件较好时，宜采用圆端掩埋式保温出水口；地形较为平坦、洞外排水条件较差时，宜采用三排管式保温出水口。保温出水口如图10-10、图10-11所示。

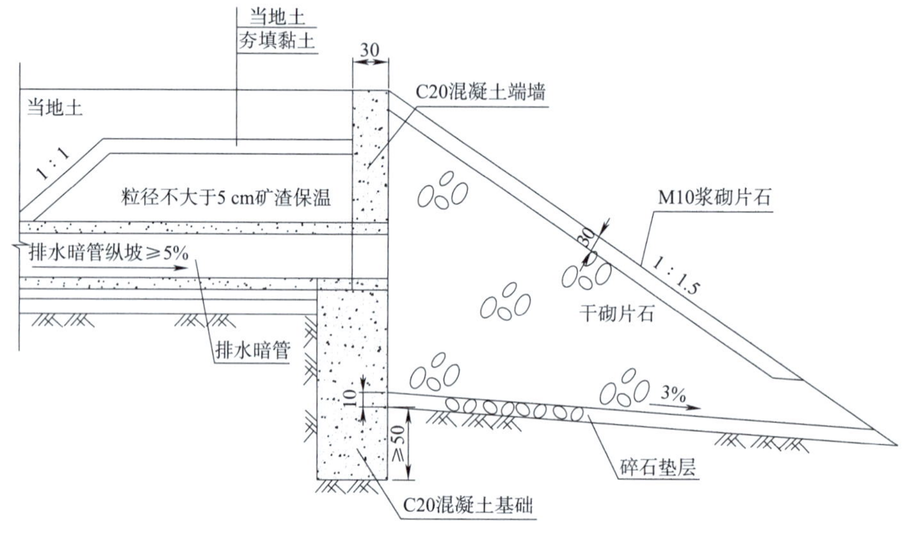

图10-10　端墙式保温出水口

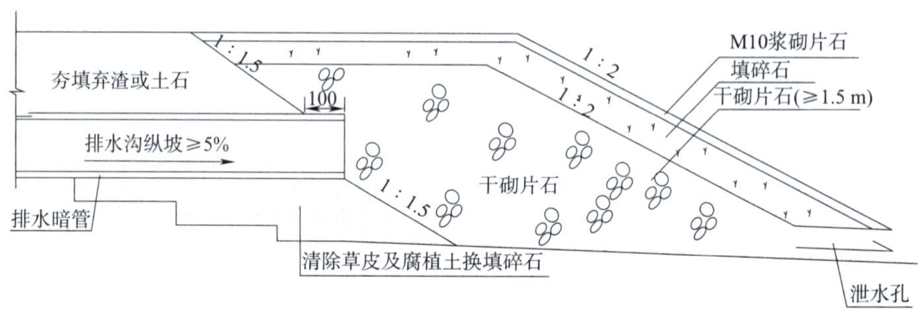

图10-11　圆包式保温出水口

10.6 小　　结

我国高海拔隧道主要集中在青藏高原和川西高原，通过近年来青藏铁路、拉林铁路及藏区公路的建设，已经逐步形成了一套高海拔隧道施工通风、机械化配套、施工供氧和防寒抗冻等技术体系。随着川藏铁路等高海拔隧道的大规模规划建设，在高海拔特长隧道工区高效通风与供氧技术，高海拔施工装备信息化与智能化，新型抗防冻措施、材料及工艺，高海拔与高地温耦合环境下热能利用等方面还将得到进一步发展。

参考文献

[1]中国中铁二院工程集团有限责任公司.铁路工程地质实例(西南及相邻地区分册)[M].北京:中国铁道出版社,2011.

[2]中国地质学会工程地质专业委员会铁道分会.中国铁路典型桥隧工程地质勘察实录百例[M].西安:西安地图出版社,2018.

[3]铁道部第一勘测设计院.铁路工程地质手册[M].北京:中国铁道出版社,1999.

[4]国家铁路局.铁路隧道设计规范[S].北京:中国铁道出版社,2017.

[5]铁道部第二勘测设计院.铁路工程设计技术手册·隧道[M].北京:中国铁道出版社,1991.

[6]铁道部工程设计鉴定中心.高速铁路隧道[M].北京:中国铁道出版社,2006.

[7]中铁二院工程集团有限责任公司.成兰铁路复杂地形地质条件下隧道洞口稳定性及桥隧结合形式研究报告[R].成都:中铁二院工程集团有限责任公司,2016.

[8]中国铁道学会.铁路岩溶隧道技术规范[S].北京:中国铁道出版社,2018.

[9]化建新,郑建国.工程地质手册[M].5版.北京:中国建筑工业出版社,2018.

[10]高杨.铁路隧道防排水设计指南[M].成都:西南交通大学出版社,2018.

[11]张梅.宜万铁路岩溶断层隧道修建技术[M].北京:科学出版社,2010.

[12]顾湘生,刘坡拉.铁路岩溶工程地质勘察技术[M].武汉:中国地质大学出版社,2012.

[13]李苍松,丁建芳,廖烟升.岩溶隧道地下水化学动力学及分形特征[M].北京:科学出版社,2017.

[14]林本涛,巩江峰.朱砂堡二号隧道特大型岩溶空腔处理技术[J].高速铁路技术,2016,7(3):91-96.

[15]李勇良.云桂客专营盘山隧道穿越巨型溶洞处治技术研究[J].铁道建筑技术,2016(2):57-60,74.

[16]曹化平,王科.铁路岩溶隧道工程地质选线研究[J].高速铁路技术,2011,2(1):31-36.

[17]岩土注浆理论与工程实例协作组.岩土注浆理论与工程实例[M].北京:科学出版社,2001.

[18]铁道部第二勘测设计院.铁路工程设计技术手册·隧道[M].北京:中国铁道出版社,1995.

[19]中国铁路总公司.铁路隧道超前地质预报技术规程[S].北京:中国铁道出版社,2015.

[20]张慧玲,范圣明.隧道断层涌泥整治技术研究[J].现代隧道技术,2017,54(1):186-190.

[21]范圣明,张海波.高压劈裂注浆技术在隧道软弱围岩加固中的运用研究[J].高速铁路技术,2017,8(1):57-62.

[22]中铁二院工程集团有限责任公司.高水位富水隧道衬砌结构体系及结构受力特征研究

技术总报告[R].2007.
[23]肖维.向斜型岩溶蓄水构造地下水径流模式及地球化学模拟研究[D].成都:成都理工大学,2010.
[24]刘招伟.圆梁山隧道岩溶突水机理及其防治对策[D].北京:中国地质大学,2004.
[25]赵勇.隧道设计理论与方法[M].北京:人民交通出版社,2019.
[26]邵双修.禾洛山隧道富水地段施工技术[J].铁道工程学报,2010(5):54-57,62.
[27]杨英.大丽铁路碎裂玄武岩夹凝灰岩型隧道特征及施工对策[J].铁道工程学报,2007,24(12):64-68.
[28]马栋.富水糜棱岩地层大断面隧道施工技术[J].铁道建筑,2014(10):47-51.
[29]汪乐.秀宁隧道出口段糜棱岩工程特性及其注浆加固技术研究[D].北京:北京交通大学,2011.
[30]高杨,周鑫,林本涛,等.梁山隧道穿越花岗岩富水软弱构造关键修建技术[M].成都:西南交通大学出版社,2015.
[31]何志军.软弱地质构造隧道突水涌泥综合处理技术[J].中国铁路,2015(5):25-27.
[32]中铁第一勘察设计院集团有限公司.铁路挤压性围岩隧道技术规范[S].北京:中国铁道出版社,2019.
[33]中国国家铁路集团有限公司.川藏铁路类似工程建设经验总结:铁路高地应力软岩大变形隧道建造技术[R].2019.
[34]中铁第一勘察设计院集团有限公司.川藏铁路高地应力软岩隧道设计指南(报批稿)[S].2020.
[35]李国良,刘志春,朱永全.兰渝铁路高地应力软岩隧道挤压大变形规律及分级标准研究[J].现代隧道技术,2015,52(1):62-68.
[36]中华人民共和国铁道部.铁路隧道运营通风设计规范[S].北京:中国铁道出版社,2010.
[37]中华人民共和国铁道部.铁路工程不良地质勘察规程[S].北京:中国铁道出版社,2012.
[38]中铁二院工程集团有限责任公司.高地温深埋特长隧道修建关键技术研究报告[R].2015.
[39]范磊.高地温深埋特长隧道热害综合防治关键技术研究[J].现代隧道技术,2019,56(6):1-10.
[40]杨翔,陈松,郦亚军.隧道高温地下水处理理念探讨[J].现代隧道技术,2013,50(3):8-16.
[41]王玉锁,叶跃忠,杨超,等.高地热大埋深环境隧道支护结构受力分析[J].西南交通大学学报,2014(2):260-267.
[42]中铁二院工程集团有限责任公司.成兰线隧道抗震减灾技术研究报告[R].2016.
[43]张倬元,王士天,王兰生.工程地质分析原理[M].2版.北京:地质出版社,1994.
[44]杜宇本,袁传保,王彦东,等.成兰铁路主要地质灾害与地质选线[J].铁道工程学报,2012(8):11-15.
[45]许丁予.高铁隧道工程穿越汶川地震断裂带抗错动机理与设计参数研究[D].北京:北

京交通大学,2015.
[46]刘恺.成兰线跨断层隧道的错动破坏机理研究及地震动力响应分析[D].北京:北京交通大学,2011.
[47]毛斌.关于活动性断裂区域铁路设计探讨[J].铁道经济研究,2010(2):15-17.
[48]国家铁路局.铁路瓦斯隧道技术规范[S].北京:中国铁道出版社,2019.
[49]国家安全生产监督管理总局.钻屑瓦斯解析指标测定方法[S].北京:煤炭工业出版社,2009.
[50]中华人民共和国煤炭工业部.钻孔瓦斯涌出初速度的测定方法[S].北京:煤炭工业出版社,2007.
[51]国家安全生产监督管理总局.防治煤与瓦斯突出规定[M].北京:煤炭工业出版社,2009.
[52]国家安全生产监督管理总局.煤矿安全规程[M].北京:煤炭工业出版社,2016.
[53]铁道第二勘察设计院.南昆铁路(第三册)[M].成都:电子科技大学出版社,2006.
[54]丁睿.瓦斯隧道建设关键技术[M].北京:人民交通出版社,2010.
[55]王明年,李琦,于丽,等.高海拔隧道通风、供氧、防灾与节能技术的发展[J].隧道建设(中英文),2017,37(10):1209-1216.
[56]杨立新,洪开荣,刘招伟,等.现代隧道施工通风技术[M].北京:人民交通出版社,2012.
[57]李琦,王峰,王明年.高海拔环境对施工设备机械效率的影响研究[J].铁道科学与工程学报,2017,14(9):1974-1982.
[58]唐明耀.我国高海拔地区长大隧道建设发展综述[J].西南公路,2019(1):31-38.
[59]杨超,王志伟.公路隧道通风技术现状及发展趋势[J].地下空间与工程学报,2011,7(4):819-824.
[60]吴秋军,于丽,王峰,等.高海拔特长隧道低压低氧环境施工控制技术研究:供氧技术标准、关键通风技术、施工人员组织、施工装备效率[J].隧道建设,2017,37(8):973-979.
[61]丁浩,陈建忠,方林,等.高海拔特长公路隧道关键问题及对策浅析[J].公路交通技术,2016,32(6):89-92.
[62]于丽,王明年,张子晗.六盘山隧道洞内自然风现场实测研究[J].公路交通科技(应用技术版),2016(5):5.
[63]谢文强.巴朗山高海拔隧道施工期供氧标准及设计方法研究[D].成都:西南交通大学,2015.
[64]辛嵩,陈兴波,崔延红,等.高原煤矿井下环境目标海拔高度的确定[J].矿业安全与环保,2015,42(4):13-16.
[65]吉哲.寒冷地区隧道冻害预防与处治技术研究[D].西安:长安大学,2012.
[66]陈金玉.寒区隧道保温防冻技术研究[D].西安:长安大学,2007.
[67]中华人民共和国交通运输部.季节性冻土地区公路设计与施工技术规范[S].北京:人民交通出版社股份有限公司,2017.

后　　记

根据我国 2016 年发布的《中长期铁路网规划》，到 2025 年，铁路网规模将达到 17.5 万 km 左右，其中高速铁路 3.8 万 km 左右；到 2030 年，铁路网规模将达到 20 万 km 左右，其中高速铁路4.5 万 km 左右。随着铁路交通路网进一步延伸至地质条件环境条件更为复杂多变的西部艰险山区，以成兰、川藏铁路为代表的复杂艰险隧道将不断出现。

目前，艰险山区铁路隧道建造在岩溶、富水软弱构造带、瓦斯、高地应力、高地温、高地震烈度与活动断裂、高海拔寒区等方面均取得了很大的发展；但在不良地质超前地质预测预报，岩溶隧道勘察及治理技术的可靠性，大变形预测、极严重大变形工程处理及二衬施作时机确定，强烈及极强岩爆预报及工程处理，活动断裂带隧道错动荷载及结构适应性、大埋深条件下高温热水（蒸汽）防治及环境控制，高海拔特长隧道工区高效通风、供氧技术及防冻材料等研发与运用等方面还有待做进一步的研究，同时在装备信息化、智能化、机械化和数字化的融合也将是未来很长一段时间的发展方向。

表 F-1　西南地区铁路隧道总体情况统计表

序号	线路名称	线路长度	隧道座数	隧道总长	隧线比	正线最长隧道		$L\geqslant10$ km 隧道		车站(进洞)隧道	设紧急救援站隧道	平导		横洞		斜井		竖井		泄水洞	
						隧道名	长度	座数	总长			座	总长	座	总长	座	总长	座	总长	座	总长
		km	座	km	%		km		km	座	座		km		km		km		km		km
1	渝昆高铁	699. 325	96	344. 06	49. 20	彝良隧道	24. 785	10	155. 863	5	8	9	37. 956	27	22. 009	23	17. 529			3	2. 34
2	成昆扩能改造工程米易至攀枝花段	143. 441	20	120. 879	84. 27	营盘山右线	17. 943	7	97. 671												
3	渝湘高铁重庆至黔江铁路(不含重庆东站)	260. 062	53	203. 643	78. 31	白马山隧道	13. 407	7	77. 682		4	12	28. 835	22	18. 738	4	1. 672			5	9. 405
4	川藏铁路雅安至昌都段	638. 507	56	499. 101	78. 17	芒康山	30. 705	21	386. 157	9	15	10	156. 507	30	53. 13	35	71. 646				
5	玉磨线	508. 535	91	395. 244	77. 72	安定隧道	17. 476	15	205. 773	23	24	33	29. 411 5	20	11. 738	68	65. 14			1	0. 2
6	新建宜万铁路万州新田港铁路集疏运工程	16. 255	5	12. 587	77. 43	王桥隧道	4. 277									1	0. 481				
7	大临线	202. 095	35	155. 692	77. 04	林桀山隧道	14. 076	4	48. 674	21	13	6	9. 422	20	6. 107 2	21	22. 107				
8	成昆扩能改造工程永仁至广通段	120. 44	22	90. 085	74. 80	骄子山隧道	13. 406	3	38. 119	2	4			3	0. 246	13	12. 428				
9	郑万线(湖北、重庆段)	457. 177	60	337. 341	73. 79	小三峡隧道	18. 964	11	156. 131		7	24	46. 814	35	25. 073	24	25. 589	1	0. 33	2	6. 4

续上表

序号	线路名称	线路长度	隧道座数	隧道总长	隧线比	本线最长隧道		$L \geqslant 10$ km 隧道		车站(进洞)隧道	设紧急救援站隧道	平导		横洞		斜井		竖井		泄水洞	
						隧道名	长度	座数	总长			座	总长	座	总长	座	总长	座	总长	座	总长
		km	座	km	%		km		km	座	座		km		km		km		km		km
10	玉磨线西双版纳至磨憨段	143.993	26	105.539	73.29	勐腊隧道	13.018	2	24.655	9	2	1	1.068	4	2.075	15	13.132			2	1.41
11	昆广线	82.259	18	59.074	71.81	秀宁隧道	13.173	1	13.173			1	4.095	1	600	6	5.653				
12	渝利线	264.406	63	183.372	69.35	万寿山	13.468	3	37.712			2	4.205	7	4.826	6	4.025			5	4.867
13	蒙河线	141.419	32	97.155	68.70	屏边隧道	10.381	1	10.381	12	1	6	10.838	10	5.686	5	2.722			1	1.106
14	贵阳枢纽东北环线	51.978	26	35.153	67.63	梅家庄	4.574							2	0.483			2	0.082	5	2.718
15	丽香线	139.686	20	92.529	66.24	中义隧道	14.745	2	25.351	8	2	8	12.24	23	16.08	2	0.63			2	0.86
16	大瑞线	330.103	44	217.792	65.98	高黎贡山隧道	34.538	6	111.247	21	8	9	98.656	25	15.095	10	12.719	4	2.808	5	2.179
17	兴泉线	432.459	113	282.11	65.23	戴云山一号	13.72	4	48	14		2	2.155	3	2.16	24	19.646				
18	渝怀铁路涪秀二线	308.06	81	199.983	64.92	新圆梁山隧道	11.177	2	21.181	2	1	8	15.774	12	3.755	12	6.4	1	0.025	17	18.052
19	成兰线	275.6	17	176.543	64.06	平安隧道	28.426	7	127.319	7	4	3	15.919	36	34.163	11	11.677			3	18.26
20	贵广铁路贵州至贺州段	597.65	158	367.147	61.43	岩山	14.693	9	116.483		3	7	19.551	14	8.657	30	31.507	1	0.055	7	5.989
21	西成线	166	42	98.054	59.07	小安隧道	13.43	3	37.09		2	1	2.192	8	7.039	9	4.519			2	3.346
22	毕织线	79.888	28	46.786	58.56	吴家寨	4.993			1		1	0.506	3	1.31	1	0.3			1	2.09
23	南昆客专	707.527	170	402.263	56.85	石林隧道	18.196	12	155.362	5	3	14	88.793	28	14.097	24	17.962			1	10.1
24	成昆扩能改造工程峨眉至米易段	386	52	211.371	54.76	小相岭	21.775	7	103.022	5	5	9	57.076	28	19.884	9	13.65			7	0.944

续上表

序号	线路名称	线路长度	隧道座数	隧道总长	隧线比	本线最长隧道		$L\geqslant10$ km 隧道		车站(进洞)隧道	设紧急救援站隧道	平导		横洞		斜井		竖井		泄水洞	
						隧道名	长度	座数	总长			座	总长	座	总长	座	总长	座	总长	座	总长
		km	座	km	%		km		km	座	座		km		km		km		km		km
25	川藏铁路拉萨至林芝段	403.14	47	216.469	53.70	达嘎拉	17.324	6	83.656	11	8	6	18.729	17	15.414	6	8.458				
26	贵南高铁	482	108	257.5	53.42	九万大山一号隧道	17.012	7	91.951		6	5	24.472	21	10.218	8	4.821	4	0.5	17	73.262
27	沪昆客专	744.375	259	388.759	52.23	壁板坡隧道	14.756	3	39.824			10	53.216	33	25.654	15	8.177			41	45.259
28	渝黔线	366.924	120	181.406	49.44	天坪	13.978	1	13.978		1	6	37.27	11	3.506	3	2.894			1	0.116
29	大丽线	162.4	47	78.586	48.39	北衙隧道	8.435			4		1	0.314	5	1.742	4	1.586			1	0.691
30	磨万线	414.332	75	196.705	47.48	森村二号	9.384			11	2	7	10.779	11	7.116	18	14.03			1	0.193
31	成贵线	515.02	189	240.34	46.67	姚家平	0.883 6				2	16	34.718	14	6.484	5	1.72	8	0.408	12	12.716
32	渝怀二线梅同段	152.463	79	70.85	46.47	新刘家湾隧道	5.234			2				3	0.106	2	0.557	1	0.051		
33	重庆铁路枢纽东环线	260	88	120	46.15	樵坪山隧道	7.568			1		1	3.154	7	3.197	7	2.357			2	1.773
34	贵开引入贵阳枢纽	12.043	5	5.556	46.13	林城一号	1.78													1	0.162
35	广大线扩能改造工程	164.977	44	75.908	46.01	普棚1号隧道	13.77	2	24			4	17.087	1	0.111	6	6.171				
36	安六线	117.857	62	54.112	45.91	茨竹林隧道	4.572			1		2	2.102	3	0.789					10	7.857
37	兰渝线	362	113	158	43.65	毒林关	8.515					3	17	2	0.4	9	3.9	3	0.22		
38	瓮马线	73.676	30	31.488	42.74	陆家寨	4.43							1	0.078					1	0.18
39	昆玉线	49.397	10	20.346	41.19	宝峰隧道	7.377			1				2	0.866	6	2.897				

续上表

序号	线路名称	线路长度	隧道座数	隧道总长	隧线比	本线最长隧道		$L\geq10$ km 隧道		车站(进洞)隧道	设紧急救援站隧道	平导		横洞		斜井		竖井		泄水洞	
						隧道名	长度	座数	总长			座	总长	座	总长	座	总长	座	总长	座	总长
		km	座	km	%		km		km	座	座		km		km		km		km		km
40	巴达线	130	40	53.44	41.11	王家隧道	5.374									1	0.6				
41	玉蒙线	141.063	35	56.939	40.36	秀山隧道	10.323	1	10.323	2		2	11.436	3	2.015	4	1.393				
42	成贵引入贵阳枢纽	15.485	4	5.979	38.61	成贵尖坡村左线	2.445														
43	水柏线	118.651	42	45	37.93	松河隧道	6.905														
44	黄织线	63.634	27	23.171	36.41	凤凰山	6.662					2	3.668	1	0.07					1	2.1
45	贵开线	61	28	21.747	35.65	下坝	3.108			1				1	0.175					1	0.755
46	浦梅铁路建宁至冠豸山段	87.723	21	29.456 2	33.58	峰果岭	7.007			1				1	0.19	2	0.666				
47	武广客专韶关至花都段	159	44	51.86	32.62	牛岭	7.588							3	0.768	4	1.34			3	1.003
48	成昆铁路	1 083.2	427	340.99	31.48	沙木拉达隧道	6.379														
49	昆明枢纽	70	22	20.3	29.00	官山隧道	3.105									1	0.15				
50	六沾线	218.377	29	63.239	28.96	乌蒙山二号隧道	12.26	2	24.474	1		6	22.440	2	0.455	3	1.491			1	0.238
51	黔桂线	447.183	149	121.211	27.11	定水坝	8.54			6		5	16.478	2	0.24	1	0.165			3	2.593
52	株六线大龙至六盘水段	450.94	175	116.456	25.83	大竹林隧道	6.067					1	2.349	2	0.201	3	0.450			1	1.864
53	乐巴线	53.2	17	13.662	25.68	赵家梁隧道	1.447														

续上表

序号	线路名称	线路长度	隧道座数	隧道总长	隧线比	本线最长隧道		$L\geqslant10$ km 隧道		车站(进洞)隧道	设紧急救援站隧道	平导		横洞		斜井		竖井		泄水洞	
						隧道名	长度	座数	总长			座	总长	座	总长	座	总长	座	总长	座	总长
		km	座	km	%		km		km	座	座		km		km		km		km		km
54	沪渝蓉高铁重庆至成都段	291.35	43	72.911	25.03	龙泉山	8.027					1	1.705			6	4.174	2	0.12	2	1.597
55	达万线	157.185	54	38.364	24.41	分水	4.747														
56	贵广引入贵阳枢纽	11.046	4	2.626	23.77	改茶村一号	1.005														
57	昆明枢纽(东南环线)	36.763	6	8.712	23.70	宝兴隧道	2.165														
58	长昆引入贵阳枢纽	36.4	15	8.493	23.33	林城三号	1.774														
59	久永线	34.065	15	7.652	22.46	陶家坝隧道	1.613														
60	南崇铁路	119.294	17	26.46	22.18	吴圩机场隧道	7.465													1	0.398
61	南昆线	896	158	195.389	21.81	米花岭隧道	9.392														
62	遂渝二线	130.832	53	28.2	21.55	新荆竹林	4.365													1	2.14
63	厦深线	203	20	43	21.18	梁山隧道	9.888									4	3.7				
64	成渝客专	308.454	61	64.62	20.95	龙泉山	7.328					1	3.825	4	1.102	7	2.047				
65	渝昆线重庆段	84.336	10	17.213	20.41	中梁山隧道	4.973							1	0.87						
66	黔桂引入贵阳枢纽	76.71	18	15.627	20.37	老寨一号	2.61					1	0.27			2	0.551			1	0.173
67	防东线	46.897	8	9.035	19.27	铜鼓岭隧道	3.79									1	0.175				
68	遂渝线	120.181	40	22.822	18.99	荆竹岭隧道	4.366					1	2.105								

续上表

序号	线路名称	线路长度	隧道座数	隧道总长	隧线比	本线最长隧道		$L\geqslant10$ km 隧道		车站（进洞）隧道	设紧急救援站隧道	平导		横洞		斜井		竖井		泄水洞	
						隧道名	长度	座数	总长			座	总长	座	总长	座	总长	座	总长	座	总长
		km	座	km	%		km		km	座	座		km		km		km		km		km
69	成雅铁路	41.184	7	7.776	18.88	张学堂一号	2.66														
70	湖林支线	33.692	8	6.256	18.57	白岩坡隧道	2.5														
71	达成二线	308.364	112	54.242	17.59	云顶隧道	7.858					2	9.274			5	1.355				
72	归连线	30.45	12	5.107	16.77	张家湾隧道	0.89														
73	弥蒙线	106.826	10	17.142	16.05	中哨隧道	4.062							1	0.15	1	0.545				
74	福厦线	275	40	42	15.27	黄晶岭二号隧道	5.735														
75	老广大线	204.68	48	31.22	15.25	红岩坡隧道	4.302														
76	洛湛线	711.233	149	103.76	14.59	袍子岭隧道	6.475			1		4	1.753	1	0.24	2	0.611			1	1.666
77	仁丽线	14.71	1	2.06	14.00	新关坡隧道	2.06														
78	成渝铁路重庆站至江津站段改造工程	61.044	11	7.908	12.95	新汤家沱隧道	1.785									1	0.194				
79	宝成线	668.198	304	84.42	12.63	新会龙场隧道	4.009														
80	贵阳枢纽西南环线	81.403	16	9.627	11.83	石板寨	2.788									1	0.087			1	0.335
81	湘桂线	350	40	41	11.71	观音岩隧道	0.63							3	1.2	1	0.7			2	3.4
82	南广线南宁至桂平段	212.271	20	21.999	10.36	芭蕉岭二号	4.24														
83	纳叙线	77.599	18	8.002	10.31	江门1号隧道	1.519														
84	沾昆线	140.506	14	13.787	9.81	皮家山	3.892							1	0.1	6	1.225				

续上表

序号	线路名称	线路长度	隧道座数	隧道总长	隧线比	本线最长隧道		$L \geq 10$ km 隧道		车站(进洞)隧道	设紧急救援站隧道	平导		横洞		斜井		竖井		泄水洞	
						隧道名	长度	座数	总长			座	总长	座	总长	座	总长	座	总长	座	总长
		km	座	km	%		km		km	座	座		km		km		km		km		km
85	连乐线	123.481	16	10.208	8.27	飞凤山隧道	3.4														
86	贵阳北第二动车所	2.9	1	0.235	8.10	林家湾隧道	0.235														
87	广西沿海铁路邕北线	197.268	18	15.975	8.10	花年山隧道	6.984									3	1.56				
88	渝黔引入贵阳枢纽	17.29	3	1.305	7.55	渝黔马夫田下行	0.528														
89	达成线	310.832	84	23.434	7.54	澙米垭	2.548														
90	磨心坡至合川线一期工程	8.057	2	0.501	6.22	龙家坡隧道	0.266														
91	南昆线南百段增建二线	208.502	17	12.507	6.00	百合隧道	4.703							1	0.146						
92	成绵乐铁路	312.8	9	14.172	4.53	双流机场隧道	6.47			1								1	0.023		
93	浙赣线	945	33	23.03	2.44	上金	4.452									5	1.39				
94	成昆货车外绕线	53.377	1	1.08	2.02	大观隧道	1.08									3	0.357				
95	成蒲铁路	98.678	5	0.621	0.63	涓江隧道	0.425														
96	广西沿海铁路钦防线	61.94	2	0.288	0.46	登高岭二号隧道	0.157														
97	成昆扩能改造工程成峨段	113.8	1	0.236	0.21	青龙场隧道	0.236														
	合计	22 173.458	5 093	8 585.964				150	2 145.649	183	117	245	908.272	494	936.795	488	428.656	28	4.622	172	248.397

表 F-2 西南地区铁路车站(进洞)隧道统计表

序号	线路名称	车站(进洞)隧道(含道岔进洞)		
		隧道名称	最大开挖跨度(m)	最大开挖断面积(m^2)
1	川藏铁路雅安至昌都段	对门山	19.86	239.58
2		朱岗山	23.46	309.53
3		宝灵山	25.31	331.6
4		康定 1 号	17.64	205.23
5	玉磨线	景宽二号隧道	21.12	249.69
6		立新隧道	18.91	209.87
7		月牙田隧道	20.11	228.52
8		甘庄隧道	21.71	254.33
9		新村 1 号隧道	15.55	165
10		新村 2 号隧道	15	156.5
11		薛家山隧道	19.44	235.72
12		安定隧道	15.36	158.57
13		王岗山隧道	21.81	254.6
14		多吉隧道	21.81	254.6
15		新华隧道	21.81	254.6
16		石头寨隧道	21.81	254.6
17		大金山隧道	16.25	167.8
18		和平隧道	20.91	241.29
19		勐养隧道	20.11	228.52
20		西双版纳隧道	16.05	165
21		南联山隧道	14.22	143.65
22		巴奇隧道	13.92	139.45
23		曼么 1 号隧道	13.88	138.6
24		景寨隧道	13.88	138.6
25		勐松 2 号隧道	15.22	158
26		曼木树隧道	14.92	153.64
27		巴罗 1 号隧道	13.92	139.45
28		曼勒 1 号隧道	13.88	138.6
29	大临线	大麦地隧道	20.33	234.37
30		墨家营隧道	20.73	240.73
31		巍宝山隧道	14.67	147.45
32		林保山隧道	21.53	253.65
33		乐秋隧道	22.53	270.15
34		必雄隧道	14.67	147.45

续上表

序号	线路名称	车站(进洞)隧道(含道岔进洞)		
		隧道名称	最大开挖跨度(m)	最大开挖断面积(m^2)
35	大临线	杏子山隧道	15.67	161.43
36		富密隧道	16.17	168.345
37		新华隧道	15.97	165.565
38		明通隧道	15.67	161.43
39		和平隧道	21.92	270.15
40		红豆山隧道	21.92	270.15
41		张家山隧道	16.07	166.95
42		中村隧道	21.33	250.4
43		白石头隧道	15.87	164.18
44		大邦五隧道	15.87	164.18
45		杨家村隧道	20.73	232.75
46		大村隧道	21.23	247.41
47		大田村隧道	16.17	168.345
48		大尖山隧道	16.17	168.345
49		新民隧道	20.23	231.49
50	成昆扩能改造工程永仁至广通段	大树村隧道	21.27	236.62
51		骄子山隧道	20.77	235.9
52	蒙河线	格咪底	12.74	127.97
53		沙田坝	16.24	172.43
54		屏边	17.66	183.64
55		平寨	9.48	86.34
56		田房二号	19.48	223.22
57		石板寨一号	20.04	225.52
58		毛坡良	12.94	130.61
59		李贵街	15.66	155.62
60		马街二号	14.46	139.61
61		三家寨	12.94	130.61
62		槟榔寨	16.24	173.7
63		河口	10.94	104.89
64	丽香线	蒙古哨隧道	14.62	149.65
65		七达里隧道	15.42	160.65
66		中义隧道	20.42	256.09
67		长坪隧道	14.62	149.65
68		白岩子隧道	21.52	273.36

续上表

序号	线路名称	车站(进洞)隧道(含道岔进洞)		
		隧道名称	最大开挖跨度(m)	最大开挖断面积(m^2)
69	丽香线	圆宝山隧道	21.72	276.79
70		花椒坡隧道	20.42	256.09
71		万拉木隧道	15.22	166.25
72	大瑞线	大坡箐隧道	17.44	186.78
73		太邑隧道	12.94	127.19
74		漾濞一号隧道	15.06	147.54
75		尖山岭隧道	17.84	192.70
76		秀岭隧道	17.26	177.48
77		阿克路隧道	17.84	191.28
78		栗子园二号隧道	18.04	195.67
79		大坡岭隧道	17.84	192.70
80		江顶寺隧道	17.44	186.78
81		大柱山隧道	15.86	161.5
82		高黎贡山隧道	21.98	268.07
83		保山隧道	15.28	155.2
84		老红坡隧道	15.64	167.74
85		营盘山隧道	15.04	159.15
86		磨东山隧道	15.64	167.74
87		老尖山隧道	15.04	159.15
88		金刚园隧道	15.54	166.11
89		桦桃林一号隧道	16.6	248.31
90		桦桃林四号隧道	16.6	248.31
91		桦桃林二号隧道	12.2	159.15
92	兴泉线	峰果岭	20.69	230.46
93		七里径	23.94	256.44
94		新华坊	13.94	144.11
95		将军寨	14.74	155.17
96		南屏山	13.94	144.11
97		三阳	14.34	149.6
98		前竹尾	14.74	155.17
99		内山	13.94	144.11
100		戴云山一号	22.74	235.11
101		戴云山二号	13.94	144.11
102		美普	14.74	155.17

续上表

序号	线路名称	车站(进洞)隧道(含道岔进洞)		
		隧道名称	最大开挖跨度(m)	最大开挖断面积(m^2)
103	兴泉线	天马	13.54	138.68
104		佛仔格	20.33	238.46
105		镇中	13.94	144.11
106	渝怀铁路涪秀二线	新枳城隧道	12.7	121.37
107		白马隧道	14.74	155.26
108	成兰线	柿子园隧道	25.1	345.01
109		跃龙门隧道	14.3	137.19
110		杨家坪隧道	26.79	377.1
111		茂县隧道	21.38	242.93
112		榴桐寨隧道	14.3	137.19
113		平安隧道	14.3	137.19
114		新民隧道	22.47	261.74
115	西成线	黄家梁隧道	24.12	315.5
116	南昆客专	达康	20.46	255
117		坡录元	20.46	255
118		平朗	20.46	255
119		白腊寨	18.46	218.54
120		新莲	17.08	188.23
121	黔桂线	打场一号	17.84	197.55
122	成昆扩能改造工程 峨眉至米易段	依卜隧道	21.54	256.63
123		八月岭隧道	20.74	244.12
124		月直山隧道	20.34	237.94
125		特克隧道	21.54	256.63
126		吉新隧道	20.14	226.6
127	川藏铁路拉萨至林芝段	桑珠岭	21.06	244.02
128		巴玉	21.06	244.02
129		安拉	15.08	217.43
130		达嘎拉	21.88	264.65
131		祝拉岗	13.64	138.19
132		拉嘎	13.64	138.19
133		贡多顶	19.54	234.1
134		奔中山二号	19.54	234.1
135		岗木拉山	13.64	138.19
136		布喀木	19.84	239.01
137		扎绕	13.88	143.46

续上表

序号	线路名称	车站(进洞)隧道(含道岔进洞)		
		隧道名称	最大开挖跨度(m)	最大开挖断面积(m^2)
138	沪昆客专	壁板坡隧道	25.8	338.61
139		凤凰山隧道	26.16	350.45
140	渝黔线	黄山坡隧道	14.92	145.43
141		万家庙隧道	15.34	156.35
142		老周岩隧道	15.1	150.4
143		何家沟一号隧道	15.1	150.4
144		东山隧道	15.1	150.4
145		岩子头隧道	15.1	150.4
146		官田隧道	15.1	150.4
147	大丽线	禾洛山隧道	20.68	246.03
148		笔架山二号隧道	15.32	150.66
149		北衙隧道	14.9	152.12
150		三元隧道	20.68	246.03
151	磨万线	森村二号	13.98	143.33
152	渝怀二线梅同段	新漾头隧道	14.45	152.14
153		新竹山冲隧道	10.89	113.24
154	重庆铁路枢纽东环线	金山隧道(国博中心暗挖车站)	23.99	449.6
155		樵坪山隧道(道岔进洞)	24.53	316.62
156	安六线	后寨隧道	18.36	211.66
157	玉蒙线	秀山隧道	14.84	149.54
158		柿花树隧道	15.84	163.38
159	昆玉线	宝峰隧道	15.3	155.39
160	六沾线	乌蒙山二号隧道	28.42	354.3
161	洛湛线	袍子岭	13.2	128.47

表 F-3　西南地区铁路设置救援站隧道统计表

序号	线路名称	设置紧急救援站隧道	
		隧道名称	救援站类型
1	渝湘高铁重庆至黔江铁路(不含重庆东站)	白马山隧道出口中岭隧道进口	洞口紧急救援站
2		刘家坪隧道出口杨柳村隧道进口	洞口紧急救援站
3	川藏铁路雅安至昌都段	天全—对门山隧道群	洞口
4		朱岗山—二郎山隧道群	洞口
5		宝灵山—郭达山隧道群	洞内
6			洞口

续上表

序号	线路名称	设置紧急救援站隧道	
		隧道名称	救援站类型
7	川藏铁路雅安至昌都段	康定 2 号隧道	洞内
8		高尔寺山—白孜村隧道群	洞口
9		马鞍山—俄洛堆隧道群	洞口
10		卡子拉山—理塘隧道群	洞内
11		德达隧道	洞内
12		茶洛—莫西隧道	洞口
13		德托—格聂山隧道群	洞口
14		孜拉山—则巴隧道群	洞内
15		贡觉隧道	洞内
16		红拉山隧道	洞内
17		芒康山隧道	洞内
18	玉磨线	峨山隧道	洞口辅助坑道型
19		万和隧道	洞口辅助坑道型
20		新平隧道	洞口辅助坑道型
21		立新隧道	洞口辅助坑道型
22		月牙田隧道	洞口辅助坑道型
23		甘庄隧道	洞口辅助坑道型
24		莫郎山隧道	洞口辅助坑道型
25		安定隧道	洞口辅助坑道型
26		王岗山隧道	洞口辅助坑道型
27		多吉隧道	洞口辅助坑道型
28		新华隧道	洞口辅助坑道型
29		石头寨隧道	洞口辅助坑道型
30		团山隧道	洞口疏散型
31		麻栗寨隧道	洞口疏散型
32		太达村隧道	洞口疏散型
33		大尖山隧道	洞口疏散型
34		松香 1 号隧道	洞口疏散型
35		松香 2 号隧道	洞口疏散型
36		大团山隧道	洞口疏散型
37		大白树隧道	洞口疏散型
38		勐松二号隧道	洞口辅助坑道型
39		曼木树隧道	洞口辅助坑道型
40		橄榄坝三号隧道	洞口疏散型
41		曼么一号隧道	洞口疏散型

续上表

序号	线路名称	设置紧急救援站隧道	
		隧道名称	救援站类型
42	大临线	林保山隧道	洞口辅助坑道型
43		乐秋隧道	洞口辅助坑道型
44		必雄隧道	洞口辅助坑道型
45		杏子山隧道	洞口辅助坑道型
46		富密隧道	洞口辅助坑道型
47		新华隧道	洞口辅助坑道型（进口）/ 洞口疏散型（出口）
48		明通隧道	洞口疏散型
49		和平隧道	洞口辅助坑道型
50		红豆山隧道	洞口辅助坑道型
51		白石头隧道	洞口辅助坑道型
52		大邦五隧道	洞口辅助坑道型
53		大田村隧道	洞口疏散型
54		大尖山隧道	洞口疏散型
55	成昆扩能改造工程 永仁至广通段	班别隧道	洞口疏散型
56		班界隧道	洞口疏散型
57		民太隧道	洞口疏散型
58		大树村隧道	洞口疏散型
59	郑万线（湖北、重庆段）	保康隧道	洞口救援站
60		罗家山隧道	洞口救援站
61		香炉坪隧道	洞口救援站
62		巴东隧道	洞口救援站
63		香树湾隧道	洞口紧急救援站
64		桂花坪隧道	洞口紧急救援站
65		小三峡隧道	洞口紧急救援站
66		朱家岩隧道	洞口紧急救援站
67		草堂隧道	洞口紧急救援站
68		宝塔湾隧道	洞口紧急救援站
69		坝上隧道	洞口紧急救援站
70	玉溪至磨憨铁路 （西双版纳至磨憨段）	勐松二号隧道	洞口辅助坑道型
71		曼木树隧道	
72	蒙河线	格咪底	隧道口紧急救援站
73	丽香线	白岩子隧道	洞口辅助坑道型
74		万拉木隧道	洞口辅助坑道型

续上表

序号	线路名称	设置紧急救援站隧道	
		隧道名称	救援站类型
75	大瑞线	秀岭隧道	防灾救援疏散通道
76		阿克路隧道	防灾救援疏散通道
77		栗子园一号隧道	防灾救援疏散通道
78		栗子园二号隧道	防灾救援疏散通道
79		高黎贡山隧道	防灾救援疏散通道
80		老红坡隧道	防灾救援疏散通道
81		磨东山隧道	防灾救援疏散通道
82	渝怀铁路涪秀二线	白马隧道	平导＋横通道
83	成兰铁路	跃龙门隧道	加密横通道型
84		茂县隧道	洞口疏散型
85		榴桐寨隧道	洞口疏散型
86		平安隧道	加密横通道型
87		云屯堡	两侧平导型
88	西成线	小安隧道	洞口型
89		杨柳坪隧道	洞口型
90	南昆客专	富宁	洞口救援站
91		对门山	洞口救援站
92		布王戈 1 号	洞口救援站
93	成昆扩能改造工程峨眉至米易段	小相岭隧道	洞内救援站
94		大坪山出口、八月岭进口	洞口救援站
95		月直山出口、依卜进口	洞口救援站
96		吉布甲出口、吉新进口	洞口救援站
97		吉新出口、新越西进口	洞口救援站
98	川藏铁路拉萨至林芝段	藏噶隧道	洞口型
99		桑珠岭隧道	洞口型
100		巴玉隧道	洞口型
101		江木拉隧道	洞口型
102		达嘎拉隧道	洞口型
103		祝拉岗隧道	洞口型
104		贡多顶隧道	洞口型
105		奔中山一号隧道	洞口型
106	渝黔线	羊角二号隧道	洞口型
107	磨万线	普亚村三号	洞口疏散型
108		达隆一号	
109		沙嫩山二号	洞口疏散型
110		沙拉巴土一号